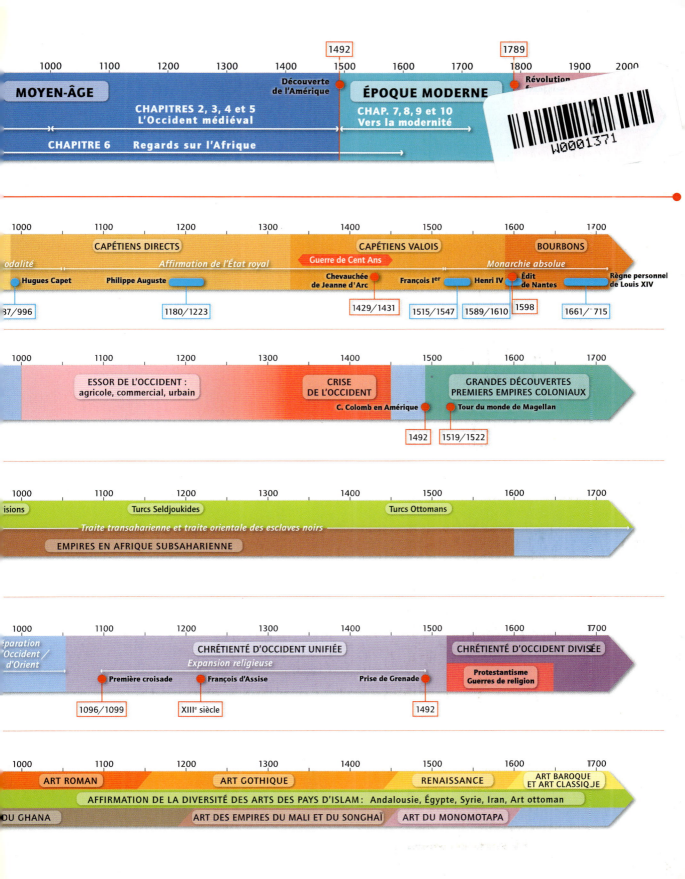

MOYEN-ÂGE

1492 · Découverte de l'Amérique

ÉPOQUE MODERNE

1789 · Révolution f...

CHAPITRES 2, 3, 4 et 5
L'Occident médiéval

CHAP. 7, 8, 9 et 10
Vers la modernité

CHAPITRE 6 Regards sur l'Afrique

W0001371

CAPÉTIENS DIRECTS — **CAPÉTIENS VALOIS** — **BOURBONS**

odalité — *Affirmation de l'État royal* — Guerre de Cent Ans — *Monarchie absolue*

Hugues Capet | Philippe Auguste | Chevauchée de Jeanne d'Arc | François Ier | Henri IV | Édit de Nantes | Règne personnel de Louis XIV

87/996 | 1180/1223 | 1429/1431 | 1515/1547 | 1589/1610 | 1598 | 1661/1715

ESSOR DE L'OCCIDENT : agricole, commercial, urbain | **CRISE DE L'OCCIDENT** | **GRANDES DÉCOUVERTES PREMIERS EMPIRES COLONIAUX**

C. Colomb en Amérique | Tour du monde de Magellan

1492 | 1519/1522

---

isions | Turcs Seldjoukides | Turcs Ottomans

Traite transaharienne et traite orientale des esclaves noirs

EMPIRES EN AFRIQUE SUBSAHARIENNE

éparation 'Occident / d'Orient | **CHRÉTIENTÉ D'OCCIDENT UNIFIÉE** | **CHRÉTIENTÉ D'OCCIDENT DIVISÉE**

Expansion religieuse

Première croisade | François d'Assise | Prise de Grenade | **Protestantisme Guerres de religion**

1096/1099 | XIIIe siècle | 1492

ART ROMAN | **ART GOTHIQUE** | **RENAISSANCE** | **ART BAROQUE ET ART CLASSIQUE**

AFFIRMATION DE LA DIVERSITÉ DES ARTS DES PAYS D'ISLAM : Andalousie, Égypte, Syrie, Iran, Art ottoman

DU GHANA | **ART DES EMPIRES DU MALI ET DU SONGHAÏ** | **ART DU MONOMOTAPA**

5e

Histoire Géographie

José Abrami
Professeur au lycée Victor Hugo,
Toulouse

Stéphan Arias
Professeur au lycée Victor Hugo,
Toulouse

Pascal Boyries
Académie de Grenoble

Éric Chaudron
Professeur à l'IUFM de Nice

Fabien Chaumard
Professeur au collège Jacques Mauré,
Castelginest

Isabelle Damongeot
Professeur au collège Raoul Dufy, Nice

Jean-Christophe Delmas
Professeur au lycée Saint-James,
Neuilly-Sur-Seine

Anne Doustaly
Professeur au collège Bernard Palissy, Paris

Michel Fratissier
Professeur à l'IUFM de Montpellier

Gwenaëlle Hergott
Professeur au collège du Val Gelon, La Rochette

Matthieu Lecoutre
Professeur au collège Colette, Saint-Priest

Jean-Marc Noaille
Professeur au lycée Beaussier,
La Seyne-sur-mer

Carine Reynaud
Professeur au collège Émilie de Mirabeau,
Marignane

Nicolas Smaghue
Professeur à la cité scolaire Charles Baudelaire,
Roubaix

Ludovic Vandoolaeghe
Professeur au collège Joliot Curie,
Auchy-Les-Mines

Jean-Marc Wolff
Professeur au Lycée Henri IV, Paris

Sous la direction de
Stéphan Arias et Éric Chaudron

Conseil scientifique
Rémy Knafou

Coordination pédagogique
Jean-Christophe Delmas
et Carine Reynaud

8, RUE FÉROU 75278 PARIS CEDEX 06
WWW.EDITIONS-BELIN.COM

Belin:
ÉDITEUR INDÉPENDANT
DEPUIS 1777

LES CLÉS DU MANUEL

Ouverture

Titre et numéro
du chapitre

Problématique
générale du chapitre

Documents
iconographiques
questionnés
pour découvrir
le thème du chapitre

Frise
chronologique
des dates clés
du chapitre

Frise contextuelle
pour situer
le chapitre
dans le temps long

Carte pour se repérer dans l'espace

Dossier ou Étude de cas

Carton
de localisation

Petite frise
de repérage

Vocabulaire

Changement d'échelle,
pour replacer l'étude de cas
dans un contexte plus large

Activités
et question de synthèse

Zoom Socle commun,
pour acquérir les compétences du Socle

DANGER
LE
PHOTOCOPILLAGE
TUE LE LIVRE

© Éditions Belin, 2010

ISBN 978-2-7011-5597-5

Du local au mondial

En géographie,
une grande carte-repère
pour changer d'échelle

Problématique

Tableau de synthèse
des études de cas

Généralisation
des études de cas

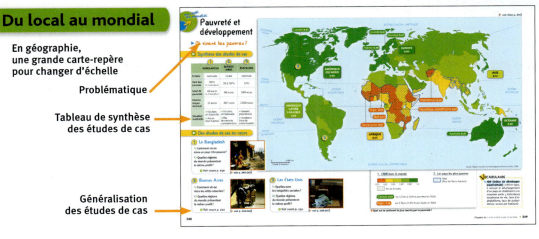

Cours

Titre
et numéro

Phrases
importantes
en gras

Mots définis
en vocabulaire

Renvois
aux documents

Documents
variés et
questionnés

Exercices

En géographie, plusieurs exercices dont un «Au quotidien»

En histoire, quatre pages d'exercices variés
dont une page dédiée à l'Histoire des Arts

Dans tous les chapitres,
un exercice B2i
simple et pédagogique

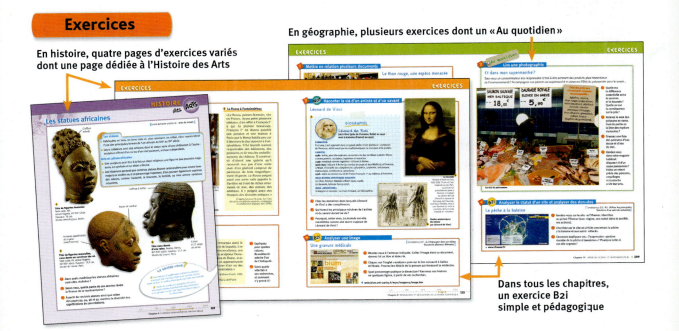

SOMMAIRE

SOMMAIRE

TABLE DES CARTES

À propos de la couverture

Jeune garçon du Liberia

Nymphe à la perle,
statue en bronze d'Étienne
Le Hongre, Versailles, 1690.
Photo tirée de Jean-François
Carric, Le Jardin des Statues,
Éditions Belin, 2001.

Cette statue fait partie
des huit nymphes réalisées
pour le Parterre d'eau, qui
s'étend devant le château de
Versailles, du côté des jardins.
Tous les grands sculpteurs
français de l'époque ont
participé au décor des deux
grands bassins rectangulaires
du Parterre qui reflètent
la lumière et éclairent
la façade de la Galerie
des Glaces. Cette statue a
été fondue par les célèbres
frères Keller à l'Arsenal (Paris).

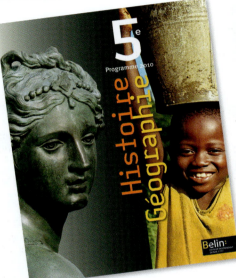

Fondé en 1822 par les États-Unis pour y
installer des esclaves noirs libérés, le Liberia
est la première nation d'Afrique à avoir
obtenu son indépendance en 1847. Le pays
est présidé depuis 2006 par Ellen Johnson-
Sirleaf, première femme du continent africain
à être élue à la tête d'un État.
Le Liberia (3,5 millions d'habitants), est l'un
des pays les plus pauvres de la planète :
l'espérance de vie y est seulement de 42 ans,
le PIB par habitant de 195 dollars et le taux
d'alphabétisation de 55 %. Plus de
150 000 habitants ont péri durant la guerre
civile qui a déchiré le pays entre 1989 et 1997.

Votre manuel et le développement durable

Tout au long de sa fabrication, le manuel que vous avez entre les mains a été élaboré afin de minimiser son impact sur l'environnement.

▶ **Le papier a été fabriqué en Europe.** Le bois utilisé provient de forêt gérées durablement (replantées), comme l'attestent les labels FSC ou PEFC ; aucune forêt primaire n'a été mise contribution. La pâte à papier est blanchie sans chlore. Autant que possible, lorsque les délais le permettent, le papier est transporté par voie fluviale ou ferroviaire.

▶ **Les encres utilisées sont 100 % végétales,** fabriquées à partir de tournesol, de colza, de soja ou de lin. Plus facilement dégradables, leur fabrication nécessite une consommation d'énergie moindre.

▶ **Votre manuel est imprimé en France* par des imprimeurs labellisés Imprim'Vert ou ISO 14001 :** minimisation de l'utilisation d'eau, pas d'utilisation de produits toxiques, récupération et retraitement des déchets de l'imprimerie.

* Pour 95 % des livres, les 5 % restants étant imprimés dans l'Union européenne.

Chapitre 1

Les débuts de l'Islam

Comment est née et s'est diffusée la civilisation arabo-musulmane ?

Musulmans en pèlerinage à la Kaaba, dans la Grande Mosquée de La Mecque (aujourd'hui en Arabie Saoudite).
Édifice en forme de cube recouvert d'un voile de soie noire, la Kaaba est le monument le plus vénéré de l'islam. Elle contient, scellée dans un mur, la « Pierre noire », que l'ange Gabriel aurait donnée à Abraham, selon la tradition religieuse musulmane.

■ **Expliquez pourquoi les musulmans se rassemblent autour de ce monument.**

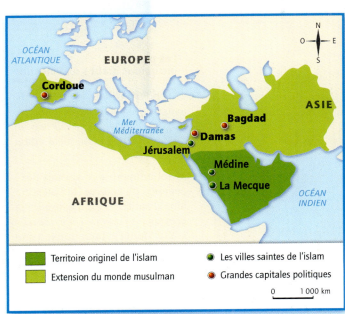

Le monde musulman au VIIIᵉ siècle.

Le calife Haroun el Rachid (765-809)

*Détail d' une miniature persane
du XVIᵉ siècle, BNF.*

Durant son long règne, de 786 à 809, il porte
à son apogée l'empire musulman et la dynastie
des Abbassides. La capitale de l'empire, Bagdad,
connaît alors un développement économique
et un rayonnement sans précédent.

■ **Décrivez cette représentation d'Haroun el Rachid.**

La conquête de la Syrie-Palestine

Dans les années qui suivent la mort de Mohammed, le fondateur de l'islam, des cavaliers venus d'Arabie font la conquête de la Syrie et de la Palestine. Ils affirment ainsi la puissance arabe et diffusent la religion nouvelle : l'islam.

▶ **Dans quel contexte naît et s'affirme la religion musulmane ?**

Période de conquête

500   635 750   1000

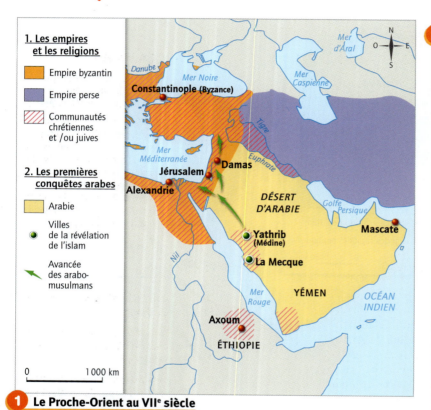

1. Les empires et les religions

- ☐ Empire byzantin
- ☐ Empire perse
- ☐ Communautés chrétiennes et /ou juives

2. Les premières conquêtes arabes

- ☐ Arabie
- ⦿ Villes de la révélation de l'islam
- ➤ Avancée des arabo-musulmans

1 Le Proche-Orient au VIIe siècle

2 Les premières incursions arabes en Palestine

Théophile d'Edesse (695-785), astronome à la cour des calives de Bagdad au milieu du VIIIe siècle, fait le récit de la conquête arabe en Palestine.

«Mohammed leur vantait l'excellence de la terre de Palestine leur disant : *"C'est à cause de la croyance à l'unique Dieu que leur a été donnée* [aux juifs] *cette terre si bonne et si fertile."* Et il ajoutait : *"Si vous m'écoutez, Dieu vous donnera à vous aussi une bonne terre où coulent le lait et le miel."* Comme il voulait renforcer sa parole, il dirigea une troupe de ceux qui avaient adhéré à son message et il commença à monter vers la terre de Palestine, attaquant, ravageant et pillant. Ils revinrent chargés de butin sans avoir subi de dommages.»

D'après Théophile d'Édesse, cité dans A.-L. de Prémare, *Les fondations de l'islam. Entre écriture et histoire*, Seuil, «Points Histoire» 2009.

3 La bataille du Yarmouk (636)

«L'empereur de Byzance vint en Syrie à la tête d'une armée de deux cent cinquante mille hommes. À cette nouvelle, le général Khalid s'établit près d'une rivière nommée Yarmouk. Il s'adressa aux musulmans et leur dit : *"Jamais une armée d'Infidèles aussi nombreuse ne s'est trouvée en présence des musulmans. Combattez pour le combat de Dieu et luttez pour la religion !"* Khalid demanda que ceux qui avaient été les compagnons de Mohammed se placent en première ligne et prononça ces mots : *"Ô Seigneur, voici les hommes par les-* quels tu as fermement établi ta religion !"* Ensuite, il attribua un poste à ceux qui avaient assisté la bataille de Badr* et leur dit : *"Je ne vous demande pas de combattre ; mais vous devez tous vous prosterner et prier, afin que Dieu nous vienne en aide."* Ces hommes prièrent et récitèrent le Coran. La bataille s'engagea…»

D'après al-Tabari, *Histoire des prophètes et des rois*, IXe siècle.

* En 624, première bataille victorieuse qu'auraient remportée Mohammed et les musulmans contre les Mecquois l'ayant contraint à l'exil à Médine.

4 **Cavaliers arabes**

Miniature extraite de Nihayat-al-Su, Manuel de cavalerie et de combat, Syrie et Égypte, XIVᵉ siècle

Vocabulaire

- **Calife** : chef politique et religieux des musulmans, successeur de Mohammed.

- **islam** : avec un « i » minuscule, ensemble des croyances et des pratiques de la religion musulmane. En arabe, le terme désigne la reconnaissance du fidèle envers Dieu (voir la définition de Islam avec un « I » majuscule, p. 20).

5 **Les Arabes face aux chrétiens de Jérusalem**

« Voici la garantie que le serviteur de Dieu, Omar*, accorde aux habitants de Jérusalem**. À tous sans distinction, qu'ils soient bien ou mal disposés, il garantit la sécurité pour eux-mêmes, leurs possessions et tout ce qui concerne leur culte. Leurs églises ne seront pas transformées en habitations, ni ne seront détruites. Rien ne sera enlevé aux églises ni aux possessions des habitants. Ils ne seront pas contraints en matière de religion et personne d'entre eux n'aura la moindre vexation à craindre. Il ne leur sera fait aucun mal, à condition qu'ils paient l'impôt. »

D'après AL TABARI, *Histoire des rois et des peuples*, début du Xᵉ siècle.

* Deuxième calife après la mort de Mohammed, 634-644.
** Ville prise par les Arabes en 638.

ZOOM socle commun **Pour raconter et expliquer une conquête**

▶ Je précise l'époque concernée.

▶ Je présente les événements et les acteurs importants de la conquête.

▶ Je définis les territoires conquis et les relations avec les populations conquises.

Activités

1) **Doc. 1** Indiquez d'où viennent les arabo-musulmans.

2) **Doc. 1, 2 et 3** À quel empire s'attaquent-ils d'abord ? Quels sont les motifs de ces conquêtes ?

3) **Doc. 3** Relevez dans le texte comment sont nommés les ennemis de Khalid et de ses hommes.

4) **Doc. 4** Décrivez l'armement et la tenue des conquérants arabes.

5) **Doc. 5** Quels éléments du récit montrent que les conquérants arabes n'imposent pas leurs croyances par la force ?

◆ **Expression écrite et orale** ◆

6) **À l'aide de la fiche Zoom ci-contre, faites le récit de la conquête de la Syrie-Palestine vue par un cavalier arabe.**

Mohammed et les récits de la tradition

Jérusalem

ARABIE

Yathrib (Médine)

La Mecque

Golfe Persique

Mer Rouge

Tigre

Euphrate

Les textes religieux qui fondent la tradition de l'islam présentent Mohammed, choisi par Allah pour prêcher une nouvelle religion monothéiste. Les historiens savent peu de chose sur la vie du prophète de l'islam, car les sources qui permettent de le connaître sont d'origine religieuse et ont été mises par écrit parfois bien longtemps après sa mort.

Vie de Mohammed
L'Hégire (622)

500   vers 570   632   700

▶ **Que racontent les récits de la tradition musulmane sur les origines de l'islam ?**

1 Dans le Coran : Mohammed, prophète de l'islam

«Mohammed n'est le père d'aucun de vous. Il est l'envoyé d'Allah et le sceau des prophètes*. Allah connaît tout.»

D'après le Coran, *Sourate XXXIII, verset 38.*

«Car c'est à toi, Mohammed, que nous avons fait descendre ce livre où toute chose se trouve éclairée, et qui est aussi un guide sûr et une annonce heureuse pour les croyants.»

D'après le Coran, *Sourate XVI, verset 93.*

_____

* Le dernier des prophètes, après Abraham, Moïse, Jésus…

VOCABULAIRE

- **Allah** : mot arabe signifiant Dieu.
- **Coran** : «récitation» en arabe, c'est le texte sacré considéré comme la parole divine transmise à Mohammed.
- **Hadiths** : ensemble des paroles et des actes attribués à Mohammed.
- **L'Hégire** : départ de Mohammed de La Mecque pour Yathrib (Médine) en 622. C'est le début de l'ère musulmane.
- **Sirâ** : ensemble des récits sur la vie de Mohammed.

2 Dans la Sirâ, l'épisode de la révélation

يا اخي جبريل انك تعالي منزلي في فرجي بو مخلوقات

«L'ange Gabriel descendit du ciel et trouva Mohammed sur le mont Hira*. Il se montra à lui et lui dit : *"Salut à toi, ô Mohammed, apôtre d'Allah."* Mohammed se leva, pensant qu'il était devenu fou. Il se dirigea vers le sommet de la montagne. Mais Gabriel le prit entre ses ailes et lui dit : *"Mohammed, tu es le prophète d'Allah et je suis Gabriel, l'ange d'Allah qui t'apporte son message pour que tu le lises."* Mohammed lui répondit : *"Comment lirais-je, moi qui ne sais pas lire ?"* Gabriel lui dit : *"Lis au nom de ton seigneur qui a tout créé."*»

D'après IBN HICHAM, *Vie du prophète,* IXe siècle.

_____

* à proximité de La Mecque.

◀ **Mohammed et l'ange Gabriel.** *Miniature turque du XVIe siècle, bibliothèque de Topkapi, Istanbul.*

ZOOM socle commun

Pour raconter et expliquer un épisode religieux

▶ Je cite les sources qui sont à ma disposition.

▶ Je présente l'événement et/ou le personnage concerné.

▶ J'indique les croyances religieuses issues de ce récit.

L'arabe se lit de droite à gauche.

Des petites rosettes séparent les versets.

Une sourate commence par «Au nom d'Allah, le très Miséricordieux».

3 **Un Coran du XIIᵉ siècle** ● *Sourate VII, BNF, Paris.*

Le Coran est constitué de 114 sourates (chapitres) et de 6 236 versets. Pour les musulmans, le Coran est la parole d'Allah communiquée au prophète Mohammed par l'intermédiaire de l'ange Gabriel. C'est un texte sacré. D'abord transmis oralement, le Coran commence à être mis par écrit au milieu du VIIᵉ siècle, mais la version définitive du texte n'est fixée qu'à la fin du IXᵉ siècle.

4 **Dans un hadith : Mohammed et la prière**

«Aux premiers temps de son arrivée à Yathrib*, le Prophète logea chez ses grands-parents. Durant seize ou dix-sept mois, il fit sa prière en se dirigeant vers le temple de Jérusalem, bien qu'il eût préféré se tourner du côté de La Mecque. La première prière qu'il fit dans cette direction fut une prière de l'après-midi. Un des fidèles du groupe qui venait de prier avec lui passa, en s'en allant, auprès d'un oratoire où d'autres fidèles étaient en train de prier : *"Je jure, par Allah,* leur dit-il, *que je viens de prier avec l'envoyé d'Allah et que nous étions tournés vers La Mecque."* Aussitôt ces gens, tout en conservant la même attitude, se tournèrent en direction de la Kaaba.»

D'après AL-BOKHÂRI, *Les traditions islamiques,* IXᵉ siècle.

* Médine, où Mohammed s'est installé après avoir quitté La Mecque en 622.

5 **La destruction des idoles de la Kaaba**

Miniature du XVIᵉ siècle.
De retour à La Mecque (630), d'où il était parti en 622 (l'Hégire), Mohammed détruit les symboles du polythéisme.

Activités

1) **Doc. 1 et 2** Qu'est-ce qu'un prophète ? Comment Allah se fait-il connaître de Mohammed, d'après la tradition ?

2) **Doc. 2 et 5** Décrivez comment est représenté Mohammed. Pourquoi Mohammed détruit-il les idoles ?

3) **Doc. 3** Comment se présente le Coran ?

4) **Doc. 4** Expliquez pourquoi les musulmans prient en direction de La Mecque.

◆ **Expression écrite et orale** ◆

5) **RÉCIT** À l'aide de la fiche Zoom ci-contre, racontez l'épisode de la révélation faite à Mohammed.

Les fondements de l'islam

A Mohammed, fondateur de l'islam

🔸 **Au VIᵉ siècle, le vaste désert d'Arabie est peuplé d'éleveurs nomades et de communautés sédentaires dans les oasis. Les Arabes sont polythéistes** et ont pour lieu saint La Mecque. Vivent aussi en Arabie des populations juives et chrétiennes.

🔸 Selon la tradition religieuse musulmane, en 610, l'ange Gabriel annonce à Mohammed (570-632) qu'Allah l'a choisi pour être son prophète. **Mohammed prêche alors une nouvelle religion monothéiste à La Mecque : l'islam** [doc. 1].

🔸 **En 622, face aux critiques dont il est l'objet, Mohammed doit quitter la ville et se rend à Yathrib : c'est l'Hégire.** À Yathrib, rebaptisée Médine («la ville du prophète»), Mohammed fonde la première communauté musulmane. En 630, il s'empare de La Mecque et y interdit le polythéisme. **À sa mort en 632, la plupart des Arabes sont devenus musulmans.**

B La conquête de l'empire musulman

🔸 Du VIIᵉ au IXᵉ siècle, les successeurs de Mohammed, **les califes, conquièrent un vaste empire** qui s'étend des portes de l'Inde à l'Est, à l'Espagne à l'Ouest [doc. 3].

🔸 Dans les territoires dominés par les Arabes, les populations se convertissent peu à peu à l'islam. **Les juifs et les chrétiens restent libres de pratiquer leur religion contre le versement d'un impôt.**

C Croyances et pratiques de l'islam

🔸 **En même temps que naît un empire arabe, les textes fondant la tradition de l'islam sont rédigés : le Coran, les Hadiths, la Sirâ.**

🔸 Ces écrits indiquent aux fidèles les pratiques de la religion musulmane : proclamer sa foi en Allah, faire la prière, pratiquer l'aumône, respecter le jeûne du Ramadan et accomplir, si possible, le pèlerinage à La Mecque [doc. 4]. La tradition contient également les règles qui régissent la vie quotidienne et sociale [doc. 2].

1 Sur les croyances

«Allah t'a envoyé le livre contenant la vérité et qui confirme les Écritures qui l'ont précédé. Avant lui, Il fit descendre la Torah et l'Évangile pour servir de direction aux Hommes.»

Le Coran, *Sourate III, verset 2.*

«Quiconque a été infidèle à Allah aura l'enfer pour demeure. Mais celui qui tremblait devant la majesté d'Allah, celui-là aura le paradis pour demeure.»

Le Coran, *Sourate 79, versets 34 à 39.*

■ **Quelles sont les sources de l'islam d'après la tradition ?**

2 Des règles de vie

«Mohammed dit : *"Toute boisson enivrante est prohibée".*»

D'après MUSLIM, *Recueil de hadiths, IXᵉ siècle.*

«Voici ce qui vous est interdit : le sang, la viande de porc, les animaux tués par quelque chute ou d'un coup de corne.»

Le Coran, *Sourate V, verset 4.*

«Allah vous commande, dans le partage de vos biens entre vos enfants, de donner au fils mâle la portion de deux filles.»

Le Coran, *Sourate IV, verset 12.*

■ **Quelles sont les règles de vie prônées par la tradition ?**

VOCABULAIRE

- ⚜ **Allah** : voir p. 14.
- ⚜ **Califes** : voir p. 13.
- ⚜ **Coran, Hadiths, Sirâ** : voir p. 14.
- ⚜ **Hégire** : voir p. 14.
- ⚜ **islam** : voir p. 13.
- ⚜ **Jeûne du Ramadan** : se priver volontairement de nourriture du lever au coucher du soleil pendant un mois.
- ⚜ **Musulman** : croyant de l'islam.
- ⚜ **Pèlerinage** : voyage effectué vers un lieu saint pour y prier.

OCÉAN
ATLANTIQUE

EUROPE

Poitiers
(732)

ROYAUME
FRANC

Slaves

Talas
(751)

Chinois

ASIE

ESPAGNE

Cordoue

Fès

Kairouan

MAGHREB

AFRIQUE

Danube

Mer Noire

Constantinople
(718)

EMPIRE
BYZANTIN

Mer
Méditerranée

Le Caire

ÉGYPTE

SYRIE

Damas

PALESTINE
Jérusalem

Mer
d'Aral

Mer
Caspienne

Syr Daria

Samarkand

Amou Daria

Kaboul

AFGHANISTAN

Indus

Indiens

Tigre
Euphrate

Bagdad

IRAK

PERSE

Golfe
Persique

ARABIE

Médine

La Mecque

Mer
Rouge

OCÉAN
INDIEN

1. L'expansion musulmane

- Arabie à la mort de Mahomet (632)
- Conquêtes des premiers califes (632-661)
- Conquêtes de 661 à 750
- ✳ Coups d'arrêt dans les conquêtes

2. Les villes de l'empire

- ● Villes saintes de l'islam
- ● Capitales des califes
- ● Autres villes importantes

0 ____ 1 000 km

③ L'expansion de l'empire musulman

■ Indiquez les limites géographiques du monde musulman au VIIIe siècle.

④ Les pratiques religieuses de l'Islam

● **La profession de foi**

«Il n'y a de Dieu qu'Allah et Mohammed est son prophète.»

Appel du muezzin à la prière.

● **La prière**

«Heureux sont les croyants qui font la prière avec humilité.»

Le Coran, Sourate XXIII, verset 1.

● **L'aumône aux pauvres**

«L'aumône la plus méritoire est celle que tu fais alors que tu es bien portant, très attaché à l'argent, craignant la pauvreté et souhaitant la richesse. N'attends pas pour la faire d'être à l'agonie de la mort.»

D'après AL-BOKHÂRI, Les traditions islamiques, IXe siècle.

● **Le jeûne de Ramadan**

«Vous qui croyez, le jeûne vous a été prescrit. Le mois de jeûne est celui de ramadan, mois pendant lequel le Prophète a eu la Révélation qui indique aux Hommes la voie à suivre. Mangez et buvez jusqu'à l'aurore. Jeûnez ensuite jusqu'à la nuit suivante.»

Le Coran, Sourate II, versets 183, 185 et 187.

● **Le pèlerinage à La Mecque**

«Accomplissez le grand pèlerinage à La Mecque pour l'amour d'Allah. En cas d'empêchement, faites alors une offrande.»

Le Coran, Sourate II, versets 196-197.

■ Montrez que l'islam est bien une religion monothéiste. Qu'est-ce que faire l'aumône ? Que rappelle le Ramadan ?

J.-C.   500   1000   1500   2000

La mosquée des Omeyyades de Damas

Construite par les califes de la dynastie des Omeyyades, la mosquée de Damas est un lieu de culte, de réunion et d'enseignement religieux pour les musulmans. Dans le monde musulman, les mosquées sont bâties selon le plan de la maison de Mohammed à Yathrib (Médine), rapporté par la tradition.

▶ **Quelles sont les caractéristiques d'une mosquée comme celle de Damas ?**

Édification de la mosquée de Damas

600   706-715   800

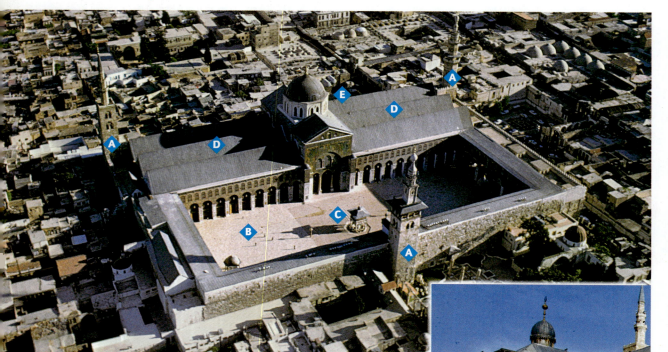

1 **La Grande Mosquée de Damas**

(**A**) Minarets du haut desquels le mezzin appelle à la prière ; (**B**) Cour à arcades ; (**C**) Fontaine aux ablutions ; (**D**) Salle des prières ; (**E**) Mur de la qibla, orienté en direction de la Mecque.

2 **La construction de la Grande Mosquée de Damas**

« On a dit qu'il y avait quatre merveilles au monde : le pont de Sandja [en Syrie], le phare d'Alexandrie, l'église d'Edesse [en Syrie] et la mosquée de Damas. Le calife Al-Walîd* entreprit la construction de la mosquée de Damas et y dépensa l'impôt foncier de l'État durant sept ans. Elle est construite en marbre et mosaïque, couverte de bois de teck, ornée de lapis-lazuli** et d'or. Le mirhab est incrusté de joyaux précieux et de pierres merveilleuses. »

D'après IBN AL-FAQUIH AL-HAMADHÂNI, *Abrégé du Livre des pays*, IXᵉ siècle.

* Calife de 705 à 715. ** Pierre fine de couleur bleue.

3 **La fontaine aux ablutions**

« Ô croyants ! Quand vous vous disposez à faire la prière, lavez-vous le visage et les mains jusqu'aux coudes, essuyez-vous la tête et les pieds jusqu'aux chevilles. »

D'après le Coran, *Sourate V, verset 4.*

4 Un imam et des fidèles dans une mosquée

Miniature de Al-Wâsilî, extraite de Al-Harîrî, Les Séances, *Bagdad, 1237. BNF, Paris.*

(A) La qibla : orientation vers La Mecque ; **(B)** Le mirhab, symbolisant la présence de Mohammed ; **(C)** Le minbar, d'où l'imam lit et explique le Coran aux fidèles.

5 La salle des prières à la mosquée de Damas aujourd'hui

(A) La qibla ; **(B)** Le mirhab.

6 À la mosquée de Damas

«L'imam monta en chaire. Les lecteurs assis devant lui sur des bancs se mirent à réciter le Coran, faisant entendre des modulations admirables et des inflexions émouvantes. Alors, l'imam prit la parole et prononça un sermon empreint de sérénité et de dignité. Ensuite, il fut assailli de partout par une pluie de questions auxquelles il répondit sans rester court et sans hésiter. La vénérable mosquée de Damas a un certain nombre de "coins" que les lettrés fréquentent pour copier des livres ou pour enseigner aux étudiants. La cour est entourée de galeries sur trois de ses côtés, lieu de rendez-vous, de promenade et de délassement des habitants de la ville. Chaque soir, on les voit aller et venir. L'un s'entretient avec un ami, l'autre récite le Coran.»

D'après une description d'Ibn Jobayr, *Voyages,* XIIᵉ siècle.

ZOOM
socle commun

Pour décrire une mosquée

▶ J'indique sa localisation et de quand date sa construction.

▶ Je cite les différents éléments composant le bâtiment.

▶ J'indique ce que les fidèles y font.

Activités

1) **Doc. 1 et 2** Qui a décidé la construction de la mosquée de Damas ? Quand ? Relevez trois éléments montrant la richesse du décor de ce lieu de culte.

2) **Doc. 3 et 5** Précisez ce que doit faire le fidèle avant d'accéder à la salle des prières.

3) **Doc. 1, 4 et 5** Dans quelle direction est orienté le mur de la qibla ? Pourquoi ? Où se localise précisément le mihrab ?

4) **Doc. 4 et 6** Définissez le rôle de l'imam.

5) **Doc. 5 et 6** Montrez que la mosquée n'est pas seulement un lieu de culte.

◆ **Expression écrite et orale** ◆

6) À l'aide de la fiche Zoom ci-contre, décrivez en quelques phrases la Grande Mosquée des Omeyyades de Damas.

Une grande ville de l'Islam : Bagdad

Fondée par le calife Al-Mansur, Bagdad devient la capitale de la dynastie des Abbassides et compte un million d'habitants au Xe siècle. C'est un important centre artisanal, commercial et culturel. La ville rayonne alors sur l'ensemble du monde musulman.

▶ **Que nous apprend Bagdad sur la civilisation arabo-musulmane ?**

Fondation de Bagdad

600   762   900

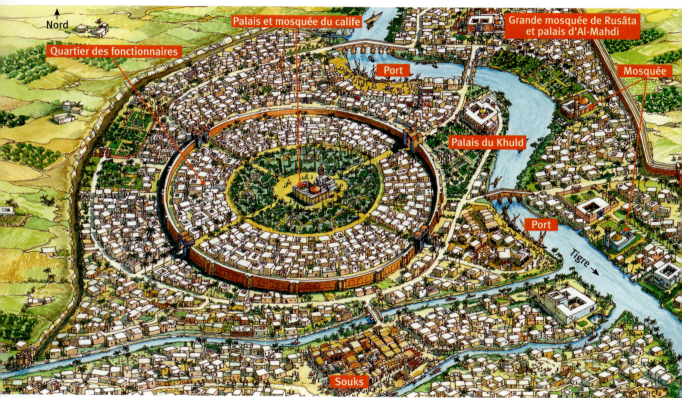

Nord

Quartier des fonctionnaires

Palais et mosquée du calife

Grande mosquée de Rusâta et palais d'Al-Mahdi

Mosquée

Port

Palais du Khuld

Port

Tigre

Souks

1 Reconstitution de Bagdad, d'après des récits du IXe siècle

2 Bagdad, centre du monde

« En Irak, le nombril de la Terre, je mentionnerais en premier lieu Bagdad, parce qu'elle est le cœur du pays, la ville la plus considérable qui n'a pas d'équivalent ni en Orient, ni en Occident, en étendue, en importance, en prospérité, comme en abondance d'eau. Tous les peuples du monde y possèdent un quartier et y font du commerce. Elle s'étale sur les rives du Tigre, et voit affluer des produits commerciaux et des vivres par terre ou par eau. Les marchandises y sont importées de l'Inde, de la Chine, du Tibet, du pays des Turcs, de toute part. On pourrait croire que tous les biens de la Terre y sont dirigés. En outre, elle est la capitale des califes abbassides, le foyer de leur empire et le siège de leur souveraineté. »

D'après le géographe arabe AL-YACOUBI, *Les Pays*, IXe siècle.

VOCABULAIRE

🔖 **Islam** : avec un « I » majuscule, l'espace délimité par les conquêtes des VIIe-VIIIe siècles où se développe la civilisation musulmane.

🔖 **Souk** : marché couvert regroupant artisans et commerçants dans une ville musulmane.

3 Al-Khawarizmi (790-840), le père de l'algèbre

« Le premier nom important dans les mathématiques et également en astronomie est celui d'Al-Khawarizmi. Travaillant à Bagdad, il rédigea pour le calife Al-Mamoun* une forme abrégée de certaines tables d'astronomie indiennes. Il fut également l'auteur d'une description des parties habitées de la Terre, fondée sur la *Géographie* de Ptolémée. Toutefois, les ouvrages qu'il écrivit sur les mathématiques eurent beaucoup plus d'influence. L'un d'eux peut être considéré comme la base de l'algèbre, tandis qu'un autre est le premier ouvrage qui traite de l'arithmétique en employant le système décimal actuel, c'est-à-dire les chiffres dits "arabes". »

W. M. WATT, *L'influence de l'islam sur l'Europe médiévale*, Geuthner, 1974.

_____
* Le calife Al-Mamoun règne de 813 à 833.

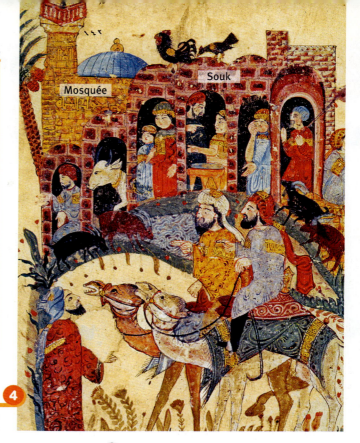

Des voyageurs arrivant à Bagdad 4
Miniature de Al-Wâsilî, extraite de Al-Harîrî,
Les Séances, *Bagdad, 1237. BNF, Paris.*

5 Dans une bibliothèque publique à Bagdad
Miniature peinte par Al-Wâsilî, extraite de Al-Harîrî,
Les Séances, *Bagdad, 1237.*
Les livres sont rangés à plat dans des casiers.

ZOOM
socle commun

Pour décrire une ville

▶ Je la localise et j'indique quand elle a été fondée.

▶ Je décris son plan, je cite ses principaux lieux et monuments.

▶ Je présente ses habitants et leurs activités.

Activités

1) **Doc. 1, 4 et 5** Classez les bâtiments ou les lieux de Bagdad selon leur fonction : politique, religieuse, commerciale, culturelle.

2) **Doc. 2** Relevez dans le texte deux éléments expliquant pourquoi la ville de Bagdad est appelée « le nombril de la Terre ».

3) **Doc. 3** Pourquoi le personnage d'Al Khawarizmi illustre-t-il le rayonnement de Bagdad dans le domaine scientifique au IXe siècle ?

◆ **Expression écrite et orale** ◆

4) **RÉCIT** **Imaginez que vous êtes un enfant de Bagdad et que vous faites découvrir votre ville à un ami.**

J.-C.   500   1000   1500   2000

Une civilisation brillante

A L'organisation de l'empire musulman

🔸 **L'empire arabo-musulman est dirigé par un calife** [doc. 1]. Jusqu'en 750, il appartient à la dynastie des Omeyyades et gouverne depuis Damas en Syrie. Après 750, il est issu de la dynastie des Abbassides et siège à Bagdad en Irak.

🔸 **Le calife est assisté d'un vizir.** Il nomme des émirs qui dirigent les provinces de l'empire. Au Xᵉ siècle, naissent des califats rivaux en Égypte et en Espagne.

B Une civilisation urbaine et commerçante

🔸 Partout dans les pays de l'Islam se développent les villes. **Elles regroupent parfois plusieurs centaines de milliers d'habitants comme Bagdad, en Irak, ou Cordoue, en Espagne.** Les califes et les émirs y font construire des palais et de nombreuses mosquées.

🔸 **Le monde musulman est en position de carrefour entre trois continents** [doc. 3]. Transportées d'Asie et d'Afrique par caravanes [doc. 2] ou par bateaux, les marchandises affluent dans les villes. Elles sont vendues dans les souks. Elles alimentent aussi les échanges commerciaux avec des marchands d'Europe.

C Un carrefour culturel

🔸 **Le monde musulman s'enrichit de ses contacts avec le monde byzantin, l'Inde et la Chine. Les savants musulmans accomplissent d'importants progrès en mathématiques (invention de l'algèbre), en astronomie, en géographie et en médecine** [doc. 4].

🔸 Les populations vivant dans le monde musulman sont diverses : musulmans, juifs, chrétiens, Arabes, Persans, Berbères… **Il en résulte de nombreux échanges et une grande diversité des cultures.** La poésie et la musique s'épanouissent à la cour des califes [doc. 5].

Est inscrit : « Il n'y a de dieu qu'Allah. »

Épée dans son fourreau

1 Monnaie d'or (dinar) d'Abd al Malik

Fin VIIᵉ siècle, BNF, Paris

Cinquième calife de la dynastie des Omeyyades, il régna à Damas, en Syrie, de 685 à 705. Il étendit les conquêtes arabo-musulmanes en direction du Maghreb et de l'Inde. Il fut le premier calife à faire frapper une monnaie d'or arabe qui circula dans tout le bassin méditerranéen au VIIIᵉ siècle.

■ **D'après la pièce de monnaie, quel est le rôle d'un calife ? Au nom de qui exerce-t-il son pouvoir ?**

2 Un caravanier arabe • *Miniature arabe du XIIIᵉ siècle*

■ **Comment sont transportées les marchandises ? Pourquoi cet animal est-il adapté au milieu de l'Arabie ?**

✓OCABULAIRE

🐪 **Calife** : voir p. 13.

🐪 **Caravane** : groupe de marchands réunis pour traverser un désert ou une région peu sûre.

🐪 **Islam** : voir p. 20.

🐪 **Émir** : gouverneur de province dans l'empire musulman.

🐪 **Mosquée** : voir p. 20.

🐪 **Souk** : voir p. 20.

🐪 **Vizir** : ministre d'un calife.

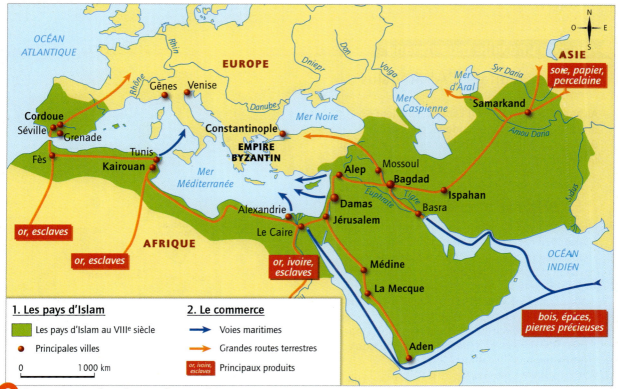

1. Les pays d'Islam

■ Les pays d'Islam au VIIIᵉ siècle
● Principales villes
0   1 000 km

2. Le commerce

→ Voies maritimes
→ Grandes routes terrestres

or, ivoire, esclaves   Principaux produits

3   Le commerce dans le monde musulman

■ **Au carrefour de quels continents se situe le monde arabo-musulman ? Quels produits les marchands ramènent-ils d'Asie ? D'où proviennent les esclaves ?**

4   La médecine arabe

« On me présenta un chevalier qui avait un abcès à la jambe. J'appliquai au blessé un petit cataplasme ; son abcès s'ouvrit et s'améliora. Mais voici qu'arriva un médecin franc qui déclara : *"Cet homme est incapable de le guérir"* puis il demanda au chevalier : *"Que préfères-tu ? Vivre avec une seule jambe ou mourir avec les deux ?".* *"Vivre avec une seule jambe"*, répondit le chevalier. Alors le médecin franc ordonna : *"Amenez un homme robuste et une hache bien aiguisée".* Le médecin franc étendit la jambe du chevalier sur un billot de bois et dit à l'homme : *"Donne lui un bon coup de hache pour couper net la jambe !".* Sous mes yeux, l'homme donna un coup violent, mais la jambe ne se détacha pas. Il assena alors au malheureux un second coup de hache : la moelle de la jambe gicla et le blessé mourut à l'instant même. »

D'après Oussama Ibn Mounqidh, *Des enseignements de la vie*, XIIᵉ.

■ **Quelle conclusion peut-on tirer de ce récit sur la médecine arabe ?**

5   Dans le jardin intérieur d'un palais

Miniature extraite de l'Histoire de Bayâd et Riyad, Espagne ou Maroc, XIIIᵉ siècle, Bibliothèque du Vatican.

■ **Relevez dans l'image des indices du raffinement de la civilisation musulmane.**

1 Décrire une ville musulmane

Cordoue, capitale d'Al-Andalus

Au Xᵉ siècle, Al-Andalus (l'Espagne) devient un califat indépendant. Cordoue, grande ville de 500 000 habitants, en est la capitale mais aussi un centre religieux et culturel important.

1 Cordoue vue par un géographe

«La ville de Cordoue est la capitale d'Al-Andalus. C'est le siège du califat musulman. Cordoue ne manqua jamais de savants illustres ni de personnages distingués. Ses marchands sont riches, possèdent des biens abondants et vivent dans l'aisance. C'est dans la ville centrale que se trouve la Grande Mosquée qui, parmi les mosquées musulmanes, n'a pas sa pareille pour l'architecture, les ornements, les dimensions.»

AL-IDRÎSÎ, *Livre de Roger*, 1154.

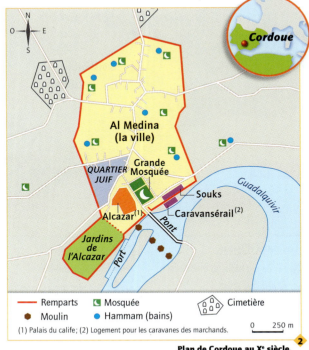

Remparts — Mosquée 🕌 Cimetière

● Moulin ● Hammam (bains)

(1) Palais du calife ; (2) Logement pour les caravanes des marchands.

0   250 m

Plan de Cordoue au Xᵉ siècle. 2

3 **L'Alcazar de Cordoue et ses jardins**

1 **Doc. 1 et 2** Situez Cordoue dans l'empire musulman.

2 **Doc. 1, 2 et 3** Classez les bâtiments et les lieux de Cordoue selon leur fonction : politique, religieuse, commerciale, de loisirs.

3 **Doc. 2** Quelle indication montre que les musulmans ne sont pas les seuls habitants de la ville ?

RÉCIT *Rédigez quelques phrases présentant Cordoue comme : 1. une ville musulmane ; 2. économiquement prospère ; 3. grand centre religieux et scientifique.*

2 RÉCIT Raconter un épisode de la tradition musulmane

Le voyage nocturne de Mohammed

1 Le récit de la tradition

«"Pendant que j'étais à La Mecque, le pla-fond de ma maison s'entrouvrit et l'ange Gabriel descendit. Me prenant par la main, il m'enleva vers le ciel." Le Prophète trouva dans les cieux Adam, Moïse, Jésus et Abraham. Quand Gabriel passa avec le Prophète devant Moïse, celui-ci déclara : "Qu'il soit le bienvenu, le Prophète vertueux et le frère des vertueux !"

Comme je* demandais : "Qui est-ce ?", Gabriel me répondit : "Moïse".

La même scène se déroula avec Abraham et Jésus.

Allah prescrivit alors à mon peuple cin-quante prières par jour. Comme je m'en retournais avec cette prescription, je passai auprès de Moïse :

"– Que t'a prescrit Allah pour ton peuple ? me demanda-t-il.

– Il m'a prescrit cinquante prières, lui répondis-je.

– Retourne auprès du Seigneur, me dit Moïse, car ton peuple n'aura pas la force de supporter cela." Je revins près d'Allah qui me dit : "Ce sera donc cinq prières qui en vaudront cinquante à mes yeux."»

D'après AL-BOKHÂRI, *Les traditions islamiques*, IXᵉ siècle.

* Mohammed.

2 Moïse, l'ange Gabriel et Mohammed. *Miniature persane du XVIᵉ siècle.*

1 Doc. 1 et 2 Indiquez la nature des documents.

2 Doc. 2 Repérez Mohammed sur l'image. Comment est-il représenté ?

3 Doc. 1 et 2 Qui guide Mohammed vers le ciel ?

4 Doc. 1 Relevez les éléments attestant que l'islam est lié au judaïsme et au christianisme.

5 Doc. 1 Quel grand personnage de la Bible conseille Mohammed à propos des prières ? Combien Allah en prescrit-il en définitive ?

RÉCIT *Racontez et expliquez en quelques lignes l'épisode du voyage nocturne de Mohammed.*

3 B2i Analyser une vidéo

La Mosquée de Damas

[Compétence B2i : 4.4 Relever des informations me permettant de connaître l'origine de l'information]

1 Cliquez sur l'onglet vidéo. Sur la page des vidéos, retrouvez celle consacrée à la Mosquée de Damas. Regardez la vidéo jusqu'au bout. Comment la définir ? Les informations qu'elle contient sont-elles fiables et pourquoi ?

2 Arrêtez la vidéo à 30 secondes, puis à 59 secondes : la mosquée a été bâtie sur des constructions plus anciennes. Les reconnaissez-vous ? Pourriez-vous en indiquer la période ?

3 En-dessous de la vidéo, identifiez les partenaires de ce site Internet. Dans quel but a-t-il été créé, selon vous ?

▲ www.qantara-med.org

Je révise

1 Se situer dans l'espace et dans le temps

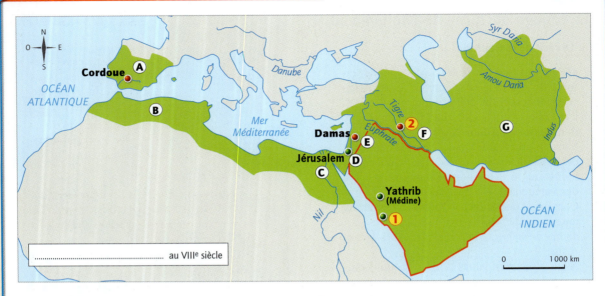

.... au VIIIᵉ siècle

① Complétez le titre de la carte.

② Quel est le nom de la région délimitée en rouge ?

③ Quelles lettres désignent les régions suivantes :
Perse, Égypte, Irak, Palestine, Espagne, Syrie,
Maghreb ?

④ Nommez les deux villes indiquées
par des numéros.

⑤ En quelle année, selon la tradition, Mohammed
part-il pour Yathrib ? Comment les musulmans
nomment-ils cet événement ?

2 Se repérer dans une mosquée

▶ Faites correspondre une définition
avec une lettre sur le plan
et nommez l'élément
quand c'est nécessaire.

	Définition	Lettre sur le plan	Nom
1	Mur indiquant la direction de La Mecque		*la qibla*
2	Cavité symbolisant la présence de Mohammed		*le mihrab*
3	Tour du haut de laquelle le muezzin appelle à la prière		
4	Le lieu où les fidèles se réunissent pour prier		
5	Chaire d'où l'imam dirige la prière		*le minbar*
6	Bassin servant aux fidèles à se purifier avant la prière		

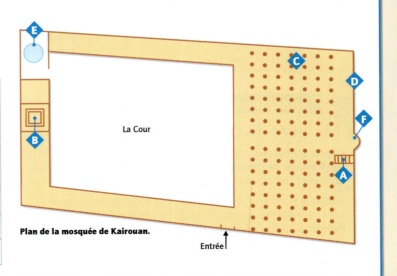

Plan de la mosquée de Kairouan.

Entrée

Le décor des palais arabo-musulmans

Fontaine

Marbre

L'Alhambra de Grenade.
Le palais a été construit
par les souverains de la dynastie
des Nasrides qui ont fondé
le royaume de Grenade. La cour
des Lions date du XIVe siècle.

[Grand domaine artistique : «arts du visuel»,
architecture, peinture, sculpture]

Les palais

■ Les souverains musulmans ont fait construire des
mosquées mais aussi de somptueux palais,
aujourd'hui presque tous disparus sauf en Espagne, comme le palais de l'Alhambra à Grenade.

■ Les appartements et les salles de réception
étaient richement décorés avec un grand raffinement par d'habiles artistes et artisans.

Art et culture musulmane

■ À l'intérieur des palais, les ouvertures sont sur-
montées d'arcs aux formes diverses. Le marbre, le
stuc et les carreaux de céramiques polychromes
recouvrent les murs et les plafonds.

■ Comme les textes de la tradition interdisent la
représentation des humains et des animaux dans les
mosquées et les palais, le décor utilise des figures
géométriques, des arabesques et la calligraphie.

Stuc avec phrases du Coran
ou poésies calligraphiées

Stuc avec
arabesques

Céramiques

VOCABULAIRE

🍂 **Arabesque** : ornement peint ou
sculpté formé de végétaux stylisés.

🍂 **Arc** : construction de forme courbe
dont les deux extrémités s'appuient
sur des points solides.

🍂 **Calligraphie** : écriture raffinée et
élégante.

🍂 **Céramiques** : objet en terre cuite.

🍂 **Polychrome** : de plusieurs couleurs.

🍂 **Stuc** : enduit fait d'un mélange de
chaux, de plâtre et de poudre de
marbre.

1 Qu'est-ce que l'Alhambra
de Grenade ?

2 Donnez trois exemples
montrant la richesse de
la décoration des lieux.

3 Pourquoi, hormis la fontaine
aux lions, n'y-a-t-il aucune
représentation humaine ou
animale dans les décors du
palais ?

Le saviez-vous ?

🔵 La cour des Lions représente le Jardin du Paradis,
rappelant une oasis, avec une source d'eau entourée
de palmiers.

🟡 Depuis 1984, l'Alhambra de Grenade est inscrite
au patrimoine mondial de l'humanité de l'UNESCO.

J.-C. 500 1000 1500 2000

Chapitre 2

Paysans et seigneurs au Moyen Âge

Comment vivent les paysans et les seigneurs ?

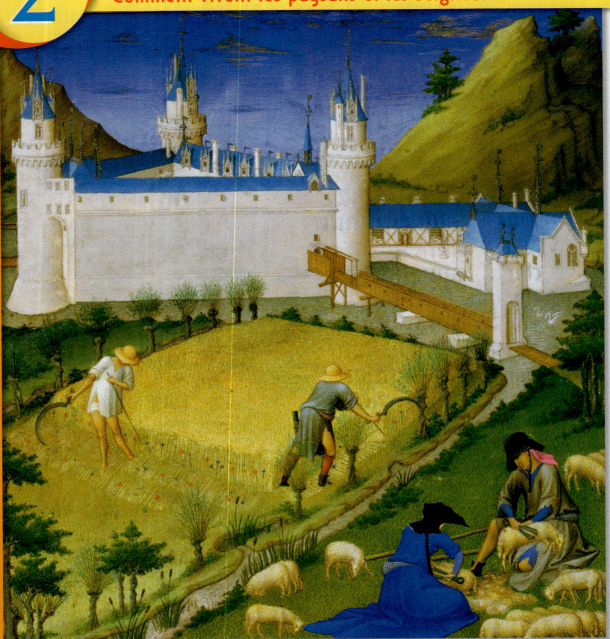

Dans une seigneurie : le château fort et les terres environnantes, sur lesquelles travaillent des paysans.
Enluminure illustrant le mois de juillet dans le livre de prières, les *Très riches heures du duc de Berry*, début du XIVe siècle, musée de Condé, Chantilly.

■ À quelles activités se livrent les paysans en ce mois de juillet ? Décrivez le château fort.

Premiers châteaux forts construits en bois

Naissance du village médiéval

GRANDS DÉFRICHEMENTS

TEMPS DES MALHEURS
- famine
- peste noire
- guerre de Cent Ans

A

Un grand seigneur, Raimond VII, comte de Toulouse (1197-1249)

Sceau de 1243.

Un sceau est une empreinte, dans de la cire, d'un motif imprimé grâce à un moule métallique. Le sceau est un cachet officiel : il valide et rend authentique le document écrit auquel il est attaché.

(A) Sceau de Raimond VII de Toulouse (avers), assis sur son trône, une épée dans la main droite, symbole de la justice qu'il exerce sur les habitants de son comté, et un château fort dans la main gauche, symbole de son autorité.

(B) Sceau de Raimond VII de Toulouse (revers) à cheval.

B

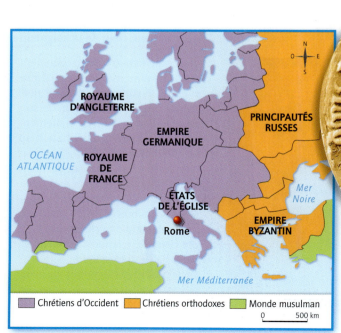

L'Occident au XIIIᵉ siècle.

- Chrétiens d'Occident
- Chrétiens orthodoxes
- Monde musulman

0   500 km

ROYAUME D'ANGLETERRE

EMPIRE GERMANIQUE

OCÉAN ATLANTIQUE

ROYAUME DE FRANCE

ÉTATS DE L'ÉGLISE

Rome

PRINCIPAUTÉS RUSSES

Mer Noire

EMPIRE BYZANTIN

Mer Méditerranée

■ Que nous apprend le sceau du comte de Toulouse sur les rôles d'un seigneur et sur sa puissance ?

La seigneurie de Wismes

Au Moyen Âge, presque toutes les terres sont détenues par les seigneurs. Les paysans, placés sous leur dépendance, construisent des villages et mettent en valeur les terres.

▶ **Qu'est-ce qu'une seigneurie ?**

1 **Le village dans une seigneurie au Moyen Âge**

«Dans le village, la vie s'organise autour de trois pôles vers lesquels les routes convergent : l'église, le château, les maisons paysannes. L'église est la demeure de Dieu ; le cimetière, à ses pieds, et les prières contribuent à réunir les fidèles. Le château protège les habitations rassemblées autour et les enserre dans un réseau de pouvoirs seigneuriaux, plus ou moins contraignants. C'est autour de l'église et du château qu'ont été construites les maisons et que se sont dessinées les parcelles agricoles, qu'il s'agisse de petites propriétés ou de tenures concédées par le seigneur.»

D'après R. DELORT, *La vie au Moyen Âge*, Le Seuil, 1990.

Wismes
Paris
ROYAUME DE FRANCE

Toit en chaume

Torchis

Soubassement en pierres

Reconstitution d'une maison paysanne **2**

agent du seigneur

3 **La corvée sur la terre du seigneur**

Psautier de la Reine Mary, XIVe siècle, BNF, Paris.

4 **Le château, cœur de la seigneurie**

«Le château n'est pas uniquement construit pour assurer une défense éventuelle contre un ennemi permanent ou pour dominer de son haut le plat pays ; il est également conçu pour servir d'habitation au seigneur, à sa famille, à ses serviteurs, voire ses vassaux et à son entourage. Il comporte essentiellement une salle et une ou plusieurs chambres. La salle est généralement dans le donjon et, si possible, de grandes dimensions, car c'est là que siège le seigneur pour rendre justice, pour recevoir hôtes, pour traiter ses convives ou pour y manger.»

D'après R. DELORT, *La vie au Moyen Âge*, Le Seuil, 1990.

Tenures

Moulin du seigneur

Église

Réserve

Tenures

Château

Gibet *pour les condamnés à la pendaison*

5 **La seigneurie de Wismes (Pas-de-Calais) à la fin du Moyen Âge** • *Plan du XIVᵉ-XVᵉ siècle.*

VOCABULAIRE

🔹 **Corvée** : travail gratuit et obligatoire effectué par les paysans pour le seigneur.

🔹 **Réserve** : terres que le seigneur garde pour lui-même, qu'il fait cultiver par des paysans salariés et d'autres soumis à la corvée.

🔹 **Seigneurie** : territoire sur lequel le seigneur exerce son pouvoir.

🔹 **Tenures** : terres que le seigneur loue aux paysans en échanges de redevances et de corvées.

ZOOM socle commun — Pour décrire un village

▶ J'indique les bâtiments principaux autour desquels se sont regroupées les maisons.

▶ Je précise la fonction des bâtiments.

▶ Je décris les maisons.

Activités

1) Situez la seigneurie de Wismes dans le royaume de France.

2) **Doc. 1** Expliquez comment est organisé un village au Moyen Âge.

3) **Doc. 2** Avec quels matériaux est construite la maison du paysan ?

4) **Doc. 5** Repérez les trois principales constructions de la seigneurie.

5) **Tous les docs** Relevez dans les documents les différents éléments qui montrent que la seigneurie est un territoire : 1. peuplé ; 2. agricole ; 3. où s'exerce le pouvoir d'un seigneur.

◆ **Expression écrite et orale** ◆

6) **À l'aide de la fiche Zoom ci-contre, décrivez en quelques phrases un village dans une seigneurie au Moyen Âge.**

Le travail des paysans

Au Moyen Âge, les paysans constituent plus de 90 % de la population de l'Occident. Sur leurs terres, ils cultivent surtout des céréales, qui, transformées en farine, bouillies, galettes ou pains, sont la base de leur alimentation. Malgré un travail acharné, la plupart des paysans vivent pauvrement et ne sont pas à l'abri de la famine.

▶ **Pourquoi le travail des paysans est-il difficile ?**

1 Une vie de labeur

« Le paysan est le travailleur par excellence dont toute l'existence est vouée au travail de la terre. Sa vie quotidienne se déroule au rythme du soleil et des saisons. La journée de travail dure du lever au coucher du soleil, donc est beaucoup plus courte l'hiver. L'année paysanne, consacrée au travail, connaît heureusement quelques répits : un certain nombre de festivités viennent interrompre l'austère labeur quotidien. Des fêtes scandent le calendrier de l'année chrétienne : Noël, Pâques, la Saint-Jean-Baptiste. »

D'après R. DELORT, *La vie au Moyen Âge,* Le Seuil, 1990.

VOCABULAIRE

🗡 **Famine** : manque total d'aliments pouvant provoquer la mort.

Le temps des vendanges 2
Détail d'un chapiteau de la cathédrale de Ferrare, Italie.

4 Une famine en 1033

« Des pluies continuelles avaient si complètement imbibé le sol que pendant trois ans on ne put creuser des sillons à ensemencer. Alors l'étreinte de la famine se resserra sur la population tout entière. Quand on eut mangé les bêtes sauvages et les oiseaux, les gens, poussés par une faim terrible, en arrivèrent à se disputer les charognes et autres choses innommables. Certains contre la mort cherchèrent un recours dans les racines des bois et dans les plantes aquatiques. »

D'après RAOUL GLABER, *Histoires,* XIe siècle.

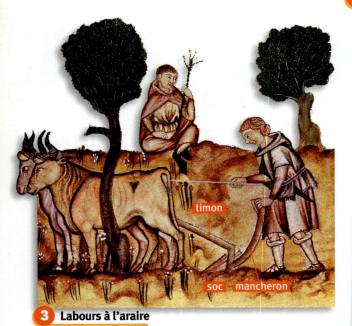

timon

soc   mancheron

3 Labours à l'araire
Bibliothèque de l'Escorial (Espagne), XIIe siècle.

ZOOM
socle commun

Pour décrire le travail paysan au Moyen Âge

▶ Je nomme ses activités au fil des mois ou des saisons.

▶ Je cite les outils agricoles qu'il utilise.

▶ J'évoque ses conditions de travail.

Janvier : nettoyage des fossés

houe

Février : épandage du fumier dans les champs

hotte

bêche

Mars : taille de la vigne

serpette

Avril : tonte des moutons

ciseaux

Mai : chasse seigneuriale au faucon

Juin : fenaison

faux

Juillet : moisson

faucille

fléau

Août : battage du blé

Septembre : semailles à la volée

hotte

cuve

Octobre : foulage du raisin aux pieds

Novembre : récolte des glands

Décembre : abattage du cochon

5 **Les travaux des paysans au fil des mois** • *Musée de Condé, Chantilly*

Enluminures réalisées au XIVe siècle pour illustrer le *Rustican*, ou « Livre des profits champêtres et ruraux », qui est un traité d'agriculture rédigé vers 1305 par Pietro de Crescenzi à Bologne.

Activités

1) **Doc. 1** À quel moment commence la journée de travail du paysan et quand elle s'arrête ?

2) **Doc. 2, 3 et 5** Classez les documents dans l'une des catégories suivantes : la vigne, les champs, les prés, l'élevage. Recopiez et complétez le tableau suivant :

Document	Travail effectué	Mois de l'année	Outils utilisés

3) **Doc. 4** Quelle est l'origine de la famine de 1033, selon l'auteur ?

◆ **Expression écrite et orale** ◆

4) **RÉCIT** À l'aide de la fiche Zoom page ci-contre, décrivez quelques aspects du travail des paysans au Moyen Âge.

Chevaliers et seigneurs

La plupart des seigneurs laïcs sont des chevaliers : pour défendre leur seigneurie, ils doivent savoir combattre à cheval et s'entraîner à faire la guerre. Dans leurs châteaux forts, ils ont un même mode de vie. Peu à peu, s'estimant différents des autres hommes, ils forment un groupe à part dans la société : la noblesse.

▶ Comment vivent les seigneurs ?

1 La cérémonie de l'adoubement

« Raoul, vêtu d'une tunique plus blanche que fleur de lys, se tient debout sur un riche tapis. L'empereur dit à ses damoiseaux* : *"Donnez-moi les armes."* Il revêt d'abord Raoul d'un haubert léger à doubles mailles, puis prend le heaume brillant, cerclé d'or. Il le lui passe sur la tête et le lace. Puis il lui attache les éperons et lui ceint l'épée large et dure à poignée d'or. Un bon destrier** attend là, maintenu par deux hommes. L'empereur le prend et dit : *"Il n'y a sous le ciel cheval plus rapide ; essayez-le, neveu."* Raoul bondit en selle, chausse les étriers ; il passe à son bras son écu à bandes d'or, saisit sa lance. *"Le bel enfant, disent les Français ; dès maintenant, il pourrait défendre la terre de son père."* »

D'après Pierre Truffau, *Raoul de Cambrai, Chanson de geste*, XIIe siècle (adapté et édité par Séguier, 2000).

* Damoiseaux : jeunes hommes.
** Destrier : cheval de bataille.

Épée — Heaume — Écu — Haubert — Selle et arçon — Étrier

2 L'équipement d'un chevalier

Miniature d'un manuscrit du XIIIe siècle, BNF.

Scène d'adoubement d'un chevalier.
Miniature du XIIIe siècle, British Library, Londres.

VOCABULAIRE

- **Adoubement** : cérémonie au cours de laquelle un jeune homme devient chevalier.
- **Noblesse** : ensemble des seigneurs laïcs et des chevaliers qui ont le sentiment de constituer un groupe à part et dominant dans la société.
- **Tournoi** : jeu guerrier dans lequel s'affrontent des chevaliers.

(A) Au banquet du seigneur

« Après avoir mangé, on se lava les mains et on prit le vin. Puis on enleva les nappes. Ensuite se levèrent les jongleurs et les musiciens. Ceux qui eurent envie d'entendre divers récits de rois ou de comtes purent en écouter autant qu'ils voulurent. »

D'après *Flamenca*, œuvre d'un troubadour anonyme du XIIIᵉ siècle.

(B) La parade

Les chevaliers font admirer leur armement.

(C) Les tournois

« Contre le comte de Louvain va combattre le meilleur comte qui fut jamais, celui de Toulouse. Ils se donnent de si grands coups sur leurs écus qu'ils les brisent. Leurs chevaliers arrivent à la rescousse. Chacun veut montrer comme il est courageux. »

D'après *Flamenca, op. cit.*

(D) Un loisir, la danse

« Le seigneur dit à toute l'assemblée : *"Seigneurs chevaliers, je veux que sans tarder ma femme commence une danse. Et moi-même j'y prendrai part."* »

D'après *Flamenca, op. cit.*

(E) L'amour courtois

LE CHEVALIER – *"Dame, la force vient de mon cœur, qui dépend de vous ; c'est mon cœur qui m'a mis en votre pouvoir et la grande beauté que j'ai vue en vous. C'est elle qui me fait vous aimer de manière telle qu'il ne peut être un plus grand amour."*

D'après CHRÉTIEN DE TROYES, *Le Chevalier au Lion*, XIIᵉ siècle.

3 La vie des seigneurs et des chevaliers

Miniature de la bibliothèque de l'Escurial, Madrid, XIIIᵉ siècle.
Sur l'image, les petits diables signifient la présence
de la tentation et du Mal à chaque moment de la vie.

Activités

1) **Doc. 1** Relevez quels moments de la cérémonie de l'adoubement sont représentés sur l'image.

2) **Doc. 1 et 2** Établissez la liste des armes remises au chevalier lors de la cérémonie.

3) **Doc. 3 (C)** À quoi servent les tournois ?

4) **Doc. 3 (A) et (D)** Quelles sont les distractions des seigneurs et des chevaliers ?

5) **Doc. 3 (E)** Comment le chevalier considère-t-il sa dame, d'après le texte et l'image ?

◆ **Expression écrite et orale** ◆

6) **À l'aide de la fiche Zoom ci-contre, décrivez en quelques phrases le mode de vie des seigneurs et des chevaliers qui constituent la noblesse.**

ZOOM
socle commun

Pour décrire le mode de vie noble

▶ Je précise comment un seigneur devient chevalier.

▶ J'explique de quelle la manière les seigneurs se préparent à la guerre.

▶ J'indique les loisirs des seigneurs quand ils ne sont pas au combat.

J.-C.   500   1000   1500   2000

Vivre dans une seigneurie

A Le seigneur, maître des terres et des hommes

● Vers l'an mil, **dans tout l'Occident, le pouvoir appartient à des seigneurs,** grands ou petits, qui dirigent des seigneuries. **Une seigneurie est un domaine agricole où vivent des paysans.** Elle comprend deux parties. D'abord, la réserve, partie du domaine que le seigneur garde pour lui et qu'il fait cultiver par ses domestiques et les paysans soumis à des corvées. Ensuite, les tenures : ce sont des terres louées aux paysans par le seigneur en échange de corvées et de redevances en argent ou en nature [doc. 4].

● **Le seigneur est le maître : il commande, il juge** [doc. 2] **et il protège tous ceux qui vivent dans la seigneurie. En cas de danger, les paysans peuvent se réfugier au château fort** [doc. 3], le cœur de la seigneurie et le symbole du pouvoir seigneurial. Mais en échange de cette protection, le seigneur exige des corvées pour l'entretien du château et perçoit les banalités.

B La vie des paysans et des seigneurs

● **Vilains ou serfs, les paysans habitent à proximité du château, dans des hameaux ou des villages qui naissent aux Xᵉ et XIᵉ siècles** [doc. 1 et 3]. Le difficile travail de la terre les occupe quotidiennement. Ils cultivent surtout des céréales. Ils pratiquent ainsi un peu d'élevage et cultivent de petits potagers. Quand la récolte est mauvaise, les paysans manquent rapidement de nourriture.

● **Afin de pouvoir défendre leur seigneurie, les seigneurs passent une grande partie de leur temps à s'entraîner au combat à cheval.** Ils sont faits chevaliers lors de la cérémonie d'adoubement. Quand ils ne font pas la guerre, les seigneurs pratiquent la chasse et participent à des tournois. Au château, dans la grande salle du donjon [doc. 3], ils invitent leurs hommes à des repas, égayés par des jongleurs, des musiciens et des troubadours.

1 La fondation d'un village

« Nous, le comte de Rethel et l'abbé de Notre-Dame de Novy, fondons sur le territoire de Saulce un village appelé Villefranche. Aux nouveaux habitants, nous concédons à perpétuité tous les bois de Notre-Dame de Novy à défricher et à cultiver. Nous accordons l'usage de l'eau et des bois. Nous construirons des fours, qui seront nôtres et où les habitants apporteront leur pain à cuire ; sur 24 pains, nous en prendrons un. »

D'après un accord passé en 1205 entre deux seigneurs et les habitants de Villefranche-sur-Saulce (Champagne).

■ Qui a l'initiative de la fondation de ce village ?

2 La justice seigneuriale • *Miniature du XVᵉ siècle.*

■ Qui rend la justice dans la seigneurie ?

VOCABULAIRE

🔺 **Adoubement** : voir p. 34.

🔺 **Banalités** : taxes payées au seigneur pour l'utilisation obligatoire de son four, de son moulin ou de son pressoir.

🔺 **Corvée** : voir p. 31.

🔺 **Redevances** : ensemble des taxes et des impôts payés par les paysans au seigneur.

🔺 **Réserve, Tenures** : voir p. 31.

🔺 **Seigneurie** : voir p. 31.

🔺 **Serf** : paysan non libre, qui appartient à un seigneur.

🔺 **Tournois** : voir p. 34.

🔺 **Vilain** : paysan libre.

Créneau

Pont-levis

Donjon

Tour

Meurtrière

Lices

Mur d'enceinte

Village

▲ Reconstitution.   Vestiges aujourd'hui. ▼

FRANCE

Bonaguil Lot

MID-
PYRÉNÉES

3 Le château fort de Bonaguil (Lot)

■ Montrez que le château fort est une construction défensive et un lieu de refuge.

4 Ce que les paysans doivent au seigneur

Paysans libres (vilains) et non-libres (serfs)	
Cens et/ou champart	Une somme d'argent et/ou une part de la récolte
Banalités, péages, marchés, amendes en justice	Diverses taxes
Corvées	Divers travaux gratuits
Paysans non-libres (serfs)	
Diverses taxes en reconnaissance de leur appartenance au maître	

■ Quelle catégorie de paysans est la plus dépendante du seigneur ? Pourquoi ?

J.-C.   500   1000   1500   2000

1 Décrire une miniature du Moyen Âge

Un château fort

Le château de Cautrenon en Auvergne. *Miniature, XVᵉ siècle, BNF, Paris.*

1 À quel élément du château fort correspond chaque numéro ? En quoi le château est-il construit ?

2 Dans quelle partie du château réside le seigneur ?

3 Quels obstacles doit franchir un assaillant avant d'atteindre la résidence du seigneur ?

4 Comment se nomme le territoire protégé par le château et défendu par le seigneur ?

Éléments à identifier :
Donjon • Remparts • Tour • Créneaux • Pont-levis • Fossé

2 Classer des informations prélevées dans un texte

Le travail et la dépendance des paysans

« À la Saint-Jean[1], les paysans de Verson (en Normandie) doivent faucher les prés du seigneur et porter le foin au manoir. Après, ils doivent nettoyer les fossés du château. En août, ils doivent couper leurs blés, les mettre en meule, puis moissonner ceux du seigneur. Ils doivent alors charger sur leur charrette le champart[2] et le porter à la grange du seigneur. Après vient le mois septembre où ils paient le porcage. Si le vilain a huit pourceaux[3], il en donnera deux au seigneur. À la Saint-Denis[4], les paysans doivent payer le cens. Après, ils doivent encore une corvée : labourer la terre du seigneur et semer. À Noël, ils doivent des poules. Une semaine avant Pâques, il faudra donner au seigneur quelques moutons. Quand ils iront au moulin du seigneur pour moudre le grain, le meunier prélèvera une part de farine. Au four, il faudra payer aussi le droit sur la cuisson du pain. »

D'après *La complainte des vilains de Verson*, écrite par un moine du Mont Saint-Michel vers 1270.

1. *Le 24 juin.*
2. *Une part de la récolte due au seigneur.*
3. *Un porc, un cochon.*
4. *Le 9 octobre.*

1 Faites la liste des différentes activités agricoles évoquées dans le texte.

2 De quels animaux les paysans font-ils l'élevage ?

3 Relevez les bâtiments appartenant au seigneur qui sont cités dans le texte.

4 Classez ce que les paysans doivent au seigneur en trois catégories : travail, redevance en nature, redevance en argent.

5 Proposez un titre à ce texte pour en résumer l'idée principale.

3 RÉCIT Construire un récit à l'aide de plusieurs documents

Le mode de vie noble

1 **La chasse au loup.** *Miniature extraite du* Livre de chasse de Gaston Phébus, *BNF, Paris, XIVe siècle.*

2 **Un repas au château.** Histoire d'Olivier de Castille et d'Artus d'Algarbe, *BNF, Paris, XVe siècle.*

Un poème pour les chevaliers

«Mon cœur se réjouit quand je vois les châteaux forts assiégés, les remparts rompus et effondrés, l'armée rangée sur les berges. […] Et j'aime aussi quand le seigneur, le premier à l'attaque, vient tout armé sur son cheval. Et lorsque l'assaut est donné, chacun doit être prêt à le suivre. Il m'est beau de voir foule de boucliers couverts de couleurs diverses. J'aime voir froisser les lances, trancher les écus, fendre les heaumes, donner et rendre les coups.»

D'après un poème de BERTRAND DE BORN, troubadour périgourdin, XIIe siècle.

▶ Complétez le tableau ci-dessous en indiquant ce que nous apprend chaque document sur le mode de vie des seigneurs et des chevaliers.

Un repas au château	
La chasse au loup	
Un poème pour les chevaliers	

 RÉCIT À l'aide des informations prélevées ainsi que de vos connaissances, imaginez la journée d'Enguerrand, seigneur de Coucy et chevalier, et faites-en le récit en quelques lignes.

4 B2i Utiliser une petite base de données

Les enluminures agricoles au Moyen Âge

[Compétence B2i : 4.5. Sélectionner des résultats lors d'une recherche]

1 Depuis la page d'accueil, cliquez sur le lien «Recherche iconographique». Dans l'encadré «Les enluminures», cliquez sur «Thesaurus» à la fin de la ligne d'interrogation par mots-clés. Dans la page des mots-clés, recherchez la sous-rubrique «agriculture»; combien d'enluminures sont répertoriées? De quel type de livres sont-elles principalement issues?

2 Allez sur la deuxième page de la liste, et repérez les différents travaux des champs, ainsi que les outils agricoles utilisés. Vous pouvez insérer vos réponses, ainsi que les images sélectionnées, dans un fichier texte.

▲ http://liberfloridus.cines.fr

Je révise

1 Se situer dans l'espace et dans le temps

La seigneurie des Billettes, près de Paris. Dessin du début du XVIᵉ siècle. Cartulaire du couvent, BnF, Paris.

1 Indiquez à quelle lettre correspondent :
- la réserve seigneuriale
- le champ labouré
- le bois seigneurial
- le pré
- les moulins du seigneur
- le village et les tenures paysannes

2 Quel bâtiment religieux peut-on identifier dans le village ? Quelle construction domine le territoire de la seigneurie ?

3 Datez la naissance du village au Moyen Âge.

2 Connaître le vocabulaire important du chapitre

▶ Retrouvez la bonne définition de chaque mot de vocabulaire.

TERME-CLÉ
1. Seigneurie
2. Corvée
3. Banalités
4. Vilain
5. Serf
6. Adoubement
7. Tournoi
8. Noblesse

DÉFINITION
a. Paysan libre.
b. Paysan non libre, qui appartient à un seigneur.
c. Ensemble des seigneurs et des chevaliers qui s'estiment différents et constituent un groupe à part et dominant dans la société.
d. Jeu guerrier lors duquel s'affrontent des chevaliers.
e. Taxes payées au seigneur pour l'utilisation obligatoire de son four, de son moulin ou de son pressoir.
f. Territoire sur lequel le seigneur exerce son pouvoir.
g. Travail gratuit et obligatoire effectué pour le seigneur.
h. Cérémonie au cours de laquelle un jeune homme devient chevalier.

Les chansons de geste

Roland, avant de mourir

[Grand domaine artistique : «arts du langage», littérature écrite et orale]

Quand Roland sent qu'il a perdu la vue,
il se redresse, rassemble ses forces tant qu'il peut
Droit devant lui il a vu une pierre :
plein de chagrin et de dépit, il y frappe dix coups ;
l'acier grince fort, mais ne se brise ni ne s'ébrèche.
«Eh !» dit le comte, «Sainte Marie, aide-moi !
Eh ! Durendal, quel dommage pour vous si bonne !
Que de victoires j'ai remportées sur les champs de bataille.»
Roland frappa sur la pierre dure,
en fait tomber plus que je ne sais vous dire.
L'épée grince fort, mais ne se casse ni ne se brise,
haut vers le ciel elle a rebondi.
Quand le comte voit qu'il ne la brisera pas,
avec tendresse il fait sa plainte tout bas, pour lui :
«Eh ! Durendal, comme tu es belle, et si sainte !
il n'est pas juste que des païens te possèdent ;
par des chrétiens tu dois être servie.
Qu'il ne soit pas couard, celui qui te possédera !»

D'après *La Chanson de Roland*, XIIe siècle.
Traduction de I. Short, Librairie Générale Française,
«Livre de poche», 1990.

Un genre littéraire

- Une chanson de geste est un long poème relatant la légende des actions héroïques accomplies par des rois ou des chevaliers. La *geste* signifie un «exploit», une «prouesse guerrière».

- Rédigées par des trouvères (France du Nord) ou par des troubadours (France du Sud), les chansons de geste naissent à la fin du XIe siècle.

Art et culture chevaleresque

- Ces récits légendaires étaient destinés à être chantés, accompagnés de musique, lors de fêtes ou de banquets seigneuriaux.

- Ils expriment l'état d'esprit des seigneurs et des chevaliers qui se passionnent pour le combat, apprécient le courage et la loyauté.

1. Comment se présente une chanson de geste au Moyen Âge ? Comment se diffuse-t-elle ?

2. Qui est le héros du texte ? Comment est-il représenté sur l'image ?

3. Qu'y a-t-il d'extraordinaire dans le récit ? Pourquoi les chevaliers aiment-ils l'entendre chanter par les troubadours ?

Vitrail de la cathédrale de Chartres, XIIIe siècle.

Roland sonne du cor pour appeler à l'aide Charlemagne, son oncle.

Roland tente de briser son épée.

Combattants morts.

Le saviez-vous ?

- Les plus longues chansons de geste comptent jusqu'à 20 000 vers !

- La plupart des trouvères et des troubadours étaient des seigneurs, parfois même des ducs et des princes !

- Il y eut des femmes troubadours, comme la comtesse de Die, au XIIe siècle.

Chapitre 3

Les rois et les seigneurs

Comment les rois de France affirment-ils leur pouvoir face aux seigneurs et construisent-ils l'État royal ?

Évêques

Grands seigneurs

Robert d'Artois

Le roi de France Philippe VI (1328-1350), entouré de ses grands vassaux et des évêques, juge un grand seigneur, le comte Robert d'Artois. *Miniature du XIVᵉ siècle, BnF.*

■ À quoi reconnaît-on le roi Philippe VI ? Quel aspect du pouvoir du roi ce document illustre-t-il ?

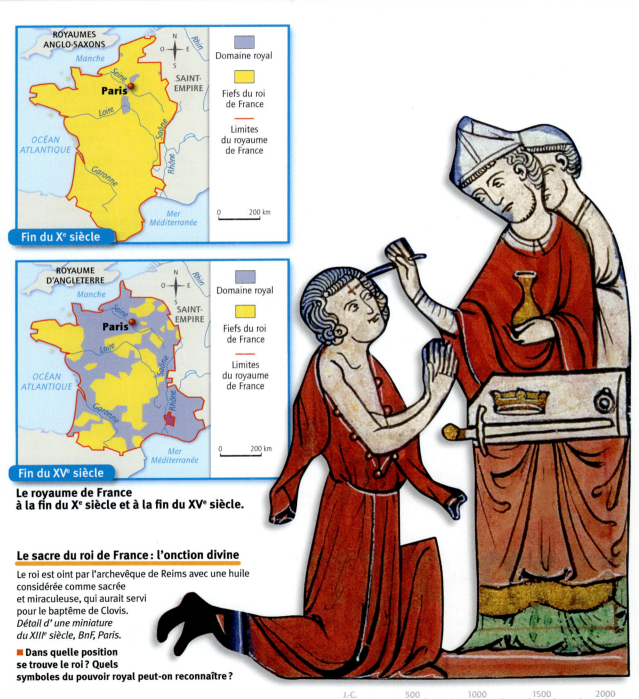

ROYAUMES ANGLO-SAXONS — Manche — Rhin — Seine — SAINT-EMPIRE — **Paris** — Loire — Saône — OCÉAN ATLANTIQUE — Garonne — Rhône — Mer Méditerranée

Domaine royal

Fiefs du roi de France

Limites du royaume de France

0   200 km

Fin du Xe siècle

ROYAUME D'ANGLETERRE — Manche — Rhin — Seine — SAINT-EMPIRE — **Paris** — Loire — Saône — OCÉAN ATLANTIQUE — Garonne — Rhône — Mer Méditerranée

Domaine royal

Fiefs du roi de France

Limites du royaume de France

0   200 km

Fin du XVe siècle

Le royaume de France à la fin du Xe siècle et à la fin du XVe siècle.

Le sacre du roi de France : l'onction divine

Le roi est oint par l'archevêque de Reims avec une huile considérée comme sacrée et miraculeuse, qui aurait servi pour le baptême de Clovis.
Détail d'une miniature du XIIIe siècle, BnF, Paris.

■ **Dans quelle position se trouve le roi ? Quels symboles du pouvoir royal peut-on reconnaître ?**

Philippe II Auguste, roi de France

Durant son long règne, Philippe II, dit Auguste, renforce le pouvoir royal. Il remporte d'importantes victoires militaires contre les grands seigneurs du royaume. Il fixe la capitale de l'État royal à Paris et améliore l'administration du roi dans les provinces.

▶ **Comment Philippe Auguste a-t-il renforcé le pouvoir du roi de France ?**

Règne de Philippe Auguste
Bataille de Bouvines (1214)
1180 | 1223
1100   1200   1300

1 **Philippe Auguste confie un fief à un vassal en 1204***

« À notre cousin, Robert de Courtenay, qui a fait hommage exclusif, nous donnons à perpétuité en fief les châteaux de Conches, avec la ville et les terres dépendantes du château. Nous lui donnons aussi le château de Nonancourt avec les terres dépendantes. Robert pourra recevoir l'hommage des chevaliers de ces châteaux mais lesdits chevaliers devront aussi jurer que si Robert se retourne contre nous ou nos héritiers, ils nous aideront contre lui de tout leur pouvoir. Ni Robert ni son héritier ne pourront donner ou vendre les châteaux et les terres qui en dépendent sans notre accord ou celui de nos héritiers. Si Robert n'a pas d'héritier légitime, les châteaux nous reviendront intégralement avec leurs dépendances, à nous et à nos héritiers, après le décès de Robert. »

CH. PETIT-DUTAILLIS et J. MONICAT,
Recueil des actes de Philippe Auguste, Imprimerie nationale, 1943.

* suite à la conquête de la Normandie par le roi de France au détriment de Jean sans Terre, duc de Normandie et roi d'Angleterre.

2

BIOGRAPHIE

Philippe Auguste

[1165 à Gonesse • 1223 à Mantes]

■ Philippe II est roi de France de 1180 à 1223. Le surnom d'Auguste lui est donné de son vivant pour signifier la grandeur de son règne. Il étend considérablement le domaine royal en confisquant des fiefs du roi d'Angleterre, Jean sans Terre, qui était aussi un grand seigneur en France. En 1214, il bat les alliés de Jean sans Terre à Bouvines.

■ Il renforce l'autorité royale en nommant des baillis qui représentent le roi dans les provinces. Il embellit Paris et fait de la ville la capitale du royaume de France.

[voir Généalogie, p. 320]

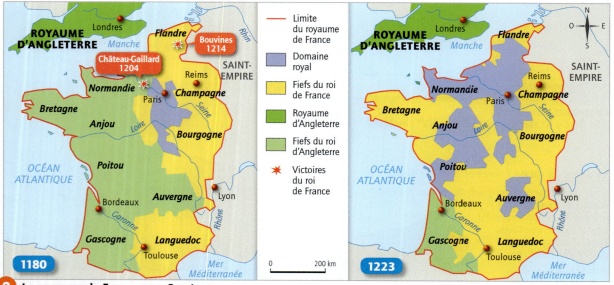

3 Le royaume de France en 1180 et 1223

4 La victoire de Bouvines

Philippe Auguste face à l'empereur germanique Otton, allié du roi d'Angleterre. Grandes chroniques de France, *XIVe siècle*, *BNF.*

«Qui pourrait dire les applaudissements, les félicitations, la très grande fête que tout le peuple faisait au roi, comme il s'en retournait en France après la victoire? Les clercs chantaient par les églises en louange de notre Seigneur; les cloches des abbayes et des églises sonnaient. Les chemins de tous les châteaux étaient couverts de fleurs. Les paysans interrompaient leurs travaux et se précipitaient en foule vers les chemins pour voir dans les fers ce Ferrand, comte de Flandre, qui s'était soulevé contre son maître. À Paris, les bourgeois et le peuple allèrent à la rencontre du roi et l'on y fit la fête sept jours et sept nuits.»

D'après Guillaume Le Breton, *L'épopée de Philippe Auguste*, XIIIe siècle.

Fleur de lys — Sceptre — Trône

6 Sceau en majesté de Philippe II

Sur le pourtour, en latin : «Philippe, par la grâce de Dieu, roi des Francs.»

Porte St-Denis — St-Martin des-Champs — Le Temple (trésor royal) — St-Eustache — Porte St-Martin — Porte St-Honoré — Les Champeaux — Cimetière des Innocents — Louvre — Ste-Opportune — St-Merri — Grand Châtelet — Place de Grève — St-Germain-des-Prés — Palais royal — ÎLE DE LA CITÉ — St-Gervais — Porte St-Antoine — Seine — Hôtel-Dieu — Notre-Dame — Île Notre-Dame — Foire St-Germain — Porte de Bucy — St-Séverin — St-Julien — Quartier latin (Université) — Porte St-Michel — Porte St-Victor — Paris actuel — Ste-Geneviève — Paris sous Philippe Auguste — Porte St-Jacques — St-Victor — Arènes

Lieu à fonction :
politique ou administrative — économique — militaire — religieuse — Enceinte construite sous Philippe Auguste — Ponts — 0 200 m

5 Philippe Auguste fait de Paris la capitale du royaume

✔ VOCABULAIRE

- **Domaine royal** : partie du royaume qui appartient en propre au roi.
- **Fief** : terre accordée par un suzerain à un vassal.
- **Hommage** : cérémonie au cours de laquelle un vassal s'engage à servir un autre seigneur, le suzerain.
- **Vassal** : seigneur qui a prêté hommage à un suzerain.

Activités

1) **Doc. 1** Que donne le roi à Robert de Courtenay ? À quelles conditions ?

2) **Doc. 2, 3 et 4** Situez Bouvines. Indiquez les camps en présence lors de la bataille et l'issue de celle-ci.

3) **Doc. 3** En comparant les deux cartes, indiquez comment a évolué le domaine royal sous Philippe Auguste.

4) **Doc. 5** Quel bâtiment fait de Paris la capitale du royaume ?

◆ *Expression écrite et orale* ◆

5) **RÉCIT** **Expliquez pourquoi la bataille de Bouvines est un événement important sous le règne de Philippe Auguste.**

J.-C. — 500 — 1000 — 1500 — 2000

Charles VII et Jeanne d'Arc

Lorsque Charles VII devient roi de France en 1422, la guerre de Cent Ans fait rage depuis des décennies. L'invasion anglaise et les divisions entre Français menacent l'État royal. L'intervention de Jeanne d'Arc permet au roi d'affirmer son autorité et d'entreprendre la reconquête du royaume.

Chevauchée de Jeanne d'Arc
Sacre de Charles VII (1429)

1400　　1429-1431　　　　1500

▶ **Comment Charles VII rétablit-il le pouvoir royal durant la guerre de Cent Ans ?**

1 Les origines de la guerre de Cent Ans

«À la mort du roi Charles IV le Bel*, les grands seigneurs du royaume furent convoqués. Toute la question était de savoir à qui devait être confiée la garde du royaume. Les Anglais déclarèrent que leur jeune roi Édouard III était le plus proche parent en tant que fils d'Isabelle** et donc petit-fils de Philippe le Bel. Nombre de spécialistes du droit s'accordèrent cependant à déclarer qu'Isabelle, fille de Philippe le Bel, était écartée, non en raison de son degré de parenté, mais de son sexe. De plus, les Français n'admettaient pas sans émotion l'idée de devenir des sujets du roi d'Angleterre. C'est pourquoi la garde du royaume fut finalement confiée par les grands seigneurs à Philippe, comte de Valois***.»

D'après JEAN DE VENETTE, *Chronique*, XIVᵉ siècle.

* Fils de Philippe le Bel, il règne de 1322 à 1328 et meurt sans héritier.
** Fille de Philippe le Bel, mariée au roi d'Angleterre Edouard II.
*** Cousin de Charles IV le Bel.

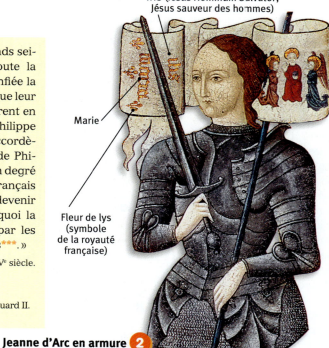

IHS (*Iesus Hominum Salvator*, Jésus sauveur des hommes)

Marie

Fleur de lys (symbole de la royauté française)

Jeanne d'Arc en armure 2

Enluminure de 1431, Archives nationales.

3 L'appel de Jeanne d'Arc en 1429

«Roi d'Angleterre, rendez à la Pucelle*, envoyée par Dieu, les clefs de toutes les bonnes villes que vous avez prises en France. Roi d'Angleterre, si vous ne le faites pas, je suis chef de guerre et en quelque lieu que j'attendrai vos gens en France, je les en ferai partir. Et, s'ils ne veulent obéir, je les ferai tous tuer. Je suis ici envoyée de par Dieu pour vous chasser hors de toute la France dont seul le roi Charles** est le vrai héritier.»

D'après une lettre de Jeanne d'Arc adressée au roi d'Angleterre, Henri VI, le 22 mars 1429.

* Jeune fille, nom que se donne Jeanne.
** Le futur Charles VII.

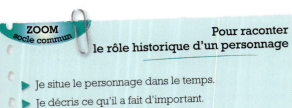

ZOOM
socle commun

Pour raconter le rôle historique d'un personnage

▶ Je situe le personnage dans le temps.
▶ Je décris ce qu'il a fait d'important.
▶ J'explique les conséquences de son action.

VOCABULAIRE

🔹 **Dauphin** : héritier du trône. C'est normalement le fils aîné du roi.

4 Le sacre de Charles VII

«Le roi fut sacré et couronné en la ville de Reims. Il y eut tant de gens que c'était chose infinie. Étaient présents des grands seigneurs du royaume et des évêques, avec leurs mitres et leurs croix. Et l'on trouva des habits royaux et les objets nécessaires. Le maréchal de Boussac et d'autres seigneurs allèrent chercher la sainte ampoule* à l'abbaye de Saint-Rémi. La cérémonie dura cinq heures. Durant la messe, Jeanne d'Arc s'était toujours tenue auprès du roi, son étendard à la main.»

D'après le récit dit du «greffier de La Rochelle», XVe siècle.

* Elle contient l'huile sainte de l'onction (voir p. 43).

Enluminure issue des Vigiles de Charles VII, Martial d'Auvergne, XVe siècle, BNF, Paris.

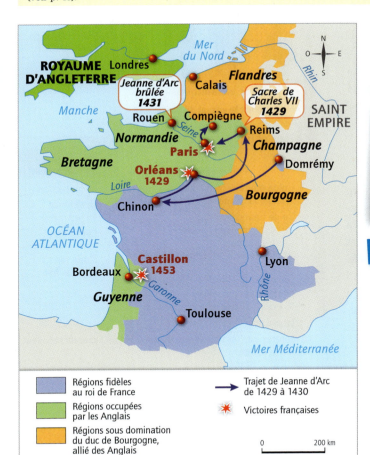

Le royaume de France sous le règne de Charles VII (1422-1461)

- Régions fidèles au roi de France
- Régions occupées par les Anglais
- Régions sous domination du duc de Bourgogne, allié des Anglais
- → Trajet de Jeanne d'Arc de 1429 à 1430
- ※ Victoires françaises

0   200 km

Map labels: Mer du Nord, ROYAUME D'ANGLETERRE, Londres, Manche, Flandres, Calais, Jeanne d'Arc brûlée 1431, Sacre de Charles VII 1429, Rouen, Compiègne, SAINT EMPIRE, Normandie, Seine, Reims, Champagne, Paris, Bretagne, Domrémy, Orléans 1429, Loire, Bourgogne, Chinon, OCÉAN ATLANTIQUE, Castillon 1453, Lyon, Bordeaux, Garonne, Rhône, Guyenne, Toulouse, Mer Méditerranée, Rhin

6

BIOGRAPHIE

Charles VII
[1403 à Paris • 1461 à Mehun-sur-Yèvre]

Dauphin du roi Charles VI, il est déshérité en 1420 par son père, devenu fou, au profit du roi d'Angleterre, Henri V. Il se réfugie à Chinon alors que le royaume est en partie occupé par les Anglais. Encouragé par Jeanne d'Arc, il se fait sacrer roi à Reims en 1429. Il mène la reconquête du royaume, met fin à la guerre de Cent Ans et restaure l'État royal.

[voir Généalogie, p. 320]

Activités

1) **Doc. 1.** Dégagez la cause essentielle de la guerre de Cent Ans.

2) **Doc. 2, 3 et 5** Comment Jeanne d'Arc est-elle représentée ? Quels sont ses objectifs ? Parvient-elle à les atteindre ?

3) **Doc. 4 et 6** Expliquez la conséquence de la cérémonie sur l'image du roi Charles VII.

4) **Doc. 5** Relevez quelle bataille met fin à la guerre de Cent Ans en 1453.

◆ **Expression écrite et orale** ◆

5) **RÉCIT** À l'aide de la fiche Zoom, présentez et expliquez le rôle de Jeanne d'Arc dans la guerre de Cent Ans.

J.-C.   500   1000   1500   2000

Le monde féodal

A Des suzerains et des vassaux

● **Aux IXᵉ et Xᵉ siècles, après la disparition de l'empire de Charlemagne, l'autorité des rois s'est affaiblie dans tout l'Occident. Le pouvoir est passé aux mains de grands seigneurs, les ducs et les comtes,** qui avaient protégé les populations lors des invasions normandes, musulmanes et hongroises.

● Autour de l'an mil, le royaume de France est divisé en comtés et duchés. **Les ducs et les comtes qui les dirigent sont, en principe, des vassaux du roi mais dans la réalité, ils ne lui obéissent guère.**

● Ces grands seigneurs confient certaines de leurs terres à d'autres seigneurs [doc. 4] : ils sont ainsi des **suzerains**, et ceux qui reçoivent un **fief** leurs vassaux. Ces derniers peuvent, à leur tour, devenir suzerains de seigneurs moins puissants ou de simples chevaliers [doc. 1]. Seul le roi n'est le vassal de personne. Il voudrait être reconnu comme le chef suprême de tous les seigneurs.

B Des obligations réciproques

● Deux seigneurs s'engagent l'un envers l'autre lors de la cérémonie de **l'hommage** [doc. 3]. **Le vassal jure fidélité à son suzerain, s'engage à le conseiller, à lui apporter une aide financière dans certains cas, mais surtout à combattre à ses côtés** [doc. 2]. En échange, **le suzerain doit protection au vassal et lui remet un fief** [doc. 3] grâce auquel il peut vivre en seigneur. Un vassal a le droit de prêter hommage à plusieurs seigneurs et peut ainsi recevoir plusieurs fiefs, mais il doit obéir à un suzerain principal [doc. 5].

● **Cette organisation des liens entre seigneurs s'appelle la féodalité.** Elle a pour conséquence d'émietter le pouvoir. En effet, à l'abri de leurs châteaux forts, les vassaux ont toute autorité sur leur seigneurie et s'en considèrent comme les propriétaires. De plus, les rivalités entre seigneurs entraînent de nombreuses guerres privées.

Seigneur de …

Vassal de …

Le roi

Grands Seigneurs (ducs, comtes)

Petits Seigneurs, châtelains

Simples chevaliers, petits vassaux

1 Pyramide vassalique

■ Qui n'est le vassal de personne ?

2 Les obligations du seigneur et du vassal

Le vassal doit au suzerain	Le suzerain doit au vassal
■ L'aide militaire : il accompagne le suzerain à la guerre 40 jours par an. ■ L'aide financière : → pour l'adoubement du fils aîné du suzerain ; → pour le mariage de la fille aînée du suzerain ; → pour payer la rançon du suzerain s'il est fait prisonnier ; → pour le départ en croisade du suzerain. ■ Le conseil	■ La protection ■ La défense en justice ■ L'entretien par les revenus d'une terre, appelée fief

■ Montrez que les liens entre un vassal et un suzerain reposent sur un échange.

VOCABULAIRE

🔖 **Féodalité** : au Moyen Âge, organisation de la société fondée sur les relations entre suzerains et vassaux.

🔖 **Fief** : voir p. 45.

🔖 **Hommage** : voir p. 45.

🔖 **Suzerain** : seigneur ayant des vassaux.

🔖 **Vassal** : voir p. 45.

Les épis de blé représentent le fief

3 **L'hommage et la remise du fief**

■ Par quel geste le vassal fait-il hommage à son suzerain ?

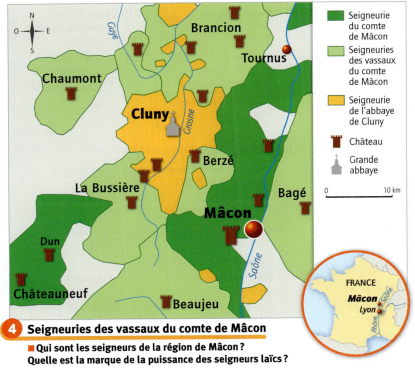

Seigneurie du comte de Mâcon

Seigneuries des vassaux du comte de Mâcon

Seigneurie de l'abbaye de Cluny

♜ Château

⛪ Grande abbaye

0   10 km

FRANCE
Mâcon
Lyon

4 **Seigneuries des vassaux du comte de Mâcon**

■ Qui sont les seigneurs de la région de Mâcon ?
Quelle est la marque de la puissance des seigneurs laïcs ?

5 **Quel seigneur servir ?**

« Un homme peut prêter plusieurs hommages à différents seigneurs pour les différents fiefs tenus de ces seigneurs ; mais il doit y avoir un hommage principal, et cet hommage doit être prêté au seigneur de qui l'on tient son principal fief. Si un vassal a prêté plusieurs hommages, pour ses différents fiefs, a différents seigneurs qui se font ensuite la guerre, et si le seigneur-lige (principal) lui ordonne de l'accompagner en personne contre un autre de ses seigneurs, le vassal doit sur ce point obéir à l'ordre du seigneur principal. Cependant, la fidélité au seigneur roi et à ses héritiers doit toujours être mise à part. »

*Traité des lois et des coutumes
du royaume d'Angleterre,
fin du XIIe siècle.*

■ Quelle est l'obligation faite à un vassal lorsqu'il prête plusieurs hommages ?

J.-C.   500   1000   1500   2000

2 L'affirmation de l'État royal

 Cours

A Les Capétiens directs et la féodalité

🔶 En 987, Hugues Capet est élu roi de France par les grands seigneurs du royaume. **Le fondateur de la dynastie capétienne ainsi que ses premiers successeurs ont bien peu de pouvoir et leur domaine royal reste peu étendu** [doc. 1 et 3]. Le sacre à Reims leur donne cependant un prestige exceptionnel.

🔶 Progressivement, **les Capétiens agrandissent le domaine royal par l'achat de terres, par des mariages et par des guerres** [doc. 3]. Ainsi, Philippe Auguste, roi de 1180 à 1223, confisque les fiefs que Jean sans Terre, roi d'Angleterre, possédait dans l'Ouest du royaume de France. Il bat aussi les alliés de son rival à la bataille de Bouvines en 1214.

🔶 **Les Capétiens réduisent la puissance des seigneurs.** Pour cela, ils s'appuient sur la féodalité. Le roi est reconnu comme le suzerain suprême à qui tous les seigneurs doivent l'hommage.

B Un État royal à l'autorité renforcée

🔶 Pour affirmer le pouvoir des rois dans un domaine toujours plus vaste, Philippe Auguste améliore l'administration royale, dans la capitale, Paris, mais aussi dans les provinces en nommant des baillis ou des sénéchaux [doc. 2]. À partir du XIIIᵉ siècle, **la justice du roi tend à remplacer celle des seigneurs.** Louis IX et Philippe IV le Bel prennent de plus en plus de décisions valables dans tout le royaume, les ordonnances [doc. 4].

🔶 **Aux XIVᵉ et XVᵉ siècles, la guerre de Cent Ans contre l'Angleterre ainsi que la guerre civile entre Français affaiblissent l'État royal. Mais avec l'aide de Jeanne d'Arc, Charles VII, roi de 1422 à 1461, redresse la situation.** Il gagne la guerre en utilisant une armée professionnelle, salariée et bien équipée grâce à la levée d'un impôt régulier, la taille royale [doc. 5]. Son fils, Louis XI, roi de 1461 à 1483, s'empare d'une partie des terres du duc de Bourgogne.

---

1 La faiblesse des premiers Capétiens

« À cette époque, Aldebert, comte du Périgord, avait porté la guerre sous les murs de Poitiers. Il s'était aussi emparé de Tours après avoir assiégé la ville et en avait reçu la soumission pour la donner au comte d'Anjou. Mais ce dernier n'avait pas tardé à s'opposer à ses habitants. Aldebert assiégea de nouveau la ville. Alors le roi Hugues et Robert, son fils, le menacèrent d'une guerre. Hugues lui tint ce propos : *"Qui t'a fait comte ?"* Et Aldebert de répondre : *"Qui t'a fait roi ?"**. »

D'après Adémar de Chabannes, *Chroniques*, XIᵉ siècle.

* En 987, Hugues Capet a été élu par les grands seigneurs du royaume.

■ **Quels personnages font obstacle au pouvoir des Capétiens ?**

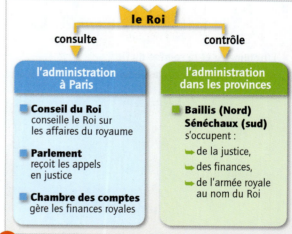

2 L'administration royale en France (fin XIIIᵉ siècle)

■ **Quel pouvoir le roi exerce-t-il par l'intermédiaire du Parlement de Paris ?**

VOCABULAIRE

🔹 **Baillis et sénéchaux** : représentants du roi dans les provinces appartenant au domaine royal.

🔹 **Domaine royal** : voir p. 45.

🔹 **Ordonnance** : décision du roi s'appliquant à tout le royaume.

🔹 **Sacre** : cérémonie religieuse qui donne à un souverain un caractère divin.

🔹 **Taille royale** : impôt sur la richesse payé au roi chaque année par ceux qui ne sont ni clercs ni nobles.

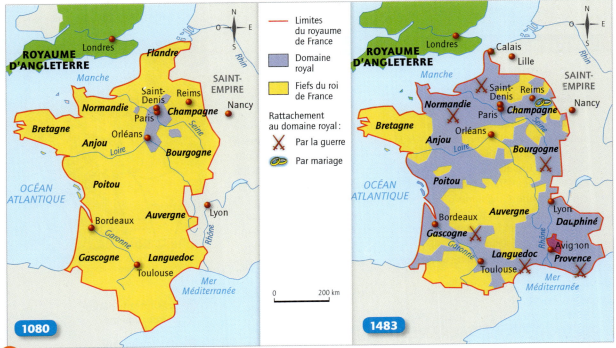

ROYAUME D'ANGLETERRE

Londres

Flandre

SAINT-EMPIRE

Manche

Saint-Denis
Reims
Nancy
Normandie
Champagne
Paris
Bretagne
Orléans
Anjou
Bourgogne
Poitou
Auvergne
Lyon
Bordeaux
Gascogne
Languedoc
Toulouse

OCÉAN ATLANTIQUE

Mer Méditerranée

1080

Limites du royaume de France

Domaine royal

Fiefs du roi de France

Rattachement au domaine royal :

Par la guerre

Par mariage

0   200 km

ROYAUME D'ANGLETERRE

Londres
Calais
Lille

SAINT-EMPIRE

Manche

Saint-Denis
Reims
Nancy
Normandie
Champagne
Paris
Bretagne
Orléans
Anjou
Bourgogne
Poitou
Lyon
Auvergne
Dauphiné
Bordeaux
Gascogne
Avignon
Languedoc
Provence
Toulouse

OCÉAN ATLANTIQUE

Mer Méditerranée

1483

3 ▌ **Le royaume de France en 1080 et en 1483**

■ Comparez l'étendue du domaine royal aux deux dates.

4 ▌ **Le roi dicte un texte de loi, une ordonnance pour tout le royaume**

Miniature extraite du Décret de Gratien, *1288, BnF.*

■ Quel pouvoir du roi cette miniature met-elle en valeur ?

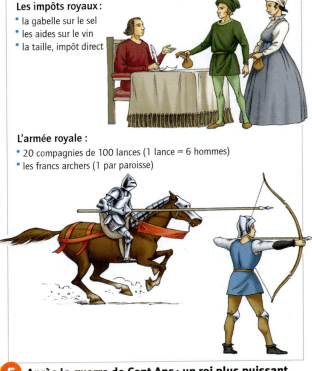

Les impôts royaux :
• la gabelle sur le sel
• les aides sur le vin
• la taille, impôt direct

L'armée royale :
• 20 compagnies de 100 lances (1 lance = 6 hommes)
• les francs archers (1 par paroisse)

5 ▌ **Après la guerre de Cent Ans : un roi plus puissant**

■ Comment ces évolutions renforcent-elles le pouvoir royal ?

1 Mettre en relation des documents

La cérémonie de l'hommage

1 Le déroulement de la céréromie

«Le comte demanda au futur vassal s'il voulait devenir son homme sans réserve. Celui-ci répondit: *"Je le veux"*. Puis, les mains jointes à celles du comte qui les enveloppa, les deux hommes s'allièrent par un baiser. Ensuite, celui qui avait fait hommage engagea sa fidélité en ces termes: *"Je promets en ma foi d'être fidèle à partir de cet instant au comte Guillaume. J'observerai entièrement cet hommage et sans tromperie."* Et il jura cela sur les reliques* des saints. Ensuite le comte donna un fief à tous ceux qui lui avaient promis sécurité et fait hommage par serment.»

D'après GALBERT DE BRUGES, *Histoire du meurtre de Charles le Bon, comte de Flandres*, XIIe siècle.

* Morceau du corps d'un saint ou objet lui ayant appartenu, qui est conservé et vénéré.

2 Miniature du Liber feudorum maior, *XIIe siècle. Archives de la couronne d'Aragon, Barcelone.*

 3 *Scène de la tapisserie de Bayeux, broderie réalisée au XIe siècle.* (A) *Reliques.*

1 Présentez la nature des documents.

2 Donnez un titre à chacune des deux images, à l'aide du texte.

3 Pourquoi prêter serment sur des reliques ?

4 Montrez que l'hommage est un engagement réciproque entre le vassal et le suzerain.

2 Utiliser un schéma pour décrire et expliquer

Le système féodal

1 À l'aide du schéma, décrivez et expliquez en quelques phrases le système féodal ou féodalité.

2 Précisez quel groupe de la société est concerné par ces relations.

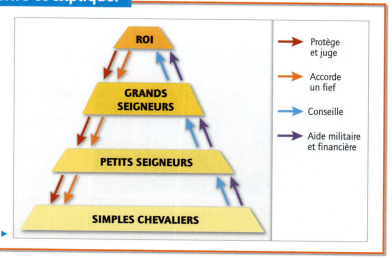

Des liens d'homme à homme. ▶

3 Comprendre des symboles

Les insignes du pouvoir royal

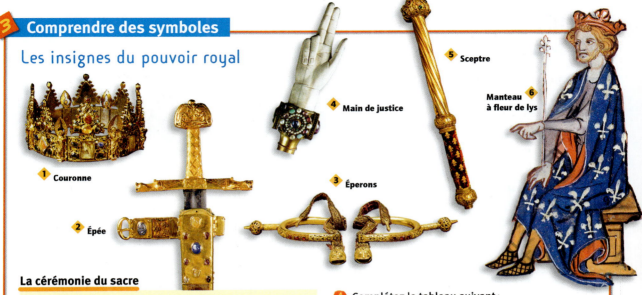

1 Couronne

2 Épée

4 Main de justice

3 Éperons

5 Sceptre

6 Manteau à fleur de lys

La cérémonie du sacre

« Le roi doit se rendre à la cathédrale avec les archevêques, les évêques, les barons et les autres personnes qu'il voudra faire entrer. L'archevêque de Reims doit demander au roi de promettre par serment qu'il respectera et fera respecter les droits des évêques et de l'Église. Il lui donne l'épée. Puis le roi doit être oint du Saint Chrême*, d'abord à la tête, puis la poitrine, entre les épaules et à la jointure des bras. Ensuite, l'archevêque de Reims lui met le sceptre d'or dans la main droite et le bâton surmonté d'une main d'ivoire dans la main gauche. Il prend la couronne royale et la pose sur la tête du roi. »

D'après *Le Livre du sacre des rois de France*, XIIIe siècle.

* huile sacrée

1 Complétez le tableau suivant :

Le roi est	Insigne royal n°
A	le premier des chevaliers	
B	le chef du royaume	
C	de la dynastie des Capétiens	
D	le défenseur de l'Église et du royaume	
E	le premier justicier du royaume	

2 Quels insignes royaux représentés dans ce document sont cités dans le texte ?

3 Pourquoi le sacre est-il une cérémonie importante pour les rois de France ?

4 B2i Transcrire des informations orales

Le sacre de Lothaire (941-986), vu par Fouquet

[Compétence B2i : 4.5 Sélectionner des résultats lors d'une recherche]

1 Sur le site, écoutez attentivement la présentation de la miniature.

2 Répondez par écrit aux questions suivantes en réécoutant la présentation : quels sont les quatre temps du sacre ? Aux étapes 1 et 3, le roi reçoit 10 objets en trois fois (3, 3, et 4 objets). Faites une liste de ces objets, et écrivez ce que symbolisent ces trois catégories d'objets.

3 L'auteur de la miniature dépeint le couronnement d'un roi de France du XVe siècle pour décrire le couronnement de Lothaire au Xe siècle. Pourquoi ?

▲ http://expositions.bnf.fr/fouquet/grosplan/sacre/2.htm

Je révise

1 Se situer dans le temps, connaître des événements significatifs

▶ Associez les rois suivants à trois événements qui les concernent.

A Philippe II Auguste

B Hugues Capet

C Charles VII

1 En 1429, il est sacré à Reims.

2 En 987, il est élu roi.

3 En 1214, il gagne la bataille de Bouvines.

4 En 1453, il chasse de France les Anglais.

5 Il fonde une nouvelle dynastie.

6 Au début du XIIIe siècle, il fait de Paris la capitale du royaume.

7 Au début du XIIIe siècle, il confisque les fiefs du roi d'Angleterre en France.

8 À son avènement, son domaine royal est très réduit.

9 En 1439, il fait de la taille un impôt royal annuel.

2 Se situer dans l'espace

L'Europe à la fin du XVe siècle

1. Relevez la forme de pouvoir la plus répandue.

2. Indiquez contre quel royaume la France est en guerre jusqu'au milieu du XVe siècle.

3. Les frontières du royaume de France correspondent-elles à celles d'aujourd'hui ?

4. Quel État n'est pas chrétien ?

Les manuscrits enluminés

[Grand domaine artistique : «arts du visuel»: peinture, dessin et arts graphiques]

VOCABULAIRE

- **Enluminure** : lettre décorée ou image peinte ornant un manuscrit du Moyen Âge.
- **Manuscrit** : ouvrage écrit à la main.
- **Parchemin** : une peau fine d'animal (mouton, agneau, chèvre, veau), préparée spécialement pour pouvoir y écrire.

Une miniature, image isolée illustrant le texte

Une lettrine, première lettre d'un livre, d'un chapitre, d'un paragraphe ; elle est de grande taille et décorée.

Le saviez-vous ?

- Au Moyen Âge, les livres les plus rares et les plus chers étaient les manuscrits sur velin, un parchemin très fin, fabriqué avec la peau d'un veau mort à la naissance.
- Les enlumineurs les plus célèbres du Moyen Âge sont trois frères : Paul, Jean et Hermann de Limbourg. Originaires des Pays-Bas, ils réalisent le chef-d'œuvre des *Très Riches Heures du duc de Berry*, au début du XVᵉ siècle.

Le moine de l'abbaye de Saint-Denis, Guillaume de Nangis, présente son livre la *Vie de Saint Louis* à Philippe le Bel, roi de France de 1285 à 1314.
Grandes chroniques de France, XVᵉ siècle.

Frise décorant le texte

Qu'est-ce qu'une enluminure ?

- Un manuscrit (du latin *manus*, la main, et *scribere*, écrire), est un livre écrit à la main. Il est qualifié d'enluminé quand des illustrations en couleur viennent «éclairer», «illuminer» le texte écrit.

- L'enluminure est peinte sur du parchemin jusqu'au XIVᵉ siècle, puis sur du papier. Elle nécessite plusieurs couleurs obtenues à partir de végétaux (garance), d'animaux (encre de seiche) et de minéraux (oxyde de plomb). Les enlumineurs sont surtout des moines qui recopient les manuscrits, mais aussi des artisans des villes.

Art et affirmation de l'État royal

- Outre les écrits religieux et les chansons de geste, les enluminures décorent richement les *Grandes chroniques de France* que les rois Capétiens font rédiger à partir du XIIIᵉ siècle par les moines de l'abbaye de Saint-Denis.

- Ces chroniques racontent l'histoire, bien souvent légendaire, des rois de France depuis Clovis, leurs sacres, leurs batailles gagnées, leurs liens avec l'Église. Elles glorifient la dynastie des Capétiens qui a construit l'État royal.

1. Qu'est-ce qu'un manuscrit enluminé ?

2. Relevez des indices montrant que les manuscrits sont des objets précieux et rares.

3. Expliquez comment les manuscrits des *Grandes chroniques de France* servent l'affirmation des rois Capétiens.

L'Église en Occident

Quelle est le rôle de l'Église dans la société au Moyen Âge ?

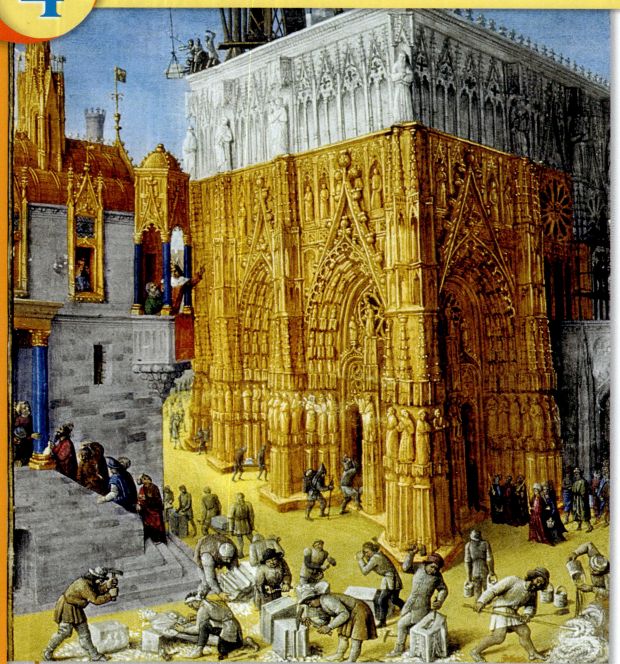

Une cathédrale en construction au Moyen Âge. *Enluminure de Jean Fouquet, XVe siècle, BNF, Paris.*

■ Quel est le rôle joué par l'Église que ce document illustre ?

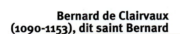

| 900 | 1000 | 1100 | 1200 | 1300 | 1400 | 1500 |

ÂGE DES ÉGLISES ROMANES

ÂGE DES ÉGLISES GOTHIQUES

Abbaye de Fontenay

Église de Saint-Nectaire

Cathédrale de Reims

1118   **1140 ?**   **1211**

Bernard de Clairvaux
(1090-1153), dit saint Bernard

*Retable, XVe siècle,
musée des Beaux-Arts, Dijon.*

À l'âge de 22 ans, il entre comme moine à l'abbaye
de Cîteaux, en Bourgogne, qui appartient à l'ordre
cistercien, créé en 1098. En 1115, il fonde l'abbaye
de Clairvaux dont il devient l'abbé. Il réorganise l'ordre
monastique et contribue à son rayonnement dans
tout l'Occident. Dans le même temps, il conseille le pape
et des rois sur les questions religieuses. Il est canonisé par
l'Église en 1174 : il devient alors saint Bernard.

■ **Comment sont signifiés la sainteté de Bernard
et la fondation de l'abbaye de Clairvaux ?**

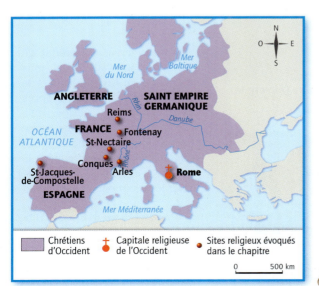

L'Occident chrétien au XIIIe siècle.

Saint-Nectaire, une église romane

À partir du XIᵉ, dans l'Occident chrétien, la construction d'églises connaît un grand essor. Ces lieux de culte pour les fidèles sont bâtis selon un style qualifié plus tard d'«art roman». L'église de Saint-Nectaire en Auvergne est un exemple d'église de cette époque.

▶ **Quelles sont les caractéristiques d'une église romane ?**

Construction de l'église de Saint-Nectaire

1100   1200

VOCABULAIRE

Relique : morceau du corps d'un saint (ou d'une sainte) ou objet lui ayant appartenu.

1 L'église Notre-Dame-du-Mont-Carnadore à Saint-Nectaire (Auvergne)

(**A**) Nef ; (**B**) Abside ; (**C**) Transept ; (**D**) Clocher ; (**E**) Tours.

2 «Un blanc manteau d'églises» sur l'Occident

A/ «Aux environs de la troisième année après l'an mille, on vit presque partout se reconstruire les églises à neuf, comme si le monde, dépouillant ses vieux vêtements, voulait se recouvrir d'un blanc manteau d'églises. Ce ne sont pas seulement les églises des évêchés et des monastères que les fidèles ont alors reconstruites, mais aussi tous les lieux de prière des villages.»

D'après RAOUL GLABERT, *Histoires*, XIᵉ siècle.

B/ «Moi, Pierre, archevêque de Bourges, je veux que tous sachent qu'Archambaud de Bourbon [un seigneur], après avoir édifié un village, m'a demandé d'y établir une église paroissiale, ce que nous avons fait. Nous avons aussi béni le cimetière et donné l'huile sainte pour le sacrement du baptême.»

D'après la *Charte* de Notre-Dame de Bourges, 1151.

3 Célébration de la messe

Miniature du XIVᵉ siècle, Bibliothèque de Modène, Italie.

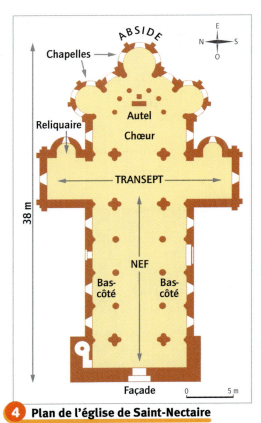

4 Plan de l'église de Saint-Nectaire

Labels on the plan: ABSIDE · Chapelles · Reliquaire · Autel · Chœur · TRANSEPT · NEF · Bas-côté · Bas-côté · Façade · 38 m · 0 5 m · N E S O

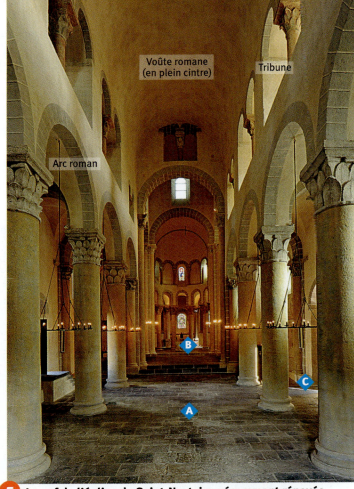

Voûte romane (en plein cintre) · Tribune · Arc roman · B · C · A

5 La nef de l'église de Saint-Nectaire, récemment rénovée

La hauteur sous voûte de la nef est de 15 mètres.

ZOOM socle commun — **Pour décrire une église**

▶ Je la localise et j'indique et sa date de construction.

▶ J'apporte des informations sur son plan et son architecture.

▶ Je précise sa fonction religieuse.

Buste abritant les reliques de saint Baudime **6**

Trésor de l'église de Saint-Nectaire, XIIe siècle.

Les reliques du compagnon de saint Nectaire, évangélisateur de l'Auvergne, ont fait l'objet d'un culte.

Activités

1) **Doc. 2** Quels acteurs participent au renouveau des constructions d'églises ?

2) **Doc. 1 et 4** Relevez la forme du plan de l'église et son orientation.

3) **Doc. 4 et 5** Indiquez quelles parties de l'église sont désignées en A, B et C sur la photographie.

4) **Doc. 5** Quelle est la forme des arcs dans l'église ?

5) **Doc. 3 et 6** Quelles pratiques religieuses ont lieu dans l'église ?

◆ **Expression écrite et orale** ◆

6) **RÉCIT** À l'aide de la fiche Zoom, décrivez en quelques phrases l'église romane de Saint-Nectaire.

J.-C.   500   1000   1500   2000

Reims, une cathédrale gothique

Reims
Paris • Champagne

ROYAUME DE FRANCE

À partir du XIIᵉ siècle, dans quelques villes d'Île-de-France, puis en Europe, se construisent de vastes cathédrales selon un style qualifié plus tard d'«art gothique». La cathédrale de Reims, où sont sacrés les rois de France, est un exemple d'église de cette époque.

▶ **Quelles sont les caractéristiques d'une cathédrale gothique ?**

Construction de la cathédrale de Reims
gros œuvre — finitions
1200 1300 1400 1500

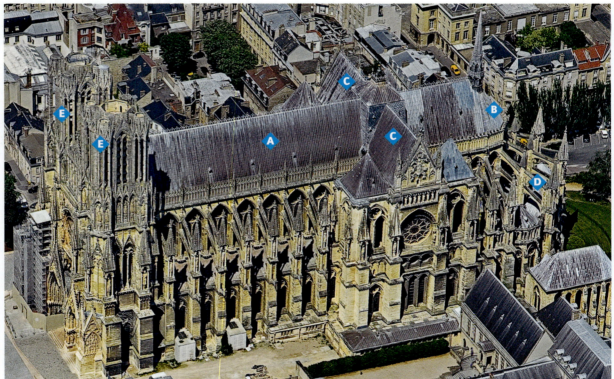

1 **La cathédrale Notre-Dame de Reims**

(D) Arc boutant ; (E) Tours.
[Voir p. 63 la façade de la cathédrale.]

VOCABULAIRE

- **Cathédrale** : église principale d'un diocèse où l'évêque a son siège.
- **Sacre** : cérémonie religieuse qui donne à un souverain un caractère divin.

2 **Le renouveau gothique**

«Au XIIᵉ siècle, le renouveau artistique accompagne l'essor des villes ; celles-ci profitent de l'afflux d'argent, qui est investi dans des constructions gigantesques. Au cœur des cités, les bourgeois construisent des lieux de rassemblement et de prestige. Les cathédrales, où s'affirme de manière prioritaire l'art gothique, ne sont pas seulement des espaces de prière : les corporations de métiers s'y assemblent, la commune y tient ses réunions civiles.

Depuis le milieu du XIIᵉ siècle, de plus, le pouvoir des rois capétiens s'est affermi. Le sacre fait du roi le représentant de Dieu sur Terre. Si Saint-Denis a le privilège d'abriter la sépulture des rois et les insignes du couronnement, Reims conserve celui du sacre. La cathédrale prête son volume aux fastes royaux.»

D'après C. DEREMBLE, *L'art et la foi au Moyen Âge*, La Documentation photographique, n° 7040, 1997.

Arc gothique

Voûte gothique
(sur croisée d'ogives)

Fenêtres hautes

Pilier

Vitraux

Bas-côté

Nef

3 **La nef de la cathédrale de Reims**

La hauteur sous voûte de la nef est de 38 mètres.

Plan de la cathédrale **4**

5 **Statue de l'ange au sourire**

Elle est située dans le portail de gauche de la façade.

Activités

1) **Doc. 2** Qui sont globalement les acteurs du renouveau gothique, et à Reims en particulier ?

2) **Doc. 1 et 4** Indiquez quelles parties de l'église sont désignées en A, B et C sur la photographie.

3) **Doc. 1, 3 et 4** Comparez la cathédrale de Reims à l'église de Saint-Nectaire : aspect général de l'extérieur et de l'intérieur, plan, dimensions, hauteur de la voûte.

4) **Doc. 5** Quelle est l'originalité de cette statue ?

◆ Expression écrite et orale ◆

5) **RÉCIT** **À partir de la fiche Zoom, décrivez en quelques lignes la cathédrale Notre-Dame de Reims.**

ZOOM Pour décrire une église, p. 59

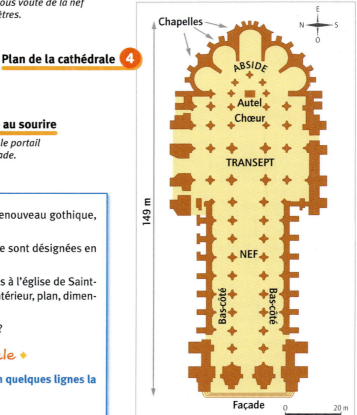

Chapelles

ABSIDE

Autel
Chœur

TRANSEPT

149 m

NEF

Bas-côté

Bas-côté

Façade

0   20 m

J.-C.   500   1000   1500   2000

De l'art roman à l'art gothique

Façade de Saint-Trophime d'Arles, église romane

🔹 **Bas-relief** : sculpture se détachant faiblement sur une façade, une paroi.

🔹 **Tympan** : espace décoré de sculptures remplissant une voûte (en plein cintre ou en arc brisé) d'un portail d'église.

🔹 **Rosace** : grande ouverture de forme circulaire ornée de vitraux.

Un tympan avec le Christ en majesté

Façade avec peu d'ouvertures

Arc de cercle

Quelques statues et des sculptures de scènes de la Bible

Un seul portail

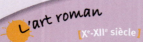

L'art roman

[Xᵉ-XIIᵉ siècle]

■ L'église porte le nom de Trophime, premier évêque de la ville d'Arles au IIIᵉ siècle. Les reliques du saint y sont déposées au Xᵉ siècle. Reconstruite au XIIᵉ siècle, l'église accueille des fidèles de tout l'Occident, car Arles est une étape importante sur la route du pèlerinage de Saint-Jacques-de-Compostelle.

■ L'art roman entraîne une renaissance de la sculpture. Sur les façades des églises, des statues, des bas-reliefs et des tympans sont comme des livres d'images de la Bible et délivrent le message chrétien.

Le portail de la façade a été réalisé à la fin du XIIᵉ siècle. Dans sa partie la plus haute la façade atteint 20 mètres.

▶ Comparer deux façades

Façade de Notre-Dame de Reims, cathédrale gothique

Nombreuses statues dont la Galerie des rois **(A)** *et le Triomphe de la Vierge* **(B)**

Nombreuses ouvertures dont une grande rosace **(C)**

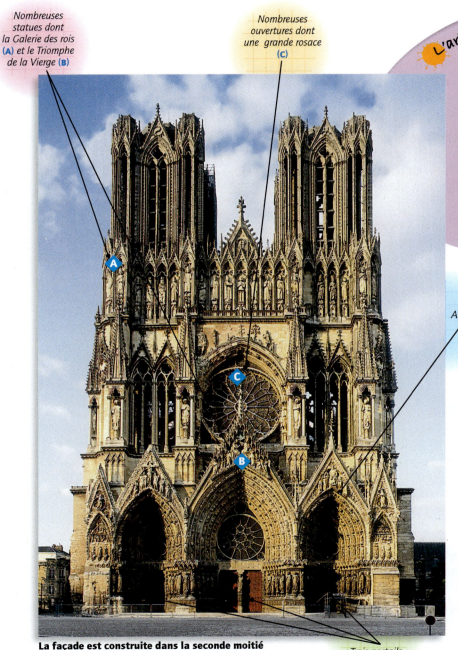

Arc brisé

La façade est construite dans la seconde moitié du XIIIe siècle. Les tours culminent à 81 mètres.

Trois portails

L'art gothique [XIIe-XVe siècle]

■ Durant la période gothique, le culte de Marie est en plein essor. Comme de nombreuses cathédrales, celle de Reims porte le nom de «Notre-Dame».

■ Grâce à des progrès dans les techniques de construction, les architectes donnent de la hauteur aux façades gothiques, exprimant symboliquement un élan vers le ciel. Les sculptures foisonnent désormais. De larges ouvertures, comme les rosaces, permettent de laisser entrer la lumière en abondance.

Activité

▶ Recopiez le tableau ci-dessous et complétez-le en comparant les caractéristiques des deux façades.

	Façade de l'église d'Arles	Façade de la cathédrale de Reims
Période de construction		
Aspect		
Hauteur		
Portail		
Ouvertures		
Sculptures		
Arcs		

Une société chrétienne

A Être chrétien au Moyen Âge : des croyances

🔸 **Au Moyen Âge, presque tous les habitants d'Occident sont des chrétiens catholiques.** La religion est très présente dans la vie quotidienne. Les cloches des églises, construites au centre des villages ou des villes, rythment les différents moments de la journée.

🔸 **Être chrétien, c'est avoir la foi : croire en Dieu, en Jésus-Christ et en son message.** C'est aussi croire qu'à la fin des temps, lors du Jugement dernier, le Christ séparera les bons, qui iront au paradis, des méchants qui souffriront pour l'éternité en enfer [doc. 3 et 4].

🔸 **L'Église veille au respect du dogme chrétien par les fidèles et pour cela combat les hérésies.** Elle fait pourchasser par l'Inquisition les chrétiens qui n'ont pas les croyances conformes à son enseignement, comme les Cathares qui contestent le dogme la résurrection du Christ [doc. 5].

B Être chrétien au Moyen Âge : des pratiques

🔸 L'Église enseigne que pour être un bon chrétien et assurer son salut, le fidèle doit respecter certaines obligations : **recevoir les sacrements, comme ceux du baptême et du mariage** [doc. 2]**, confesser régulièrement ses péchés.** Il doit aussi aller à la messe dans les églises où les chrétiens se rassemblent pour prier. Le décor des églises, romanes ou gothiques, illustre des scènes de la Bible et les croyances des chrétiens.

🔸 L'Église incite également les fidèles à **pratiquer la charité** à l'égard des plus pauvres et des malades [doc. 4].

🔸 Elle encourage enfin les chrétiens à se recueillir devant les reliques des saints, à partir en pèlerinage vers les tombeaux du Christ à Jérusalem, de l'apôtre Pierre à Rome ou de saint Jacques à Compostelle [doc. 1].

1 Le pèlerinage de Saint-Jacques de Compostelle

Un pèlerin. *Statue du musée d'art ancien de Lisbonne, XVe siècle.*

■ Décrivez l'aspect du pèlerin.

2 Les sept sacrements chrétiens

▶ **Le baptême** marque l'entrée d'une personne dans la communauté des chrétiens.

▶ **La confirmation** renouvelle l'engagement du baptême.

▶ **La communion** est le partage du pain et du vin, consacrés par le prêtre et devenus corps et sang du Christ.

▶ **La pénitence** : le chrétien reconnaît ses péchés et en demande le pardon, qui lui est donné par le prêtre.

▶ **Le mariage** unit un chrétien et une chrétienne comme époux et épouse.

▶ **L'extrême-onction** : sacrement des malades et des marants administré pour les aider à supporter leurs souffrances.

▶ **L'ordination** donne aux prêtres le pouvoir d'exercer leur fonction sacrée.

■ Quels sacrements sont donnés aux temps forts d'une vie ?

Vocabulaire

🔹 **Dogme** : ensemble de croyances religieuses considérées comme des vérités incontestables.

🔹 **Église** : avec un « É », désigne la communauté des chrétiens et l'institution exerçant l'autorité religieuse.

🔹 **Hérésie** : idées religieuses jugées contraires au dogme par l'Église.

🔹 **Inquisition** : tribunal spécial de l'Église qui condamne les hérétiques.

🔹 **Pèlerinage** : voyage vers un lieu saint pour y prier.

🔹 **Reliques** : voir p. 58.

🔹 **Salut** : vie éternelle au paradis.

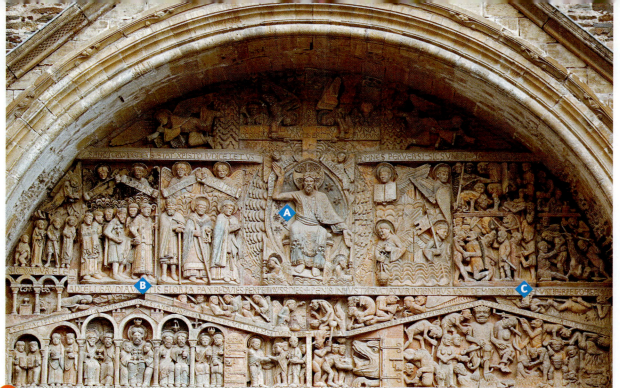

3 Le Jugement dernier

Tympan de l'église Sainte-Foy-de-Conques (Aveyron), XIIe siècle.
(A) Le Christ ; **(B)** le Paradis ; **(C)** l'Enfer.

■ **Quel est le message religieux de cette sculpture ?**

→ Art roman . net

4 Pratiquer la charité

« Alors Jésus dira à ceux qui seront à sa droite : "Venez, les bénis de mon Père, recevez en héritage le Royaume préparé pour vous depuis la création du monde. Car j'avais faim, et vous m'avez donné à manger ; j'avais soif, et vous m'avez donné à boire [...] j'étais nu, et vous m'avez habillé ; j'étais malade, et vous m'avez visité." »

D'après l'Évangile selon Saint Matthieu.

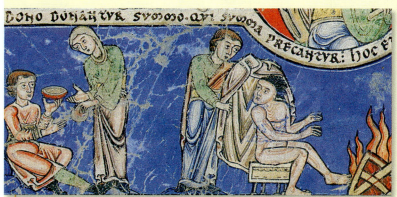

La pratique de la charité. *Bible de Floreffe, XIIe siècle, British Museum, Londres.*

■ **Quels actes de charité cités dans le texte les chrétiens représentés ici effectuent-ils ?**

5 La lutte de l'Église contre les hérésies

Cathares sur le bûcher.
Miniature des Grandes chroniques *de Saint-Denis, vers 1400, bibliothèque municipale de Toulouse.*

« Le groupe d'hérétiques qui habitent notre région a l'audace d'affirmer que tout ce qui existe de visible en lui a été créé et fait par le dieu malfaisant. Ils rejettent le baptême des enfants. Ils ne croient pas à la résurrection. »

D'après un texte anonyme des années 1208-1213.

■ **Que reproche l'Église aux Cathares ? Comment les traite-elle ?**

Fontenay, une abbaye cistercienne

Au XIIe siècle, sous la conduite de Bernard de Clairvaux, l'ordre monastique des Cisterciens est en pleine expansion. Il crée de nombreuses abbayes, comme celle de Fontenay, en Bourgogne, en 1118. Les moines y vivent selon la règle monastique de saint Benoît ou règle bénédictine.

▶ **Comment vivent les moines au Moyen Âge ?**

Fondation de l'abbaye de Cîteaux
Fondation de l'abbaye de Fontenay
1098 | 1100 | 1118 | 1200

A La réunion autour de l'abbé dans la salle capitulaire. *Miniature du XVe siècle.*

B Moines au réfectoire. *Extrait d'un manuscrit du XVe siècle.*

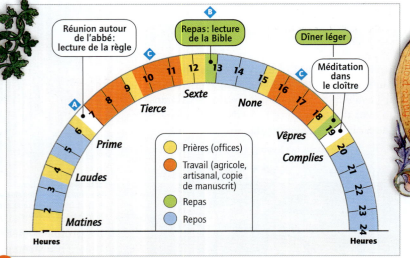

Réunion autour de l'abbé : lecture de la règle

B Repas : lecture de la Bible

Dîner léger

Méditation dans le cloître

Sexte
Tierce
None
Prime
Laudes
Vêpres
Complies
Matines

Prières (offices)
Travail (agricole, artisanal, copie de manuscrit)
Repas
Repos

Heures

C Un moine copiste. *Extrait d'un manuscrit du XIVe siècle.*

1 **La journée d'un moine cistercien**

«La règle de saint Benoît [rédigée au VIe siècle] sera connue de tous et observée de la même façon dans tous les monastères. La nourriture des moines de notre ordre doit provenir du travail manuel, de la culture des terres, de l'élevage du bétail.»
Extrait des *Statuts cisterciens* de 1134.

C Un moine bûcheron. *Enluminure du XIIe siècle, provenant de l'abbaye de Cîteaux, bibliothèque de Dijon.*

VOCABULAIRE

🔖 **Ordre monastique** : groupe de moines ou de moniales obéissant à une même règle de vie.

🔖 **Abbaye** : monastère important dirigé par un abbé ou une abbesse.

🔖 **Règle monastique** : texte fixant la manière de vivre des moines ou des moniales.

2 Vue d'ensemble de l'abbaye de Fontenay (Côte-d'Or)

«Aucun de nos monastères ne doit être construit dans les cités, les châteaux, les villes, mais dans des lieux à l'écart de la fréquentation des hommes.»
Extrait des *Statuts cisterciens* de 1134.

(A) Salle capitulaire (salle de réunion) ; **(B)** Dortoir ;
(C) Salle de travail de copistes (*scriptorium*) ; **(D)** Chauffoir (seule salle chauffée) ; **(E)** Cuisine et réfectoire ; **(F)** Cloître ;
(G) Église ; **(H)** Pigeonnier ; **(I)** Infirmerie ; **(J)** Four à pain ;
(K) Hospice pour les pauvres et les voyageurs ; **(L)** Chapelle des pèlerins et des voyageurs ; **(M)** Moulin et forge.

ZOOM socle commun

Pour décrire une abbaye

▶ Je la localise et indique sa date de construction.

▶ Je précise à quel ordre monastique elle appartient et quelle est son organisation.

▶ J'indique quelles sont les activités des moines qui y vivent.

3 La fondation d'un village

«Nous voulons édifier un village neuf près du village de Puybrun*. Les redevances que les habitants devront nous verser pour les terres cultivées seront partagées par moitié avec le roi**. Nous souhaitons que sur ces terres soient édifiés une église, un cimetière, des maisons de charité et une grange dans laquelle seront gardés le blé, le vin et autres biens de notre terre avant d'être vendus.»

Contrat entre Guillaume, abbé cistercien de Dalon,
et le roi de France, 1279.

---

* Département du Lot.
** Philippe III le Hardi, roi de 1270 à 1285.

Activités

1) **Doc. 1** Indiquez quelle règle monastique suivent les moines de l'abbaye de Fontenay et expliquez comment cette règle organise leurs activités quotidiennes. En 24 heures, combien de temps est consacré à la prière ? au travail ?

2) **Doc. 2 et 3** Relevez les différents lieux de travail des moines. Montrez qu'une abbaye est un lieu de production agricole.

◆ **Expression écrite et orale** ◆

3) **RÉCIT** À l'aide de la fiche Zoom ci-dessus, décrivez en quelques lignes l'abbaye de Fontenay.

François d'Assise et les Franciscains

En 1210, François d'Assise fonde l'ordre religieux des Franciscains dont la règle repose sur la prière, la pauvreté absolue et la prédication auprès des fidèles, en particulier dans les villes. Canonisé deux ans après sa mort, il devient l'un des saints les plus populaires de l'Occident chrétien.

▶ **Pourquoi François d'Assise est-il considéré comme un grand personnage religieux ?**

Vie de François d'Assise
1182   1226

1100   1200   1300

1 En 1210, François d'Assise présente la règle de l'ordre des Franciscains au pape Innocent III

Giotto, fresques de l'église supérieure Saint-François à Assise, fin du XIIIe siècle.

3 **Une prière de François d'Assise**

« Loué sois-tu, Seigneur, pour toutes tes créatures, spécialement pour le Soleil, notre grand frère. Il fait le jour et par lui, tu nous illumines. Il est si beau et si rayonnant. De toi, Très-Haut, il est un magnifique reflet !
Loué sois-tu, Seigneur, pour notre sœur l'Eau, qui est si utile et si modeste, si précieuse et si pure !
Loué sois-tu, Seigneur, pour notre mère la Terre qui nous porte et nous nourrit. Elle produit la diversité des fruits et les herbes et les fleurs de toutes les couleurs. »

Extraits du *Cantique des créatures*, 1225.

2 **La vie des Franciscains**

« Ceux qui venaient à moi pour partager ma vie donnaient aux pauvres tout ce qu'ils avaient. Pour vêtement, ils se contentaient d'une seule tunique. Nous ne voulions rien de plus. Nous sommes des gens simples et nous nous mettons à la disposition de tout le monde. Moi je travaille de mes mains et je veux travailler. Mais si nous n'avons pas gagné assez pour vivre, mendions notre nourriture de porte en porte, de ville en ville. Pour nous faire ouvrir la porte disons simplement : *"Que le Seigneur vous donne sa paix."* Nous nous garderons bien de recevoir, sous aucun prétexte, ni monastères, ni tout ce qu'on pourra construire à notre intention conformément à notre règle de pauvreté. Ceux qui observeront ces choses seront bénis par Dieu. »

D'après le *Testament* de François d'Assise (1226).

VOCABULAIRE

▲ **Prédication** : action de prêcher, d'enseigner une religion.

▲ **Saint** : personne qui a reçu ce titre par décision du pape (canonisation) parce qu'elle a mené une vie exemplaire ou est morte pour sa foi.

A Saint François recevant les stigmates (plaies reproduisant celles de Jésus crucifié).

B La prédication aux oiseaux.

C Saint François libère miraculeusement une femme d'un accouchement difficile.

D Miracle de la guérison des estropiés et des lépreux.

E Miracle de la guérison d'un paralytique.

F Saint François libère des possédés en chassant les démons.

4 **Une représentation chrétienne de la vie de François d'Assise**

Scènes légendaires et de miracles attribués à François d'Assise, peintes par Bonaventura Berlinghieri, 1235. Retable sur bois de l'église San Francesco de Pescia (Italie).

Activités

1) **Doc. 1** Quel ordre religieux François d'Assise crée-t-il ? Quel personnage en accepte la fondation ?

2) **Doc. 2** Expliquez pourquoi l'ordre religieux fondé par François d'Assise est appelé l'ordre des «moines mendiants».

3) **Doc. 3** À qui s'adressent ces louanges ? Pourquoi ?

4) **Doc. 4** Quels faits extraordinaires rapporte la tradition religieuse à propos de Saint François ? Quel personnage rappellent-ils ?

◆ **Expression écrite et orale** ◆

5) **RÉCIT** **Construisez une courte réponse expliquant pourquoi l'Église a fait de François d'Assise un saint.**

L'Église dans la société

A Une institution organisée

• L'Église d'Occident est dirigée par le pape à Rome. **Les hommes d'Église forment un groupe à part dans la société : le clergé.** Les curés et les prêtres, dans les paroisses, et les évêques, qui dirigent les diocèses, vivent au contact des laïcs : ils forment le clergé séculier [doc. 1].

• **Les moines qui vivent en communauté dans des abbayes et selon une règle monastique forment le clergé régulier.** À la fin du XIe siècle, l'ordre monastique de Cîteaux est fondé et organisé par Bernard de Clairvaux. Les moines cisterciens veulent mener une vie de prière et de travail à l'écart des hommes, en application de la règle de saint Benoît. Au XIIe siècle, François d'Assise crée l'ordre des Franciscains qui se consacrent à la prédication dans les villes et vivent dans la pauvreté absolue.

B Une institution riche et influente

• **L'Église a des revenus importants.** Elle possède des seigneuries dans lesquelles elle fait payer des redevances aux paysans. Elle prélève un impôt chrétien, la dîme. Elle reçoit aussi des dons de la part des fidèles [doc. 5].

• Elle exerce une grande influence sur la société. Outre son rôle religieux, **le clergé se charge aussi de l'enseignement dans les écoles des monastères et des évêchés.** Dans les universités, qui se développent au XIIIe siècle, la plupart des professeurs sont des clercs [doc. 2].

• **L'Église prend en charge l'assistance aux pauvres et aux malades** [doc. 4]. Elle cherche à limiter les violences des chevaliers par la Paix de Dieu [doc. 3]. Les chevaliers qui s'en prennent aux faibles risquent l'excommunication.

• Les cloches rythment les moments de la journée. Tout au long de l'année, les fêtes du calendrier chrétien (fêtes du Christ, de la Vierge et des Saints) sont observées par tous.

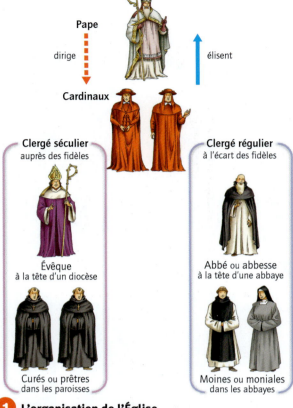

Pape

dirige   élisent

Cardinaux

Clergé séculier
auprès des fidèles

Évêque
à la tête d'un diocèse

Curés ou prêtres
dans les paroisses

Clergé régulier
à l'écart des fidèles

Abbé ou abbesse
à la tête d'une abbaye

Moines ou moniales
dans les abbayes

1 L'organisation de l'Église

■ **Qui est le chef de l'Église catholique ? Quelles sont les deux sortes de clergé ?**

VOCABULAIRE

🔖 **Abbaye** : voir p. 66.

🔖 **Clergé régulier** : ensemble des clercs vivant selon une règle monastique.

🔖 **Clergé séculier** : ensemble des clercs vivant au contact des fidèles.

🔖 **Dîme** : impôt en nature prélevé par l'Église.

🔖 **Diocèse** : territoire soumis à l'autorité religieuse d'un évêque.

🔖 **Excommunication** : exclusion de l'Église.

🔖 **Ordre monastique** : voir p. 66.

🔖 **Paroisse** : territoire soumis à l'autorité religieuse d'un curé.

🔖 **Prédication** : voir p. 68.

🔖 **Règle monastique** : voir p. 66.

🔖 **Universités** : ensemble des maîtres et des étudiants.

2 **Un clerc donne un cours dans une université italienne**

Miniature d' un manuscrit du XVᵉ siècle, Bibliothèque Birra, Milan.

■ **Quel rôle intellectuel de l'Église ce document illustre-t-il ?**

3 **L'Église et la Paix de Dieu**

«1. Je n'envahirai pas les églises.
2. Je n'assaillirai pas les clercs et les moines ne portant pas d'armes; je ne m'emparerai pas de leurs biens.
3. Je ne m'emparerai pas du paysan, de la paysanne, des serviteurs et des marchands.
4. Je n'incendierai ni ne détruirai les maisons, à moins que je n'y trouve à l'intérieur un cavalier qui soit mon ennemi et en armes. Celui qui ne respectera pas cette paix à partir d'aujourd'hui, qu'il soit excommunié, qu'il n'entre plus dans l'église avec les chrétiens jusqu'à ce qu'il jure cette paix.»

D'après l'Accord de paix de Verdun-sur-le-Doubs, vers 1020.

■ **Qui l'Église souhaite-t-elle protéger par la Paix de Dieu?**

4 **Un hôpital, l'Hôtel-Dieu de Paris**

Miniature d' un manuscrit du XVᵉ siècle.

■ **Qui prend soin des malades ?**

la vente des produits agricoles issus des terres de l'Église

les droits seigneuriaux (part de la production)

les loyers des maisons

ÉGLISE

la dîme (1/10ᵉ des récoltes)

les dons des fidèles (en argent, en terre)

5 **Les revenus de l'Église**

■ **Pourquoi l'Église est-elle riche au Moyen Âge ?**

EXERCICES

1 Mettre en relation des documents

Mener une vie chrétienne

① Un baptême. *Miniature du XIIᵉ siècle, Musée de Condé, Chantilly.*

② Un mariage. *Miniature du XIIᵉ siècle.*

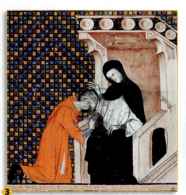

③ Une confession. *Livre d'heures du XIVᵉ siècle, Londres, BL.*

④ Une messe. *Anonyme de Castille, fin XVᵉ siècle, Bilbao, Musée des Beaux-Arts.*

5 Les obligations des chrétiens

«Tout fidèle, homme ou femme, doit lui-même confesser ses péchés, sans témoin, à son propre curé au moins une fois par an. Il doit accomplir avec soin la pénitence* qui lui est imposée. Il doit communier, au moins une fois par an, à Pâques. Sinon qu'il lui soit interdit d'entrer dans une église et qu'il soit privé de sépulture chrétienne après sa mort. Que ce décret soit souvent lu publiquement dans les églises.»

D'après le décret du 4ᵉ concile de Latran, 1215.

* La peine donnée par le prêtre pour réparer les péchés.

① Recopiez et complétez le tableau :

	Cérémonie	Personnes présentes	Geste du prêtre
Doc.1			
Doc.2			

② Quelles obligations sont évoquées à la fois par le texte et les images ?

③ Quelle punition risque le fidèle qui ne remplirait pas ces obligations ?

2 Comprendre un texte du Moyen Âge

Une seigneurie ecclésiastique

① Quelle fonction exerce Odon ?

② Pourquoi est-il en droit de réclamer des redevances aux paysans de Marnes ? Qui rend la justice à ces derniers ?

Redevances des paysans et justice

«Odon, évêque de Paris, décide que, pour chaque tenure de sa seigneurie de Marnes, le paysan devra chaque année: un setier* d'avoine à la Nativité de la Vierge, un quart de setier de froment et deux chapons à la fête des morts, 12 deniers** de cens à la Saint Rémi. Les hommes de Marnes iront moudre leur grain aux moulins de l'évêque. Ils laisseront pour l'évêque un quinzième du grain. Le sergent de l'évêque jugera les hommes de cette terre pour les délits qu'ils y commettront.»

D'après une charte de l'évêché de Paris, XIIᵉ siècle, cité dans B. MERDRIGNAC, *La vie religieuse au Moyen Âge*, Ophrys, 2005.

* Setier : mesure (environ 1,5 hl). ** Denier : le douzième d'un sou.

3 Comprendre les épisodes de la vie d'un grand personnage religieux

Hildegarde de Bingen
(1098 -1179)

Détail de la vision de sainte Hildegarde. *Miniature d'un manuscrit du XIIe siècle, Bibliothèque de Lucques, Italie.*

1 Classez dans le tableau les différents aspects de la vie d'Hildegarde de Bingen :

Ses activités religieuses	Ses activités scientifiques	Ses activités musicales	Son point de vue sur les femmes

2 Comment Hildegarde de Bingen est-elle représentée ? À quel épisode de sa vie, rapportée par la tradition religieuse, l'image fait-elle référence ?

Une moniale influente

Hildegarde naît dans une famille de la haute noblesse allemande qui compte dix enfants. À l'âge de quatorze ans, elle entre à l'abbaye des Bénédictines de Disibodenberg* et devient une moniale. En 1136, elle prend la direction du monastère comme abbesse. À quarante-trois ans, elle affirme avoir des "visions divines"; elle les note dans un petit carnet qui donnera ensuite son *Livre des subtilités et des créatures divines*. Le pape Eugène III et Bernard de Clairvaux considèrent alors que ces visons sont une manifestation de la grâce de Dieu. Hildegarde fonde deux abbayes en Allemagne, celle de Rupertsberg en 1147 et celle d'Eibingen en 1165.

Elle entretient une correspondance avec les principaux personnages de son temps. Elle n'hésite pas à donner des conseils au pape et à Bernard de Clairvaux mais aussi à s'opposer à eux, considérant que l'esprit des femmes est en tous points comparable et égal à celui de l'homme. Elle encourage les moniales à pratiquer l'écriture, la gravure, le chant, domaines encore alors réservés aux hommes.

Musicienne, elle compose plus de soixante-dix chants religieux qui sont aujourd'hui encore interprétés par les Bénédictines. Hildegarde de Bingen est aussi une femme de science : elle étudie le système sanguin et nerveux de l'être humain ; elle expérimente la guérison par les plantes.

Texte composé à partir de diverses sources.

* Près de Bingen et de Mayence, en Allemagne.

4 B2i Comprendre un courant musical

Le chant grégorien

[**Compétence B2i** : 4.5. Sélectionner des résultats lors d'une recherche]

1 Dans l'onglet « Consulter », cliquez sur « Paroles et musiques », dans la barre orange. Dans la barre de recherche à gauche, tapez « chant grégorien ». Notez le titre du premier document : de quel type de chant s'agit-il ? Cliquez sur le disque pour l'écouter.

2 Allez sur le site : www.abbayedesolesmes.fr. Cliquez sur l'image « grégorien ». Retrouvez au début du texte la définition du chant grégorien.

3 Retournez ensuite à la page d'accueil et cliquez sur « visite de l'abbaye ». Quelles obligations les moines doivent-ils respecter ?

▲ http://gallica.bnf.fr

J.-C.   500   1000   1500   2000

1 Se repérer dans le temps et dans l'espace

La diffusion de l'art roman et gothique

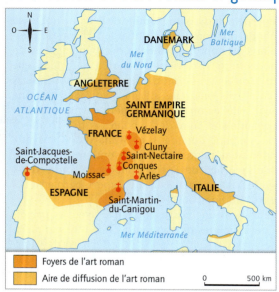

Foyers de l'art roman
Aire de diffusion de l'art roman
0   500 km

Foyer de l'art gothique
Aire de diffusion de l'art gothique
0   500 km

1 Durant quels siècles ont été construites les églises romanes ? Quelle église romane avez-vous étudiée en classe ?

2 Délimitez chronologiquement « l'âge des églises gothiques ».

3 Dans quelle région l'art gothique est-il né ? Quelle cathédrale gothique avez-vous étudiée en classe ?

4 L'art roman et l'art gothique ne se sont-ils diffusés qu'en France ? Justifiez votre réponse.

2 Connaître le vocabulaire du chapitre

▶ Complétez la grille à l'aide des définitions données.

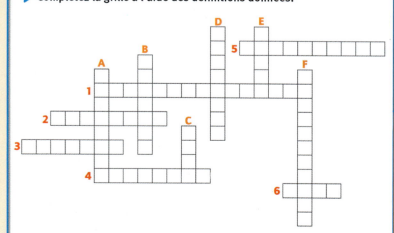

DÉFINITIONS

VERTICALEMENT

A. Qualifie le clergé vivant parmi les fidèles.

B. Il est dirigé par un évêque.

C. Il dirige une abbaye.

D. Elle est dirigée par un curé.

E. Le chrétien passe sa vie à le préparer.

F. Ce tribunal juge les hérétiques.

HORIZONTALEMENT

1. En être frappé, c'est être exclu de l'Église.

2. Qualifie le clergé observant une règle monastique.

3. Des idées contraires au dogme.

4. Des restes vénérés d'un saint.

5. L'église où siège l'évêque.

6. L'impôt de l'Église.

Les vitraux de la cathédrale de Chartres

[Grand domaine artistique : «arts du visuel»,
dessin et arts graphiques]

Vitrail de Notre-Dame de la Belle Verrière,
début XIIIᵉ siècle.

Qu'est-ce qu'un vitrail ?

■ On appelle vitraux des panneaux de morceaux de verre colorés qui ferment les ouvertures des églises, surtout les cathédrales gothiques. Les pièces de verre sont prises dans un réseau de baguettes de plomb. La fabrication d'un vitrail est confiée à un artisan, le maître-verrier.

■ Les vitraux fermant une ouverture dans les murs de l'église forment une verrière, qui peut avoir la forme d'une fenêtre ou d'une rosace.

L'art, la religion, le sacré

■ Comme les bâtisseurs des cathédrales recherchent la hauteur et la luminosité, les vitraux inondent de lumière colorée la nef et créent une atmosphère propice à la prière.

■ Les plus hautes verrières, ouvertes vers le ciel, doivent donner au fidèle une image du Paradis.

Vitrail des maçons à la cathédrale de Chartres. Les métiers de la ville qui ont contribué à la construction de la cathédrale, par un travail gratuit ou des dons sont aussi représentés sur les vitraux

Le verre se glisse entre les ailes des baguettes de plomb.

VOCABULAIRE

⚑ **Verrière** : grande ouverture ornée de vitraux.

⚑ **Vitrail** : panneau de morceaux de verre colorés et assemblés pour former une décoration.

⚑ **Rosace** : verrière de forme circulaire.

Le saviez-vous ?

● En général, un vitrail se lit de bas en haut afin d'élever le regard du fidèle vers Dieu.

● Il y a, dans la cathédrale de Chartres, 176 vitraux correspondant à une surface de 2 600 m², soit l'équivalent de près de dix courts de tennis.

● Les verriers obtiennent les couleurs du verre au moment de sa cuisson en ajoutant différents oxydes métalliques : le cobalt pour obtenir du bleu, du cuivre pour le vert et le rouge, du manganèse pour les bruns et les pourpres, de l'antimoine pour produire du jaune.

① À quelle époque et pour quelle église ces deux vitraux ont-ils été réalisés ? Quels matériaux ont été nécessaires pour leur fabrication ?

② Quel est le thème du grand vitrail ? Pourquoi des maçons sont-ils représentés sur l'un des vitraux ?

③ Pourquoi les vitraux occupent-ils une place importante dans le décor des cathédrales gothiques ?

J.-C.   500   1000   1500   2000

L'expansion de l'Occident

Comment se manifeste l'expansion de l'Occident du XIe au XVe siècle ?

CIVITAS VENECIARV

Venise, une grande ville marchande. *Illustration d'Ehrard Reuwich, 1486, Libreria Marciana, Venise.*

■ Qu'est-ce qui indique que Venise est une cité prospère et une puissance maritime ?

| | 1000 | 1100 | 1200 | 1300 | 1400 | 1500 |

ÉCONOMIE

Foires de Champagne **EXPANSION COMMERCIALE ET URBAINE**

CRISE DE L'OCCIDENT

RELIGION

Première croisade **CROISADES EN ORIENT** *Reconquista en Espagne*

Chute de Grenade

1096-1099

1492

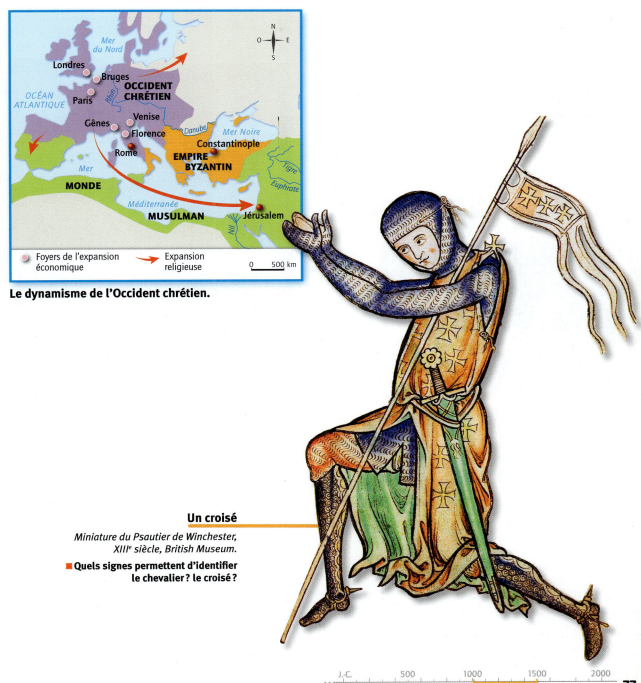

Le dynamisme de l'Occident chrétien.

Un croisé

Miniature du Psautier de Winchester,
XIIIᵉ siècle, British Museum.

■ **Quels signes permettent d'identifier
le chevalier ? le croisé ?**

Le commerce du drap

FLANDRE
CHAMPAGNE
ITALIE DU NORD

Du XIe au XIIIe siècle, l'augmentation de la population d'Occident entraîne une demande accrue de draps, principalement fabriqués dans les villes de Flandre, puis vendus dans toute l'Europe. Le commerce du drap contribue à l'essor économique de l'Occident.

▶ **Comment est organisé le commerce du drap ?**

Essor du commerce du drap

1000   1500

1 La fabrication du drap

Entre l'arrivée de la laine brute et la fabrication d'une pièce de drap de 20 mètres de long, il faut compter au moins un mois. La fabrication passe par trente opérations différentes qui correspondent chacune à un métier d'artisan spécialisé : la préparation de la laine, dont le filage, puis le tissage, la teinture et les finitions. La teinture se fait dans un bain où l'on a préalablement fait bouillir des plantes tinctoriales. Si les gens du peuple ont des vêtements peu colorés, en revanche les riches achètent des étoffes aux couleurs vives.

A Le filage et le tissage de la laine
Gravure du XIVe siècle, Bibliothèque d'Ypres, Belgique.

B Un atelier de teinturier.
Miniature flamande du XVe siècle, British Library, Londres.

2 Les règles de la corporation des foulons

Le travail des foulons consiste à piétiner dans une cuve le drap mouillé afin de le rendre plus ferme et plus serré.

« 1. Les responsables puniront ceux qui font mal leur travail.
2. Le temps d'apprentissage est fixé à deux ans pour les fils de foulons, trois ans pour les autres.
3. Les compagnons* qui veulent passer maîtres paient au métier vingt sous s'ils sont fils de foulons, les autres trente sous.
4. Les maîtres doivent payer les salaires la veille du dimanche.
5 et 6. Nul homme du métier ne doit travailler le soir à la lumière ni samedi après l'heure de midi.
7. Il est défendu d'employer d'autres ingrédients que le beurre et la graisse de mouton pour le foulage des étoffes. »

Extrait du statut de la corporation des foulons à Bruges, 1303.

* Artisan qui n'est plus apprenti mais pas encore maître.

VOCABULAIRE

🔹 **Corporation** : association de personnes d'un même métier.

🔹 **Drap** : au Moyen Âge, on appelle « drap » un tissu de laine utilisé pour la fabrication des vêtements.

🔹 **Plante tinctoriale** : plante qui produit naturellement une teinture pour colorer les tissus (feuilles de pastel pour le bleu, racine de garance pour le rouge).

3 Dans une foire

Thomas de Saluces, Le Chevalier errant, *France (Paris),
vers 1400-1405 Paris, BNF.*

« Moi, Nicolas, j'ai reçu de Hugues, marchand de Gênes, 21 livres
5 sous génois pour acheter des draps de laine rayés de Provins
et des draps de laine bleus de Châlons. »

Cité dans R. H. BAUTIER, *Les Registres
des Foires de Champagne*, 1942-1943.

4 Un marchand et sa caravane d'ânes

*Détail d'un tableau italien, du début du XIVᵉ siècle,
Pinacothèque de Sienne.*

Achetés aux artisans drapiers par les marchands, les draps
destinés au commerce sont transportés en ballots à dos d'âne
ou de mulet vers les diverses foires internationales.
Les marchands eux-mêmes vont à
cheval ou à pied : on les
surnomme les « pieds
poudreux ». Le
transport peut se faire
aussi en barque sur
les fleuves ou
canaux et en navire
sur mer.

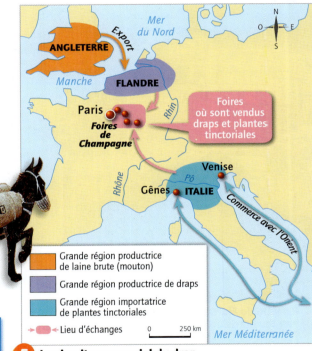

5 Le circuit commercial du drap

Activités

1) **Doc. 1, 2 et 5** Citez deux produits et deux opérations
nécessaires à la fabrication du drap.

2) **Doc. 2** Quel article réglemente le temps de travail ?
la fabrication ?

3) **Doc. 3, 4 et 5** Présentez le rôle du marchand dans le
commerce du drap. Quelles marchandises s'échan-
gent aux foires de Champagne ?

◆ **Expression écrite et orale** ◆

4) **RÉCIT** **À l'aide de la fiche Zoom, décrivez en quelques phrases l'activité d'un marchand de
draps flamand.**

ZOOM
socle commun

**Pour décrire
l'activité d'un marchand**

▶ Je cite le ou les produits dont il fait commerce.

▶ Je décris ses déplacements.

▶ J'explique où ont lieu les ventes.

Florence, grande ville du Moyen Âge

À partir du XIIe siècle, la cité-État de Florence devient une grande ville prospère. Elle s'enrichit grâce à son artisanat, au commerce international et aux activités bancaires. Sa population augmente fortement et la ville connaît de profondes transformations.

[Voir également le dossier sur les Médicis à la Renaissance, p. 126-127]

Les 6 villes les plus peuplées d'Europe au XIVe siècle

Paris
Milan · Venise
Gênes · **Florence**
Grenade

Essor de Florence

1000 — XIIIe-XVe siècle — 1500

▶ **Comment se manifeste la prospérité de Florence ?**

1 La ville de Florence, sur les bords de l'Arno

(A) D'abord en bois, le *Ponte Vecchio* **(Vieux Pont)** est reconstruit en pierre à la suite d'une crue au XIVe siècle. Ses boutiques étaient occupées par des bouchers, des tripiers et des tanneurs.

(B) Construit à la fin du XIIIe siècle, le *Palazzo Vecchio* **(Vieux Palais)** était le siège du gouvernement de Florence, qui s'administre elle-même depuis le XIIe siècle. D'abord dominée par des familles d'ancienne noblesse, elle passe progressivement sous le gouvernement de marchands enrichis par le commerce et la banque, comme les Bardi, les Peruzzi, puis les Médicis.

2 Une grande ville dynamique

«On estimait à près de 90 000 le nombre d'habitants, d'après la quantité de pain nécessaire à Florence chaque jour. Les églises qui se trouvaient alors dans la ville et dans les faubourgs étaient au nombre de 110. Les boutiques pour le travail de la laine étaient 200 ou plus, et elles fabriquaient entre 70 000 et 80 000 draps chaque année pour une valeur de 1 200 000 florins d'or; plus de 30 000 personnes en vivaient. En l'an du Christ 1237, messire Rubaconte da Mandello étant podestat*, on fit à Florence un pont neuf et l'on pava toutes les rues, alors qu'auparavant il n'y en avait que peu de pavées; grâce à ces travaux, la ville devint plus propre, plus belle et plus saine.»

D'après GIOVANNI VILLANI (1276-1348), *Chroniques.*

* le premier magistrat de la ville.

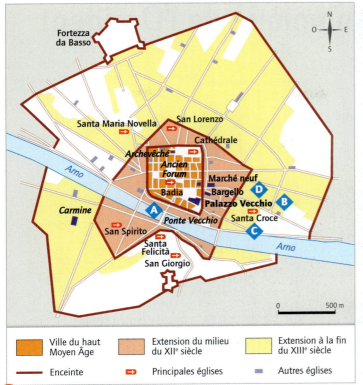

Fortezza
da Basso

Santa Maria Novella   San Lorenzo

Cathédrale

Archevêché

*Ancien
Forum*

Marché neuf

Badia   Bargello   **D**

Palazzo Vecchio   **B**

Carmine   Santa Croce

Ponte Vecchio   **C**

San Spirito

Santa
Felicità

San Giorgio

Arno

0   500 m

| | Ville du haut Moyen Âge | | Extension du milieu du XIIᵉ siècle | | Extension à la fin du XIIIᵉ siècle |
| | Enceinte | | Principales églises | | Autres églises |

3 **Plan de la ville de Florence**

VOCABULAIRE

- **Cité-État** : ville ayant un gouvernement indépendant des cités ou des États voisins.
- **Faubourg** : quartier de la ville à l'extérieur de son enceinte.
- **Florin** : monnaie de la cité de Florence.

Activités

1) **Doc. 3** Relevez le lieu indiquant les origines romaines de Florence.

2) **Doc. 2** Quelle activité économique majeure enrichit la ville ?

3) **Doc. 2 et 3** Montrez que Florence est une ville très peuplée et qui ne cesse de s'agrandir dans l'espace.

4) **Doc. 2 et 3** Comment se traduit l'enrichissement sur l'aspect de la ville ? Indiquez quel lieu public est le plus répandu.

5) **Doc. 1 et 3** Précisez la fonction du Palais de la Seigneurie ou *Palazzo Vecchio*.

◆ Expression écrite et orale ◆

6) **RÉCIT** **À partir de la fiche Zoom, décrivez en quelques phrases la ville de Florence au Moyen Âge.**

C Construite à partir de 1294, l'**église de Santa Croce (Sainte Croix)** est le plus bel exemple d'architecture gothique florentine.

D **La cour du palais du Bargello.** Édifié au milieu du XIIIᵉ siècle, le bâtiment accueille le capitaine du Peuple, représentant des classes populaires au sein du gouvernement de Florence.

ZOOM
socle commun   Pour décrire une ville
du Moyen Âge

▶ Je la localise et je précise quand elle se développe.

▶ Je présente les principales activités de ses habitants.

▶ Je décris le plan, et je cite ses principaux lieux et monuments.

L'expansion économique de l'Occident

 A ## L'essor du grand commerce

🔸 **Du XIᵉ au XIVᵉ siècle, l'Occident connaît une période de paix.** Les productions agricoles et artisanales doivent satisfaire les besoins d'une population qui augmente [doc. 1]. Les routes terrestres et maritimes deviennent plus sûres.

🔸 Le grand commerce renaît et trois grandes régions d'échanges commerciaux s'affirment [doc. 3] :

– **la Flandre, en contact avec la mer du Nord et la mer Baltique.** On y fait le commerce du bois, du blé, des poissons, des fourrures et de la laine, avec laquelle sont fabriqués les draps.

– **l'Italie, qui commerce avec l'Orient** d'où arrivent des produits de luxe, comme les épices et les tissus précieux, ainsi que les plantes tinctoriales.

– **la Champagne dans le royaume de France, où se tiennent de grandes foires.** Les marchands du Nord et du Sud de l'Europe s'y rencontrent pour échanger leurs produits [doc. 3 et 4].

🔸 Pour défendre leurs intérêts, les marchands du grand commerce se regroupent dans des associations, les hanses [doc. 5].

B ## L'essor des villes

🔸 **Le développement du commerce stimule l'activité des artisans.** Ils travaillent dans des ateliers. Les artisans d'un même métier se regroupent dans une même rue de la ville et s'organisent en **corporations** qui réglementent le travail de tous.

🔸 De nouveaux quartiers, les faubourgs, naissent à l'extérieur des anciennes murailles. **L'enrichissement des villes permet la construction de nouveaux bâtiments :** marchés couverts ou halles, maisons de marchands, églises.

🔸 Progressivement, **les marchands, les banquiers et les artisans obtiennent des seigneurs le droit d'administrer eux-mêmes la ville.** Le gouvernement des cités passe ainsi aux mains des bourgeois [doc. 2].

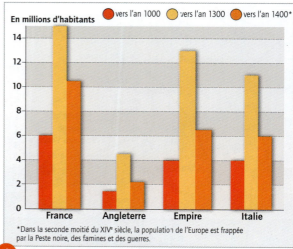

En millions d'habitants

● vers l'an 1000   ○ vers l'an 1300   ● vers l'an 1400*

*Dans la seconde moitié du XIVᵉ siècle, la population de l'Europe est frappée par la Peste noire, des famines et des guerres.

1 **L'évolution de la population en Europe**

■ **Que remarquez-vous partout vers l'an 1300 ?**

2 **La charte communale de Bruges**

« Art. 1. Le comte nommera tous les ans à Bruges treize échevins*.

Art. 49. Si le comte accuse les échevins d'avoir mal rendu la justice, et que leur décision est confirmée par les échevins des bonnes villes (Gand, Ypres, Lille, Douai), le comte leur doit réparation du déshonneur.

Art. 65. Les échevins ont le pouvoir d'établir des impôts pour payer les dépenses et les dettes de la ville. »

D'après les chartes de 1281 et de 1304.

_____
* Magistrat dans une ville au Moyen Âge.

■ **Quels pouvoirs obtiennent les échevins ?**

Vocabulaire

🐾 **Bourgeois :** habitant d'une ville qui a obtenu des libertés urbaines de la part d'un seigneur.

🐾 **Corporation :** voir p. 78.

🐾 **Draps :** voir p. 78.

🐾 **Faubourg :** voir p. 81.

🐾 **Foire :** grand marché qui se tient sur une longue durée et attire des marchands venus de loin.

🐾 **Hanse :** association de grands marchands d'une ville ou d'une région.

🐾 **Plante tinctoriale :** voir p. 78.

Map labels:

bois
bois, fourrures — Novgorod
Mer du Nord
harengs
Mer Baltique
Riga
blé
FLANDRE
Londres
Winchester
Bruges
draps
Lübeck
Hambourg
Dantzig
Leipzig
Cologne
Francfort
Nuremberg
Cracovie
Vienne
Kiev
Dniepr
La Tana
soie
OCÉAN ATLANTIQUE
Paris
Troyes
Rhin
Lyon
Rhône
Milan
Venise
Gênes
ITALIE
Florence
Sienne
Mer Noire
Danube
Constantinople
sel
Bordeaux
vin
Beaucaire
laine
Barcelone
Tolède
armes
Cordoue
Valence
Cadix
cuirs
Palerme
or
Tunis
Mer Méditerranée
Alexandrie
épices
Antioche
soie, épices, plantes tinctoriales
St-Jean-d'Acre

Encart : **Foires de Champagne**
Oise · Reims · Marne · Lagny · Provins · Paris · Seine · Aube · Troyes · Bar-sur-Aube
0   50 km

1. Les produits
- Grandes régions de production textile
- *soie* Principaux produits de commerce

0   500 km

2. Les routes
- maritimes de marchands du Nord
- maritimes de marchands italiens
- terrestres

3. Les villes marchandes
- Grandes villes de foire

3 **Les échanges commerciaux au XIIIᵉ siècle**

■ **Quelles marchandises sont importées d'Orient ? Quels produits fabriqués font l'objet du commerce ?**

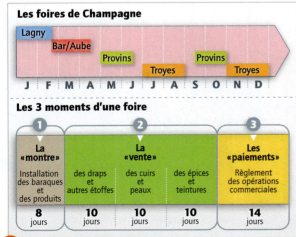

Les foires de Champagne

	J	F	M	A	M	J	J	A	S	O	N	D
Lagny												
Bar/Aube												
Provins												
Troyes												
Provins												
Troyes												

Les 3 moments d'une foire

① La « montre »	② La « vente »			③ Les « paiements »
Installation des baraques et des produits	des draps et autres étoffes	des cuirs et peaux	des épices et teintures	Règlement des opérations commerciales
8 jours	10 jours	10 jours	10 jours	14 jours

4 **Les foires de Champagne**

■ **Combien de temps dure une foire ? Quels y sont les principaux produits vendus ?**

5 **Sceau de Hambourg**

Hambourg, ville appartenant à la Hanse, association des grands marchands de la mer du Nord et de la mer Baltique, XIIIᵉ siècle.

■ **Pourquoi un navire est-il représenté sur le sceau ?**

La première croisade

Lancée par le pape au concile de Clermont, la première croisade a lieu de 1096 à 1099. C'est une expédition militaire qui a pour but de reprendre Jérusalem aux musulmans. Les territoires conquis par les croisés, les États latins d'Orient, deviennent ensuite l'enjeu d'un long conflit entre les chrétiens et le monde musulman.

Prise de Jérusalem

1000 — 1099 — 1200

▶ ## Comment se déroule la première croisade ?

❶ Le pape Urbain II appelle à la croisade

« Il est urgent d'apporter à vos frères d'Orient* l'aide si souvent promise. Les Turcs et les Arabes les ont attaqués. C'est pourquoi je vous supplie, les pauvres comme les riches, de vous hâter de chasser ces peuples néfastes des régions habitées par nos frères. Je le dis à ceux qui sont ici, je le proclamerai aux absents : le Christ l'ordonne. Si ceux qui iront là-bas perdent leur vie pendant le voyage sur terre ou sur mer ou dans la bataille contre les païens, leurs péchés leur seront pardonnés. »

D'après FOUCHER DE CHARTRES, *Histoire du pèlerinage des Francs à Jérusalem*, XIIe siècle.

* Chrétiens de l'empire byzantin.

Le pape Urbain II prêchant la croisade au concile de Clermont, en 1095
Miniature extraite du Roman de Godefroy de Bouillon, *XIVe siècle, BnF, Paris.*

VOCABULAIRE

- **Concile** : réunion de tous les évêques et cardinaux convoqués par le pape pour évoquer des questions religieuses.
- **Croisade** : expédition militaire en Orient entreprise par des chrétiens au nom de la religion catholique.
- **Croisé** : personne participant à une croisade, reconnaissable grâce à une croix cousue sur ses vêtements [voir doc. p. 77].

❷ La croisade populaire (1096-1099)

« Les comtes et les chevaliers songeaient encore à leurs préparatifs que déjà les pauvres faisaient les leurs avec une ardeur que rien ne pouvait arrêter. Chacun délaissait sa maison, sa vigne, son patrimoine, les vendait à bas prix et partait joyeux. Des pauvres ferraient leurs bœufs comme des chevaux et les attelaient à des chariots sur lesquels ils mettaient quelques provisions et leurs petits enfants, qu'ils traînaient ainsi à leur suite ; et ces petits enfants, aussitôt qu'ils apercevaient un château ou une ville, s'empressaient de demander si c'était là Jérusalem, vers laquelle ils marchaient. »

D'après GUIBERT DE NOGENT (1055-1125), *Histoire des croisades.*

❸ Affrontement entre chevaliers chrétiens et musulmans

Miniature du XIVe siècle. BnF.

4 La prise de Jérusalem

A/ Vue par un croisé

«Tous ceux qui étaient entrés avec duc Godefroy de Bouillon dans Jérusalem parcouraient les rues et les places, l'épée à la main, frappant indistinctement tous les ennemis qui s'offraient à leurs coups. On dit qu'il périt dans l'enceinte même du Temple environ dix mille ennemis. Ceux qui avaient profané le sanctuaire du Seigneur subirent la mort.»

D'après GUILLAUME DE TYR, homme d'Église, XIIᵉ siècle.

B/ Vue par un musulman

«Les Francs assiégèrent Jérusalem pendant plus de quarante jours. Après la prise de la ville, ils massacrèrent les musulmans durant une semaine. Plus de soixante-dix mille dans la mosquée al Aqsa, parmi lesquels un grand nombre d'imans, de savants et de personnes menant une vie pieuse et austère. Les Francs pillèrent un énorme butin.»

D'après IBN AL ATHÎR (1160-1233), Somme des Histoires, XIIᵉ siècle.

Le siège de Jérusalem
Miniature extraite du Roman de Godefroy de Bouillon, *XIVᵉ siècle, BnF, Paris.*

Murailles — Tour de siège

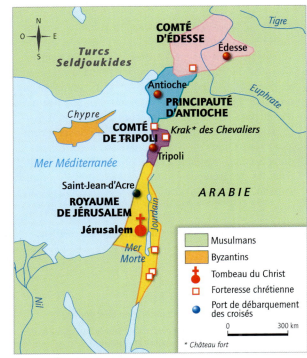

Les États latins d'Orient
5 au début du XIIᵉ siècle, après la première croisade

COMTÉ D'ÉDESSE — Édesse — Tigre — Turcs Seldjoukides — Antioche — PRINCIPAUTÉ D'ANTIOCHE — Euphrate — Chypre — COMTÉ DE TRIPOLI — Krak* des Chevaliers — Tripoli — Mer Méditerranée — Saint-Jean-d'Acre — ARABIE — ROYAUME DE JÉRUSALEM — Jourdain — Jérusalem — Mer Morte — Nil

Musulmans — Byzantins — Tombeau du Christ — Forteresse chrétienne — Port de débarquement des croisés

0   300 km

* Château fort

ZOOM
socle commun

Pour raconter et expliquer un épisode historique

▶ J'indique quand et où cet épisode a eu lieu.

▶ Je présente ses causes et son déroulement.

▶ J'explique ses conséquences.

Activités

1) **Doc. 1 et 2** Quels sont les buts de la croisade ?

2) **Doc. 2 et 3** Citez les deux catégories de croisés évoquées par les documents.

3) **Doc. 3 et 4** Comparez les équipements militaires des croisés et des musulmans.

4) **Doc. 4** Dégagez des deux récits leurs points communs et leurs différences.

5) **Doc. 5** Montrez que les croisés ne limitent pas leur conquête à la ville de Jérusalem.

◆ **Expression écrite et orale** ◆

6) **RÉCIT** À l'aide de la fiche Zoom, racontez l'épisode historique de la première croisade.

J.-C.   500   1000   1500   2000

L'expansion religieuse de l'Occident

A Les croisades en Orient

🔶 **En 1095, au concile de Clermont, le pape Urbain II appelle les chrétiens d'Occident à une croisade contre les Turcs musulmans.** Ces derniers occupent la Terre sainte et menacent les chrétiens de l'empire byzantin [doc. 3]. À ceux qui viendraient à mourir en croisade, le pape promet le pardon des péchés. Un an plus tard, des milliers de chevaliers et de paysans, une croix cousue sur leurs habits, partent en direction du Proche-Orient. Ils sont attirés les uns par l'espoir du paradis, d'autres par les richesses, d'autres encore par l'aventure.

🔶 **En 1099, les chevaliers croisés s'emparent de Jérusalem et libèrent le tombeau du Christ.** Ils créent des États latins d'Orient dans les territoires conquis sur les musulmans. Cependant, les États latins ont du mal à repousser les attaques des musulmans qui finissent par reprendre Jérusalem en 1187 sous la conduite de Saladin.

🔶 Malgré les croisades de secours organisées à partir du XIIe siècle [doc. 4], **les chrétiens ne parviennent pas à se maintenir en Terre sainte**. À la fin du XIIIe siècle, les États latins disparaissent.

B L'expansion chrétienne en Europe

🔶 **À partir du XIe siècle, les chrétiens d'Occident cherchent aussi à reconquérir les régions occupées par les musulmans en Espagne et au Portugal.** Encouragée par le pape, la *Reconquista* est menée par les rois des petits États chrétiens du Nord de la péninsule ibérique [doc. 1 et 2] et des chevaliers venus de tout l'Occident. **Cette croisade dure plusieurs siècles et se termine en 1492 par la prise de Grenade, le dernier royaume musulman en Espagne.**

🔶 Au Nord-Est de l'Europe, **des chevaliers et des missionnaires venus du Saint Empire germanique conquièrent les régions slaves et baltes riveraines de la mer Baltique** [doc. 3]. Ils évangélisent les populations locales jusqu'à la Scandinavie [doc. 5].

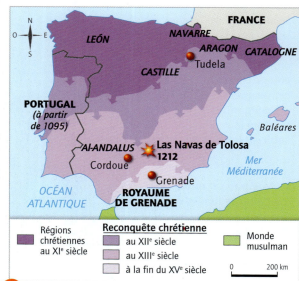

Régions chrétiennes au XIe siècle — **Reconquête chrétienne** au XIIe siècle / au XIIIe siècle / à la fin du XVe siècle — **Monde musulman** — 0 — 200 km

1 La reconquête de l'Espagne par les chrétiens

■ **Combien de siècles a duré la reconquête de l'Espagne ?**

2 Chrétiens et musulmans dans l'Espagne reconquise

« Le roi d'Aragon a autorisé les musulmans à rester dans les maisons qu'ils ont à l'intérieur de la ville de Tudela pendant un an. L'année écoulée, ils devront s'en aller dans les quartiers extérieurs de la ville avec leurs meubles, leurs femmes et leurs enfants. La mosquée principale restera en leurs mains jusqu'à leur départ. Ils conserveront leurs biens dans Tudela et paieront la dîme. Les musulmans conserveront leurs lois. Quand les musulmans se seront retirés dans les faubourgs, les chrétiens ne les empêcheront pas de circuler. »

D'après la Charte accordée à la ville de Tudela après sa conquête en 1114 par Alphonse 1er, roi d'Aragon et de Navarre (1104-1134).

■ **Comment les musulmans sont-ils traités par les chrétiens ?**

VOCABULAIRE

🔹 **Concile** : voir p. 84.

🔹 **Croisade, Croisé** : voir p. 84.

🔹 **Évangéliser** : convertir à la religion chrétienne.

🔹 *Reconquista* : mot espagnol signifiant la reconquête de l'Espagne musulmane par les chrétiens.

🔹 **Terre sainte** : nom donné par les chrétiens à la Palestine où vécut Jésus.

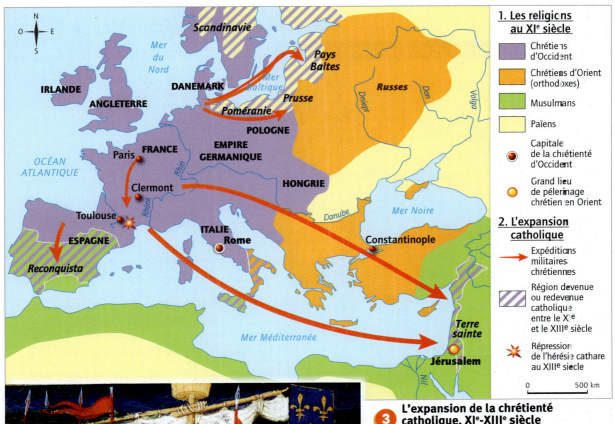

3 **L'expansion de la chrétienté catholique, XIe-XIIIe siècle**

■ Quels sont les trois principaux espaces concernés par l'expansion chrétienne du XIe au XIIIe siècle ?

5 **L'évangélisation vers l'Est**

« Le troisième jour, Otton, évêque de Bamberg (Allemagne) vint à Pyritz*, la première place forte en arrivant en Poméranie. Il y resta quatorze jours à appeler ses habitants à se convertir à la foi chrétienne. Mais les habitants se montraient absolument hostiles, poussant le serviteur de Dieu à gagner d'autres lieux, affirmant qu'ils ne pouvaient s'engager dans cette foi nouvelle. Finalement comme le pieux Otton faisait d'incessantes prières, l'Esprit de Dieu les toucha ; ils donnèrent leur adhésion et tous furent baptisés. »

D'après Ebbon, *Vie d'Otton*, XIIe siècle.

* En Poméranie, région du Nord de l'Allemagne, riveraine de la mer Baltique.

4 **Départ de Louis IX (Saint Louis) pour la 7e croisade en 1248**

■ Relevez dans l'image les symboles du roi de France et de la croisade.

■ Quel objectif vise l'évêque en venant en Poméranie ?

1 Décrire une grande une ville commerçante

La ville de Bruges

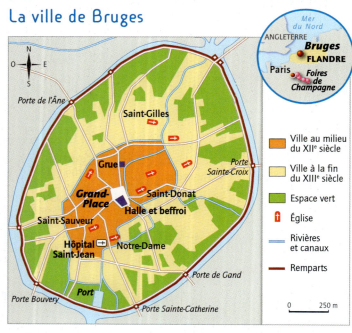

- Ville au milieu du XIIe siècle
- Ville à la fin du XIIIe siècle
- Espace vert
- ✝ Église
- Rivières et canaux
- Remparts

0   250 m

 RÉCIT *À l'aide des documents, rédigez en quelques phrases une description de la ville de Bruges : sa situation géographique, son plan et son organisation, ses activités et son dynamisme.*

Bruges, ville marchande

«Bruges est une grande ville, très riche, et l'un des principaux marchés du monde. Tous les pays s'y rencontrent et l'on prétend que le nombre de navires qui quittent le port brugeois de l'Écluse est supérieur à sept cents par jour.»

D'après PERO TAFUR, voyageur et écrivain espagnol, 1438.

«On trouve à Bruges de la laine, des draps, du coton, de la soie, des fourrures, de la garance*, du pastel*, du cuivre, du fer, de l'étain, du poivre noir, toutes les épices, de l'huile, du vin, du miel… Il y a deux très grandes maisons, que l'on appelle "halles". On y vend des draps de laine entiers ou à la coupe. La foire commence à Bruges le 8e jour après Pâques.»

D'après FRANCESCO BALDUCCI PEGOLOTTI, *La pratique du commerce*, XIVe siècle.

* Voir la définition de plantes tinctoriales, p. 78.

2 Décrire l'activité d'un marchand

Jacques Cœur, riche marchand français

«Il y avait alors un homme industrieux et avisé, Jacques Cœur, de Bourges, d'origine plébéienne*, mais de grande et vive intelligence, et d'une prodigieuse habileté. De tous les Français de son temps, il fut le premier à équiper des navires de commerce qui, chargées de lainages et d'autres produits manufacturés français, parcouraient les rivages d'Afrique et d'Orient jusqu'à Alexandrie d'Égypte; ils en rapportaient des étoffes de soie et toute espèce d'aromates, toutes marchandises, qui étaient ensuite répandues non seulement en France, mais en Catalogne et dans les contrées voisines. Avant lui, c'était seulement par les Vénitiens, les Génois, les Catalans que ces marchandises parvenaient en France. Jacques Cœur s'était donc enrichi par ce commerce maritime. La magnifique demeure qu'il a fait construire dans sa ville de Bourges est le plus clair témoignage de sa réussite. Plein de zèle pour tout ce qui touchait au bien du royaume, il prêta au roi Charles VII 100 000 écus d'or environ.»

D'après THOMAS BASIN (1412-1491), *Histoire de Charles VII, roi de France.*

* non noble.

1. Expliquez comment Jacques Cœur s'est enrichi.

2. Avec quelles régions est-il en relation ?

3. Relevez dans le texte les indices de son immense fortune.

RÉCIT **Raconter et expliquer un épisode des croisades**

La troisième croisade ou « croisade des rois »

La nouvelle que le chef musulman Saladin a repris Jérusalem aux croisés en 1187 est accueillie avec consternation en Europe. Le pape Grégoire VIII lance une nouvelle croisade, à laquelle participent les grands souverains d'Occident. De 1189 à 1192, cette troisième croisade permet la reconquête de quelques villes de Terre sainte, mais pas de Jérusalem.

1 **La prise de Jérusalem par Saladin en 1187**

« Quand les Francs virent la vigueur de l'attaque musulmane, ils pensèrent se rendre et remettre Jérusalem à Saladin. Et la ville se rendit le 2 octobre 1187. Sur le sommet de la Coupole du Rocher, il y avait une grande croix dorée. Lorsque les musulmans, le vendredi, entrèrent dans la ville, quelques-uns grimpèrent sur la cime pour en arracher la croix. Saladin ordonna de nettoyer de toute souillure la mosquée et le Rocher. »

D'après IBN AL-ATHÎR (1160-1233), *La Perfection des histoires*, XIIIe siècle.

 RÉCIT *À l'aide des documents, rédigez en quelques phrases un récit présentant et expliquant la troisième croisade : son origine, ses grands participants, son déroulement et son résultat.*

2 **La prise de Saint-Jean d'Acre par les croisés en 1191.** La ville assiégée se rend au roi de France, Philippe Auguste, et au roi d'Angleterre, Richard Cœur de Lion. Miniature des *Grandes Chroniques de France*, XIVe siècle, BNF, Paris.

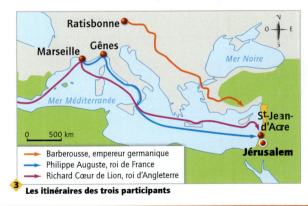

3 **Les itinéraires des trois participants**

---

4 **B2i** **Comparer des plans anciens et des cartes récentes**

Découvrir une ville médiévale : Provins

[Compétence B2i : **3.3** Regrouper dans un même document plusieurs éléments]

 ▲ **www.provins.net**

1 Depuis la page d'accueil, cliquez sur « Découvertes et visites », puis « Histoire de Provins ». Descendez dans le texte jusqu'à la partie sur les Foires de Champagne. Retrouvez à quel siècle Provins devient un haut lieu du commerce. Dites quels produits y sont échangés.

2 Remontez en haut de la page et cliquez sur la gravure de Provins. Décrivez la ville en quelques lignes (premier et arrière-plan).

3 Connectez-vous sur www.geoportail.fr et entrez « Provins » dans la barre de recherche. Parmi les communes trouvées, choisissez Provins [77 – Seine et Marne]. Les contours de la ville médiévale sont-ils toujours visibles sur la photographie aérienne ?

Je révise

1 Se repérer dans l'espace et dans le temps

L'expansion de la chrétienté d'Occident

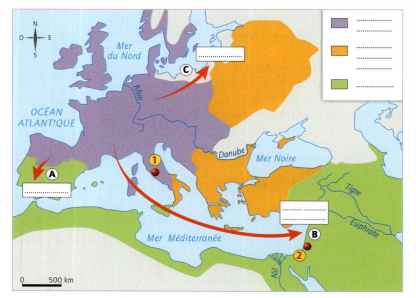

1 Quelles sont les religions représentées par les trois couleurs de la carte ?

2 Identifiez les deux villes numérotées 1 et 2 sur la carte.

3 Nommez les trois espaces de l'expansion de la chrétienté désignés par les lettres A, B et C.

4 Datez la première croisade.

2 Distinguer les causes et les conséquences

▶ Reproduisez le schéma et complétez-le à l'aide des éléments suivants :

1. Prise de Jérusalem en 1099.
2. Secourir les chrétiens orthodoxes contre les Turcs.
3. Fondation d'États chrétiens en Orient.
4. Libérer la Terre sainte.

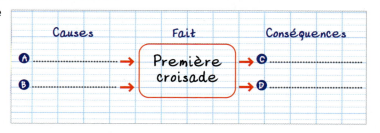

3 Employer le terme exact

▶ Dans le texte ci-contre, remplacez les expressions soulignées par les mots de vocabulaire qui conviennent : **foires, bourgeois, corporations, draps, faubourgs.**

Au Moyen Âge, les tissus de laine utilisés pour tailler des vêtements[1] font l'objet d'un grand commerce en Occident. Ils sont fabriqués par des artisans regroupés dans des associations de personnes d'un même métier[2]. Ils sont vendus dans de grands marchés qui se tiennent sur une longue durée et attirent des marchands venus de loin[3]. Les villes enrichies par le commerce s'agrandissent. Des quartiers à l'extérieur de son enceinte[4] se développent. Les habitants d'une ville qui a obtenu des libertés urbaines de la part d'un seigneur[5] prennent en charge le gouvernement des cités.

Le palais de Jacques Cœur à Bourges

[Grand domaine artistique : « arts de l'espace »]

Corniche — Dentelle de pierre — Cheminée — Fenêtre à meneaux — Balustrade — Galerie

La cour du Palais.

CENTRE
Bourges — Cher
FRANCE

L'art gothique civil

■ De 1443 à 1451, le marchand Jacques Cœur fait appel aux meilleurs artisans du royaume pour la construction d'un magnifique palais dans sa ville natale, Bourges (Cher).

■ Le palais est un chef-d'œuvre de l'art gothique flamboyant. Les bâtiments qui entourent la cour intérieure sont très richement décorés. Fenêtres sculptées, corniches et balustrades ornent les façades.

Art et réussite sociale

■ Avec ce palais, Jacques Cœur affiche ouvertement sa réussite sociale, la richesse accumulée grâce à ses activités commerciales et bancaires [voir exercice 2 p. 38]. Très grand bourgeois, il entend que sa « Grande Maison » rivalise avec les belles demeures de la haute noblesse.

1 Décrivez le décor des façades dans la cour intérieure. Quels éléments rappellent l'art gothique [voir p. 63] ?

2 Expliquez pourquoi Jacques Cœur se fait bâtir un vaste et magnifique palais.

VOCABULAIRE

▲ **Gothique flamboyant** : art gothique de la fin du Moyen Âge caractérisé par des décors très abondants.

▲ **Meneau** : un montant fixe en pierre qui divise une fenêtre en compartiments.

Statue de Jacques Cœur.
Elle date de la fin du XIXe siècle et fait face à l'entrée du palais.

Le saviez-vous ?

● Jacques Cœur ne vit jamais son palais achevé. En 1451, le roi Charles VII le fait emprisonner et lui confisque tous ses biens.

● Jacques Cœur a fait construire d'autres maisons dans le royaume (Paris, Tours, Marseille, Montpellier) qui étaient des « gîtes d'étape » quand il se déplaçait pour ses affaires.

J.-C.   500   1000   1500   2000

L'Afrique subsaharienne VIIIe-XVIe siècle

Comment caractériser les civilisations africaines et leurs échanges avec le monde musulman ?

Vestiges de la forteresse

Grande enceinte

Vallée

La civilisation du Monomotapa. Vestiges de Grand Zimbabwe, la plus grande et la plus ancienne cité de l'Afrique subsaharienne, aujourd'hui classée au Patrimoine mondial de l'Humanité par l'UNESCO. L'édification des murailles commença vers la fin du XIIIe siècle pour protéger le palais du roi et les demeures des nobles. [Voir reconstitution, p. 97]

■ **Quel vestige de la cité est le plus apparent ?**

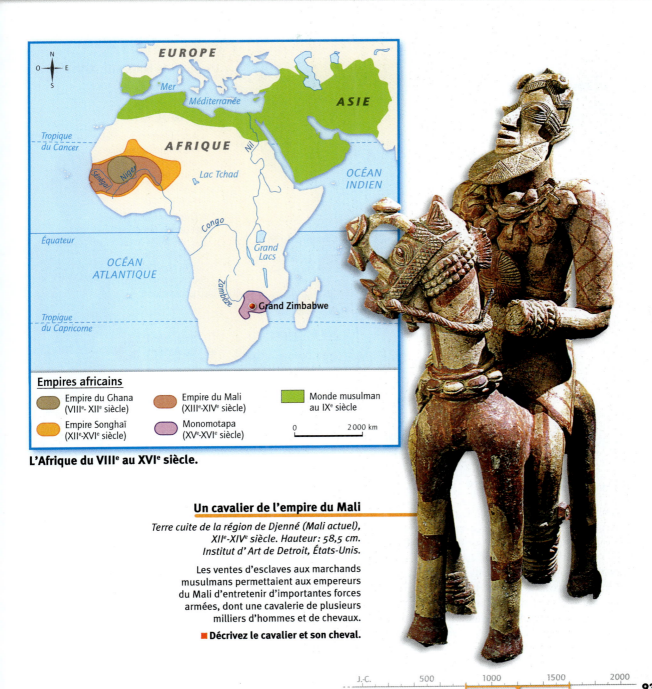

700	800	900	1000	1100	1200	1300	1400	1500	1600

EMPIRE DU MALI (XIIIe-XIVe siècle)

EMPIRE DU GHANA (VIIIe-XIIe siècle)

EMPIRE SONGHAÏ (XIIe-XVIe siècle)

MONOMOTAPA (XVe-XVIe siècle)

EUROPE

Mer Méditerranée

ASIE

Tropique du Cancer

AFRIQUE

Nil

Sénégal   Niger

Lac Tchad

OCÉAN INDIEN

Congo

Équateur

OCÉAN ATLANTIQUE

Grand Lacs

Zambèze

Tropique du Capricorne

● Grand Zimbabwe

Empires africains

Empire du Ghana (VIIIe - XIIe siècle)

Empire Songhaï (XIIe-XVIe siècle)

Empire du Mali (XIIIe-XIVe siècle)

Monomotapa (XVe-XVIe siècle)

Monde musulman au IXe siècle

0   2 000 km

L'Afrique du VIIIe au XVIe siècle.

Un cavalier de l'empire du Mali

Terre cuite de la région de Djenné (Mali actuel),
XIIe-XIVe siècle. Hauteur : 58,5 cm.
Institut d' Art de Detroit, États-Unis.

Les ventes d'esclaves aux marchands
musulmans permettaient aux empereurs
du Mali d'entretenir d'importantes forces
armées, dont une cavalerie de plusieurs
milliers d'hommes et de chevaux.

■ **Décrivez le cavalier et son cheval.**

J.-C.   500   1000   1500   2000

L'empire du Mali

Au XIIIe siècle, le royaume du Mali devient un vaste empire grâce aux conquêtes de Soundiata Keita. Il s'enrichit du commerce transsaharien avec les marchands musulmans venus du Maghreb.

▶ **Comment caractériser la civilisation de l'empire du Mali ?**

Empire du Mali

1150 | XIIIe–XIVe siècle | 1450

1 **L'empire du Mali, XIIIe-XIVe siècle**

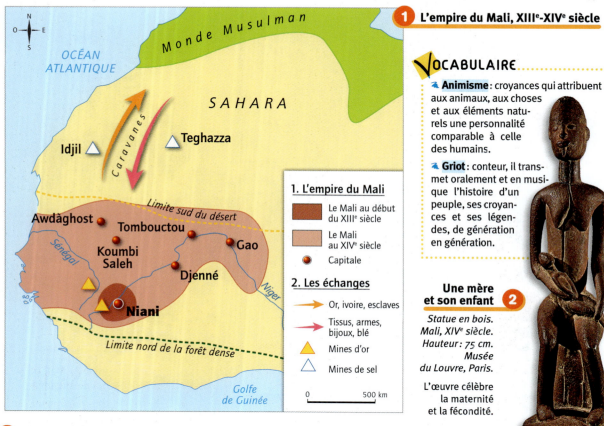

1. L'empire du Mali
- Le Mali au début du XIIIe siècle
- Le Mali au XIVe siècle
- Capitale

2. Les échanges
- Or, ivoire, esclaves
- Tissus, armes, bijoux, blé
- Mines d'or
- Mines de sel

0 — 500 km

VOCABULAIRE

🔹 **Animisme** : croyances qui attribuent aux animaux, aux choses et aux éléments naturels une personnalité comparable à celle des humains.

🔹 **Griot** : conteur, il transmet oralement et en musique l'histoire d'un peuple, ses croyances et ses légendes, de génération en génération.

Une mère et son enfant **2**

Statue en bois. Mali, XIVe siècle. Hauteur : 75 cm. Musée du Louvre, Paris.

L'œuvre célèbre la maternité et la fécondité.

3 **L'empereur et sa cour**

«Dans la cour du palais, on installe une estrade à trois marches sous un arbre. Elle est tapissée de soie et recouverte de coussins. Au-dessus se dresse un parasol, sorte de dôme en soie. L'empereur sort par une porte dans un angle du palais. Il tient un arc à la main et il a un carquois au dos. Il porte une coiffure d'or, fixée par un bandeau également en or, aux pointes en forme de poignard. Il est vêtu d'une tunique de velours rouge, une étoffe fabriquée en Europe. Devant lui marchent des musiciens aux guitares d'or et d'argent. Il est suivi par trois cents esclaves en armes. Le souverain avance à pas lents et s'arrête même de temps en temps. Au pied de l'estrade, il fait halte et jette un regard circulaire sur l'assemblée, puis il gravit les marches avec majesté. Dès qu'il est assis, on fait sonner les tambours et les trompes. Les chefs militaires font alors leur entrée et s'assoient. On amène deux boucs, destinés à protéger du mauvais œil.»

D'après IBN BATTUTA, *Voyages*, XIVe siècle. Voyageur et explorateur d'origine berbère, il séjourne au Mali en 1352-1353.

4 **Reconstitution d'un village malien**

La grande mosquée Djingareyber, à Tombouctou **5**

La mosquée est construite à partir de 1325 par un architecte andalou à la demande de l'empereur Mansa Moussa. L'islamisation se fait progressivement. La majorité de la population reste cependant attachée à l'animisme.

6 **Niani, une capitale prospère**

Niani est la capitale de l'empire du Mali. Ce chant est transmis oralement par des générations de griots.

« Si tu veux du sel, si tu veux de l'or, si tu veux des étoffes, va à Niani, car les routes de La Mecque passent par Niani. Si tu veux du poisson, va à Niani, car c'est là que les pêcheurs de Mopti et Djenné viennent vendre leurs prises. Si tu veux de la viande, va à Niani, le pays des grands chasseurs, et la terre du bœuf et de l'agneau. Si tu veux voir une armée, va à Niani, car c'est là que se trouvent les forces unies du Mali. Si tu veux voir un grand roi, va à Niani, car c'est ici que vit le fils de Sologon, l'homme aux deux noms*. »

D'après un chant traditionnel malien cité dans P. et F. McKissak, *The royal kingdoms of Ghana, Mali and Songhay*, Henry Holt and Company, 1994.

—————————
* Allusion au roi-guerrier fondateur de l'empire, Soundiata Keita, dont le père s'appelait Sologon.

Activités

1) **Doc. 1** Indiquez les ressources de l'empire du Mali et les produits qu'il reçoit en provenance du monde musulman.

2) **Doc. 3** Relevez des indices de la richesse de l'empereur. Montrez que son autorité repose sur son pouvoir militaire.

3) **Doc. 1, 4 et 6** Établissez la liste des différentes activités pratiquées par les habitants de l'empire.

4) **Doc. 1 et 6** Qu'est-ce qui fait de Niani une capitale économique et politique ?

5) **Doc. 2 et 5** Que nous apprennent ces documents sur les croyances et l'art dans l'empire du Mali ?

◆ *Expression écrite et orale* ◆

6) **RÉCIT** **Décrivez quelques aspects de la civilisation de l'empire du Mali.**

ZOOM Pour décrire une civilisation, p. 97

L'empire du Monomotapa

Pendant près de deux siècles, les souverains du Monomotapa dominent un vaste territoire situé au Sud-Est de l'Afrique. Monomotapa signifie « seigneur des mines » ; la prospérité de l'empire repose sur les mines d'or et le commerce avec les marchands musulmans

▶ **Comment caractériser la civilisation du Monomotapa ?**

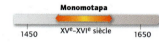

Monomotapa
1450 — XVe–XVIe siècle — 1650

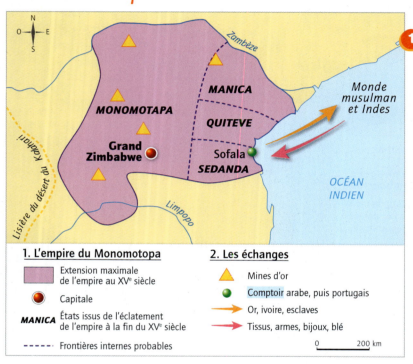

1 L'empire du Monomotapa, XVe–XVIe siècle

1. L'empire du Monomotopa

	Extension maximale de l'empire au XVe siècle
	Capitale
MANICA	États issus de l'éclatement de l'empire à la fin du XVe siècle
- - - -	Frontières internes probables

2. Les échanges

	Mines d'or
	Comptoir arabe, puis portugais
→	Or, ivoire, esclaves
→	Tissus, armes, bijoux, blé

0   200 km

3 Le souverain et sa cour

« Du souverain du Grand Zimbabwe, la plupart de ses sujets ne connaissent que la voix, car personne, en dehors de ses intimes et de ses courtisans ne peut le voir. À la cour, les fonctions sont très hiérarchisées. Au niveau le plus haut, les femmes participent au pouvoir : la reine mère et les neuf femmes du roi ont chacune une cour et jouent un rôle important à la mort du roi, lors de l'interrègne. Trois mille femmes sont mobilisées en permanence à leur service ! Autre caractéristique de cette cour, le feu y est un symbole très important. Un feu royal, entretenu en permanence au palais, symbolise la vie du souverain. Éteint à sa mort, il est rallumé lors de l'intronisation du successeur et porté aux différents chefs, qui l'acceptent en signe de soumission et d'allégeance. »

I. B. KAKÉ, *Au temps des grands empires africains*, « La vie privée des hommes », Hachette, 1991.

2 L'oiseau protecteur Zimbabwe

Great Zimbabwe Site Museum, Zimbabwe.

Il s'agit de l'un des oiseaux en pierre, jadis juchés sur les piliers au sommet des remparts de la cité de Grand Zimbabwe. Un crocodile est sculpté sur la colonne. Les deux animaux renvoient à des croyances animistes. Cet oiseau est aujourd'hui un emblème national du Zimbabwe.

VOCABULAIRE

- **Animisme** : voir p. 94.
- **Comptoir** : installations commerciales d'un État dans un pays étranger. Le comptoir est souvent un port.

Tour grenier à grain

Enclos à bétail

Enceinte
(10 m de haut,
250 m de long)

Artisanat (poterie)

4 **Reconstitution de la cité de Grand Zimbabwe**

Grand Zimbawe signifie « grande maison de pierre » et
« résidence du chef ». [Voir les vestiges aujourd'hui, p. 92]

5 **Le commerce avec le monde musulman**

« Les hommes du Monomotapa arrivent à Sofala
chargés d'or*; ils en proposent une telle quantité
que les commerçants arabes réalisent un bénéfice
de 100 pour 1**. De grandes quantités d'ivoire se
vendent également. Des navires arabes arrivaient
régulièrement vers Sofala et d'autres villes de la
côte, pour apporter les produits appréciés par les
indigènes – vêtements de coton bleu, etc. »

D'après *Le livre de Duarte Barbosa*, 1518.
Le navigateur portugais Duarte Barbosa a séjourné
en Afrique australe et a voyagé avec Magellan.

_____
* On estime à une tonne par an l'or exporté du Monomotapa
au XVIe siècle.
** Ils peuvent revendre l'or acheté pour un prix 100 fois supérieur.

6 **L'or du Monomotapa**

Rhinocéros en or, Mapungubwe Museum, Pretoria.

Dans les mines, l'or était souvent extrait par des femmes
et des enfants qui descendaient dans des puits étroits
et profonds d'une trentaine de mètres.

ZOOM
socle commun

Pour décrire une civilisation

▶ Je situe cette civilisation dans l'espace et dans le temps.

▶ J'explique qui a le pouvoir et comment est organisée
la société.

▶ J'évoque les croyances et l'art.

Activités

1) **Doc. 1, 5 et 6** Indiquez les ressources de l'empire du
Monomotapa et les produits qu'il reçoit en provenance
du monde musulman. Pourquoi le port de Sofala est-il
particulièrement important ?

2) **Doc. 3 et 4** Comment vit l'empereur ? Montrez que la cité
de Grand Zimbabwe reflète la puissance du souverain.

3) **Doc. 1, 4, 5 et 6** Établissez la liste des différentes activités pratiquées par les habitants de l'empire.

4) **Doc. 2 et 6** Que nous apprennent ces documents sur
les croyances et l'art dans l'empire du Monomotapa ?

♦ Expression écrite et orale ♦

5) RÉCIT À l'aide de la fiche Zoom ci-dessus, décrivez quelques aspects de la civilisation de
l'empire du Monomotapa.

J.-C.   500   1000   1500   2000

Les civilisations africaines, VIIIᵉ-XVIᵉ siècle

A Des royaumes et des empires

🔸 L'Afrique subsaharienne est divisée en petits royaumes souvent rivaux. **Certains rois parviennent parfois à dominer d'autres royaumes et à créer un empire, comme celui du Mali** en Afrique de l'Ouest, du XIIIᵉ au XIVᵉ siècle, **ou celui du Monomotapa** en Afrique du Sud-Est, du XVᵉ au XVIᵉ siècle [doc. 5].

🔸 **À la tête des royaumes ou des empires africains, le souverain est le plus souvent un chef de guerre.** Il vit dans une ville, principale, la capitale, entouré d'une noblesse de guerriers, d'une cour nombreuse et d'esclaves [doc. 2]. Il est considéré comme un personnage sacré responsable de l'ordre naturel (fertilité, fécondité) comme de l'ordre social.

🔸 La plupart des habitants vivent, eux, dans des villages de huttes dirigés par des chefs. **Ils pratiquent l'agriculture** [doc. 1], **l'élevage, l'artisanat, mais aussi la chasse et la pêche.**

🔸 Les productions artistiques de ces civilisations sont liées aux croyances animistes des populations. **Le récit de l'histoire des peuples, de leurs traditions, est transmis oralement de génération en génération par des griots.**

B Les échanges avec le monde musulman

🔸 **À partir du VIIIᵉ siècle, l'expansion de l'Islam en Afrique du Nord et l'ouverture de comptoirs sur les côtes de l'Afrique orientale mettent les civilisations subsahariennes au contact de commerçants arabes ou berbères** [doc. 4].

🔸 Les empires s'enrichissent grâce à la vente de l'or, de l'ivoire, du sel et des esclaves. Ils accroissent leur puissance en entretenant des armées nombreuses.

🔸 **Certains rois et empereurs se convertissent à la religion musulmane** et font construire des mosquées dans les grandes cités [doc. 3]. Cependant, l'animisme demeure bien ancré au sein des populations.

1 Grenier à mil en terre cuite

Comme aux XIIIᵉ et XIVᵉ siècles, le grenier en terre cuite sert à emmagasiner les réserves de céréales nécessaires aux villageois durant la difficile période qui sépare deux saisons des pluies.

■ **Pourquoi le grenier est-il un bâtiment essentiel dans un village ?**

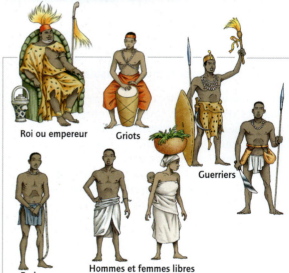

Roi ou empereur   Griots

Guerriers

Esclaves   Hommes et femmes libres

2 L'organisation des sociétés africaines

■ **Montrez que les sociétés africaines sont hiérarchisées.**

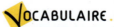 **V**OCABULAIRE

🔹 **Afrique subsaharienne** : partie de l'Afrique, située au sud du Sahara, appelée «Soudan» par les Arabes.

🔹 **Animisme** : voir p. 94.

🔹 **Berbères** : peuple d'Afrique du Nord, islamisé (non arabe).

🔹 **Comptoir** : voir p. 96.

🔹 **Griot** : voir p. 94.

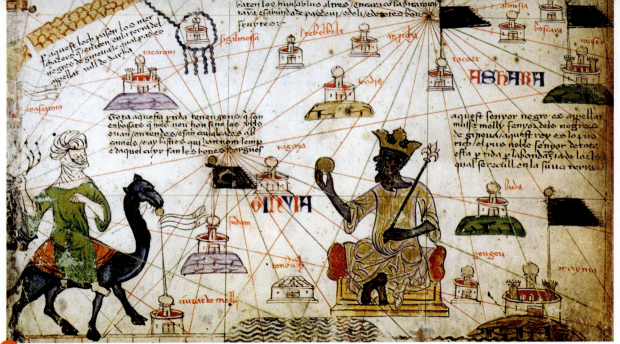

3 **Mansa Musa, empereur du Mali (1307-1332)**

The Catalan Atlas, BnF, Espagne, Majorque, XIVᵉ siècle.
Il brandit un sceptre et une pépite d'or, signes de son pouvoir et de sa richesse. Il accueille un marchand arabe monté à dos de chameau. Mansa Musa est un fervent musulman. C'est le premier souverain du Mali à effectuer un pèlerinage à la Mecque en 1324. Il distribue tellement d'or et de richesses au cours de ce voyage qu'il devient célèbre dans tout le monde arabe musulman et même en Occident.

■ **Comment le roi du Mali est-il représenté ? Quels sont les symboles de son pouvoir ?**

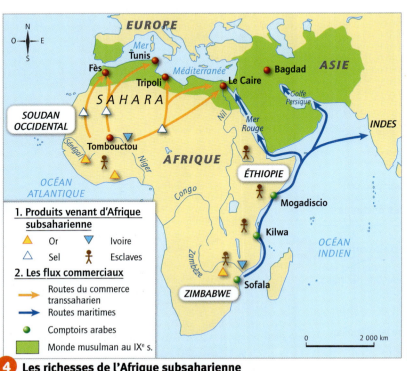

1. Produits venant d'Afrique subsaharienne

▲	Or	▼	Ivoire
△	Sel	🯅	Esclaves

2. Les flux commerciaux

→ Routes du commerce transsaharien
→ Routes maritimes
● Comptoirs arabes
▨ Monde musulman au IXᵉ s.

4 **Les richesses de l'Afrique subsaharienne**

■ **Quelles sont les principales richesses des empires africains ?**

Existence
de plusieurs royaumes
dans une région

Contrôle
d'une ressource
(or, sel, esclaves...)
par l'un des royaumes

Développement
du commerce
avec les marchands musulmans

Expansion
d'un empire
Islamisation

5 **Le développement des empires**

■ **Comment se manifeste l'influence du monde musulman ?**

J.-C.   500   1000   1500   2000

La traite orientale des esclaves

Monde musulman
AFRIQUE
ÉTHIOPIE
GRANDS LACS
OCÉAN ATLANTIQUE
OCÉAN INDIEN
MONOMOTAPA

L'expansion arabo-musulmane sur les côtes de l'Afrique de l'Est entraîne à partir du VIIIe siècle le développement du commerce des esclaves noirs vers l'Orient, à travers l'océan Indien. Cette traite orientale se nourrit des guerres entre peuples et royaumes africains.

Traite orientale des Noirs africains

650 — VIIIe–XVIe siècle — 1650

▶ **Comment s'effectue la traite orientale des esclaves noirs ?**

PROCHE-ORIENT
Mer Méditerranée
Bagdad ⑤ ⑥
ÉGYPTE
Golfe Persique
INDES
ARABIE
Mer Rouge
Zabid ④
Aden
Nil
ÉTHIOPIE
③
Congo
Mogadiscio
OCÉAN INDIEN
GRANDS LACS
① Kilwa ②
Zambèze

● Comptoir arabe
● Marché aux esclaves
① Documents du dossier

0 — 1 000 km

L'une des routes de la traite orientale des esclaves

① Les razzias

«Je suis reparti de Mogadiscio en bateau en longeant la côte d'Afrique en direction de la ville de Kilwa au pays des Zendjs, qui sont d'un teint extrêmement noir. Les habitants de la contrée de Kilwa mènent la guerre sainte contre les infidèles Zendjs. Le sultan lance contre eux de fréquentes expéditions, leur enlève du butin et fait des captifs.»

D'après IBN BATOUTA, *Voyage en Irak, au Yémen et en Afrique orientale*, XIVe siècle.

Kilwa, grand port de la traite orientale ②

Du XIVe au XVIe siècle, Kilwa (actuelle Tanzanie) est un grand centre de la traite orientale des Noirs.

VOCABULAIRE

🔹 **Razzia** : attaque rapide contre un territoire pour le piller ou capturer ses habitants.

🔹 **Traite** : commerce et transport des esclaves noirs africains.

3 Un boutre arabe dans l'océan Indien

Miniature d'un manuscrit arabe du XIIIe siècle, BnF, Paris.

Ce voilier à coque large pouvait transporter de 100 à 200 esclaves accroupis. Jusqu'à la péninsule arabique, le trajet durait de trois à quatre jours. L'équipage de ce navire est constitué d'esclaves noirs et indiens.

5 Devant un palais de Bagdad

Miniature d'un manuscrit arabe du XIIIe siècle, BnF, Paris.
De nombreux esclaves étaient employés comme domestiques ou comme serviteurs dans les palais.

4 Le marché aux esclaves de Zabid, au Yémen

Miniature d'un manuscrit arabe du XIIIe siècle, BnF, Paris.

La transaction s'effectue entre un marchand arabe, à droite, et une cliente voilée à gauche. À l'étage, a lieu la vente de bijoux d'or ou d'épices

6 L'esclavage dans les domaines agricoles

«En Orient, les musulmans ont développé très tôt l'exploitation de vastes domaines agricoles par des troupes de centaines ou de milliers de captifs. Ces immenses domaines seigneuriaux étaient spécialisés dans la production de fruits ou de légumes tenus pour rares et destinés à l'exportation vers de lointains pays. Ils exigeaient pour la préparation des sols, pour les semis ou les plants, pour les cueillettes et les récoltes, une très nombreuse main-d'œuvre, si nombreuse que l'on ne pouvait songer à employer et payer des hommes libres. Les travaux furent partout confiés à des esclaves, surtout aux Noirs, dont le prix demeurait bien plus bas que celui des Blancs. Appréciés aussi pour la vigueur de leurs bras, réputés plus soumis, ils convenaient parfaitement.»

D'après J. HEERS, *Les négriers en terre d'Islam, la première traite des Noirs, VIIe-XVIe siècle*, Perrin, 2003.

Activités

1) **Doc. 1, 2 et 3** Expliquez par qui les esclaves sont capturés et par quel moyen ils sont emmenés. Selon-vous, comment, à partir de Zabid ou d'Aden, parviennent-ils jusqu'à Bagdad ?

2) **Carte** À l'aide de l'échelle, calculez approximativement la longueur du trajet entre Kilwa et Bagdad.

3) **Doc. 4** Décrivez la scène au bas de l'image. Comment sont représentés les esclaves ?

4) **Doc. 3, 5 et 6** Établissez la liste des différents travaux auxquels sont affectés les esclaves noirs.

5) **Doc. 6** Comment l'historien explique-t-il l'emploi d'esclaves noirs dans les grands domaines agricoles ?

♦ **Expression écrite et orale** ♦

6) **RÉCIT** **Décrivez en quelques phrases les principaux aspects de la traite orientale.**
ZOOM Pour décrire la traite des esclaves, p. 103

J.-C.   500   1000   1500   2000

La traite transsaharienne des esclaves

L'expansion arabo-musulmane en Afrique du nord entraîne à partir du VIIIᵉ siècle le développement du commerce des esclaves noirs à travers le désert du Sahara. Cette traite transsaharienne se nourrit des guerres entre peuples et royaumes africains.

Traite transsaharienne des Noirs africains

650　　VIIIᵉ–XVIᵉ siècle　　1650

▶ **Comment s'effectue la traite des esclaves noirs à travers le Sahara ?**

L'une des routes de la traite transsaharienne des esclaves

1 Les razzias

«Les Maures* partent au nombre de quinze ou vingt et ils s'arrêtent à proximité du village de Noirs qu'ils veulent piller. Aussitôt qu'ils voient paraître quelqu'un, ils tombent sur lui, lui ferment la bouche et l'emmènent. Cela leur est d'autant plus facile que les jeunes filles et les enfants vont par groupes aux fontaines et aux champs qui sont souvent éloignés du village. Ces chasses leur procurent beaucoup plus d'enfants que de femmes et d'hommes.»

AL-IDRISI, géographe musulman d'Espagne. *Description de l'Afrique*, XIIᵉ siècle.

* Peuple de cavaliers d'Afrique du Nord, islamisés.

«Les habitants des royaumes du Ghana et de Tekrour font des incursions dans le territoire d'un autre peuple noir, les Lem Lem, pour faire des prisonniers. Les marchands auxquels ils vendent leurs captifs les conduisent vers le Maghreb.»

IBN KHALDOUN, historien maghrébin, *Les prolégomènes à l'histoire universelle*, XIVᵉ siècle.

VOCABULAIRE

🔹 **Razzia** : voir p. 100.

🔹 **Traite** : voir p. 100.

🔹 **Caravane d'esclaves** : convoi d'esclaves traversant le désert.

2 L'oasis de Bilma

3 Un historien raconte la traversée du Sahara

«Les esclaves capturés devaient affronter la pénible traversée du désert du Sahara. Les routes étaient conditionnées par la présence des points d'eau, puits et oasis. Cette longue traversée du désert était tout à fait comparable à celle d'un immense océan. Elle pouvait durer d'un à trois mois. Une escale pour "rafraîchir" les survivants était nécessaire afin qu'ils recouvrent leur force et soient vendus au meilleur prix. Des caravanes entières disparaissaient parfois, englouties dans le désert. L'écart thermique entre le jour et la nuit, les attaques de pillards, les tempêtes de sable, les milliers de kilomètres parcourus à pied étaient à l'origine d'une forte mortalité. »

D'après O. Pétré-Grenouilleau,
L'Histoire, n° 280, octobre 2003.

4 Au marché des esclaves du Caire

«Les jours de marché, on y voit des milliers d'esclaves noirs. Ils ont ordinairement des anneaux de cuivre, fer ou autre métal pendus aux oreilles, nez et autres parties. Lorsque quelqu'un voulant acheter un esclave en trouve un qui lui plaît, il tend le bras vers les corps entassés et fait sortir la femelle ou le mâle qu'il a remarqué, puis il l'éprouve de diverses façons. Il lui parle et écoute ses réponses pour voir s'il est intelligent. Il lui examine les yeux ; les a-t-il bons ? Entend-il bien ? Il le palpe puis il lui fait ôter ses vêtements, observant tous ses membres ; il note à quel point il est sain et en bonne santé. Les acheteurs ont la même habileté pour découvrir l'état et le caractère des chevaux. Ils sont capables de discerner les défauts et les qualités d'un individu, à quoi il peut être utile, son âge et sa valeur. »

D'après Félix Fabri, moine dominicain allemand,
Voyage en Égypte, fin du XVe siècle.

5 Un esclave et son maître

Miniature d'un manuscrit égyptien, XVe siècle.

ZOOM
socle commun

Pour décrire la traite des esclaves

▶ J'explique comment et par qui sont capturés les futurs esclaves.

▶ J'indique vers quelle destination ils sont transportés et de quelle manière.

▶ Je précise à quelles tâches ils sont contraints.

Activités

1) **Doc. 1, 2 et 3** Expliquez par qui les esclaves sont capturés et par quel moyen ils sont emmenés pour être vendus.

2) **Doc. 3** Relevez les dangers auxquels sont confrontées les caravanes. Pourquoi la traversée du Sahara fait-elle beaucoup de morts parmi les esclaves ?

3) **Carte** À l'aide de l'échelle, calculez approximativement la longueur du trajet entre Tombouctou et Le Caire.

4) **Doc. 4** À quel animal les esclaves sont-ils comparés ?

5) **Doc. 5** À quel type de travaux l'esclave représenté sur la miniature est-il affecté ?

◆ **Expression écrite et orale** ◆

6) **RÉCIT** À l'aide de la fiche Zoom, décrivez en quelques phrases les principaux aspects de la traite transsaharienne.

La traite des Noirs jusqu'au XVIᵉ siècle

A La traite orientale et la traite transsaharienne

🔸 **La pratique de l'esclavage est ancienne en Afrique subsaharienne.** Les guerres entre peuples font des prisonniers soumis aux rois ou revendus [doc. 4]. Avec l'expansion arabo-musulmane en Afrique du Nord et en Afrique orientale, la demande d'esclaves noirs se développe rapidement [doc. 5].

🔸 **Les habitants des villages d'Afrique, hommes, femmes et enfants, sont la cible de razzias** menées par des peuples noirs ennemis qui revendent les captifs aux marchands arabes ou berbères. Les captures sont aussi menées par des cavaliers venus du Maghreb.

🔸 **Les esclaves sont ensuite transportés vers les lieux de vente** [doc. 3]. En Afrique de l'Est, les négriers les entassent dans des bateaux voguant, à travers l'océan Indien, vers l'Arabie ou l'Inde. En Afrique de l'Ouest et centrale, les esclaves sont conduits en caravanes vers les marchés de grandes villes d'Afrique du Nord. **Dans les deux cas, le trajet, pénible et dangereux, fait de nombreuses victimes.**

B L'utilisation des esclaves

🔸 Sur les grands marchés de la traite, **le prix des esclaves varie selon leur âge, leur sexe et leurs qualités physiques.** Ils sont soigneusement examinés par des acheteurs qui les choisissent en fonction de la tâche à laquelle ils seront affectés.

🔸 En grand nombre, les esclaves sont employés comme domestiques dans les palais. D'autres effectuent de durs travaux dans les grands domaines agricoles ou dans les mines de sel. Certains deviennent marins ou soldats [doc. 2].

🔸 Si aucun chiffre précis du nombre d'Africains réduits à l'esclavage ne peut être donné, il est certain que **les traites transsaharienne et orientale ont concerné plusieurs millions d'esclaves noirs** entre le VIIIᵉ et le XVIᵉ siècle [doc. 1].

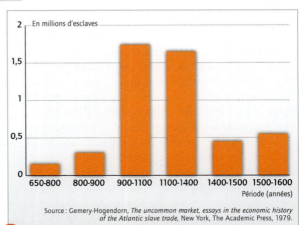

Source : Gemery-Hogendorn, *The uncommon market, essays in the economic history of the Atlantic slave trade*, New York, The Academic Press, 1979.

1 Une estimation de la traite transsaharienne

■ Durant quels siècles la traite atteint-elle son maximum ?

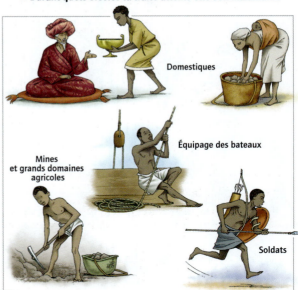

Domestiques

Équipage des bateaux

Mines et grands domaines agricoles

Soldats

2 Que deviennent les esclaves ?

■ Quel est le point commun à toutes ces tâches ?

VOCABULAIRE

🔹 **Afrique subsaharienne** : voir p. 98.
🔹 **Berbères** : voir p. 98.
🔹 **Caravane d'esclaves** : voir p. 102.
🔹 **Négrier** : personne se livrant à la traite des Noirs.
🔹 **Razzia** : voir p. 100.
🔹 **Traite** : voir p. 100.

NUBIE Régions de départ des esclaves

INDES Régions importatrices d'esclaves

Monde musulman au IXᵉ siècle

● Comptoirs arabes

○ Principaux marchés aux esclaves

→ Routes de la traite transsaharienne

→ Routes de la traite orientale

0   2 000 km

3 Les routes de la traite

■ D'où partent les principales routes de la traite et où aboutissent-elles ? Distinguez dans votre réponse la traite orientale de la traite transsaharienne.

4 Les rois africains et l'esclavage

«Depuis des temps fort anciens, les peuples du Sud du Sahara s'affrontaient entre ethnies et tribus et lançaient leurs guerriers dans les villages voisins pour ramener des hommes et des femmes captifs. Dans la plupart des pays d'Afrique noire, le nombre des esclaves indiquait un niveau de richesse. La conversion à l'islam des rois africains n'a provoqué aucune trêve dans ces chasses aux hommes. Dans les royaumes islamiques du Soudan, les razzias devinrent de plus en plus nécessaires et les captifs de plus en plus nombreux au fur et à mesure que les rois menaient des guerres de conquête. Seules les ventes de captifs leur permettaient d'entretenir d'importantes forces armées, car la cavalerie coûtait d'énormes sommes d'argent. L'armée du Mali aurait compté cent mille hommes dont dix mille cavaliers. La traite fut très certainement l'une des activités majeures et l'une des principales ressources des royaumes du Ghana et du Mali.»

D'après J. Heers, *Les négriers en terre d'Islam, VIIᵉ-XVIᵉ siècle*, Perrin, 2003.

■ Les musulmans ont-ils introduit l'esclavage en Afrique ?

5 Les musulmans et l'esclavage des Noirs

La loi musulmane interdit l'esclavage des musulmans mais non celui des "infidèles". Au XIVᵉ siècle, l'historien Ibn Khaldoun exprime une vision ouvertement raciste des Noirs.

«Les seuls peuples à accepter l'esclavage sont les Noirs, en raison d'un degré inférieur d'humanité, leur place étant plus proche du stade animal.»

Malgré l'existence de textes comme celui cité ci-dessous, la traite et l'exploitation des esclaves a impliqué l'ensemble du monde musulman :

«Soyez disposés à affranchir ceux de vos esclaves qui en expriment le désir [...] si vous reconnaissez en eux des qualités.» Le Coran, Sourate XXIV, verset 33

«L'esclave a le droit d'être nourri et vêtu par son maître, on ne doit pas lui donner des tâches trop dures pour ses forces, ni le considérer avec arrogance ou dédain. Lorsqu'un maître est en colère contre un esclave à cause d'un écart ou d'un délit, qu'il songe à ses propres péchés et à ses propres manquements envers Dieu tout puissant.»

D'après Mohammed al-Ghazali, philosophe musulman XIᵉ-XIIᵉ siècle, cité dans Bernard Lewis, *Race and Slavery in the Middle East*, 1990

■ Pourquoi, malgré la recommandation du Coran, les musulmans ont-ils pratiqué l'esclavage ?

1 Mettre en relation des documents

L'empire du Ghana (VIIIᵉ-XIIᵉ siècle)

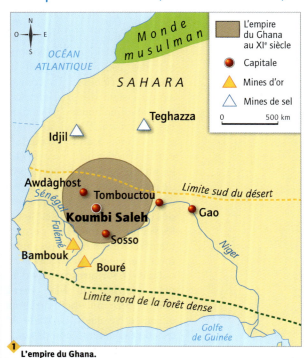

1 L'empire du Ghana.

2 Une représentation actuelle du serpent Ouagadou-Bida.
Peinture sur une paroi de pierre dans le village de Songo au Mali.

3 L'empire du Ghana au XIᵉ siècle

« Les traditions orales racontent que le Ouagadou-Bida, un grand serpent, vivait dans une grotte de la Forêt sacrée. Il était le génie protecteur des Soninké. Chaque année, ces derniers devaient sacrifier la plus belle fille de Koumbi Saleh. Mais une année, le choix des Anciens tomba sur la belle Sia qui était déjà fiancée à Amadou Séfédokotè, c'est-à-dire "Amadou qui parle peu". Le fiancé, qui aimait beaucoup la belle Sia, devint inconsolable à l'idée que sa promise devait être la proie du Ouagadou-Bida. Il refusa de se soumettre au choix des Anciens. Le jour du sacrifice, il se cacha derrière un arbre et, au moment où le grand serpent sortait de sa caverne, il lui trancha net la tête d'un coup de sabre. Mais aussitôt une autre tête repoussa, tandis que la première, sifflant dans les airs, allait tomber au Bouré : c'est pourquoi ce pays est riche en or. Amadou trancha successivement les sept têtes du Ouagadou-Bida. Chacune d'elles tomba dans une région devenue depuis riche en or ; l'une d'elles tomba dans le Bambouk, une autre dans la rivière Falémé, etc. Quand la septième et dernière tête fut tranchée, le serpent s'effondra. Amadou emporta la belle Sia au galop de son grand cheval, tandis que tout le peuple de Koumbi Saleh, en larmes, maudissait le criminel. Après la mort du Ouagadou-Bida, la sécheresse s'abattit sur le pays, les grains semés ne poussèrent plus, les troupeaux furent décimés par la soif, les Soninké épouvantés se dispersèrent… »

D'après D.T. NIANE, J. SURET-CANALE, *Histoire de l'Afrique occidentale*, Présence africaine, 1965.

1 Précisez dans quel empire vit le peuple des Soninké et ce que représente le grand serpent pour lui.

2 Pourquoi Amadou Séfédokoté commet-il une faute en tuant le serpent, selon la légende ?

3 Présentez l'explication donnée dans le récit de la présence de mines d'or dans cette région d'Afrique.

4 Montrez que cette légende reste encore vivace aujourd'hui.

2 Mettre en relation des documents

L'empire Songhaï (XIIᵉ- XVIᵉ siècle)

1 L'empire Songhaï.

Légende :
- L'empire Songhaï à la fin du XVIᵉ siècle ● Capitale
- △ Mines d'or   △ Mines de sel
- 0   500 km

1 Localisez l'empire Songhaï.

2 Relevez les indications concernant sa richesse et ses échanges commerciaux.

3 Que déduire de la présence de mosquées à Tombouctou et à Gao ?

2 Tombouctou, une cité prospère

« Les maisons de Tombutto (Tombouctou) sont des cabanes faites de pieux crépis d'argile avec des toits de paille. Au milieu de la ville se trouve un temple* construit en pierres maçonnées avec un mortier de chaux par un architecte d'Andalousie, et aussi un palais construit par le même architecte et où loge le roi. Les boutiques des artisans sont nombreuses. Les étoffes d'Europe parviennent aussi à Tombutto, apportées par les marchands du Maghreb. Le roi possède un grand trésor en monnaie et en lingots d'or. »

HASSAN AL WAZZAN, dit « Léon l'Africain »,
Description de l'Afrique, vers 1530.

* Il s'agit en fait de la mosquée Djingareyber
(voir doc. 5 p. 95).

3 **Minaret de la mosquée d'Askia Mohammed, empereur du Songhaï de (1443-1528), à Gao.** Fin du XVᵉ siècle. Les morceaux de bois qui dépassent ont servi d'armature lors de la construction de l'édifice en argile crue.

3 **B2i** Comprendre l'évolution d'un site historique

À la recherche de Sofala

[**Compétence B2i : 4.5** Sélectionnez des résultats lors d'une recherche]

▲ **www.maps.google.fr**

1 À l'aide de la carte p. 104, précisez le rôle et la fonction de Sofala.

2 Recherchez sur votre moteur de recherche internet une gravure de Sofala datant de 1572 tirée de l'ouvrage de Braun et Hogenberg intitulé *Civitates Orbis Terrarum*, ainsi qu'une autre de 1683 tirée de l'ouvrage *La description de l'univers*. Copiez ces deux gravures et comparez-les.

3 Avec Google Maps, retrouvez le site de Sofala, aujourd'hui au Mozambique, et regardez les photos avec l'onglet « Extras ». Comparez ces photos aux gravures. Qu'est-il arrivé à Sofala ?

Je révise

1 Un empire africain du Moyen Âge

▶ Complétez la fiche à l'aide de vos connaissances sur l'empire africain étudié en classe.

Nom de l'empire étudié :
Localisation géographique :
Siècle du début de l'empire :
Siècle de la fin de l'empire :
Nom de la capitale :
Forme du pouvoir :
Richesse principale faisant l'objet d'un commerce :
Croyances religieuses des populations :

2 Se situer dans l'espace

Les échanges en Afrique du VIIIᵉ au XVIᵉ siècle

1 Indiquez quelles régions sont désignées par les lettres de A à F : **Zimbabwe, Proche-Orient, océan Indien, Soudan occidental, Sahara, Éthiopie.**

2 Complétez la légende en 1, 2 et 3.

3 Citez les trois principales marchandises vendues par l'Afrique subsaharienne au cours de cette période.

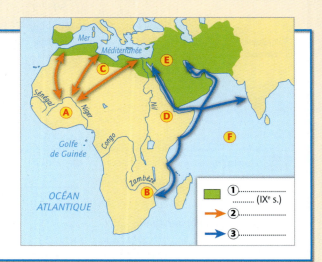

3 Compléter un schéma

Les étapes des traites négrières

▶ Reproduisez le schéma dans votre cahier et complétez-le à l'aide des mots suivants : **Éthiopie, Proche-Orient, Océan Indien, Sahara, Région des Grands lacs, Afrique occidentale, Golfe persique, Afrique du Nord, Mer Rouge, Indes.**

Les statues africaines

Coiffure relevée

[Grand domaine artistique : « arts du visuel »]

Les statues

- Fabriquées en bois, en terre cuite et, plus rarement, en métal, elles représentent l'une des principales formes de l'art africain du VIIIe au XVe siècle.
- Leurs créateurs sont des artisans dont le statut varie d'une civilisation à l'autre : sculpteur officiel d'un roi ou d'un chef puissant, artisan indépendant.

Arts et culture africaine

- Une sculpture peut être à la fois un objet religieux, une figurine aux pouvoirs magiques, un symbole et un objet utilitaire.
- Les historiens pensent que certaines statues étaient commandées pour rendre hommage à un ancêtre ou à un personnage important. Elles peuvent également exprimer des valeurs, comme l'autorité, la bravoure, la fertilité, ou bien encore certaines croyances.

Coiffure à nattes

1
Tête de figurine féminine
Terre cuite, Ifé,
actuel Nigeria, XIIe-XVe siècle.
Hauteur : 19 cm.
Musée ethnologique, Berlin.

Restes de couleur

Incisions superficielles de la peau (scarifications)

2
Tête de figurine masculine, sans doute un serviteur du roi.
Terre cuite, Ifé, actuel Nigeria, XIIe-XIVe siècle. Hauteur : 15,5 cm.
Musée du Louvre, Paris.

3
Tête sans doute d'une reine. Bronze, Bénin, XVe-XVIe siècle, Hauteur : 21,5 cm.
Musée du Louvre, Paris.

Collier à 23 rangs de perles

1 Dans quels matériaux les statues africaines sont-elles réalisées ?

2 Selon vous, quelle partie de ces œuvres révèle la finesse de la représentation ?

3 À partir de ces trois statues ainsi que celles des pages 93, 94, 96 et 97, montrez la diversité des significations de ces créations.

Le saviez-vous ?

- Les statues d'argile sont d'abord modelées à la main par l'artiste. Elles sont ensuite cuites dans un four et enfin polies après qu'elles ont refroidi.

- Chez de nombreux peuples africains, les scarifications manifestent l'appartenance à un groupe ou ont une signification magique et religieuse.

J.-C.   500   1000   1500   2000

Chapitre 7

Les grandes découvertes

Pourquoi les grandes découvertes changent-elles la vision du monde des Européens ?

Le 12 octobre 1492, Christophe Colomb débarque dans l'île de Guanahani, rebaptisé San Salvador, aux Bahamas, archipel du continent américain.
Gravure du protestant Théodore de Bry, fin du XVIe siècle, Paris, BnF.

■ **Quelle image cette gravure donne-t-elle de la découverte de l'Amérique ?**

Conquête du Mexique par Cortes

**Arrivée de Christophe Colomb
en Amérique**

**Tour du monde
de Magellan**

**Conquête du Pérou
par Pizarro**

1492   1519-1521   1519-1522   1532-1533

L'élargissement du monde connu par les Européens.

Terres connues vers 1400

Terres connues vers 1550

Terres encore mal connues ou inconnues
à la fin du XVIᵉ siècle

0   2 000 km
Échelle à l'équateur

Le monument des découvertes à Lisbonne (Portugal)

Construit en 1960, il rend hommage aux personnalités ayant participé aux grandes découvertes et à la naissance de l'empire colonial du Portugal. Une trentaine de personnages sont sculptés à la proue stylisée d'une caravelle.

(A) Henri le Navigateur (1394-1460), prince du Portugal, instigateur des premiers grands voyages d'exploration portugais.

(B) Vasco de Gama (1469-1524), le premier à atteindre les Indes par la voie maritime en contournant l'Afrique en 1498.

(C) Cabral (vers 1467-vers 1520), considéré comme le découvreur du Brésil en 1500.

(D) Magellan (1480-1521), qui commence le premier tour du monde en 1519.

■ **Que tient Henri le Navigateur dans sa main ? Pourquoi ?**

Christophe Colomb découvre l'Amérique

Christophe Colomb pense pouvoir atteindre l'Asie par l'Ouest en traversant l'océan Atlantique. Parti d'Espagne avec trois caravelles (la *Pinta*, la *Nina* et la *Santa Maria*) en août 1492, il débarque dans les îles des Antilles au mois d'octobre. Il est persuadé d'avoir atteint les Indes.

Christophe Colomb en Amérique

1450 — 1492 — 1550

▶ **Pourquoi le voyage de Christophe Colomb est-il un tournant dans l'histoire du monde ?**

1

BIOGRAPHIE

Christophe Colomb
[1451 • 1506]

Né à Gênes, en Italie, Christophe Colomb s'installe au Portugal où il apprend la navigation. Il connaît le récit du voyage de Marco Polo en Asie à la fin du XIIIᵉ siècle. Sachant que la Terre est ronde, il entreprend en 1492 d'atteindre les Indes en naviguant vers l'Ouest à partir de l'Espagne. Croyant arriver au Japon, il aborde en réalité aux Antilles, îles du continent américain. Après un retour triomphal en Espagne, il mène trois autres voyages en Amérique. Il meurt dans la misère, sans savoir qu'il a découvert un nouveau continent.

La boussole de Christophe Colomb
XVᵉ s., Museo Casa Colon, Las Palmas, Espagne.

VOCABULAIRE

⚓ **Caravelle** : bateau à voile, maniable et rapide, muni de plusieurs mâts, de voiles triangulaires et carrées et d'un gouvernail à l'arrière.

⚓ **Indes** : au Moyen Âge, terme utilisé pour désigner les territoires de l'Asie riverains de l'océan Indien.

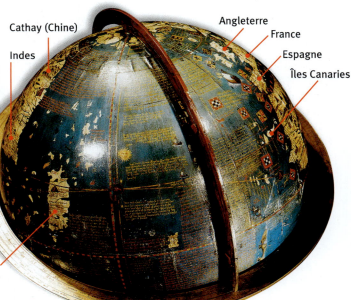

Cathay (Chine)

Indes

Angleterre

France

Espagne

Îles Canaries

2 **Le globe terrestre de Martin Behaïm, cartographe allemand**

1492, BnF, Paris.

Cipangu (Japon)

3 **Le projet de Christophe Colomb**

«En cette présente année 1492, après que Vos Altesses* eurent mis fin à la guerre contre les Maures en la très grande cité de Grenade, elles pensèrent m'envoyer aux Indes, suite aux informations que j'avais données sur un prince qui se nomme le Grand Khan. Elles m'ordonnèrent de ne pas aller par voie de terre vers l'Orient, par où l'on a coutume de le faire, mais par le chemin d'Occident, par lequel nous savons que jusqu'à ce jour personne n'est passé. Je partis de la cité de Grenade et je vins au port de Palos, où j'armais trois navires adaptés à cette entreprise. Bien pourvus en vivres et de nombreux gens de mer, je partis le troisième jour du mois d'août 1492. Et je pris le chemin des îles Canaries, qui sont à Vos Altesses et se trouvent en ladite mer Océane pour, de là, prendre la route et naviguer jusqu'à toucher aux Indes.»

D'après le *Journal de bord de Christophe Colomb*, 1492-1493.

* Ferdinand d'Aragon et Isabelle de Castille, souverains espagnols.

4 Un nouveau continent

« **12 octobre**

Ils arrivèrent à une petite île. Alors ils virent des gens nus et l'Amiral se rendit à terre dans sa barque armée. Il déploya la bannière royale. Il me sembla que les Indiens étaient des gens très pauvres en tout. Tous étaient nus, comme leur mère les avait faits, même les femmes. Certains se peignaient en noir, d'autres en blanc, en rouge. Je me suis employé à savoir s'il y avait de l'or.

24 octobre

Je suis parti pour une île que les Indiens que j'emmène avec moi appellent Colba [Cuba]. Ce doit être Cipango [le Japon]. Ils disent qu'elle est très étendue, bien pourvue de perles, d'or et d'épices.

16 décembre 1492

Que Vos Altesses veuillent croire que les terres sont bonnes et fertiles, spécialement celles de cette île Hispaniola [Haïti]. Les Indiens n'ont pas d'armes et sont si peureux qu'à mille, ils n'oseraient pas combattre trois des nôtres. Ils sont donc propres à être commandés et à ce qu'on les fasse travailler. Vos Altesses auront la grande joie d'en avoir fait des Chrétiens. »

D'après des extraits du *Journal de bord* de Christophe Colomb.

5 Le navire de l'exploration des océans : la caravelle

Détail de Cosmographie universelle par G. Le Testu, XIVᵉ siècle (ministère de la Défense). **(A)** La hune, poste de vigie ; **(B)** le grand mât ; **(C)** voiles carrées ; **(D)** voile triangulaire ; **(E)** château avant ; **(F)** château arrière ; **(G)** gouvernail d'étambot.

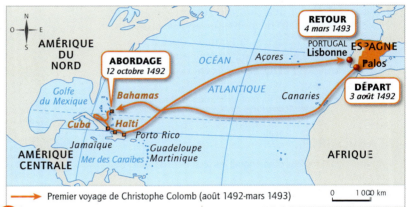

Premier voyage de Christophe Colomb (août 1492-mars 1493)

6 Le voyage de Christophe Colomb

ZOOM socle commun

Pour raconter un voyage de découverte

▶ Je présente le navigateur principal et ses motivations.

▶ Je résume le voyage en quelques phrases.

▶ J'explique les conséquences de ce voyage.

Activités

1) **Doc. 2, 3 et 6** Expliquez par quelle route Christophe Colomb veut aller aux Indes, ainsi que son erreur dans la représentation qu'il a du monde.

2) **Doc. 3 et 4** Au service de qui Christophe Colomb entreprend-il le voyage ? Dégagez les motivations qui le guident.

3) **Doc. 5** Décrivez la caravelle.

4) **Doc. 4** Quel regard Christophe Colomb porte-t-il sur les « Indiens » ?

◆ Expression écrite et orale ◆

5)  **À l'aide de la fiche Zoom ci-dessus, racontez et expliquez en quelques phrases le voyage de Christophe Colomb.**

Cortés, un *conquistador* au Mexique

Après les grandes découvertes, les *conquistadores* espagnols se lancent à l'assaut des grands empires indiens d'Amérique. Débarquant au Mexique avec moins de 600 hommes, 30 chevaux et 10 canons, Cortés s'empare de l'empire des Aztèques et fonde la Nouvelle Espagne.

Conquête du Mexique

1450   1519-1521   1550

▶ Comment Cortés fait-il la conquête de l'empire des Aztèques ?

1 Cortés et ses hommes au marché de Tenochtitlan (Mexico)

«En arrivant à la grande place, nous tombâmes en admiration devant l'immense quantité de monde et de marchandises qui s'y trouvaient ainsi que l'aspect d'ordre et de bonne réglementation que l'on y observait en toutes choses. Commençons par les marchands d'or et d'argent, de pierres précieuses, de plumes, d'étoffes, de broderies et autres produits; puis les esclaves, hommes et femmes, dont il y avait une telle quantité à vendre qu'on les pouvait comparer à ceux que les Portugais amènent de Guinée.»

Témoignage de BERNAL DIAZ DEL CASTILLO (vers 1492-vers 1581), compagnon de Cortés, *Histoire véridique de la conquête de la Nouvelle-Espagne*, 1575.

VOCABULAIRE

🔹 **Amérindiens** : Indiens d'Amérique, les premiers habitants de ce continent.

🔹 **Conquistador** : mot espagnol désignant un conquérant de l'Amérique centrale et du Sud.

2 La conquête des empires amérindiens

- Empire aztèque
- Empire inca
- Territoires espagnols
- Trajets des *conquistadores*

0   1 000 km

3 Cortés rencontre Moctezuma, l'empereur aztèque, le 8 novembre 1519 ● *Lithographie du Codex de Tlaxcala, 1550, BnF.*

Arquebuse
(arme à feu)

Arbalète

4 **Les soldats espagnols face aux Aztèques**

Dessin du XVIe siècle, BN, Madrid.

5 **L'empereur aztèque se rend à Cortés**

«On vit arriver une embarcation où il parut qu'il y avait des gens de marque. Comme deux ou trois arbalétriers les mettaient en joue, ils firent signe de ne pas tirer, que l'empereur était là. Mes hommes se saisirent du jeune empereur Guatimozin* et des autres grands seigneurs qui l'accompagnaient. On me les amena aussitôt. Comme je le fis asseoir et lui montrai la plus grande bienveillance, il vint à moi et me dit qu'il avait fait tout ce qui était en son pouvoir pour se défendre lui et les siens, et, mettant sa main sur mon poignard : *"Tue-moi"*, dit-il. Je le consolai, lui disant qu'il n'avait rien à craindre. Grâce à Dieu, l'empereur étant prisonnier, la guerre fut terminée ce jour, 13 août 1521.»

Lettre à Charles Quint, roi d'Espagne et empereur, 13 août 1521.

---

* ou Cuauhtemoc, neveu de Moctezuma ; il prend la tête de la résistance aux Espagnols après la mort de ce dernier en 1520.

Activités

1) **Doc. 1 et 2** Décrivez le trajet de l'expédition de Cortés. Par quoi l'auteur est-il fasciné dans la capitale des Aztèques ?

2) **Doc. 3, 4 et 5** Comment ont évolué les rapports entre Espagnols et Aztèques ? Comparez l'armement des uns et des autres.

3) **Doc. 6** Montrez que les deux auteurs n'ont pas du tout le même point de vue sur les Amérindiens et le traitement qui leur est infligé.

◆ Expression écrite et orale ◆

4) **À l'aide de la fiche Zoom ci-contre, racontez et expliquez en quelques phrases la conquête du Mexique par Cortés.**

6 **Le sort des Amérindiens**

A/ «Les Indiens étant par leur nature, esclaves, barbares, incultes et inhumains, s'ils refusent d'obéir à d'autres hommes plus parfaits, il est juste de les soumettre par la force et par la guerre.»

Jean Guinés de Sepulveda,
Débats de Valladolid (1550).

B/ «Les Indiens ont une intelligence vive tout à fait apte à recevoir notre sainte foi catholique, mais les Espagnols se comportèrent à leur égard à la manière des tigres et des lions. Ils n'ont rien fait depuis quarante ans, sinon les tuer, les faire souffrir par des méthodes extraordinairement cruelles, nouvelles et variées. Il y a eu deux façons pour ces gens qu'on appelle chrétiens de tuer les Indiens. La première ce furent les guerres cruelles et sanglantes. La seconde fut un esclavage si dur, si horrible que jamais des bêtes n'y ont été soumises.»

D'après Bartolomé de Las Casas,
Brève relation de la destruction des Incas, 1543.

 ZOOM
socle commun

Pour raconter un épisode de la conquête

▶ Je présente le *conquistador* et ses motivations (buts).

▶ J'évoque les conditions de la conquête.

▶ J'établis les conséquences de la conquête.

Les Européens s'ouvrent au monde

A Les grands voyages de découvertes

○ **Après la prise de Constantinople par les Turcs en 1453, les Européens recherchent des routes maritimes afin d'accéder aux richesses des Indes,** sans passer par l'intermédiaire des marchands musulmans. Ils souhaitent aussi convertir de nouvelles populations au christianisme [doc. 2]. Ils sont enfin animés d'un désir d'aventure et par la curiosité scientifique.

○ **Les grands voyages sont rendus possibles grâce aux progrès de la navigation.** Les Portugais mettent au point un nouveau navire, la caravelle. La diffusion de cartes nautiques de plus en plus précises, de la boussole et de l'astrolabe [doc. 1] permet aux navigateurs de mieux se repérer et de se diriger.

○ **Les grandes découvertes s'enchaînent en quelques années.** En 1492, en voulant rejoindre les Indes par l'océan Atlantique, Christophe Colomb découvre l'Amérique. En 1498, Vasco de Gama parvient en Inde en contournant l'Afrique par le Sud. Entre 1519 et 1522, l'expédition de Magellan réalise le premier tour du monde [doc. 3].

B Des conquêtes aux empires coloniaux

○ **Au début du XVIe siècle, des aventuriers et des hommes de guerre se lancent à la conquête des terres découvertes où vivent les civilisations amérindiennes.** En 1521, le *conquistador* espagnol Cortés s'empare du Mexique et détruit l'empire aztèque. En 1532, Pizarro fait la conquête de l'empire inca au Pérou pour le compte de l'Espagne.

○ **Deux empires coloniaux naissent : celui de l'Espagne avec ses colonies d'Amérique et les Philippines, celui du Portugal qui comprend le Brésil et des comptoirs sur les côtes africaines et asiatiques.** Les richesses exploitées dans les empires affluent en Europe [doc. 4].

○ **La colonisation en Amérique décime les populations indiennes,** victimes des maladies d'origine européenne, des massacres et du travail forcé.

Cercle gradué en degrés
donne l'angle du soleil par rapport à l'horizon

Anneau de suspension

Viseur
placé dans l'axe du soleil ou de l'étoile polaire

1 Un astrolabe

L'astrolabe permet au navigateur de s'orienter en latitude.

■ **Comment l'astrolabe facilite-t-il la navigation ?**

Axe
pour ajuster le viseur

2 Un encouragement aux voyages

« L'infant Dom Henrique* désirait savoir quelles terres il y avait au Sud des îles Canaries. Si en ces terres se trouvaient des ports où l'on aborderait sans danger, on pourrait en rapporter beaucoup de marchandises. Il désirait aussi savoir si, en ces régions-là, il y aurait quelques princes chrétiens assez forts pour l'aider contre les ennemis de la foi. La quatrième raison fut son grand désir d'augmenter la sainte foi de Notre Seigneur Jésus-Christ et d'amener à elle toutes les âmes désireuses d'être sauvées. »

D'après G. EANES DE AZURA,
Chronique de la découverte et conquête de la Guinée, 1543.

* Prince héritier du Portugal, Henri le Navigateur (1394-1463).

■ **Dégagez les raisons économiques et religieuses des voyages.**

VOCABULAIRE

🔹 **Amérindien** : voir p. 114.

🔹 **Astrolabe** : instrument de navigation permettant de déterminer la latitude d'un lieu.

🔹 **Boussole** : instrument indiquant le Nord.

🔹 **Caravelle** : voir 112.

🔹 **Colonie** : territoire conquis et exploité par une puissance étrangère.

🔹 **Comptoir** : installations commerciales d'un État dans un pays étranger. Le comptoir est souvent un port.

🔹 ***Conquistador*** : voir p. 114.

🔹 **Indes** : voir p. 112.

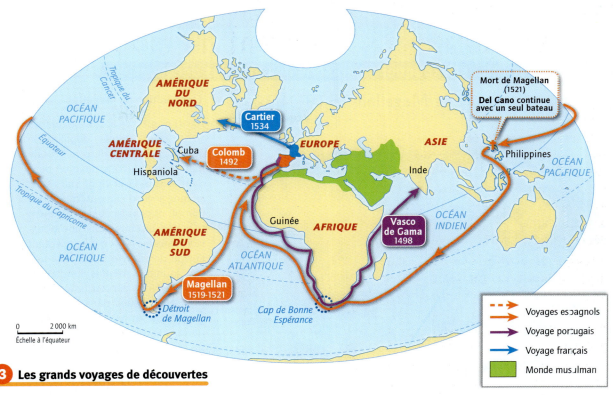

Carte 3 — Les grands voyages de découvertes

Légende :
- Voyages espagnols
- Voyage portugais
- Voyage français
- Monde musulman

Labels sur la carte :
- OCÉAN PACIFIQUE
- AMÉRIQUE DU NORD
- AMÉRIQUE CENTRALE
- Cuba
- Hispaniola
- Colomb 1492
- Cartier 1534
- EUROPE
- ASIE
- Inde
- Philippines
- Mort de Magellan (1521). Del Cano continue avec un seul bateau
- OCÉAN PACIFIQUE
- Tropique du Cancer
- Équateur
- Tropique du Capricorne
- AMÉRIQUE DU SUD
- OCÉAN PACIFIQUE
- OCÉAN ATLANTIQUE
- Guinée
- AFRIQUE
- Vasco de Gama 1498
- OCÉAN INDIEN
- Magellan 1519-1521
- Détroit de Magellan
- Cap de Bonne Espérance
- 0   2 000 km   Échelle à l'équateur

3   Les grands voyages de découvertes

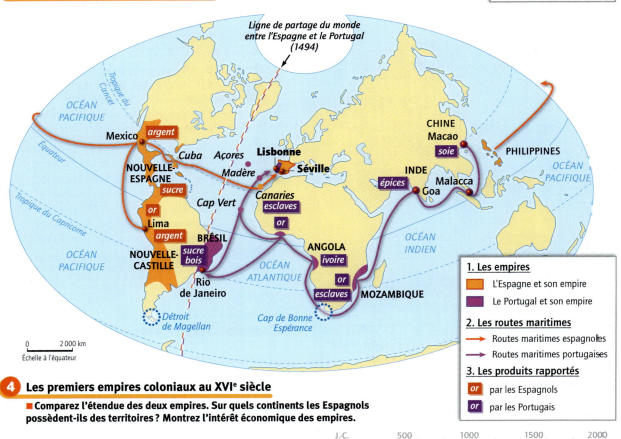

Carte 4 — Les premiers empires coloniaux au XVIᵉ siècle

Ligne de partage du monde entre l'Espagne et le Portugal (1494)

Labels sur la carte :
- OCÉAN PACIFIQUE
- Tropique du Cancer
- Équateur
- Mexico — argent
- Cuba
- Açores
- Madère
- NOUVELLE-ESPAGNE
- sucre
- Cap Vert
- or
- Lima
- argent
- NOUVELLE-CASTILLE
- BRÉSIL — sucre bois
- Rio de Janeiro
- Tropique du Capricorne
- OCÉAN PACIFIQUE
- Détroit de Magellan
- Lisbonne
- Séville
- Canaries — esclaves — or
- OCÉAN ATLANTIQUE
- ANGOLA — ivoire — or — esclaves
- MOZAMBIQUE
- Cap de Bonne Espérance
- INDE — épices — Goa
- Malacca
- CHINE — Macao — soie
- PHILIPPINES
- OCÉAN PACIFIQUE
- OCÉAN INDIEN
- 0   2 000 km   Échelle à l'équateur

Légende :
1. Les empires
- L'Espagne et son empire
- Le Portugal et son empire

2. Les routes maritimes
- Routes maritimes espagnoles
- Routes maritimes portugaises

3. Les produits rapportés
- or   par les Espagnols
- or   par les Portugais

4   Les premiers empires coloniaux au XVIᵉ siècle

■ Comparez l'étendue des deux empires. Sur quels continents les Espagnols possèdent-ils des territoires ? Montrez l'intérêt économique des empires.

J.-C.   500   1000   1500   2000

RÉCIT — Raconter et expliquer un épisode des grandes découvertes

Le tour du monde de Magellan 1519-1522

1 Une représentation du monde à la fin du XVᵉ siècle. *British Library, Londres.*

2 Carte de l'expédition de Magellan (1519-1522). *Atlas nautique de Battista Agnese, 1543.*

3 L'expédition de Magellan

A/ « Le mercredi 28 novembre 1520, nous avons dépassé le détroit* et plongé dans la grande mer**. Nous avons navigué pendant trois mois et vingt jours sans aucune sorte d'aliment frais. Nous mangions des biscuits qui n'étaient plus des biscuits mais une poussière infestée de vers et empestant l'urine de rat. Nous buvions une eau jaunâtre, depuis longtemps putride. Nous parcourûmes à peu près 4000 lieues dans cette mer que nous appelâmes Pacifique parce que durant tout le temps de notre traversée, nous n'essuyâmes pas de tempêtes. »

D'après ANTONIO PIGAFETTA, membre de l'expédition, *Journal de bord.*

* Le détroit nommé ensuite « de Magellan » près du Cap Horn.
** L'océan Pacifique.

B/ *Magellan meurt dans un combat contre des autochtones aux Philippines le 27 avril 1521. Del Cano prend alors le commandement de l'expédition.*

« Nous sommes rentrés à 18 hommes avec un seul des 5 navires que Votre majesté avait envoyés. Nous avons trouvé le camphre, la cannelle et les perles. Nous avons fait le tour de la Terre. Partis vers l'Ouest, nous revenons par l'Est. »

D'après une lettre de DEL CANO à CHARLES QUINT, roi d'Espagne et empereur, après le retour de l'expédition de Magellan en Espagne, le 7 septembre 1521.

1 **Doc. 2 et 3** Indiquez le pays de départ et de retour de l'expédition de Magellan, puis énumérez dans l'ordre les océans traversés.

2 **Doc. 3** Qualifiez les conditions du voyage.

3 **Doc. 1 et 2** Pourquoi l'expédition de Magellan a-t-elle permis de mieux représenter le monde ?

RÉCIT *Racontez en quelques phrases l'expédition de Magellan : ce qu'elle a réalisé, les obstacles rencontrés, ses apports à la connaissance du monde par les Européens.*

2 RÉCIT Raconter et expliquer un épisode de la conquête de l'empire espagnol

La conquête du Pérou par Francisco Pizarro

1 La capture de l'empereur inca

«Pendant toute l'action*, aucun Indien ne fit usage de ses armes contre les Espagnols tant fut grande leur épouvante en voyant Pizarro au milieu d'eux, le galop des chevaux et en entendant tout à coup les décharges de l'artillerie. C'étaient des choses nouvelles pour eux, et ils cherchèrent plutôt à s'enfuir qu'à combattre. Pizarro retourna à son habitation avec son prisonnier, l'empereur Atahualpa, dépouillé de ses vêtements que les Espagnols lui avaient arrachés en essayant de le faire descendre de sa litière. C'était une chose merveilleuse de voir un prince si grand et si puissant fait prisonnier en si peu de temps. Pizarro lui dit: *"Ne sois pas honteux d'avoir été vaincu et fait prisonnier. Nous sommes venus par ordre du roi d'Espagne conquérir ce pays pour que tous aient la connaissance de Dieu et de la sainte foi catholique."*»

D'après Francisco de Jerez, secrétaire de Francisco Pizarro, *La Conquête du Pérou*, XVIe siècle.

_____

* La capture de l'empereur inca Atahualpa.

2 Le travail dans une mine du Pérou après la conquête.
Gravure de Théodore de Bry, XVIe siècle, BnF.

1 **Doc. 1 et 2** Dégagez des documents les deux buts de la conquête du Pérou.

2 **Doc. 1** Indiquez sur quoi repose la supériorité militaire des Espagnols.

3 **Doc. 2** Quelle image l'auteur de la gravure donne-t-il des conquérants espagnols?

RÉCIT *Racontez et expliquez en quelques phrases un épisode de la conquête du Pérou par Pizarro: les objectifs qu'il veut atteindre, les conditions et les conséquences de la conquête.*

3 B2i Créer un petit dossier documentaire

[Compétence B2i: **3.3** Regrouper dans un même document plusieurs éléments]

L'exploration de la Nouvelle France, André Thevet

▲ http://gallica.bnf.fr

1 Trouvez sur Gallica, à l'aide de la barre de recherche, *Singularités de la France antartique (sic)* (1538) d'André Thévet. Cliquez sur le titre qui apparaît. Recherchez l'image 39. Comment les chasseurs sont-ils équipés et vêtus?

2 Allez sur le site http://modules.quaibranly.fr/d-pedago/explorateurs. Allez sur «index» pour faire apparaître les explorateurs et cliquez sur «André Thévet». Lisez le texte et dites de quel grand explorateur André Thévet suivait les traces.

3 Dans la rubrique «extraits littéraires», cliquez sur «Les vêtements canadiens». Dites en quoi sont faits les manteaux des Canadiens. Pour extraire ce texte, téléchargez le dossier dans la rubrique «le voyage».

1 Se repérer dans l'espace et dans le temps

Deux grands voyages

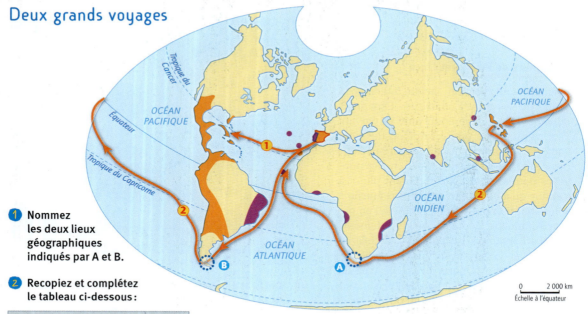

1 Nommez les deux lieux géographiques indiqués par A et B.

2 Recopiez et complétez le tableau ci-dessous :

	Voyage 1	Voyage 2
Nom de l'explorateur		
Ce qu'il a réalisé		
Date		

3 De quelle couleur est représenté l'empire colonial portugais ?

4 Sur quel continent sont principalement situés les territoires de l'empire espagnol ?

2 Distinguer causes et conséquences

Les explorations

Dans la liste qui suit, ont été mélangés :
– les moyens qui ont rendu possible les grands voyages maritimes,
– ce qui a poussé les navigateurs européens à partir (les causes des explorations),
– ce qu'ont entraîné les grandes découvertes (leurs conséquences).

 Recopiez le tableau ci-dessous et classez-y les propositions ci-contre.

Causes	Moyens	Conséquences

LISTE À CLASSER

1. L'utilisation d'un navire maniable et rapide, la caravelle
2. Diffuser la religion chrétienne
3. Les populations amérindiennes décimées (massacres, exploitations, propagations de nouvelles maladies)
4. La connaissance du monde transformée
5. La recherche de l'or et des épices
6. La naissance des premiers empires coloniaux
7. Le goût de l'aventure
8. Mieux connaître le monde
9. L'utilisation d'outils de navigation précis
10. Trouver une route maritime vers les « Indes » pour contourner le monde musulman
11. L'enrichissement de l'Europe

L'art précolombien

[Grand domaine artistique : «arts du quotidien», métiers d'arts]

Jade noir
Turquoise
Coquillage
Nacre
Collier de perles roses en coquillage

Arts et culture aztèques

■ Les artisans aztèques disposaient d'outils rudimentaires, et pourtant ils excellaient dans l'art de tailler les pierres dures et les pierres précieuses, ainsi que dans l'art de la mosaïque, dont ils recouvraient d'innombrables objets : masques, sceptres, couteaux, pendentifs, armes...

Arts et culture incas

■ Les artisans incas avaient atteint un haut degré de perfectionnement dans l'art de l'orfèvrerie. Ils fabriquaient ce multiples objets en or et en argent, destinés aux temples et à la famille impériale. Ils maîtrisaient parfaitement la technique du coulage et du moulage du métal en fusion, du martelage et de la soudure.

1 Masque aztèque de Malinaltepec, à tête d'homme et avec collier.
Hauteur : 21,6 cm ; largeur : 20,7 cm.
*Vers les IV*e*-VII*e *siècles, Musée d'anthropologie et d'histoire, Mexico. Ce type de masque n'était pas destiné à être porté, mais couvrait le visage de la statue en bois d'une divinité aztèque.*

Vocabulaire

🔹 **Mosaïque** : assemblage décoratif de fragments multicolores (cubes de pierres précieuses, d'émail, de verre, de bois...) sur un fond solide.

🔹 **Orfèvrerie** : travail des métaux précieux, or ou argent, pour fabriquer des objets de décoration, du culte ou du service à table.

🔹 **Précolombien** : qui a précédé l'arrivée de Christophe Colomb en Amérique.

Le saviez-vous ?

◉ Pour les Aztèques, la couleur bleu-vert de la turquoise symbolisait la puissance.

◉ Chez les Incas, de grandes fêtes religieuses, avec sacrifices d'animaux, avaient lieu à la fin de la récolte de maïs et de pomme de terre pour remercier le Soleil.

Turquoise
Or
Lame en demi-lune

2 Couteau de sacrifice inca.
*Vers les X*e*-XIV*e *siècles, Musée de l'or, Lima (Pérou).*
À l'aide de cet objet, le prêtre ouvrait la poitrine de l'animal et avec ses mains en sortait le cœur, les poumons et les viscères.

① Citez les techniques artistiques maîtrisées par les Aztèques et les Incas.

② Quels matériaux utilisés attestent de la richesse de leurs territoires ?

③ Précisez ce que nous apprennent ces objets sur les deux civilisations précolombiennes.

J.-C.   500   1000   1500   2000

Chapitre 8

Renaissance et révolution de la pensée scientifique

Quels sont les bouleversements artistiques et scientifiques du XVe au XVIIe siècle ?

L'école d'Athènes. *Fresque du peintre italien Raphaël, 1509-1511, palais du Vatican, Rome.*
Les philosophes grecs **(A)** Platon (sous les traits de Léonard de Vinci), **(B)** Aristote, **(C)** Socrate et **(D)** Héraclite (sous les traits de Michel-Ange) ; **(E)** le mathématicien Pythagore ; **(F)** le dieu Apollon.

■ **Qu'est-ce qui rappelle l'Antiquité dans cette œuvre ? Que veut chercher à faire Raphaël en mêlant de grands hommes de l'Antiquité avec d'autres du XVIe siècle ?**

SCIENCES

Héliocentrisme de Copernic | RÉVOLUTION DE LA PENSÉE SCIENTIFIQUE | Newton : attraction universelle

Procès de Galilée

1450 | 1500 | 1543 | 1600 | 1633 | 1687 | 1700

ART

Le Printemps Botticelli | David Michel-Ange | La Joconde Léonard de Vinci | RENAISSANCE ARTISTIQUE

Château de Chambord (1519-1547)

vers 1480 | 1504 | 1519

La Renaissance artistique et les sciences en Europe du XVe au XVIIe siècle.

L'astronome polonais Nicolas Copernic (1473-1543)

Statue du savant dans la ville polonaise d'Olsztyn où Copernic séjourna de 1516 à 1521.

■ **Comment est signifié l'intérêt de Copernic pour les recherches dans le domaine de l'astronomie ?**

Michel-Ange, artiste de la Renaissance

Vie de Michel Ange

1400 · 475 · 1564 · 1600

Michel-Ange (1475-1564) est à la fois un sculpteur, un peintre et un architecte italien. Au service de riches mécènes, il réalise à Florence et à Rome des œuvres dont la qualité est rapidement reconnue dans toute l'Europe de la Renaissance.

▶ **Pourquoi les œuvres de Michel-Ange ont-elles marqué son époque ?**

1

BIOGRAPHIE

Michelangelo Buonarroti
[1475 · 1564]

Né à Caprese, en Toscane, Michel-Ange apprend la peinture et la sculpture à Florence. La beauté de son premier chef-d'œuvre, la *Pietà* (1499), lui ouvre les portes de la renommée. Il bénéficie d'importantes commandes de puissants mécènes, comme le pape Jules II. Il réalise notamment le *David* (1501-1504) et le tombeau des Médicis (1524-1526) à Florence ainsi que le plafond de la chapelle Sixtine (1508-1512) à Rome. Installé définitivement dans la capitale de la chrétienté, il dirige le chantier de la basilique Saint-Pierre-de-Rome.

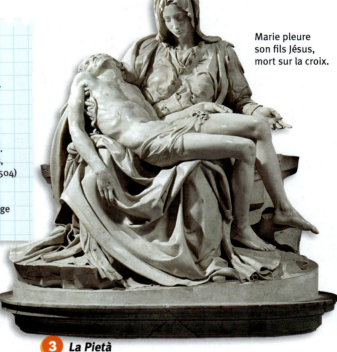

Marie pleure son fils Jésus, mort sur la croix.

2 *David*

Marbre de 4,34 m de haut, 1501-1504, musée de l'Académie, Florence.

3 *La Pietà*

Marbre de 1,74 m de haut, Saint-Pierre, Le Vatican, 1499.

4 **Un artiste extraordinaire**

« Dieu se disposa à envoyer sur Terre un esprit qui, en tous arts et en tous les métiers, serait universellement habile, œuvrant seul à montrer ce que peut être la perfection de l'art du dessin pour les lignes, les contours, les ombres et les lumières, pour donner du relief aux ouvrages de peinture, pratiquer la sculpture, et l'architecture. L'idée de cet homme extraordinaire a été de tout composer en fonction du corps humain et de ses proportions parfaites, dans la diversité prodigieuse de ses attitudes. Pour arriver à la perfection absolue, il pratiqua abondamment les dissections anatomiques pour repérer les attaches, les ligaments des os, des muscles et des nerfs. Son génie fut reconnu de son vivant. Cela n'arrive qu'aux hommes d'un mérite grandiose. »

D'après GIORGIO VASARI, *Vies des plus grands peintres, sculpteurs et architectes italiens*, 1550.

5 *La Création d'Adam* • *Détail de la fresque du plafond de la chapelle Sixtine à Rome (5,70 x 2,80 m), 1508 -1512.*

6 **La place du Capitole à Rome**

Elle est redessinée par Michel-Ange en 1536-37 à la demande du Pape Paul III. Au centre, une statue de l'empereur romain Marc-Aurèle.

VOCABULAIRE

🔖 **Fresque** : peinture, souvent de grande dimension, réalisée sur un mur préalablement enduit de plâtre humide.

🔖 **Mécène** : personne qui protège et soutient les artistes en leur commandant des œuvres et en les finançant.

🔖 **Renaissance** : mouvement artistique né à la fin du Moyen Âge et actif jusqu'à la fin du XVIe siècle, utilisant des idées et des formes inspirées de l'Antiquité pour créer un art nouveau en rupture avec celui du Moyen Âge.

Activités

1) **Doc. 1 et 4** Expliquez pourquoi Michel-Ange est un artiste extraordinaire, selon Vasari.

2) **Doc. 2, 3 et 5** Relevez les thèmes d'inspiration de l'artiste. Montrez que ces trois œuvres nécessitent une bonne connaissance du corps humain.

3) **Doc. 2 et 3** Quelles civilisations, étudiées en 6e, influencent la manière de sculpter de Michel-Ange ? Que veut exprimer Michel-Ange à travers *La Pietà* ?

4) **Doc. 6** Pourquoi peut-on dire que Michel-Ange est à la fois artiste et mathématicien ?

◆ **Expression écrite et orale** ◆

5) **RÉCIT** **À l'aide de la fiche Zoom, décrivez une œuvre d'art de Michel-Ange de votre choix.**

J.-C. 500 1000 1500 2000

Les Médicis, mécènes de Florence

Florence est dirigée au XVe siècle par les Médicis, riche famille de marchands-banquiers devenus grands seigneurs de Toscane. Ils multiplient les commandes auprès des artistes les plus renommés, et font de Florence le berceau de la Renaissance artistique.

[Voir également le dossier sur Florence au Moyen-Âge, p. 80-81]

▶ **Comment Florence devient-elle le berceau de la Renaissance ?**

Règne des Médicis
sur Florence

1400 1434 1494 1600

1 **Florence au temps des Médicis**

La « carta della Catena », 1490, Musée Com' era, Florence.

(A) Palais des Médicis ; (B) Palais Pitti, racheté par les Médicis en 1549 ; (C) Ponte Vecchio ; (D) Palazzo Vecchio (siège des autorités communales) ; (E) cathédrale Santa Maria del Fiore (le « Duomo ») ; (F) Baptistère ; (G) Basilique San Lorenzo (tombeaux de Médicis) ; (H) Basilique San Maria Novella ; (I) Basilique San Croce.

2

BIOGRAPHIE
Laurent de Médicis, dit Laurent le Magnifique
[1449 • 1492]

Issu de la dynastie de Médicis, une très riche famille de marchands et de banquiers, il devient seigneur de Florence à l'âge de 20 ans et dirige la ville jusqu'à se mort. Grand mécène, il utilise sa richesse pour protéger des savants, des écrivains et des artistes comme Léonard de Vinci ou Botticelli. Il est lui-même poète. Il fait de sa ville la capitale intellectuelle et artistique de l'Europe de la Renaissance.

VOCABULAIRE

🔖 **Mécène** : voir p. 125.   🔖 **Renaissance** : voir p. 125.

La Naissance de Vénus par Sandro Botticelli 3

Vers 1485, peinture sur toile (1,725 x 2,785 m). Galerie des Offices, Florence.

La Vénus eut pour modèle l'amie de Julien de Médicis, l'un des trois fils de Laurent de Médicis.

4 Laurent de Médicis, un grand mécène

«Il avait rempli ses jardins de belles sculptures antiques, les allées du parc et toutes les pièces étaient garnies d'admirables statues anciennes, de peintures et d'objets, dus à la main des meilleurs maîtres qui aient jamais vécu en Italie et à l'étranger. C'était comme une école pour les jeunes peintres et les apprentis sculpteurs. Laurent favorisa toujours les beaux génies. À ceux qui, trop pauvres, n'auraient pu se consacrer à l'étude du dessin, il assurait les moyens de vivre et de se vêtir. Il accordait d'immenses récompenses à ceux qui réalisaient les meilleurs travaux. Un jour, il demanda à Domenico Ghirlandaio* s'il avait dans son atelier des jeunes gens qui fussent aptes à ce qu'il voulait. Domenico lui envoya entre autres Michel-Ange. Voyant la simplicité et l'ingéniosité de ce dernier, Laurent désira l'avoir auprès de lui.»

D'après GIORGIO VASARI, *Les Vies des plus excellents peintres, sculpteurs et architectes italiens*, vers 1550.

* Grand peintre de la Renaissance italienne (1449-1494).

Persée 5

Statue en bronze de Benvenuto Cellini, placée en 1554 devant la loggia du Palazzo Vecchio ou palais de la Seigneurie.

«Le duc (Cosme de Médicis) se tourna vers son messire Sforza, il lui dit ces mots : "Va trouver Benvenuto, et dis-lui de ma part qu'il m'a comblé beaucoup plus que je ne m'y attendais. Dis-lui aussi que je le comblerai si bien qu'il s'en émerveillera. Et dis-lui de continuer ainsi."»

D'après BENVENUTO CELLINI, *La vie*, 1567.

ZOOM socle commun · **Pour raconter la vie d'un mécène**

▶ Je précise qui est le mécène, où il vit et à quelle époque.

▶ J'explique ce qu'il fait pour les artistes.

▶ Je nomme les artistes qui travaillent pour lui.

Activités

1) **Doc. 1** Décrivez l'aspect de Florence au temps des Médicis. Quels bâtiments ont un lien direct avec les Médicis ?

2) **Doc. 2, 3 et 4** Montrez que Laurent de Médicis manifeste un grand intérêt pour l'art et les artistes et qu'il a les moyens de se comporter en mécène.

3) **Doc. 3, 4 et 5** Quel est l'avantage pour l'artiste d'avoir un mécène ?

◆ **Expression écrite et orale** ◆

4) **RÉCIT** À l'aide de la fiche Zoom, racontez l'activité de mécénat de Laurent le Magnifique à Florence.

La Renaissance artistique

A La Renaissance artistique en Italie

🔸 **À partir du XVe siècle a lieu un profond renouvellement des arts dans les villes d'Italie : c'est la Renaissance.** Les artistes italiens admirent l'art de l'Antiquité : ils veulent s'en inspirer mais aussi le dépasser.

🔸 **Pour leurs œuvres sculptées ou peintes, les artistes s'inspirent de personnages et de scènes de la Bible, des récits de la mythologie grecque et romaine.** Ils représentent aussi des paysages ou réalisent des portraits [doc. 1]. Plaçant l'Homme au centre de leurs œuvres, ils cherchent à reproduire fidèlement les formes et les proportions de son corps.

🔸 Les peintres italiens peignent sur de la toile et plus seulement sur des murs ou du bois. Ils utilisent de plus en plus la peinture à l'huile inventée aux Pays-Bas [doc. 5]. **Ils composent des tableaux en leur donnant une profondeur grâce aux règles de la perspective [doc. 4].**

🔸 **Des princes, de riches marchands et banquiers, comme les Médicis à Florence, les papes à Rome deviennent les mécènes des artistes.** Florence, Rome et Venise sont les grands foyers de la Renaissance italienne [doc. 3].

B La Renaissance, un renouveau artistique européen

🔸 Hors d'Italie [doc. 3], **les artistes des Pays-Bas et d'Allemagne font preuve d'une grande vitalité, aidés également par le mécénat.** Ils sont influencés par l'art italien mais leur style conserve une forte originalité. Les peintres flamands et allemands puisent leur inspiration dans la religion [doc. 2] et la vie quotidienne [doc. 4], plus que dans la mythologie antique.

🔸 **En France, François Ier [doc. 1], ébloui par la Renaissance italienne, attire à sa cour des artistes italiens comme Léonard de Vinci.** L'art de la Renaissance française se manifeste surtout dans l'architecture des châteaux royaux ou seigneuriaux du Val de Loire et d'Île-de-France.

François Ier, roi de France de 1515 à 1547

Portrait par le peintre français Jean Clouet, huile sur toile, 74 x 96 cm, Le Louvre, Paris.

■ Qu'est-ce qui montre l'influence de la Renaissance artistique dans ce portrait ?

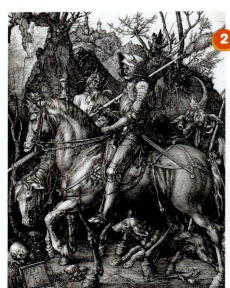

Le Chevalier, la Mort et le Diable

Gravure de l'artiste allemand Albrecht Dürer, 1513, musée de Nuremberg.

■ Pourquoi peut-on dire que cette gravure est un mélange de l'art médiéval et de l'art de la Renaissance ?

VOCABULAIRE

🔹 **Mécène** : voir p. 125.

🔹 **Peinture à l'huile** : voir p. 138.

🔹 **Perspective** : technique qui consiste à créer l'illusion de la profondeur sur la surface plane d'un tableau.

🔹 **Renaissance** : voir p. 125.

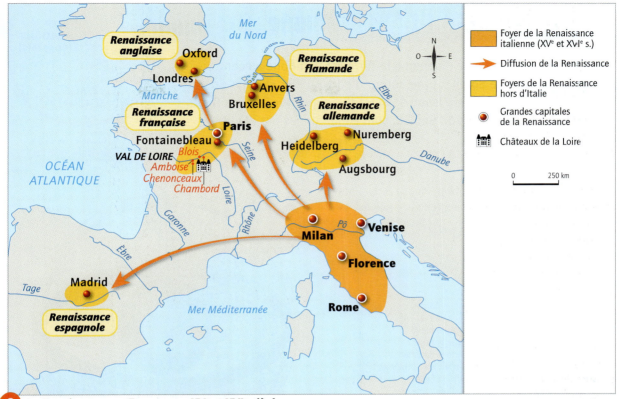

3 La Renaissance en Europe aux XVe et XVIe siècles

■ Où se situe le berceau de la Renaissance ? Montrez que ce mouvement a une ampleur européenne.

5 Le secret de la peinture à l'huile

« À cette époque, un certain Antonello, qui avait étudié longtemps le dessin à Rome, entendit parler à Naples d'un tableau à l'huile de Jean de Bruges* que possédait le roi Alphonse et qui, disait-on, résistait à l'eau et au toucher. Ayant obtenu de le voir, il fut tellement frappé par la vivacité des couleurs, par la beauté et par l'unité de cette peinture qu'il s'en alla en Flandre rencontrer Jean de Bruges. Déjà vieux, le peintre voulut bien lui dévoiler son secret. »

D'après GIORGIO VASARI, *Vies des plus grands peintres, sculpteurs et architectes italiens*, 1550.

*Il s'agit en fait de Rogier van der Weyden (1399-1464) contemporain de Jan Van Eyck (1390-1441), considéré comme « l'inventeur » de la peinture à l'huile.

4 Les moissonneurs

Huile sur bois de Pieter Bruegel l'Ancien, 1565, The metropolitan Museum of Art, New York.

Le tableau appartient à la série des peintures illustrant les mois, chacun dominé par une couleur ou une combinaison de couleurs.

■ Comment Bruegel l'Ancien donne-t-il de la profondeur au tableau ?

■ Où la peinture à l'huile a-t-elle été inventée ?

Copernic et Galilée

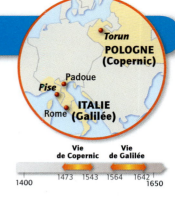

Torun
**POLOGNE
(Copernic)**

Padoue

Pise

**ITALIE
(Galilée)**

Rome

Depuis l'Antiquité, domine l'idée que la Terre est immobile au centre de l'Univers et que le Soleil tourne autour d'elle. Au XVIe siècle, Copernic remet en cause cette théorie issue de la tradition grecque et de la Bible. Ses idées, ainsi que celles de Galilée, sont condamnées par l'Église.

Vie de Copernic	Vie de Galilée

1400   1473   1543   1564   1642   1650

▶ **Qu'est-ce que la « révolution copernicienne » ?**

1

BIOGRAPHIE

Nicolas Copernic
[1473 • 1543]

Nicolas Copernic est un astronome polonais. Il effectue ses études universitaires en Pologne et en Italie. Ses recherches en astronomie le conduisent à tirer la conclusion que la Terre et les autres planètes tournent autour du Soleil. Il s'oppose ainsi aux théories du savant grec Ptolémée énoncées au IIe siècle et admises par l'Église selon lesquelles la Terre, et donc l'humanité, est le centre de l'Univers. Prudent, Copernic repousse la publication de son livre, *De la révolution des orbes célestes*, aux derniers instants de sa vie.

2 L'héliocentrisme

«Après de longues recherches, je me suis enfin convaincu: que le Soleil est une étoile fixe, entourée de planètes qui tournent autour d'elle et dont elle est le centre et le flambeau; le Soleil demeurant immobile, tout ce qui apparaît être un mouvement du Soleil est en vérité plutôt un mouvement de la Terre; que tous les phénomènes des mouvements diurnes et annuels, le retour périodique des saisons, sont les résultats de la rotation de la Terre autour de son axe et de son mouvement autour du Soleil.

Bien que toutes ces choses soient presque impensables, et assurément contraires à l'opinion de la multitude, néanmoins, nous les clarifierons, du moins pour ceux qui n'ignorent pas les mathématiques.»

NICOLAS COPERNIC,
De la révolution des orbes célestes, 1543.

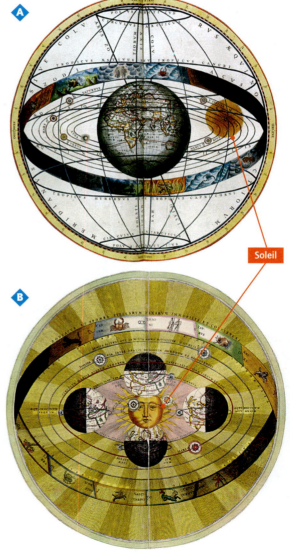

A

Soleil

B

3 Les systèmes de Ptolémée (A) et de Copernic (B)

Extrait de l'Atlas céleste d'Andreas Cellarius, XVIIe siècle, BNF, Paris.

4

BIOGRAPHIE

Galilée
[1564 • 1642]

Né à Pise, il étudie la philosophie et les mathématiques. Professeur et chercheur à Padoue, il fait de nombreuses découvertes en physique, en optique et en astronomie en se fondant sur l'observation. En 1609, il perfectionne la lunette astronomique [voir p. 133] et s'en sert pour observer les planètes. Il découvre les satellites de Jupiter et l'anneau de Saturne. Ses observations de la Lune et du Soleil le rallient à la théorie de Copernic. En 1632, son livre sur l'héliocentrisme est interdit par l'Église. Galilée est obligé de reconnaître que ses idées sont fausses.

5 | Galilée, sur les traces de Copernic

A/ Un défenseur prudent du savant polonais
« Depuis plusieurs années déjà, je me suis converti à la doctrine de Copernic, grâce à laquelle j'ai découvert les causes d'un grand nombre d'effets naturels. J'ai écrit sur cette matière bien des raisonnements que jusqu'à présent je n'ai pas osé publier, épouvanté par le sort de Copernic lui-même, notre maître ; s'il s'est assuré une gloire immortelle auprès de quelques-uns, il s'est exposé aussi – tant est grand le nombre des sots – à la dérision et au mépris de beaucoup d'autres. »

Lettre de Galilée à Johann Kepler*, 1597.

B/ L'abjuration de Galilée
« Après que le Saint-Office** m'a notifié l'ordre de ne plus croire à l'opinion fausse que le Soleil est le centre du monde et immobile et que la Terre n'est pas le centre du monde et qu'elle se meut ; après avoir été notifié que la dite doctrine était contraire à la Sainte Écriture ; parce que j'ai écrit et fait imprimer un livre dans lequel j'expose cette doctrine condamnée, j'abjure et je maudis d'un cœur sincère et avec une foi non simulée les erreurs et hérésies susdites. »

Actes du procès de Galilée, 22 juin 1633.

* Astronome allemand partisan du système de Copernic.
** Tribunal créé par le pape en 1542 et succédant à l'Inquisition du Moyen Âge.

VOCABULAIRE

▪ **Héliocentrisme** : description du système solaire qui fait du Soleil l'astre autour duquel tournent les planètes (contraire : géocentrisme).

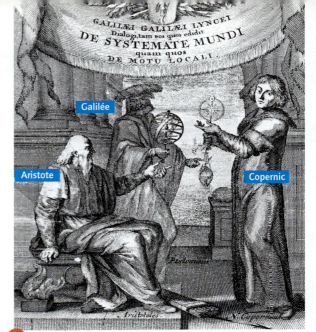

6 | *Dialogue sur les deux grands systèmes du monde*

Gravure de l'édition de 1700.

L'ouvrage est écrit par Galilée sur la demande du pape Urbain VIII et publié en 1632.

ZOOM socle commun

Pour raconter et expliquer un débat scientifique

▶ Je présente l'idée nouvelle et son auteur.

▶ J'indique à quelle opinion contraire le savant s'oppose.

▶ J'évoque les difficultés qu'il rencontre pour faire accepter sa théorie.

Activités

1) **Doc. 2, 3 et 6** Présentez la théorie héritée de l'Antiquité concernant l'organisation de l'Univers. Expliquez pourquoi et comment la théorie de Copernic révolutionne la pensée scientifique.

2) **Doc. 1** Pourquoi, selon vous, Copernic attend-il la fin de sa vie pour rendre publique sa théorie ?

3) **Doc. 4 et 5** Comment Galilée observe-t-il les planètes ? À quelles difficultés se heurte-t-il pour faire admettre les idées héliocentriques ? Quelle institution l'oblige-t-il à abjurer ?

◆ **Expression écrite et orale** ◆

4) À l'aide de la fiche Zoom ci-dessus, racontez le débat sur la « révolution copernicienne » aux XVIe et XVIIe siècles.

La révolution de la pensée scientifique, XVIᵉ- XVIIᵉ siècles

A Mieux connaître l'Homme et le monde

● **L'humanisme, qui pousse à la curiosité intellectuelle et à l'esprit critique, commence à bouleverser le paysage scientifique à partir du XVIᵉ siècle en Europe.** Quelques hommes de science cherchent ainsi à mieux comprendre le monde qui les entoure.

● **Grâce à l'étude d'anciens ouvrages grecs et arabes, les mathématiques ou la géométrie font de grands progrès** [doc. 3]. La remise en cause de théories anciennes permet aussi le renouvellement de la médecine par le Flamand Vésale [doc. 4]. L'Italien Léonard de Vinci, en tant que savant, s'intéresse à la mécanique et imagine des « machines » [doc. 2] dont le principe est toujours en usage.

● **Mais c'est l'astronomie qui révolutionne le plus la vision du monde grâce au Polonais Copernic, au XVIᵉ siècle, puis grâce à l'Italien Galilée, au XVIIᵉ siècle.** Ces savants cherchent à comprendre la nature à partir de l'observation [doc. 5] et selon des règles mathématiques [doc. 1]. Tous deux expliquent l'organisation de l'Univers par l'**héliocentrisme**.

B Une révolution scientifique ?

● **Les idées nouvelles se diffusent grâce à l'imprimerie**, que l'Allemand Gutenberg perfectionne au milieu du XVᵉ siècle, et grâce aux échanges qu'entretiennent les savants par delà les frontières. Au XVIIᵉ siècle, naissent les premières **académies** scientifiques, comme l'Académie royale des sciences en France, en 1666.

● **Mais cet essor des sciences reste inachevé. De nombreuses disciplines, comme la chimie ou la biologie, progressent peu.** De même, les savants subissent parfois la **censure** de l'Église quand celle-ci estime que la religion est mise en danger par leurs découvertes (procès de Galilée). Aux XVIᵉ et XVIIᵉ siècles, la majorité des Européens ne partage pas encore les nouvelles conceptions des hommes de science.

---

1 La naissance de la méthode scientifique

«Mes idées sont nées de la pure et simple expérience qui est la vraie maîtresse, la seule interprète de la nature. Il faut donc la consulter toujours et la varier de mille façons. Aucune investigation humaine ne peut s'appeler véritable science si elle ne passe par des démonstrations mathématiques. Ceux qui s'adonnent à la pratique sans science sont comme le navigateur qui monte sur un navire sans gouvernail ni boussole. Toujours la pratique doit être édifiée sur la bonne théorie. La science est le capitaine, la pratique est le soldat.»

LÉONARD DE VINCI (1452-1519), *Carnets*, XVIᵉ siècle

■ **Sur quoi repose la méthode scientifique ?**

2 Le dessin d'une «invention» de Léonard de Vinci : la vis aérienne, esquisse d'un hélicoptère

Détail d'une feuille d'esquisses, Carnets de 1487-1490, *Paris, Institut de France.*

■ **Comment Léonard de Vinci imagine-t-il le fonctionnement de cette «vis aérienne»?**

VOCABULAIRE

🔖 **Académie** : assemblée de savants, de gens de lettres ou d'artistes.

🔖 **Censure** : contrôle des publications par une autorité politique ou religieuse.

🔖 **Héliocentrisme** : voir p. 131.

🔖 **Humanisme** : aux XVᵉ et XVIᵉ siècles, courant de pensée qui influence savants et écrivains plaçant l'Homme au centre de leur réflexion.

🔖 **Imprimerie** : ensemble des techniques permettant la reproduction d'un texte par l'impression de caractères.

3 Le mathématicien italien Fra Luca Pacioli

Huile sur toile de Jacopo de Barbari (1440-1516), 1495, musée de Capodimonte, Naples.
Luca Pacioli pose avec son élève, le duc d'Urbino.

■ **Dans quel domaine ce savant fait-il ses recherches ?**

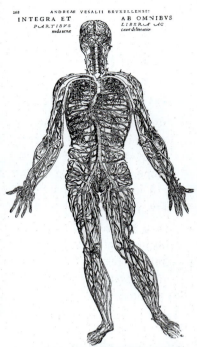

4 Planche anatomique du médecin flamand André Vésale (1514-1564)

Gravure du XVIe siècle, tirée de son ouvrage majeur, De corporis fabrica.

■ **De quel progrès témoigne ce document ?**

5 Premières lunettes astronomiques de Galilée

Vers 1610, musée de l'Histoire des sciences, Florence.

■ **À quoi sert une lunette astronomique ?**

6 Les progrès scientifiques

Date	Progrès
1543	L'astronome polonais **Copernic** prouve que la Terre tourne autour du Soleil. Le médecin flamand **Vésale** publie un livre d'anatomie, élaboré à la suite de dissections du corps humain.
1595 (vers)	L'opticien hollandais **Jansen** invente le premier microscope.
1609	L'astronome italien **Galilée** invente la première lunette astronomique.
1628	Le médecin anglais **Harvey** découvre la circulation sanguine.
1642	Le mathématicien et physicien français **Pascal** met au point une machine à calculer.
1643	Le physicien italien **Torricelli** mesure la pression atmosphérique.
1661	Le physicien et chimiste irlandais **Boyle** découvre la dilatation des gaz.
1672	L'astronome et physicien anglais **Newton** invente le premier télescope.
1687	**Newton** découvre l'attraction universelle.

■ **Choisissez une découverte ou une invention et expliquez pourquoi elle renouvelle la vision de l'Homme ou du monde.**

1 Mettre en relation deux documents

La Renaissance en France

La galerie François Iᵉʳ du château de Fontainebleau. La galerie est longue de 60 mètres et large de 6 mètres. Sa décoration a été réalisée entre 1534 et 1539 par le Rosso et le Primatice, deux artistes italiens.

1 Qui est le mécène et qui sont les deux artistes ayant travaillé pour lui ?

2 Relevez la phrase du texte évoquant le lieu photographié ci-dessus.

2 Le Rosso à Fontainebleau

«Le Rosso, peintre florentin, vint en France. Ayant peint plusieurs tableaux, il les offrit à François Iᵉʳ à qui ils plurent beaucoup. François Iᵉʳ lui donna aussitôt une pension et une maison à Paris que le Rosso habita peu car il demeura le plus souvent à Fontainebleau. Il fut bientôt nommé responsable des bâtiments, des peintures et de tous les embellissements du château. Il construisit d'abord une galerie qu'il recouvrit non pas d'une voûte mais d'un plafond composé de panneaux de bois magnifiquement disposés. Le Rosso peignit aussi une autre salle appelée le Pavillon où il mit de riches ornements en stuc, des statues, des animaux. Il y peignit aussi des fresques des divinités antiques.»

D'après GIORGIO VASARI, *Les Vies des plus excellents peintres, sculpteurs et architectes italiens*, vers 1550.

2 Comprendre un texte

La Renaissance et l'Antiquité

Retrouver les techniques de l'Antiquité

«Tout en regardant les sculptures, Brunelleschi*, architecte, remarqua aussi le mode de construction des anciens. En voyant tant de merveilles et de beautés, il se mit en tête de retrouver la manière antique de construire dans son excellence, son ingéniosité, ses proportions. Pendant son séjour à Rome, avec le sculpteur Donatello, ils faisaient ensemble des relevés de presque tous les édifices de Rome, avec les mesures de la largeur et de la hauteur. En maints endroits, là où apparaissaient quelques vestiges, ils faisaient creuser pour retrouver des œuvres d'art ou des édifices ; ils y employaient des ouvriers au prix de dépenses considérables.»

D'après ANTONIO MANETTI, *Vie de Brunelleschi*, 1480.

* Brunelleschi (1377-1446) est l'architecte de la coupole de la cathédrale Santa Maria del Fiore à Florence.

1 Expliquez pour quelles raisons Brunelleschi admire l'art de l'Antiquité.

2 Dans quelle ville fait-il ses recherches, et comment s'y prend-il ?

3 RÉCIT **Raconter la vie d'un artiste et d'un savant**

Léonard de Vinci

BIOGRAPHIE

Léonard de Vinci
[né à Vinci (près de Florence, Italie) en 1452 •
mort à Amboise (France) en 1519]

FORMATION
À 16 ans, il est apprenti dans un grand atelier d'art (peinture, sculpture)
de Florence. Attiré aussi par les mathématiques, la musique et la poésie.

CARRIÈRE
1481 : entre, pour dix-sept ans, au service du duc de Milan Ludovic Sforza
comme peintre, sculpteur, ingénieur et musicien.
1499 : employé comme ingénieur militaire à Venise.
1500-1515 : séjours à Rome (au service du pape et des Médicis), à Florence,
à Milan. Diversifie ses compétences : géométrie, anatomie, mécanique,
hydraulique, architecture, urbanisme.
1516 : entre au service du roi de France François 1er au château d'Amboise.

DEUX ŒUVRES ARTISTIQUES MAJEURES
La Cène, fresque réalisée à Milan (1495-1498).
La Joconde, tableau (1503-1519).

DEUX «INVENTIONS»
Il imagine et dessine : un char d'assaut, un hélicoptère.

1 Citez les domaines dans lesquels Léonard
de Vinci a des compétences.

2 Qui furent les principaux mécènes de l'artiste
et du savant durant sa vie ?

3 Pourquoi, selon vous, *La Joconde* est-elle
considérée comme une œuvre majeure de
Léonard de Vinci ?

2
La Joconde
Peinture à l'huile sur bois,
1503-1519, 77 cm x 52 cm,
musée du Louvre, Paris.
Le portrait fut
probablement peint à
Florence. Il s'agirait
du portrait de Lisa
Gherardini, épouse de
Francesco del Giocondo,
marchand d'étoffes, dont le
nom féminisé lui valut le
«surnom» de Gioconda,
francisé en «Joconde».

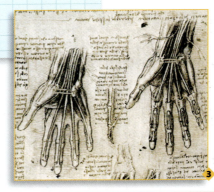

3
**Études anatomiques
des mains
par Léonard de Vinci.**

4 B2i **Analyser une image**

Une gravure médicale

[Compétence B2i : **3.3** Regrouper dans un même
document plusieurs éléments]

1 Rendez-vous à l'adresse indiquée. Collez l'image dans un document,
donnez lui un titre et datez-la.

2 Cliquez sur l'onglet «analyse» puis sur le lien consacré à Galien
et Vésale. Trouvez les détails de la gravure qui évoquent la médecine.

3 Quel personnage pratique la dissection ? Racontez son histoire
en quelques lignes, à partir de vos recherches.

◄ **www.bium.univ-paris5.fr/expo/image014/image.htm**

1 Se repérer dans l'espace et dans le temps

Les grands foyers de la Renaissance

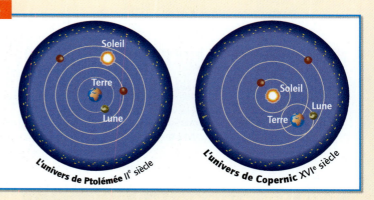

1. Complétez le titre de la carte.

2. Nommez les grands foyers de la Renaissance artistique (A, B, C, D).

3. Quelles grandes capitales de la Renaissance correspondent aux numéros 1, 2 et 3 ?

4. Que veut désigner le château dessiné sur la carte à cet endroit ?

La Renaissance en Europe (............° – ....° siècles)

2 Comprendre le système solaire

L'univers vu par Ptolémée et par Nicolas Copernic

1. Quel système place la Terre au centre de l'Univers ?

2. Pourquoi le système de Copernic est-il révolutionnaire ?

3. Quels sont les éléments présents dans les deux systèmes ?

L'univers de Ptolémée II° siècle

L'univers de Copernic XVI° siècle

3 Classer le vocabulaire du chapitre

▶ Classez les mots suivants selon leur domaine d'appartenance.
Attention : un mot peut être relié à plusieurs domaines.

Astronomie	Mathématiques	Techniques	Peinture

Renaissance

Peinture à l'huile

Perspective

Mécène

Académie

Héliocentrisme

Imprimerie

Fresques

Le château de Chambord

[Grand domaine artistique : «arts de l'espace», architecture]

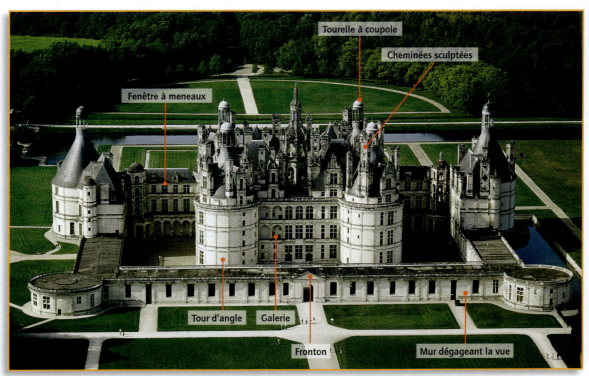

- Tourelle à coupole
- Cheminées sculptées
- Fenêtre à meneaux
- Tour d'angle
- Galerie
- Fronton
- Mur dégageant la vue

Une résidence royale

■ De 1519 à 1547, François Ier fait construire un somptueux château dans la vallée de la Loire, à proximité de Blois où le roi de France séjourne régulièrement. Situé au cœur d'une vaste forêt, le château est d'abord destiné à accueillir François Ier et sa cour lorsque le roi veut s'adonner à son loisir préféré, la chasse.

Arts, continuité et rupture

■ L'architecture de l'édifice reste encore proche de celle des châteaux du Moyen Âge, avec un corps central carré, appelé donjon, et des tours d'angle. Mais l'influence de la Renaissance italienne se fait nettement sentir dans les formes, la symétrie et le décor. De nombreuses et larges fenêtres à meneaux laissent rentrer la lumière. Les sculptures ornementales sont abondantes, en particulier dans les parties hautes, où elles évoquent la forme d'une couronne royale.

VOCABULAIRE

▲ **Meneau** : un montant fixe en bois, en pierre ou en fer qui divise une fenêtre en compartiments.

Le saviez-vous ?

● Le château en chiffres : 156 m de façade, 440 pièces, 84 escaliers, 365 cheminées.

● 1 800 ouvriers ont travaillé à la construction de Chambord. Beaucoup moururent de la fièvre lors du chantier, Chambord étant situé sur un marécage.

● Le nom de l'architecte demeure à ce jour une énigme. Léonard de Vinci a sans doute participé à l'élaboration des plans.

1 Relevez les éléments qui dans l'architecture du château rappellent le Moyen Âge.

2 Indiquez les éléments montrant une influence de la Renaissance italienne.

3 De quoi témoigne ce château à propos du roi François 1er ?

J.-C. 500 1000 1500 2000

Du Moyen Âge à la Renaissance

Une peinture du XIIIᵉ siècle

🔹 **Peinture a tempera** : peinture constituée d'un mélange de matière colorante (pigments en poudre), d'eau et de jaune d'œuf, qui sert de liant.

🔹 **Peinture à l'huile** : peinture constituée d'un mélange de matière colorante et d'huile végétale (huile de lin) ou minérale. Ce procédé est utilisé par les peintres flamands à partir de la fin du XVᵉ siècle.

🔹 **Retable** : tableau peint et décoré que l'on place verticalement derrière un autel dans une église.

Le fond et les auréoles sont dorés à la feuille d'or.

Tous les personnages regardent le spectateur.

Jésus fait le geste de la bénédiction.

Le trône de Marie.

La Vierge et l'Enfant en majesté entourés de six anges, par Cimabue (1240-1302), peintre italien

Peinture sur bois a tempera (H : 4,27 m ; L : 2,8o m). Retable de l'église San Francesco de Pise, vers 1280. Musée du Louvre, Paris.

La peinture du Moyen Âge

Au Moyen Âge, le peintre place le sacré au centre de son œuvre. En effet, ce qu'il crée est destiné à devenir un objet de vénération et non pas de décoration. Placé dans une église, ce grand tableau doit être vu de loin par les fidèles. Il exprime l'idée que l'on se fait alors du monde divin. Le fond d'or traduit une influence des icônes de l'art byzantin.

▶ Comparer deux peintures

Une peinture du XVIᵉ siècle

Présence d'un paysage.

Visages expressifs.

La peinture de la Renaissance

Dans le tableau de Raphaël, le sacré est toujours présent mais les personnages sont humanisés et placés dans un paysage. Par des gestes et des regards, ils expriment des sentiments. Raphaël tire parti de deux grandes innovations de la Renaissance : la perspective, qui donne de la profondeur au tableau, et la peinture à l'huile qui produit des effets picturaux nouveaux.

Personnages qui ont du relief.

Personnages en mouvement.

La Vierge à l'Enfant et le petit saint Jean-Baptiste, par Raphaël (1483-1520)

Peinture à l'huile sur bois (H : 1,22 m ; L : 0,80 m). Musée du Louvre, Paris. 1507-1508.
Dans les Évangiles, Jean-Baptiste est le cousin de Jésus, à peine plus âgé que lui.
Il annonce la venue du Messie et baptise Jésus sur les bords du Jourdain.

Activité

▶ Recopiez le tableau ci-dessous et complétez-le en comparant les deux œuvres.

	Œuvre de Cimabue	Œuvre de Raphaël
Titre		
Auteur		
Date		
Support, technique et dimensions		
Description des personnages (nombre, disposition, attitudes et visages)		
Description du décor		
Couleurs dominantes		
Y a-t-il une profondeur ?		

Chapitre 9

La crise religieuse du XVIe siècle

Comment l'unité du christianisme occidental est-elle remise en cause au XVIe siècle ?

Un lieu au cœur des crises religieuses du XVIe siècle : la basilique Saint-Pierre de Rome. En 1506, le pape Jules II décide de reconstruire la basilique et fait appel à la générosité des fidèles pour financer son projet. La collecte des dons donne lieu à des abus [Voir doc. 1, p. 146]. L'édification de Saint-Pierre-de-Rome s'achève en 1626.

■ Pourquoi ce lieu symbolise-t-il la puissance du pape et de l'Église catholique ?

1500   1550   1600   1650

SIÈCLE DES RÉFORMES RELIGIEUSES ET DES GUERRES DE RELIGION

Protestation de Luther

Calvin à Genève

Violences religieuses

Guerre de Trente ans (1618-1648)

Concile de Trente (1545-1563)

1517

1541

La chrétienté d'Occident divisée (milieu du XVIᵉ siècle).

Espaces devenus protestants   ● Foyer des réformes protestantes

Espaces demeurés catholiques   ● Foyer des réformes catholiques

Martin Luther (1483-1546) prêchant

Détail d'une peinture sur bois de Lucas Cranach dit l'Ancien, 1547. Temple de Saint-Marien, Wittenberg (Allemagne).

En 1517, ce moine allemand affiche aux portes d'une église de Wittenberg, en Allemagne, plusieurs dizaines de critiques qu'il adresse au pape, dont la vente des indulgences, scandaleuse à ses yeux.
Exclu de l'Église catholique, il fonde la première Église protestante.

■ **Selon vous, quel livre, posé devant lui, inspire Luther pour prêcher ?**

Calvin fonde l'Église réformée

Le Français Jean Calvin, exilé à Genève après sa rupture avec Rome, entreprend la mise en place d'une nouvelle Église à partir de 1541. Sa réforme repose sur le rejet de l'autorité du pape et sur le seul message des Évangiles.

▶ **Sur quels principes est fondée l'Église réformée de Calvin ?**

Vie de Calvin

Rupture avec Rome 1533 *Arrivée à Genève* 1541

1500 1509 1564 1600

1

BIOGRAPHIE

Jean Calvin
[1509 • 1564]

Né à Noyon en Picardie, dans une famille catholique, il se destine à une carrière de spécialiste du droit. Il est attiré par les idées du protestant allemand Luther. Il adhère définitivement au protestantisme vers 1533-1534. Obligé de s'exiler pour échapper aux persécutions religieuses, il s'établit à Genève en 1541. Il y crée une Église réformée, fondée sur la doctrine qu'il élabore. La religion de Calvin, ou religion calviniste, se répand en Écosse, aux Pays-Bas et en France.

2 **La doctrine de Calvin**

Sur la prédestination

«Nous appelons *prédestination* la volonté éternelle de Dieu par laquelle il a déterminé ce qu'il voulait faire de chaque homme. Car il ordonne les uns à la vie éternelle, les autres à l'éternelle damnation. Si on demande pourquoi Dieu a pitié d'une partie et pourquoi il laisse l'autre, il n'y a pas d'autre réponse, sinon qu'il lui plaît ainsi.»

D'après JEAN CALVIN, *Institution de la vie chrétienne*, 1536.

Les Écritures et les sacrements

«Nous croyons que la Parole contenue dans les Écritures saintes contient tout ce qui est nécessaire pour le service de Dieu et de notre salut. Puisque Jésus-Christ nous a été donné pour seul avocat et nous a ordonné de nous adresser directement à son Père en son nom, nous croyons que tout ce que les hommes ont inventé quant à l'intercession* des saints n'est que ruse de Satan pour les détourner de la manière de bien prier. Nous rejetons aussi tous les autres moyens par lesquels les hommes croient pouvoir se racheter envers Dieu, comme les pèlerinages, la confession, les indulgences. Nous ne pratiquons que deux sacrements, le baptême et la sainte Cène, témoignages de notre union avec Jésus-Christ.»

D'après *La Confession de La Rochelle*, adoptée par les Églises calvinistes de France en 1559.

* intervention en faveur de quelqu'un.

Calvin dans son cabinet de travail
Peinture anonyme du XVIIe siècle, Paris.

«Ma messe, la voici ! c'est la Bible, et je n'en veux pas d'autre !» (au cours d'une réunion en 1534).

VOCABULAIRE

- **Église réformée** : nom donné à l'Église née de la Réforme de Calvin.
- **Indulgence** : dans l'Église catholique, pardon des péchés accordé en échange d'une somme d'argent.
- **Pasteur** : ministre du culte protestant.
- **Temple** : lieu de culte des protestants.

3 Calvin veut faire de Genève la cité des saints

«Chacun est tenu de venir les dimanches entendre la parole de Dieu.

Nul ne doit jurer ni blasphémer au nom de Dieu, et ce sous peine, la première fois, d'embrasser le sol, la seconde fois d'embrasser le sol et de devoir trois sous, la troisième fois d'être mis en prison trois jours.

Que personne ne joue de l'or ou de l'argent.

Qu'aucun aubergiste ne donne à personne à manger ni à boire pendant le prêche du dimanche.

Que personne ne danse, sauf lors des mariages, ne chante de chansons malhonnêtes, ne se déguise ou ne porte des masques, et ce sous peine d'une amende de 60 sous et de trois jours de prison au pain et à l'eau.

Que chacun soit tenu de dénoncer ceux ou celles qu'il verra ne pas obéir à l'ensemble de ces articles.»

D'après CALVIN, *Ordonnances sur les mœurs*, Genève, 1541.

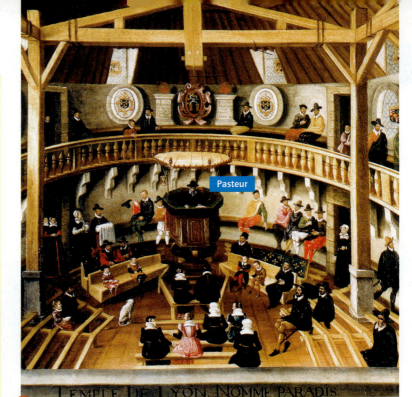

Pasteur

5 Le temple calviniste de Lyon vers 1565

Huile sur bois, XVIe siècle, bibliothèque universitaire et publique de Genève.

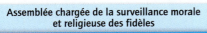

Assemblée chargée de la surveillance morale et religieuse des fidèles

contrôle

constituent | constituent | constituent

président les offices au temple et donnent les deux sacrements: baptême, communion | **interprètent les Écritures saintes (seules sources de la foi selon Calvin)** | **assistent les pauvres et les malades**

LES PASTEURS | **LES DOCTEURS** | **LES DIACRES**

élit

COMMUNAUTÉ DES FIDÈLES

4 L'organisation de l'Église calviniste de Genève

ZOOM socle commun

Pour décrire et raconter le rôle d'un personnage religieux

▶ J'indique les origines du personnage.

▶ J'explique les idées nouvelles qu'il propose.

▶ Je cite les conséquences de son action ou ses réalisations.

Activités

1) **Doc. 1 et 2** Expliquez comment Calvin est en rupture avec la doctrine de l'Église catholique sur la question du salut (voir lexique).

2) **Doc. 4** Montrez que l'Église calviniste n'est pas organisée de la même manière que l'Église catholique.

3) **Doc. 3 et 4** Démontrez que le calvinisme est plus qu'une doctrine religieuse. Qui surveille les fidèles?

4) **Doc. 5** Comment le temple protestant se distingue-t-il d'une église catholique?

◆ Expression écrite et orale ◆

5) **RÉCIT** À l'aide de la fiche Zoom, présentez en quelques phrases le rôle religieux de Jean Calvin au XVIe siècle.

Le concile de Trente

En 1545, face à la diffusion du protestantisme, le pape Paul III réunit un concile dans la ville de Trente, en Italie. La réunion des évêques de la Chrétienté romaine dure jusqu'en 1563.

▶ **Que propose le concile de Trente pour réformer l'Église catholique ?**

Concile de Trente

1500 — 1545 1563 — 1600

1 Le pape Paul III convoque le concile

«Nous aurions fort souhaité qu'il n'y eût qu'une seule bergerie et qu'un seul pasteur du troupeau du Seigneur. Mais au commencement de notre pontificat (1534), la sainte unité de la Chrétienté se trouvait déchirée et presque mise en pièces par les schismes et par les hérésies. Appelés au gouvernement de l'Église au milieu d'une si grande tempête, nous nous sommes rappelés que nos prédécesseurs avaient souvent eu recours aux assemblées générales des évêques, comme à un remède excellent. C'est pourquoi nous avons convoqué un concile.»

D'après la *bulle papale* de convocation du Concile de Trente, 1542.

Le déroulement des travaux lors du concile de Trente. *Dessin à la plume et à l'aquarelle, Hollande, vers 1560.* Ouvert en 1545, le concile se déroule sous l'autorité de cinq papes différents jusqu'en 1563.

2 Les grandes décisions du concile de Trente

■ **Le concile réaffirme les principes contestés par les protestants :**

1. Le pape est le chef suprême de l'Église.
2. La messe doit être célébrée par un prêtre et en latin.
3. Seuls les prêtres peuvent commenter la Bible, qui doit rester en latin.
4. Il y a sept sacrements.
5. Le culte de la Vierge et des saints est légitime.
6. Les dons à l'Église, les achats d'indulgences, les pèlerinages aident le chrétien à aller au paradis.

■ **Le concile améliore l'organisation du clergé :**

7. Les prêtres doivent vivre parmi les fidèles mais se distinguer par le port d'une soutane et rester célibataires.
8. Ils doivent recevoir une formation religieuse dans des séminaires (un par diocèse).
9. Les évêques doivent mener une vie simple et contrôler les prêtres.

■ **Le concile organise l'instruction des fidèles :**

10. Un missel (livre de messe) est rédigé par le pape Pie V avec le texte des principales prières.
11. Les prêtres doivent enseigner le catéchisme aux enfants.
12. Les enfants doivent suivre un enseignement religieux : le catéchisme.

3 Les cérémonies religieuses et les images

«L'Église a introduit les cérémonies, les lumières, les encensements*, les ornements pour – par ces signes visibles de religion – exciter les esprits des fidèles à la contemplation des choses sublimes qui sont cachées dans le sacrifice de la messe. On doit avoir et conserver principalement dans les églises, les images de Jésus-Christ, de la Vierge mère de Dieu, et des autres saints. Par le moyen des images devant lesquelles nous nous prosternons, nous adorons Jésus-Christ et vénérons les saints dont elles portent la ressemblance.»

D'après un décret
du concile de Trente.

* Fait de brûler de l'encens.

Une église de la réforme catholique : l'église du Gésu (Jésus) à Rome 4

Construite à partir de 1568, elle est l'église-mère de la Compagnie de Jésus (les Jésuites), fondée en 1537 par Ignace de Loyola, qui se donne pour mission de combattre la religion protestante et de diffuser la religion catholique.

VOCABULAIRE

- **Concile** : assemblée d'évêques réunis par le pape pour discuter de questions religieuses.
- **Hérésies** : idées religieuses jugées contraires au dogme par l'Église catholique.

ZOOM
socle commun

Pour expliquer la portée d'un événement

▶ Je précise les conditions dans lesquelles se déroule l'événement.

▶ J'explique le déroulement de l'événement.

▶ J'analyse les résultats et les conséquences de l'événement.

Activités

1) **Doc. 1** Expliquez pourquoi le pape juge nécessaire de réunir un concile.

2) **Doc. 2** Dans un tableau à 3 colonnes, classer les décisions (relevez les numéros) :
   – qui visent à faire cesser les critiques contre l'Église catholique ;
   – qui réaffirment le rôle du clergé ;
   – qui donnent aux fidèles une meilleure formation religieuse.

3) **Doc. 3 et 4** Comment les recommandations du concile de Trente sur le décor des églises sont-elles appliquées dans l'église du Gésu ?

◆ Expression écrite et orale ◆

4) **À l'aide de la fiche Zoom, expliquez la portée d'un événement comme le concile de Trente.**

Le siècle des Réformes religieuses

A La remise en cause de l'unité de l'Église

🔸 **Les catastrophes de la fin du Moyen Âge (épidémies, famines, guerres) alimentent chez les chrétiens une inquiétude religieuse à laquelle l'Église n'apporte pas de réponse satisfaisante.** Les curés sont souvent jugés ignorants et sans morale. Les évêques sont critiqués pour leur train de vie princier. Au début du XVIᵉ siècle, le pape Léon X, qui a besoin d'argent pour faire construire la basilique Saint-Pierre-à-Rome, fait vendre des **indulgences** [doc. 1].

🔸 En 1517, un moine allemand, **Martin Luther, dénonce ces abus. Excommunié par le pape, il crée une nouvelle Église chrétienne : c'est le début de la Réforme protestante** [doc. 2]. **En 1541, à Genève, Calvin crée une autre Église réformée.** En Angleterre s'affirme une Église anglicane, à la suite du conflit entre le roi Henri VIII et le pape [doc. 3].

B Protestants et catholiques

🔸 Les Églises protestantes, luthérienne ou calviniste, se distinguent de l'Église catholique sur le plan du **dogme**, des pratiques religieuses et de l'organisation [doc. 4]. **L'Église calviniste exige des fidèles une morale et des règles de vie très strictes.**

🔸 Menacée par la Réforme protestante, Église catholique réagit. **De 1545 à 1563, se réunit à Trente, en Italie, un grand concile qui réaffirme le dogme et les pratiques catholiques ainsi que l'autorité du pape.** Le concile veut aussi restaurer la discipline du clergé, améliorer la formation des prêtres et l'instruction religieuse des fidèles. Ces derniers doivent être émerveillés par le décor des églises er l'éclat des cérémonies. L'ordre des Jésuites se consacre à l'enseignement et à la prédication.

🔸 **Au XVIᵉ siècle, catholiques et protestants s'affrontent lors de guerres de religion dans plusieurs pays d'Europe,** comme la France ou les Pays-Bas [doc. 5]. De 1618 à 1648, la guerre de Trente Ans oppose les États protestants et États catholiques du Saint Empire.

1 La vente des indulgences

Détail de La vraie et la fausse Église, *bois gravé en couleurs, par Lucas Cranach l'Ancien, vers 1545.* Sur le parchemin tendu par le pape, on peut lire : « Sitôt que le sou résonne, l'âme va au ciel ».

■ **Quel reproche est-il fait à l'Église catholique ?**

2 Les idées de Luther

Sur le salut
« La foi suffit à un chrétien pour assurer son salut. Il n'a besoin d'aucune œuvre. »

D'après LUTHER, *De la liberté du chrétien*, 1520.

Sur les Écritures saintes
« Le vrai trésor de l'Église, c'est le saint Évangile. »

LUTHER, extrait des *95 thèses*, 1517.

« Dans ma traduction de la Bible, je me suis efforcé de parler un allemand intelligible. »

À propos de sa traduction de la Bible en 1522.

■ **Par quelle affirmation Luther s'oppose-t-il au dogme catholique ?**

VOCABULAIRE
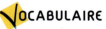

- **Concile** : voir p. 145.
- **Dogme** : ensemble de croyances religieuses considérées comme des vérités incontestables.
- **Église anglicane** : Église protestante d'Angleterre.
- **Indulgence** : voir p. 142.
- **Jésuites** : membres de la Compagnie de Jésus, ordre religieux fondé en 1537 par Ignace de Loyola.
- **Prédication** : action de prêcher, d'enseigner une religion.
- **Réforme protestante** : mouvement de critique de l'Église qui débouche sur la création de nouvelles Églises chrétiennes au XVIᵉ siècle.

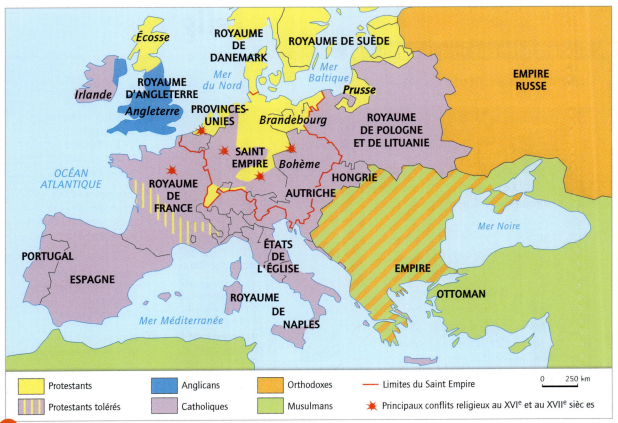

Écosse
ROYAUME DE DANEMARK
ROYAUME DE SUÈDE
Mer du Nord
Mer Baltique
EMPIRE RUSSE
Irlande
ROYAUME D'ANGLETERRE
Angleterre
PROVINCES-UNIES
Prusse
Brandebourg
ROYAUME DE POLOGNE ET DE LITUANIE
OCÉAN ATLANTIQUE
SAINT EMPIRE
Bohème
HONGRIE
ROYAUME DE FRANCE
AUTRICHE
Mer Noire
PORTUGAL
ÉTATS DE L'ÉGLISE
ESPAGNE
EMPIRE
ROYAUME DE NAPLES
OTTOMAN
Mer Méditerranée

Protestants	Anglicans	Orthodoxes
Protestants tolérés	Catholiques	Musulmans

Limites du Saint Empire
0   250 km
✳ Principaux conflits religieux au XVIᵉ et au XVIIᵉ siècles

3 Les divisions religieuses de l'Europe au milieu du XVIIᵉ siècle

■ Citez les régions où les protestants sont majoritaires. Où les tensions religieuses donnent-elles lieu à des conflits à l'intérieur d'un État ?

4 Les principales différences entre catholiques et protestants

	Catholiques	Protestants
Le salut	Par la foi et les (bonnes) œuvres	Par la foi seule
La Bible	En latin, interprétée par le pape et les évêques, lue par les prêtres	Traduite pour les fidèles qui peuvent la lire et la comprendre
La Vierge et les saints	Culte encouragé	Pas de culte
Les sacrements	7 : baptême, communion, confirmation, mariage, pénitence, extrême-onction, ordination	2 : baptême, communion
Cérémonies et lieu de culte	Luxueuses, en latin, dans une église	Simples, dans la langue des fidèles, dans un temple
Images et ornements	Sculptures et peintures du Christ, de la Vierge et des saints	Seule la croix est autorisée dans les temples
Chef de l'Église	Le pape	Pas de chef
Les hommes d'Église	Prêtres (célibat obligatoire) Moines	Pasteurs (mariage autorisé) Pas d'ordres religieux

■ Relevez une différence entre catholicisme et protestantisme dans chacune des catégories suivantes : la doctrine, l'organisation de l'Église et le culte.

5 Les violences religieuses

BnF, gravure de 1573
Les troupes espagnoles massacrent des protestants après la prise de la ville de Haarlem (Pays-Bas) en 1572.

■ Pour quelle raison les Espagnols s'en prennent-ils aux habitants de Haarlem ?

EXERCICES

Comprendre une image religieuse

Catholiques et protestants

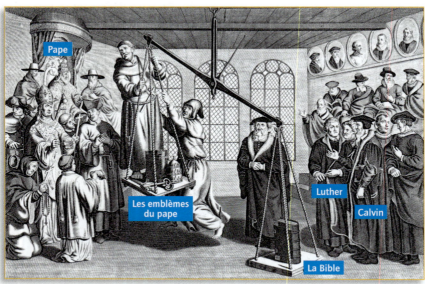

Gravure hollandaise de 1562. *Musée Calvin, Noyon, Oise.* L'image est un vecteur important des réformes religieuses au XVIe siècle : protestants et catholiques se livrent une véritable « guerre de l'image » auprès des fidèles.

1. Indiquez comment, sur l'image, les protestants se distinguent des catholiques.

2. Que met-on dans la balance du côté catholique ? Du côté protestant ?

3. Proposez une interprétation au fait que la balance penche du côté des protestants.

4. Montrez que cette gravure est favorable aux protestants et non aux catholiques.

Comprendre des textes de nature religieuse

Pratiques du protestantisme

1 Le catéchisme de Calvin

« 321. *Combien y a-t-il de sacrements en l'Église de Jésus Christ ?*
Il n'y en a que deux que le Seigneur Jésus ait institués pour tous les fidèles : le baptême et la communion.
368. *Mais les pasteurs qui délivrent les sacrements doivent-ils admettre sans distinction n'importe qui ?*
Pour le baptême, on ne peut faire de distinction parce qu'on l'administre à de petits enfants. Mais pour la communion, il faut que le pasteur veille à ne pas la donner à un homme qui, de notoriété publique, n'en serait pas du tout digne. »

D'après JEAN CALVIN,
Le Catéchisme de l'Église de Genève, 1545.

▶ Relevez les éléments de la pratique religieuse des protestants luthériens et calvinistes. Précisez comment certains se distinguent de la pratique des catholiques.

Le culte luthérien vu par un catholique français

2

« L'un des fidèles faisait lecture de quelques chapitres de l'Ancien ou du Nouveau Testament, pris dans une Bible écrite et imprimée en français. Puis, ils chantaient par deux ou trois fois quelques psaumes de David, traduits en rimes françaises par Clément Marot. Les louanges du Seigneur étaient aussi chantées par eux au commencement, au milieu et à la fin de leurs cérémonies. »

Mémoires de Claude Haton,
prêtre à Provins, vers 1575-1580.

3 RÉCIT Raconter un épisode des Réformes

Les Jésuites et la Réforme catholique

1 Les missions de la Compagnie de Jésus

«Notre compagnie est instituée avant tout pour se consacrer à la défense et au développement de la foi par les prédications*, la formation chrétienne des enfants et des ignorants. Elle s'emploiera encore à secourir ceux qui se trouvent en prison ou à l'hôpital et à pratiquer d'autres œuvres de charité.

Tout ce que Sa Sainteté (le pape) nous ordonnera pour la propagation de la foi, nous sommes tenus de l'exécuter sans hésitation et immédiatement, qu'il nous envoie chez les Turcs, aux nouveaux mondes, chez les Luthériens ou chez n'importe quels autres fidèles ou infidèles.»

D'après IGNACE DE LOYOLA, *Règlements de la Compagnie de Jésus*, 1539.

* Action de prêcher, d'enseigner la religion.

2 Dans les collèges jésuites

«Avant de commencer la classe, quelqu'un fera la courte prière d'usage; le professeur et tous les élèves l'écouteront attentivement à genoux et la tête découverte. Le professeur encouragera ses élèves, par-dessus tout, à prier Dieu tous les jours et à pratiquer les vertus dignes d'un chrétien. Les décurions* seront chargés par le maître de faire réciter les leçons, de ramasser les copies, de pointer sur un cahier les fautes de récitation, de noter ceux qui n'ont pas remis le devoir.»

D'après le règlement des études des collèges jésuites, 1586.

* Élèves responsables d'un groupe de dix élèves.

3 **Le pape Paul III reçoit Ignace de Loyola**
Tableau anonyme (détail), Église du Gésu, Rome, XVIᵉ siècle.
En 1540, Ignace de Loyola demande à Paul III d'approuver le règlement de la Compagnie de Jésus qu'il vient de fonder. Les Jésuites prêtent un serment de fidélité au pape.

1 **Doc. 1 et 2** À quels publics devront s'adresser les Jésuites? Dans quels buts?

2 **Doc. 1 et 3** Montrez que les Jésuites se placent sous l'autorité du pape.

RÉCIT *Rédigez quelques phrases expliquant pourquoi la Compagnie de Jésus est un acteur important de la Réforme catholique.*

4 B2i Analyser des gravures du XVIᵉ siècle

[Compétence B2i: 4.5. Sélectionner des résultats lors d'une recherche]

Tortorel et Perrissin

▲ www.museeprotestant.org

1 Cliquez sur «Espace exposition» puis sélectionnez Tortorel et Perrissin dans le menu déroulant «Autres expositions». De quel siècle ces gravures datent-elles? Quel est le contexte religieux de l'époque?

2 Recherchez les trois gravures évoquant des massacres de protestants et de catholiques. Copiez-les dans un fichier en leur donnant un titre et une date. Qui perpétue ces massacres?

3 Pour chaque gravure, résumez en quelques lignes les faits évoqués. Comment Tortorel et Perrissin montrent-ils la violence des crimes commis? Vous pouvez télécharger l'ouvrage complet sur http:/gallica.bnf.fr

J.-C.   500   1000   1500   2000

EXERCICES

1 Se repérer dans l'espace

L'Europe au milieu du XVIIe siècle

1. Désignez à l'aide de la légende (A, B, C), les différentes religions représentées sur la carte.

2. Nommez les capitales religieuses (1, 2, 3, 4) du temps des Réformes au XVIe siècle.

3. Citez un État ou une région ayant connu un conflit religieux au XVIe et au XVIIe siècle.

4. Quelle est la particularité du royaume de France sur le plan religieux ?

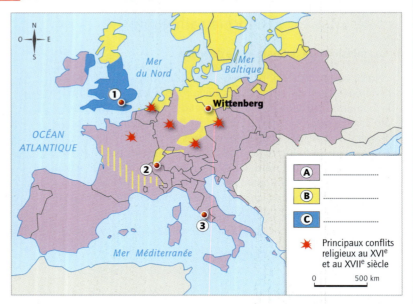

Mer du Nord
Mer Baltique
Wittenberg
OCÉAN ATLANTIQUE
Mer Méditerranée

A ....
B ....
C ....

✹ Principaux conflits religieux au XVIe et au XVIIe siècle

0   500 km

2 Se repérer dans le temps

1. Qui sont les deux personnages et l'événement représentés ?

2. À l'aide des repères de la frise, situez ces personnages et cet événement dans le temps.

3. Pourquoi le XVIe siècle est-il nommé « siècle des Réformes » ?

1500   A 1517   B 1541   1545-1563 C   1600

3 Comparer les Églises protestantes et l'Église catholique

▶ Pour chaque phrase indiquez la lettre « P » lorsqu'il s'agit d'un caractère des Églises protestantes et la lettre « C » quand cela concerne l'Église catholique.

1. Des pasteurs, qui peuvent se marier, encadrent les fidèles.
2. Le pape est le chef de l'Église.
3. La langue des cérémonies religieuses est le latin.
4. Le fidèle doit croire en Dieu et en Jésus-Christ.
5. Le salut éternel est obtenu par la foi seule.

6. La Bible est traduite dans la langue des fidèles.
7. Sept sacrements sont porteurs de la grâce divine.
8. Il n'y a pas d'ordres monastiques.
9. La Vierge et des saints sont vénérés.
10. Les cérémonies religieuses ont une apparence très simple.

Peinture baroque : le trompe-l'œil

[Grand domaine artistique : «arts du visuel» et «arts de l'espace»]

Qu'est-ce qu'un trompe-l'œil ?

■ Dans le domaine de la peinture, le trompe-l'œil est une technique de représentation qui vise à créer l'illusion de la réalité et donc à «tromper» le regard. Le trompe-l'œil agrandit l'espace, créant une impression de profondeur infinie. L'abondance de la décoration, qui simule l'architecture et la sculpture, cherche à impressionner le spectateur, à éblouir son regard et à enrichir son imagination, c'est-à-dire le séduire.

Art et Réforme catholique

■ De la fin du XVIe siècle au XVIIIe siècle, les artistes utilisent souvent le trompe-l'œil pour décorer les plafonds ou les murs. À la demande de l'Église, ils transforment les églises en un lieu de spectacle, très décoré, destiné à exalter la foi des fidèles. Par l'art baroque, l'Église catholique veut affirmer sa grandeur face à la religion protestante.

VOCABULAIRE

↪ **Art baroque** : art né en Italie vers 1600. Il privilégie le mouvement, les courbes, la surcharge ornementale, la profusion des personnages et le foisonnement des couleurs.

↪ **Point de fuite** : un point imaginaire vers lequel convergent des droites parallèles sur un dessin en perspective.

Le Triomphe de saint Ignace. *Fresque à la gloire du fondateur de l'ordre des Jésuites, qui joua un grand rôle dans la diffusion de la foi catholique dans le monde.*

Cette œuvre d'Andrea Pozzo, peinte entre 1691 et 1694, orne le plafond de l'église Saint Ignace à Rome (17 x 36 m). Le peintre a expliqué lui-même, la signification de la fresque : *«Jésus communique un rayon de lumière au cœur d'Ignace, qui le transmet aux régions les plus éloignées des quatre parties du monde. J'ai représenté celles-ci avec leurs emblèmes aux quatre coins de la voûte.»*

Le saviez-vous ?

◉ Baroque vient du portugais «*barocco*» qui désigne une perle de forme irrégulière.

◉ De l'Italie, l'art baroque gagne les États catholiques les plus fervents : l'Espagne et le Portugal (y compris dans leurs empires coloniaux), les pays d'Europe centrale, comme l'Autriche.

1 Qui est le personnage au centre de cette œuvre ? Expliquez la technique utilisée pour orienter le regard.

2 Montrez comment par ce type de décor, l'Église catholique veut que ses églises se distinguent nettement des temples protestants [voir la définition de temple p. 142] ?

L'émergence du « roi absolu »

Comment l'État royal affirme-t-il sa puissance ?

Rameau d'olivier, symbole de paix

Crucifix et calice, symbolisant le catholicisme

Bible, symbolisant le protestantisme

Henri IV (A) s'appuyant sur la religion (B) pour donner la paix à la France (C). *École française du XVIᵉ siècle, Musée national du château de Pau.*

■ **Quelle image est donnée du roi Henri IV ?**

RÈGNE D'HENRI IV

Guerres de religion (1562-1598)

RÈGNE PERSONNEL DE LOUIS XIV

Massacre de la Saint-Barthélemy   Édit de Nantes   Révocation de l'édit de Nantes

1572   1589   1598   1610   1661   1685   1715

Le Royaume de France du XVIᵉ à 1715

Royaume de France
au début du XVIᵉ siècle   en 1715
Frontières actuelles   0   200 km

**Louis XIV (1643-1715)
en empereur romain**

*Moulage en plomb
d'une statue en marbre, réalisée
par l'artiste italien Gian Lorenzo
Bernini (1598-1680) dit Le Bernin,
1671-1677. Le Louvre, cour Napoléon.*

■ **Que veut exprimer le sculpteur en
représentant Louis XIV de cette façon ?**

Le massacre de la Saint-Barthélemy

À partir de 1562, le royaume de France est déchiré par des guerres de religion entre catholiques et protestants. En 1570, Charles IX, roi catholique, établit une paix fragile, qui est rompue le 24 août 1572 lors du massacre de la Saint-Barthélemy.

▶ **Pourquoi et comment le massacre des protestants est-il organisé ?**

Guerres de religion
Saint-Barthélemy (1572)

1500   1562   1598 | 1600

1

BIOGRAPHIE

Catherine de Médicis
[1519 • 1589]

Épouse de Henri II, trois de ses enfants sont rois de France de 1559 à 1589 : François II, Charles IX et Henri III. Régente du royaume pendant la minorité de Charles IX, elle tente de maintenir un certain équilibre entre catholiques et protestants alors qu'éclatent les guerres de religion. Elle manifeste sa bonne volonté en mariant sa fille, Marguerite de Valois, au protestant Henri de Navarre. Elle estime cependant que l'amiral de Coligny exerce une trop grande influence sur le roi et laisse se préparer l'assassinat des grands chefs du parti protestant lors de la Saint-Barthélemy.

2   La propagande catholique attise la haine contre les protestants

Gravure parue dans Le Théâtre des cruautés *de Richard Verstegan, 1587.*

Les violences exercées par les deux camps au cours des guerres de religion inspirent de nombreux textes et représentations exagérant parfois la cruauté de l'ennemi. La scène représentée ici est censée avoir eu lieu dans une église catholique en 1562.

3   Les origines du massacre

« Sitôt que nous fûmes entrés, la reine commença à démontrer au roi Charles IX que le parti huguenot s'armait contre lui. La conséquence de cet état de chose était que tous les catholiques, ennuyés d'une si longue guerre et blessés de tant de sortes de calamités, avaient décidé de faire une ligue offensive et défensive contre les huguenots. Elle ajouta qu'on verrait bientôt toute la France armée en deux grands partis qui n'obéiraient plus au roi. Pour détourner les malheurs, il fallait tuer l'amiral de Coligny*, chef et auteur de toutes les guerres civiles ; les objectifs des huguenots mourraient avec lui et les catholiques, satisfaits et contents du sacrifice de deux ou trois hommes, demeureraient toujours obéissants au roi. »

D'après le Journal de Pierre de L'Estoile pour le règne d'Henri III, frère et successeur de Charles IX en 1574.

* Principal chef protestant.

VOCABULAIRE

- **Guerres de religion** : guerres civiles opposant catholiques et protestants.
- **Huguenots** : nom donné aux protestants en France au XVIe siècle.

4 **Une représentation de la Saint-Barthélemy** ● *Peinture de François Dubois, XVIᵉ siècle, Musée des Beaux-Arts, Lausanne.*

Le 18 août 1572 a lieu à Paris le mariage de Henri de Bourbon, protestant et roi de Navarre, avec Marguerite de Valois, catholique et sœur du roi Charles IX. Les chefs catholiques veulent profiter de la présence à Paris de tous les chefs protestants pour les exterminer. Le massacre a lieu le 24 août 1572, jour de la Saint-Barthélemy. Il se prolonge pendant plusieurs jours dans la capitale et s'étend à de nombreuses villes de province. Le peintre du tableau est un protestant qui a échappé au massacre et s'est réfugié en Suisse. **(A)** Le Louvre ; **(B)** Catherine de Médicis contemple les cadavres dénudés de protestants ; **(C)** Charles IX ; **(D)** le duc de Guise, chef catholique, désigne le corps décapité de l'amiral Coligny, chef protestant ; **(E)** la Seine.

5 **Un témoignage protestant sur la Saint-Barthélemy**

«Je m'étais couché la veille de bonne heure. Je fus réveillé vers trois heures du matin par le son de toutes les cloches et par les hurlements de la foule. Mon gouverneur sortit précipitamment avec mon valet de chambre pour savoir la cause de ces cris. Depuis je n'ai jamais plus revu ces deux hommes. Ils comptent sûrement parmi les premiers morts de cette nuit tragique. Je résolus de rejoindre le collège de Bourgogne où je faisais mes études. En entrant dans la rue, je fus saisi d'horreur. Des tueurs, déchaînés, enfonçaient les portes des maisons en criant : *"Tue, tue, massacre les huguenots"*. Je portais sous le bras un livre de prières catholiques, qui me sauva la vie, lorsque les assassins m'arrêtèrent pour me demander si je n'étais pas un huguenot.»

D'après les *Mémoires* de Sully (1560-1641), noble protestant et futur ministre de Henri IV.

ZOOM socle commun

Pour raconter un évènement historique

▶ Je précise quand et où il a eu lieu.

▶ J'en explique les causes et raconte son déroulement.

▶ J'en indique les conséquences.

Activités

1) **Doc. 2 et 3** Que révèlent les deux documents sur la guerre entre catholiques et protestants ?

2) **Doc. 1 et 3** Expliquez pour quelle raison Catherine de Médicis laisse exécuter les chefs des protestants.

3) **Doc. 4 et 5** Décrivez comment se déroule le massacre des protestants.

◆ *Expression écrite et orale* ◆

4) **RÉCIT** À l'aide de la fiche Zoom, racontez le massacre de la Saint-Barthélemy.

Henri IV et l'édit de Nantes

En 1589, le roi Henri III, contesté par les catholiques, meurt assassiné. Sans héritier direct, il laisse la couronne à son cousin Henri de Navarre, premier roi de la dynastie des Bourbons sous le nom d'Henri IV. Il faut près de dix ans au nouveau roi pour mettre fin aux guerres de religion et rétablir son autorité sur ses sujets.

Vie de Henri IV
Roi de France (1589)   Édit de Nantes (1598)

1550   1553   1610   1650

▶ **Comment Henri IV rétablit-il la paix et l'autorité du roi en France ?**

1

BIOGRAPHIE

Henri IV
[1553 • 1610]

Henri de Navarre devient roi de France en 1589 sous le nom d'Henri IV. Comme les catholiques ne veulent pas d'un roi protestant, il doit conquérir son royaume par la force et abjurer définitivement sa foi protestante. Il met fin aux guerres de religion par l'édit de Nantes, qui instaure un régime de tolérance à l'égard des protestants. Il restaure l'autorité royale en imposant au parlement de Paris l'enregistrement de l'édit et en exigeant de la noblesse une obéissance totale. En 1610, il est assassiné par un fanatique catholique, Ravaillac.

Henri IV abjure la foi protestante à la basilique Saint-Denis, le 25 juillet 1593 **2**

Tableau attribué à Nicolas Bollery, XVIIe siècle. Meudon, musée d'Art et d'Histoire.

VOCABULAIRE

🔖 **Édit** : une décision royale sur un problème précis.

🔖 **Parlement** : au Moyen Âge, cour de justice supérieure qui juge en appel. Elle est aussi chargée d'inscrire dans un registre les décisions du roi. Elle peut refuser l'enregistrement ou demander au roi de modifier sa décision.

Henri IV

3 **La reconquête du royaume : Henri IV entre dans Paris, le 22 mars 1594**

Tableau de l'École Française, XVIe siècle, Musée du château de Pau.

4 L'édit de Nantes, 1598 (extraits)

«Henri, par la grâce de Dieu, roi de France, nous avons jugé nécessaire de donner maintenant à tous nos sujets une loi générale, claire, nette et absolue qui règle tous les désaccords survenus entre eux, afin qu'il se puisse établir une bonne et durable paix.

– Nous défendons à tous nos sujets de s'attaquer, de s'injurier, de se provoquer en se reprochant ce qui s'est passé. Nous leur demanderons de vivre paisiblement comme des frères, amis et concitoyens.

– Nous ordonnons que la religion catholique soit rétablie en tous lieux de notre royaume pour y être paisiblement et librement exercée, sans aucun trouble ni empêchement.

– Nous permettons à ceux de la Religion Prétendue Réformée [religion protestante] de vivre en tous lieux de notre royaume sans être vexés, brutalisés ni obligés à agir contre leur conscience.

– Nous permettons à ceux de la Religion Prétendue Réformée de continuer l'exercice de leur religion là où il existait en 1597.»

Première page de l'édit, manuscrit original.

5 Le rétablissement d'un État royal fort

Henri IV fait enregistrer l'édit de Nantes par le parlement de Paris. *BnF.*

«Je vous prie d'enregistrer l'édit que j'ai accordé à ceux de la Religion Prétendue Réformée [religion protestante]. Ce que j'ai fait est pour le bien de la paix. Vous me devez obéir compte tenu de ma qualité et de l'obligation qu'ont tous mes sujets envers moi, et particulièrement vous tous de mon Parlement.

Si l'obéissance était due à mes prédécesseurs, elle m'est due autant et plus parce que j'ai rétabli l'État, Dieu m'ayant choisi pour me placer à la tête du royaume. Ne m'opposez pas la religion catholique; je l'aime plus que vous, je suis plus catholique que vous. Je suis roi maintenant et parle en roi, et veux être obéi. Faites seulement ce que je vous commande, pour moi mais aussi pour le bien de la paix.»

D'après la *Déclaration* du roi Henri IV aux magistrats du parlement de Paris convoqués au Louvre, 1599.

Activités

1) **Doc. 1, 2 et 3** Relevez ce que doit faire Henri IV pour imposer son autorité dans le royaume sur le plan militaire et sur le plan religieux.

2) **Doc. 4** Expliquez pourquoi l'édit de Nantes permet de rétablir la paix dans le royaume. Résumez les droits accordés aux catholiques et aux protestants. Les deux religions sont-elles traitées à égalité?

3) **Doc. 5** Pourquoi le parlement de Paris s'oppose-t-il à l'édit de Nantes? Relevez les expressions du texte qui montrent la volonté du roi d'imposer son autorité.

◆ **Expression écrite et orale** ◆

4) **RÉCIT** Expliquez en quelques lignes comment Henri IV met fin aux guerres de religion en France.

La monarchie et les guerres de religion

A Les guerres de religion déchirent le royaume

🔸 **Au milieu du XVIe siècle, les idées religieuses de Calvin se diffusent en France** [doc. 2]. Les protestants français, les huguenots, sont nombreux mais restent minoritaires dans la population. Ils ont le soutien de quelques grands seigneurs comme Henri de Navarre. Beaucoup de catholiques jugent cette situation intolérable. Ils refusent aux protestants le droit de pratiquer leur culte.

🔸 **Les guerres de religion commencent en 1562** [doc. 1]. Elles se traduisent par des batailles et une extrême violence entre les deux camps. L'un des épisodes les plus meurtriers est le massacre de 3 000 protestants par les catholiques, à Paris, lors de la Saint Barthélemy (24 août 1572).

🔸 **Les rois ne parviennent plus à imposer leur autorité ni aux protestants ni aux membres de la Ligue catholique** [doc. 3 et 4], et c'est un ligueur qui assassine le roi Henri III en 1589.

B Henri IV rétablit la paix et l'autorité royale

🔸 Comme Henri III n'a pas d'héritier direct, c'est son plus proche parent, Henri de Navarre, qui devient le roi Henri IV. Mais **les catholiques refusent de le reconnaître comme souverain car il est protestant**.

🔸 Henri IV doit reconquérir son royaume à la tête d'une armée, face à la Ligue catholique [doc. 3]. Il comprend qu'il doit se convertir au catholicisme pour se faire accepter de la majorité de ses sujets. **En 1593, il renonce à la foi protestante, puis se fait sacrer à Chartres.**

🔸 **En 1598, Henri met fin aux guerres de religion par l'édit de Nantes** qui reconnaît aux protestants le droit de pratiquer leur culte. Il rétablit l'autorité royale sur tous les Français [doc. 5].

1 La violence protestante

«Deux jours après Noël, les huguenots saccagèrent l'église Saint-Médard [à Paris]. Ils entrèrent l'épée au poing, les pistolets en main, frappèrent des paroissiens et en blessèrent plusieurs. Quand ils reconnurent celui qui avait prêché aux catholiques, ils se ruèrent sur lui pour lui trancher la tête. Ils abattirent la tête à toutes les statues. Ils brisèrent les autels, volèrent les ornements, calices, reliques, et généralement tout ce qu'ils purent emporter.»

CLAUDE DE SAINTES, *Discours sur le saccage des églises catholiques par les calvinistes en l'an 1562.*

■ **À quelles violences se livrent les protestants ?**

2 La France religieuse au XVIe siècle

■ **Où sont majoritairement implantés les protestants ?**

VOCABULAIRE

🔹 **Édit** : voir p. 156.

🔹 **Guerres de religion** : voir p. 154.

🔹 **Huguenots** : voir p. 154.

🔹 **Ligue catholique** : association de catholiques français violemment hostiles aux protestants. Elle est aussi appelée «Sainte-Ligue».

3 Une procession de la Ligue catholique à Paris à la fin des années 1580

Créée en 1576 pour lutter contre les protestants, la Ligue catholique (ou Sainte Ligue) entre en opposition ouverte au roi Henri III [voir doc. 4], puis contre Henri IV, jusqu'à ce qu'il ait abjuré la religion protestante en 1593. Le cortège est ici mené par des ecclésiastiques armés et casqués.

■ **Comment la Ligue catholique menace-t-elle le pouvoir royal ?**

4 La révolte contre le roi Henri III

En décembre 1588, Henri III fait assassiner le duc de Guise, chef de la Ligue catholique, qui conteste l'autorité du roi.

«Les universités*, porte-drapeaux de la révolte, déclarèrent et publièrent à Paris que tout le peuple était libéré du serment de fidélité et d'obéissance qu'il avait juré à Henri de Valois naguère son roi. Elles rayèrent son nom des prières de l'Église, firent entendre au peuple qu'en saine conscience il pouvait s'unir, s'armer et contribuer financièrement pour lui faire la guerre, comme à un tyran exécrable qui avait violé la foi publique au préjudice de leur sainte foi catholique romaine.»

D'après le *Journal de Pierre de L'Estoile pour le règne d'Henri III*, 1574-1589.

* L'université Sorbonne et la faculté de théologie sont alors des soutiens de la Ligue catholique.

■ **Pourquoi les Parisiens s'en prennent-ils à Henri III ?**

Henri IV foulant aux pieds le monstre du désordre 5

Maquette en terre cuite pour un monument à la gloire d' Henri IV. Augustin Pajou (1730-1809), Musée national du château de Pau.

■ **À quel «désordre» est-il fait allusion ?**

Louis XIV en costume de sacre

Le peintre français Hyacinthe Rigaud (1659-1743) réalise ce tableau en 1701, à la demande de Louis XIV. Le roi le fait accrocher à Versailles et de nombreuses copies en sont réalisées. Il s'agit donc d'un portrait officiel, destiné à présenter une image forte du pouvoir royal.

Vie de Louis XIV
Tableau de Rigaud (1701)

1600   1638   1715   1750

▶ **Comment est symbolisée la monarchie absolue de droit divin ?**

2

BIOGRAPHIE

Louis XIV
[1638 • 1715]

Il n'a que cinq ans à la mort de son père Louis XIII, en 1643. Sa mère, Anne d'Autriche, assure la régence du royaume avec le cardinal de Mazarin. En 1661, à la mort de ce dernier, Louis XIV débute son règne personnel. Considérant qu'il a reçu son pouvoir de Dieu, il estime que son autorité doit s'imposer à tous ses sujets. Il s'entoure de conseils et de ministres mais prend seul les décisions dans tous les domaines. Louis XIV porte à son apogée la monarchie absolue de droit divin.

1 **Le Roi Soleil**

Ce petit drapeau porte le symbole personnel de Louis XIV et une devise en latin qui est celle du roi : *Nec pluribus impar*, «Au-dessus de tous».

VOCABULAIRE

⊾ **Régence** : période au cours de laquelle une personne gouverne le royaume en attendant que le roi devienne majeur.

⊾ **Monarchie absolue de droit divin** : monarchie dans laquelle le roi exerce un pouvoir total et sans partage dont il croit qu'il lui a été confié par Dieu.

3 **Clés de lecture**

Lettre	Signification
A	Colonne de marbre : la puissance
B	Bas-relief représentant Thémis, déesse grecque de la Justice et de la Loi
C	Rideau pourpre, couleur symbolisant le pouvoir et la richesse
D	Trône : la monarchie
E	Couronne fermée : l'autorité universelle
F	Sceptre : le commandement et la puissance
G	Main de justice : les trois doigts ouverts représentent la Trinité divine
H	Épée de Charlemagne : chef de guerre, défense des sujets et de l'Église
I	Collier d'or et grande croix de l'ordre du Saint-Esprit : distinction la plus élevée de la noblesse
J	Manteau bleu azur à fleur de lys, doublé d'hermine mouchetée : le roi est élu de Dieu. La fleur de lys, emblème des Capétiens, est associée à la Vierge et symbolise la pureté
K	Talon rouge : la noblesse

4 *Louis XIV en costume de sacre* **par Hyacinthe Rigaud**

1701, huile sur toile, 277 x 194 cm, musée du Louvre, Paris, BNF.

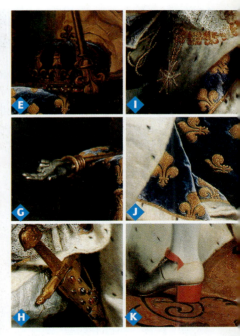

5 **Une œuvre admirée dès 1702**

« On a exposé le portrait du Roi dans le Grand appartement de Versailles. Jamais portrait n'a été mieux peint, ni plus ressemblant ; toute la Cour l'a vu et tout le monde l'a admiré. Sa Majesté ayant promis son portrait au roi d'Espagne*, veut tenir sa parole en lui donnant l'original, et M. Rigaud en doit faire une copie qui est souhaitée par toute la Cour. »

Mercure de France, 1702.

_____

* Philippe V, petit-fils de Louis XIV.

Activités

1) **Doc. 1 et 2** Montrez que la devise et le symbole de Louis XIV illustrent la conception qu'il se fait du pouvoir royal.

2) **Doc. 4** Quel événement du début du règne de Louis XIV (1654) évoque le tableau ?

3) **Doc. 3 et 4** Relevez les symboles du tableau indiquant :
   – l'autorité et la puissance du roi ;
   – son pouvoir : législatif, judiciaire, militaire ;
   – l'origine divine de son pouvoir.

4) **Doc. 5** Comment l'œuvre de Rigaud est-elle accueillie à la Cour ?

♦ **Expression écrite et orale** ♦

5) **RÉCIT** **Expliquez en quelques phrases pourquoi le portrait de Louis XIV représente bien la monarchie absolue de droit divin.**

Louis XIV et Versailles

Seine

18 km → **Paris**

Versailles

À partir de 1682, Versailles devient à la fois le palais du roi et le siège de son gouvernement. Louis XIV y vit entouré de la famille royale, de ses conseillers, de ses ministres et de la Cour. Toute la vie à Versailles s'organise autour du roi, selon une stricte étiquette.

Règne personnel Louis XIV
Installation du roi à Versailles (1682)

| 1600 | 1661 | 1715 | 1750 |

▶ **Comment se déroule une journée de Louis XIV ?**

A **Louis XIV recevant des ambassadeurs suisses en 1663.** Détail d'un tableau de Van der Meulen, 1664.

1 Une journée du roi

Heure	Occupation
7 h 30	Le premier valet de chambre annonce au roi : *« Sire, voilà l'heure ! »*.
8 h 15	Petit lever : toilette du roi en présence de ses proches.
8 h 30	Grand lever et déjeuner en présence de nombreux courtisans.
A 9 h 30	Audiences.
10 h	Messe.
B 11 h	Conseil avec les principaux ministres.
13 h	Dîner au petit couvert : les courtisans assistent debout au repas du roi.
14 h	Promenade ou chasse en compagnie des courtisans choisis par le roi.
A 17 h	Audiences.
C 19 h	Appartement, réceptions (3 fois par semaine), divertissements du soir (danse, concert, théâtre).
D 22 h	Souper au grand couvert : le roi est attablé avec la reine et ses enfants. Les courtisans restent debout.
23 h	Grand coucher : le roi prend congé des courtisans.
23 h 15	Petit coucher : seuls les personnages les plus importants y assistent.

C **Louis XIV assiste à une représentation théâtrale.** *Gravure des années 1680.*

B **Louis XIV et ses ministres** *Gravure de l'Almanach royal de 1682 :* (**1**) Colbert, contrôleur général des Finances ; (**2**) Louvois, secrétaire d'État à la Guerre.

VOCABULAIRE

🔖 **Cour** : ensemble des personnes vivant auprès du roi. On appelle ses membres des « courtisans ».

🔖 **Étiquette** : ensemble des règles (gestes, paroles) qu'il faut respecter à la Cour.

D **Louis XIV au souper** Gravure d'un almanach des années 1680.

2 Vue générale du château de Versailles

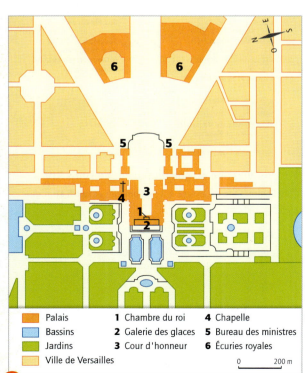

Palais
- Bassins
- Jardins
- Ville de Versailles

1 Chambre du roi   4 Chapelle
2 Galerie des glaces 5 Bureau des ministres
3 Cour d'honneur   6 Écuries royales

0   200 m

3 Plan du château de Versailles

ZOOM
socle commun

Pour raconter une journée du roi à Versailles

▶ J'évoque les différents moments de la journée.

▶ J'indique les lieux qu'il fréquente et les personnes qu'il rencontre.

▶ Je montre ce que la journée révèle de son pouvoir.

Activités

1) **Doc. 1** Citez les différentes personnes qui entourent le roi ou qu'il rencontre pendant la journée.

2) **Doc. 2 et 3** À l'aide du plan, nommez les lieux désignés par les lettres. Observez vers quelle partie du palais convergent les trois grandes avenues venant de la ville.

3) **Doc. 2 et 3** Décrivez le château et les jardins.

4) **Doc. 1, 2 et 3** Montrez que Versailles est à la fois un lieu de gouvernement et un lieu de vie.

♦ **Expression écrite et orale** ♦

5) **RÉCIT** À l'aide de la fiche Zoom, racontez en quelques phrases une journée de Louis XIV à Versailles.

Chapitre 10 L'ÉMERGENCE DU «ROI ABSOLU»

Le roi absolu

A Le gouvernement de Louis XIV

🔵 **Depuis le début des Temps modernes (fin du XVe siècle), les rois de France entendent diriger le royaume selon les principes de la monarchie absolue de droit divin** [doc. 1]. Ce mode de gouvernement atteint son apogée lors du règne personnel Louis XIV, de 1661 à 1715.

🔵 **Louis XIV est aidé par des ministres et des Conseils spécialisés** [doc. 2], **mais il décide seul et dans tous les domaines**. Il renforce l'administration royale dans les provinces : il y nomme des intendants chargés de faire appliquer les décisions prises à Versailles. Louis XIV accentue ainsi la centralisation de la monarchie [doc. 2 et 4].

🔵 **Louis XIV fait construire à Versailles, près de Paris, un château qui exprime la puissance du roi de France.** Le roi et la Cour s'y installent en 1682. Toute la vie à Versailles est organisée autour du roi et réglée par l'étiquette. Des fêtes et des spectacles grandioses sont donnés en l'honneur du monarque.

B Les politiques du roi

🔵 **Louis XIV exige l'unité religieuse de son royaume. Il commence par persécuter les protestants afin de les pousser à se convertir et, en 1685, il décide la révocation de l'édit de Nantes.** Le culte protestant est interdit en France et les temples sont détruits [doc. 5].

🔵 **Louis XIV veut s'imposer comme le souverain le plus puissant d'Europe.** Il mène de nombreuses guerres contre les États voisins, ce qui lui permet d'annexer de nouveaux territoires à son royaume [doc. 3]. Les frontières sont protégées par un réseau de citadelles, bâties par l'architecte Vauban.

🔵 Les guerres, Versailles, la Cour coûtent cher et la monarchie a sans cesse besoin d'argent. **Le ministre Colbert est chargé d'enrichir le royaume pour subvenir aux besoins du roi** [voir exercice 3, p. 167].

1 Louis XIV définit le pouvoir royal

« Toute puissance, toute autorité résident dans la main du Roi. Tout ce qui se trouve dans l'étendue de nos États nous appartient. Les rois sont seigneurs absolus. Celui qui a donné des rois aux hommes a voulu qu'on les respectât comme ses lieutenants, se réservant à lui seul le droit d'examiner leur conduite. La volonté de Dieu est que quiconque est né sujet obéisse totalement au Roi. Si mauvais que puisse être un prince, la révolte de ses sujets est toujours infiniment criminelle. »

D'après Louis XIV, *Mémoires pour l'instruction du dauphin*, 1666.

■ **Comment le roi justifie-t-il son pouvoir absolu ?**

LE ROI

LES CONSEILS
▸ **Conseil d'En Haut** (affaires les plus importantes)
▸ **Parties** (justice)
▸ **Conseil des Finances**
▸ **Conseil des Dépêches** (relations avec les provinces et l'étranger)

LES MINISTRES
▸ **Chancelier** (chef de la justice)
▸ **Contrôleur Général des Finances**
▸ **Secrétaires d'État** (Guerre, Marine, Affaires étrangères, Maison du roi)

PROVINCES DU ROYAUME
▸ **Intendants de justice, police et finance** représentent le roi dans les généralités
▸ **Les parlements** enregistrent les édits du roi

2 L'organisation du gouvernement de Louis XIV

■ **Comment le roi exerce-t-il son pouvoir et fait-il appliquer ses décisions ?**

VOCABULAIRE

🔹 **Centralisation** : toutes les décisions sont prises en un même lieu avant d'être appliquées dans les provinces.

🔹 **Cour** : voir p. 162.

🔹 **Étiquette** : voir p. 162.

🔹 **Intendant** : représentant du roi dans les provinces du royaume ayant des pouvoirs de police, de justice et de finances.

🔹 **Monarchie absolue de droit divin** : voir p. 160.

🔹 **Révocation** : annulation d'une décision.

ANGLETERRE

PAYS-BAS ESPAGNOLS

Manche

Flandres
Artois

Hainaut

Rocroi

Seine

Paris

Versailles

BRETAGNE
(1675)

Nantes

Loire

LORRAINE

Alsace

SAINT
EMPIRE

Rhin

Franche-
Comté

SUISSE

OCÉAN
ATLANTIQUE

Charolais

Lyon

SAVOIE

PIÉMONT

Bordeaux

CÉVENNES
Camisards
(1702)

Garonne

Rhône

Orange

Toulouse

Roussillon

Marseille

ESPAGNE

Mer
Méditerranée

1. Un territoire plus vaste et protégé

- ■ Annexions sous Louis XIV
- ● Villes fortifiées par Vauban
- — Frontières de la France en 1715
- ----- Frontières actuelles de la France

2. L'absolutisme contesté

- ▨ Révolte contre les impôts royaux
- ▨ Révolte contre la politique religieuse

0   200 km

3 **Le royaume de France sous Louis XIV**

■ **Quelles régions sont annexées par la France sur ses frontières ?**

4 **Le rôle des intendants**

«Nous vous avons désigné comme intendant de notre province de Picardie avec pouvoir :
– d'informer de tous désordres et menées secrètes qui se pourraient faire contre nous et toutes assemblées illicites, levée de gens de guerre sans notre ordre, vous donnant le pouvoir de faire le procès à tous ceux qui commettront des rébellions, empêcheront ou s'opposeront à la levée de nos deniers ;
– de vous transporter dans toutes les paroisses pour examiner si les registres des tailles* ont été bien faits ; d'informer des abus et malversations ;
– d'écouter les plaintes et doléances de nos sujets ; informer de tous les abus qui se commettent dans l'administration de la justice.»

D'après la commission
d'intendant accordée par Louis XIV
à Le Tonnelier de Breteuil, 1674.

* Taille : impôt annuel.

■ **Montrez que le titre d'«intendant de police, de justice et de finance» est justifié.**

5 **«Moyens sûrs et honnêtes pour ramener les hérétiques à la foi catholique»**

Gravure satirique protestante, vers 1679, BnF, Paris.

Parmi les moyens :
(A) La condamnation aux galères ;
(B) le supplice de la roue.

«Sa Majesté a révoqué l'édit de Nantes de l'an 1598. Elle interdit de faire aucun culte public de la religion prétendue réformée et ordonne que tous les temples seront démolis. Sa Majesté défend aux pasteurs de faire aucun prêche sous peine des galères.»

D'après *La Gazette de France*, 1685.

■ **Les moyens utilisés vous paraissent-ils «honnêtes»? Quels droits perdent les protestants en 1685 ?**

1 Compléter une fiche biographique

Le règne de Henri IV et de Louis XIV

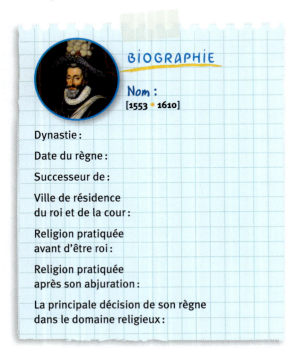

BIOGRAPHIE

Nom :
[1553 • 1610]

Dynastie :

Date du règne :

Successeur de :

Ville de résidence
du roi et de la cour :

Religion pratiquée
avant d'être roi :

Religion pratiquée
après son abjuration :

La principale décision de son règne
dans le domaine religieux :

BIOGRAPHIE

Nom :
[1638 • 1715]

Dynastie :

Date du règne :

Successeur de :

Ville de résidence
du roi et de la cour :

Ses idées politiques
et son symbole :

Deux régions annexées
à la France sous son règne :

La principale décision de son règne
dans le domaine religieux :

▶ Recopiez les deux fiches et complétez-les
à l'aide de votre manuel.

2 Comprendre le sens d'un texte historique

La répression exercée contre les protestants

Le point de vue d'un noble sur la politique religieuse de Louis XIV

«Les provinces furent remplies de dragons* qui vécurent chez les protestants de toutes les conditions et qui joignirent à la ruine les tortures, dont beaucoup moururent. La persistance dans l'hérésie était punie. Les galères** furent remplies des plus honnêtes gens. Une infinité de protestants firent cesser la tyrannie en faisant semblant de renoncer à leur religion. La révocation de l'édit de Nantes (1685) sans le plus léger prétexte et sans aucun besoin, dépeupla le pays, transporta nos manufactures*** et tout notre commerce chez nos voisins. Il donna à l'Europe l'effrayant spectacle d'un peuple fugitif, errant sans aucun crime, cherchant asile loin de sa patrie.»

D'après LE DUC DE SAINT SIMON (1675-1755), *Mémoires*, milieu du XVIIe siècle.

* Soldats à cheval de l'armée royale.
** Être condamné aux galères signifie devoir ramer, enchaîné, sur un navire.
*** Synonyme ici de grands ateliers d'artisanat.

1 D'après l'auteur du texte, comment Louis XIV a-t-il obligé les protestants à se convertir à la religion catholique ?

2 Que signifie la «révocation de l'édit de Nantes» pour les protestants ?

3 Le duc de Saint-Simon approuve-t-il selon vous l'attitude de Louis XIV vis-à-vis des protestants ? Justifiez votre réponse.

Utiliser des documents de nature différente

Enrichir et protéger le royaume

1 Le projet de Colbert

«Le but de Colbert est de rendre son pays supérieur à tout autre en richesses, abondant en marchandises, n'ayant besoin de rien et dispensateur de toutes choses aux autres États. En conséquence, il ne néglige rien pour acclimater en France les meilleures industries de chaque pays, et il empêche par diverses taxes les autres États d'introduire leurs produits dans le royaume de France. À la Hollande, on a emprunté sa manière de fabriquer les draps, les fromages, les beurres et autres spécialités. On a pris à la Perse le travail des tapis. Ce qu'il y a de mieux dans le monde se fabrique à présent en France ; et ces produits sont si en vogue que de toutes parts les commandes affluent pour s'en fournir. Colbert s'est aussi appliqué à développer le grand commerce maritime. Il a fondé de grandes compagnies de commerce.»

D'après M. A. GIUSTINIANI, ambassadeur de la République de Venise en France de 1665 à 1668.

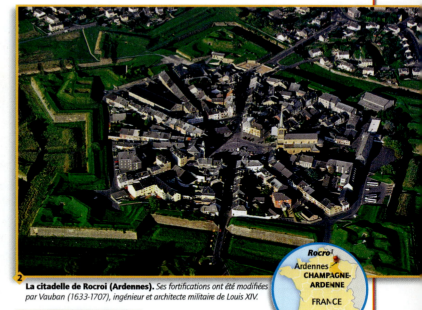

2 **La citadelle de Rocroi (Ardennes).** *Ses fortifications ont été modifiées par Vauban (1633-1707), ingénieur et architecte militaire de Louis XIV.*

3 **Colbert (1619-1683), un grand ministre de Louis XIV.** *Peinture de Robert Nanteuil, 1676, musée Condé, Chantilly.*

1 **Doc. 1** Présentez l'objectif de Colbert.

2 Distinguez dans sa politique économique les mesures commerciales et celles qui concernent la production

3 **Doc. 2** Décrivez la citadelle et dégagez la fonction d'une telle construction aux frontières du royaume.

---

4 **Analyser un spectacle**

Marc-Antoine Charpentier, musicien à la Cour

[Compétence B2i : 4.5. Sélectionner des résultats lors d'une recherche]

▲ www.charpentier.culture.fr

1 Depuis la page d'accueil, cliquez sur Auditorium, puis recherchez l'image équivalente (mais en noir et blanc) au doc. C de la page 162 de votre manuel. De quelle œuvre s'agit-il ? Copiez et collez l'image et la référence dans la présentation.

2 Écoutez l'extrait sonore. Pourquoi peut-on dire que les spectacles de Versailles sont des «spectacles totaux» ?

3 Retournez à l'accueil et cliquez sur «Le compositeur de l'ombre». Quelle relations Charpentier et Louis XIV entretenaient-ils ?

EXERCICES

Je révise

1 Se repérer dans l'espace

Le royame de France

▶ **Proposez, dans la liste ci-contre, le titre adapté à chacune des cartes.**

TITRES DES CARTES

A Les limites de la France au début du XVIe siècle.

B Les limites de la France à la mort de Henri IV.

C Les limites de la France à la mort de Louis XIV.

D Les limites de la France aujourd'hui.

2 Se repérer dans le temps

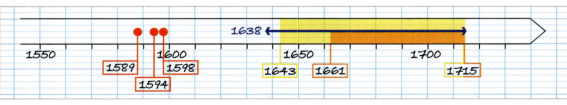

1 Relevez la date (année) de l'édit de Nantes.

2 À quelle période correspond le règne personnel de Louis XIV ?

3 Connaître le vocabulaire du chapitre

Dans la seconde moitié du XVIe siècle, la France est déchirée par les guerres civiles opposant catholiques et protestants[1]. Elles prennent fin en 1598 grâce à une décision royale sur un problème précis[2] de Nantes du roi Henri IV. Le règne de Louis XIV est marqué par l'affirmation de la monarchie dans laquelle le roi exerce un pouvoir total et sans partage dont il prétend qu'il lui a été confié par Dieu[3]. Le roi gouverne à partir de Versailles où il vit avec un ensemble des personnes vivant auprès du roi[4]. Dans les provinces, ses décisions sont appliquées par des représentants du roi ayant des pouvoirs de police, de justice et de finances[5].

▶ Dans le texte ci-contre, remplacez les expressions soulignées par les mots de vocabulaire qui conviennent : **intendants, cour, édit, monarchie absolue de droit divin, guerres de religion.**

Les jardins de Versailles

[Grand domaine artistique : «arts de l'espace», architecture, urbanisme, arts des jardins, paysage aménagé]

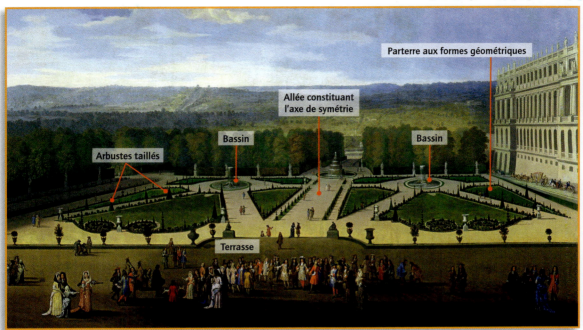

Parterre aux formes géométriques

Allée constituant l'axe de symétrie

Bassin

Bassin

Arbustes taillés

Terrasse

Tableau de Étienne Allegrain, *Promenade de Louis XIV dans les jardins de Versailles* (parterre nord). *Vers 1695, huile sur toile, Musée du château de Versailles.*

L'art des jardins

■ En 1661, Louis XIV charge l'architecte André Le Nôtre (1613-1700) de l'aménagement des vastes jardins du château de Versailles. Le Nôtre crée des jardins de style appelé «à la française» ou «classique».

■ Caractérisés par un plan symétrique, les jardins se composent principalement de parterres aux formes géométriques simples, d'allées, de bassins, de fontaines, d'arbres et d'arbustes taillés ainsi que de sculptures inspirées de la mythologie gréco-romaine.

Arts et monarchie absolue

■ Les jardins sont le cadre de fêtes somptueuses, des promenades quotidiennes du roi en compagnie de ses courtisans et de la réception d'autres monarques et d'ambassadeurs qu'il faut éblouir.

■ Le Nôtre a mis son art au service de la représentation du pouvoir royal. La nature domptée, corrigée par la géométrie et la symétrie, ainsi que l'harmonie végétale calculée signifient le triomphe de l'ordre sur le désordre, la toute-puissance du Roi Soleil.

VOCABULAIRE

⚓ **Parterre** : partie d'un jardin aménagé de compartiments ornés de plantes, herbes et d'arbustes.

① Dégagez les caractéristiques d'un «jardin à la française».

② Pourquoi peut-on dire que les jardins de Versailles symbolisent la puissance du roi ?

Le saviez-vous ?

● Les arbres plantés à Versailles sous Louis XIV sont acheminés par chariots de toutes les provinces du royaume.

● En 1715, les jardins de Versailles couvrent 93 hectares soit 186 terrains de football. Ils comptent 50 fontaines, 2 400 jeux d'eau, 400 sculptures, vases et statues.

● À la fin de sa vie, Louis XIV écrit un itinéraire, un petit guide destiné aux visiteurs, *Manière de montrer les jardins de Versailles.*

focus

Art baroque et art classique

Statue baroque d'Apollon à Versailles

Drapé au vent

Jaillissement de l'eau

Roue du char

Cheval en mouvement

VOCABULAIRE

- **Art baroque** : art des XVIIᵉ et XVIIIᵉ siècles caractérisé par le mouvement, l'émotion et la théâtralisation.

- **Art classique** : art des XVIIᵉ et XVIIIᵉ siècles caractérisé par l'ordre, l'équilibre et la rigueur.

Statue du bassin d'Apollon à Versailles

Détail du groupe en bronze (1670), œuvre de Jean-Baptiste Tuby (1635-1700), représentant le dieu surgissant de l' eau sur un char tiré par quatre chevaux, en direction du soleil levant. À l' origine la statue était recouverte d' or.

L'art baroque

Apollon est omniprésent dans les jardins de Versailles. Dieu grec du soleil, il rappelle que Louis XIV a choisi comme emblème, pour sa propre gloire, cet astre source de vie. Surgissant de l'eau pour venir éclairer la Terre, le dieu et Roi-Soleil ne pouvait être représenté qu'en mouvement.

▶ Comparer deux statues

Statue classique d'Apollon à Versailles

Expression sereine du visage

Stabilité

☀ L'art classique

Dans la mythologie antique, Apollon est également le dieu des arts et plus particulièrement de la musique et de la poésie. Sa représentation à Versailles avec cette fonction signifie qu'il patronne les spectacles de musique et de danse qui se déroulent à la Cour, mais aussi que Louis XIV est l'inspirateur de la création artistique.

Symbole de la lyre

Statue d'Apollon à la lyre à Versailles

Sculpture en marbre. Anonyme, années 1670-1680. Les chemins qui parcourent les jardins de Versailles sont bordés de statues inspirées de la mythologie grecque et romaine.

Activité

▶ Recopiez le tableau ci-dessous et complétez-le en comparant les deux œuvres.

	Statue du bassin d'Apollon	Statue d'Apollon à la lyre
Auteur		
Date		
Matériau		
Description de l'œuvre		
Impression créée		
Signification		

Qu'est-ce que le développement durable ?

Comprendre les enjeux environnementaux, économiques et sociaux du monde d'aujourd'hui.

Dessin humoristique de Chappatte.

■ Pourquoi les occupants de la voiture sont-ils inquiets ? Que veut dire cette caricature à chacun d'entre nous ?

Première définition du développement durable (Rapport Brundtland) — **1987**

Conférence de Rio, premier sommet mondial sur le développement durable — **1992**

Objectifs du Millénaire pour le développement — **2000**

La charte de l'environnement est adossée à la Constitution française — **2005**

Sommet de Cancún sur le climat — **2010**

GHANA ▸ ▪ Accra

OCÉAN ATLANTIQUE

Décharge de matériel informatique à Accra (Ghana). Des travailleurs pauvres trient les ordinateurs pour en extraire des métaux (en particulier le cuivre) qu'ils vendront au poids à des intermédiaires, qui en font commerce avec la Chine.

▪ Ces déchets sont-ils produits par les sociétés africaines ? Ces pays ont-ils les moyens de les recycler ?

Se déplacer à Bordeaux

FRANCE

Bordeaux
← Gironde
AQUITAINE

▶ **Comment répondre aux problèmes de déplacements urbains ?**

1 Automobile et croissance urbaine

À partir des années 1950-1960, la voiture modifie complètement l'organisation des villes occidentales. Au cœur de celles-ci, les tramways gênant la circulation automobile sont démontés. Le prix moins élevé des terrains de la périphérie attire les populations les moins favorisées ou celles avides de verdure. En conséquence, les banlieues s'étalent considérablement. Des rocades sont construites pour contourner les agglomérations, et aux carrefours entre ces rocades et les axes de pénétration urbains, des zones commerciales et industrielles sont implantées. La voiture devient indispensable pour aller travailler, faire ses courses, partir en week-end. Encombrements, bouchons et pics de pollution caractérisent la ville d'aujourd'hui.

VOCABULAIRE

⚜ **PDU (plan de déplacement urbain) :** document obligatoire pour les communes de plus de 100 000 habitants, le PDU définit les différents modes de circulation des personnes et des marchandises, ainsi que les espaces de stationnement.

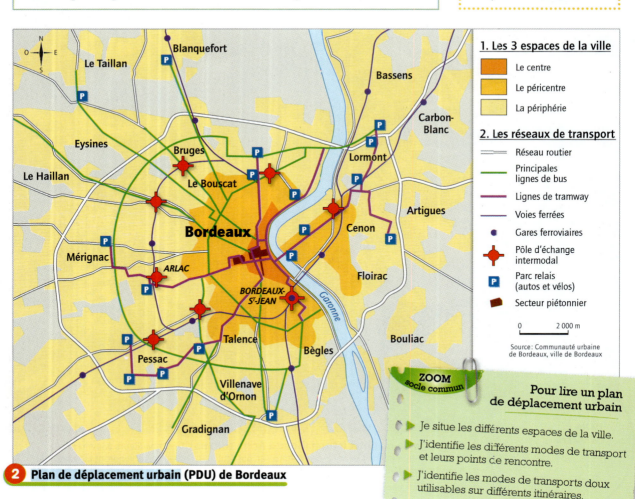

1. Les 3 espaces de la ville

- Le centre
- Le péricentre
- La périphérie

2. Les réseaux de transport

- Réseau routier
- Principales lignes de bus
- Lignes de tramway
- Voies ferrées
- Gares ferroviaires
- Pôle d'échange intermodal
- Parc relais (autos et vélos)
- Secteur piétonnier

0 ___ 2 000 m

Source : Communauté urbaine de Bordeaux, ville de Bordeaux

ZOOM
socle commun

Pour lire un plan de déplacement urbain

- ▶ Je situe les différents espaces de la ville.
- ▶ J'identifie les différents modes de transport et leurs points de rencontre.
- ▶ J'identifie les modes de transports doux utilisables sur différents itinéraires.

2 Plan de déplacement urbain (PDU) de Bordeaux

Piste cyclable

Station TER (Train express régional)

Parc de stationnement automobile

Station tramway

Bus

3 Le futur pôle d'échange intermodal d'Arlac

4 Le tramway et les Bordelais

«Les Bordelais semblent avoir adopté ce nouveau mode de transports en commun. Ainsi, en 2006, le tramway a représenté plus de la moitié des voyages sur le réseau de transports en commun de Bordeaux. Parallèlement, la circulation automobile au centre-ville aurait baissé de 22 %, alors que 7 % d'usagers auraient tout simplement abandonné leur voiture, estime la Communauté urbaine de Bordeaux. *"Le centre a gagné 20 000 nouveaux habitants"*, précise l'adjoint au maire. *"Non seulement l'hémorragie démographique [vers les banlieues] a été stoppée, mais elle est inversée".*»

CHARLES-ANTOINE ROUYER, «Projet urbain de Bordeaux, un bilan contrasté», *Le Devoir,* 23 septembre 2007.

Le projet lancé en 1995 a abouti à la création de trois lignes de tramway.

Activités

1) **Doc. 1** Énumérez les raisons qui ont conduit à la généralisation de la voiture. Quelles en sont les conséquences ?

2) **Doc. 2** À l'aide de la fiche Zoom, relevez tous les modes de transports présents. Quel est l'objectif des parkings relais ?

3) **Doc. 2 et 3** Localisez sur la carte le pôle d'Arlac. Quels modes de transports s'y rejoignent ? Définissez alors «pôle d'échange intermodal».

4) **Doc. 1 et 4** Montrez que l'implantation du tramway est un succès.

5) **Quelles solutions ont été mises en place à Bordeaux pour résoudre le problème des transports urbains ? Dans quel but et pour quel résultat ?**

Changeons d'échelle

6) Bordeaux est-elle la première ville à revenir au tramway ? Pourquoi de nombreuses municipalités font-elles ce choix ?

Évolution du nombre de kilomètres de lignes de tramway en France. Fin 2009, le tramway était en service dans 14 villes. **5**

en km

200		
150		160
100		100
70		
33 33 58 58		
2001 2002 2003 2004 2005 2006 2007		

Valoriser les déchets à Lille

Nord → Lille
**NORD
PAS-DE-CALAIS**

FRANCE

▶ **Comment gérer 500 kg de déchets par an et par habitant ?**

1 Le programme de prévention des déchets de «Lille Métropole»

«Les objectifs relatifs aux quantités de déchets sont pour fin 2007 :
– stabilisation des déchets des ménages triés et non triés par rapport à 2002 ;
– stabilisation des déchets d'emballages par rapport à 2002.
L'atteinte des objectifs est envisagée grâce à des actions consistant à promouvoir des achats générant moins de déchets d'emballages, qui représentent environ 30 % du poids des déchets. Outre les emballages, le programme s'est progressivement ouvert à d'autres types de déchets : biens d'équipement, publicités non sollicitées et résidus de cuisine et de jardin. Un important travail de sensibilisation a été mené pour inciter les citoyens à faire évoluer leurs comportements de consommation.»

ADEME, Agence de l'Environnement
et de la Maîtrise de l'énergie, www2.ademe.fr

Source: Lille Métropole communauté urbaine ; Bilan du service de Résidus urbains, 2008.

2 Évolution de la collecte de déchets de Lille Métropole

en milliers de tonnes

- Collecte traditionnelle
- Collecte sélective
- Encombrants et déchetteries
- Déchets commerciaux
- Administrations

3 La plate-forme de Halluin

★ Centre de valorisation énergétique
★ Centre de valorisation organique
▲ Centre de tri
— Voie d'eau

Halluin
Lys
Deule
Sequedin
Lille

0   5 km

Source :
Lille Métropole
communauté urbaine ;
Bilan du service
de Résidus urbains, 2008.

La plate-forme d'Halluin assure le passage des containers rouges et jaunes renfermant des ordures ménagères. Celles-ci sont ensuite acheminées par voie fluviale en péniche vers les usines de traitement, de tri et d'incinération.

«La nouvelle plate-forme est le point de départ d'une ligne régulière dédiée au transport de déchets ménagers. 40 km de parcours, entre Halluin, sur la Lys, d'une part, et Sequedin, d'autre part, sur le canal de la Deûle, dans la banlieue ouest de Lille. Les rotations ne sont jamais vides, constate le journal *Nord-Éclair* :

– À Halluin, on embarque les déchets fermentescibles destinés à produire du gaz au Centre de Valorisation Organique (CVO) de Sequedin.
– À Sequedin sont chargés les déchets incinérables destinés au Centre de Valorisation Énergétique (CVE) d'Halluin.
Et, au final, 20 000 conteneurs emprunteront chaque année ce chemin d'eau.»

Site du *Magazine fluvial*, www.fluvialnet.com, 19 mars 2009.

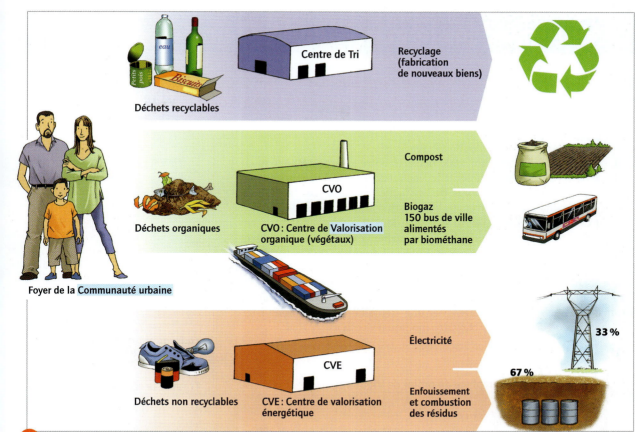

Centre de Tri

Recyclage (fabrication de nouveaux biens)

Déchets recyclables

Compost

CVO

Déchets organiques

CVO : Centre de Valorisation organique (végétaux)

Biogaz 150 bus de ville alimentés par biométhane

Foyer de la Communauté urbaine

Électricité

33 %

CVE

67 %

Déchets non recyclables

CVE : Centre de valorisation énergétique

Enfouissement et combustion des résidus

4 La valorisation des déchets

Le service « Résidus urbains » de la communauté urbaine dispose d'un budget de 150 millions d'euros par an, financé à 90 % par les usagers qui paient une TEOM (Taxe sur l'Enlèvement des Ordures Ménagères).

Activités

1) **Doc. 3** Identifiez le centre de valorisation organique (CVO) et le centre de valorisation énergétique (CVE) sur la carte. Quels sont les déchets qui remontent vers le Nord ? Pourquoi réaliser ce trajet par voie d'eau ?

2) **Doc. 1 et 2** Montrez que le programme de prévention des déchets de Lille Métropole a été efficace.

3) **Doc. 4** Que produit le CVO ? À quoi sert chacune de ses productions ?

4) **Complétez le tableau suivant :**

Type de déchets	Solutions apportées	Principal enjeu du développement durable (économique, environnemental, social)

VOCABULAIRE

⚜ **Communauté urbaine** : regroupement de plusieurs communes pour gérer certaines questions (transports, déchets...).

⚜ **Fermentescible** : qui peut fermenter.

⚜ **Incinérable** : qui peut être brûlé.

⚜ **Recyclable** : produit dont certains composants peuvent être réutilisés.

⚜ **Valorisation** : fait de redonner de la valeur, ou de réutiliser un produit.

Changeons d'échelle

5) Quelle est la grande différence entre l'évolution des déchets à Lille et celle de l'ensemble du pays ?

Production des déchets en France par habitant. 5

	Déchets (en kg)
1995	441
1997	465
1999	480
2001	496
2003	510
2005	530
2007	594

Source : www.reduisonsnosdechets.fr

Le tourisme dans le marais du Vigueirat

FRANCE

Marais de Vigueirat

Camargue

Rhône

▶ **Comment concilier préservation de l'environnement et développement touristique ?**

1 L'importance du marais

« Le domaine, qui s'étend sur 1000 hectares entre le Grand Rhône et la plaine de la Crau, peut se vanter d'accueillir 600 espèces végétales et 280 espèces d'oiseaux, soit la moitié de l'avifaune française. Les habitats y sont aussi d'une extrême diversité, composés d'une mosaïque de milieux allant des plus salés (sansouïre) aux plus doux (roselière). Pourtant, ce joyau de la biodiversité fut un temps menacé par l'extension du complexe industriel portuaire de Fos-sur-Mer. L'objectif du projet de Vigueirat est de préserver l'environnement tout en associant les habitants de Mas-Thibert, hameau proche de la commune d'Arles, à ce développement de l'économie touristique. L'enjeu est de taille car ce village de 1800 habitants, tourné vers l'agriculture avec une trentaine d'exploitations (riz, vigne, élevage de taureaux, chevaux, moutons) vivote. »

D'après E. NOUEL, « Marais du Vigueirat, un modèle à suivre », *Ulysse*, 3 avril 2008.

2 La fréquentation du marais de Vigueirat

3 Les 3 phases de mise en place du projet de Vigueirat

	PHASE 1	PHASE 2	PHASE 3
Période	1996-2003	2003-2007	À partir de 2007
Objectif	■ Protéger le milieu ■ Permettre au public la découverte de la faune et de la flore	■ Diminuer l'impact des activités humaines	■ Réduire le taux de chômage ■ Attirer davantage de touristes
Bilan du centre d'accueil	■ 40 emplois créés	■ Baisse de 7 % de la consommation d'électricité ■ Baisse de 21 % de la consommation d'eau potable ■ Gestion des eaux usées ■ Compostage et réduction des déchets ■ Création d'un sentier écoresponsable	■ Baisse de 80 % de la consommation d'énergie ■ Baisse de 50 % de la consommation d'eau potable

Source : d'après www.marais-vigueirat.reserves-naturelles.fr

4 Trouver la rentabilité

« Avec un budget d'un million d'euros de fonctionnement, le site ne rentre pas encore dans ses frais. Outre les aides du WWF, de l'Union européenne et de la mairie d'Arles, le Marais gagne 10 000 euros en moyenne, en revendant une partie de l'énergie qu'il produit grâce aux panneaux photovoltaïques disposés sur les toits des bâtiments d'accueil. Le site est en effet autosuffisant en matière d'énergie. Le site, qui appartient au Conservatoire du littoral*, propose des visites libres sur des sentiers à thème, des observations d'oiseaux et autres animations gratuites. En revanche, les visites guidées et promenades en calèche sont payantes. »

www.novethic.fr

* Il a acquis fin 2009, 4 500 hectares de zones humides sur le territoire de la commune d'Arles.

VOCABULAIRE

🍂 **Avifaune** : ensemble des oiseaux.

🍂 **Conservatoire du littoral** : établissement public chargé de protéger des espaces naturels littoraux.

🍂 **Photovoltaïque** : qui produit de l'électricité à partir de la lumière.

🍂 **Roselière** : espace végétal constitué essentiellement de roseaux.

🍂 **Sansouïre** : terrain recouvert d'une végétation clairsemée supportant une forte teneur en sel.

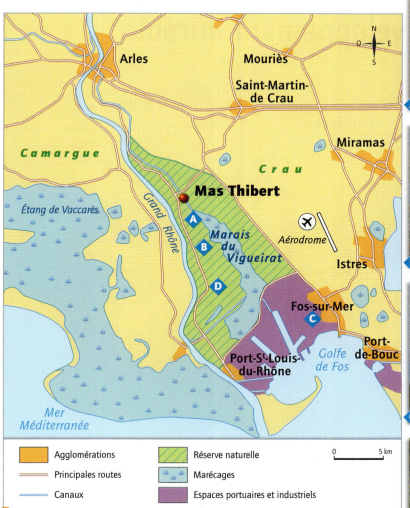

Arles

Mouriès

Saint-Martin-
de Crau

Camargue

Miramas

Crau

Mas Thibert

Grand Rhône

Étang de Vaccarès

A

*Marais
du
Vigueirat*

Aérodrome

B

Istres

D

Fos-sur-Mer

C

Port-
de-Bouc

Port-St-Louis-
du-Rhône

*Golfe
de Fos*

*Mer
Méditerranée*

0   5 km

	Agglomérations		Réserve naturelle
	Principales routes		Marécages
	Canaux		Espaces portuaires et industriels

5 **La région du marais de Vigueirat**

A Roselière.

B Sansouïre.

C Fos-sur-Mer.

D L'avifaune.

Activités

1) **Doc. 1 et 5** Localisez sur la carte les lieux cités dans le texte.

2) **Doc. 2, 3 et 4** Dressez la liste des enjeux de la mise en valeur des marais.

3) **Doc. 1, 3 et 5** Quelle menace représente Fos? Avec quel objectif est-ce contradictoire? Ce projet a-t-il comme objectif principal un enjeu économique, environnemental ou social? Justifiez.

4) **Classez les objectifs et les résultats obtenus (doc. 3):**

	Environnemental	Économique	Social
Objectif			
Bilan			

Changeons d'échelle

5) **Montrez que le marais de Vigueirat n'est pas un cas isolé.**

Le domaine du Conservatoire du littoral. **6**

	1980	1993	2009
Nombre de sites	65	308	600
Surface acquise (ha)	10 000	40 800	129 500
Longueur de côte (km)	120	38 000	1 000

Source: Conservatoire du littoral.

Définir le développement durable

> « Le développement durable est un mode de développement qui répond aux besoins du présent sans compromettre la capacité des générations futures de répondre aux leurs. »
>
> Rapport Brundtland, 1987

1 Les 3 cercles du développement durable

« La notion de développement durable repose sur 3 piliers, c'est-à-dire trois objectifs fondamentaux :
– **pilier économique** : continuer à **produire des richesses** pour satisfaire les besoins de la population mondiale ;
– **pilier social** : veiller à **réduire les inégalités** à travers le monde ;
– **pilier environnemental** : cela **sans dégrader l'environnement** que les générations futures recevront en héritage. »

SYLVAIN ALLEMAND,
Le développement durable,
Autrement, 2006.

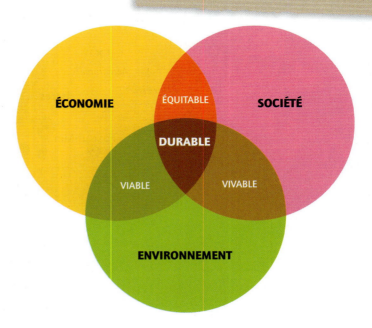

ÉCONOMIE — SOCIÉTÉ — ENVIRONNEMENT
ÉQUITABLE — DURABLE — VIABLE — VIVABLE

2 Les échelles du développement durable

Le développement durable concerne non seulement l'ensemble de l'humanité, mais aussi chacun d'entre nous. C'est la somme des actions locales qui a un impact sur l'évolution globale.

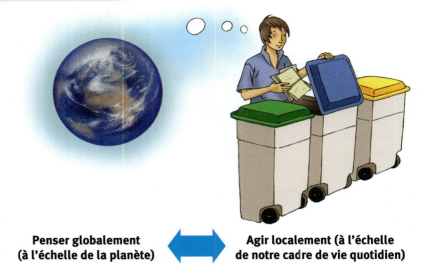

Penser globalement
(à l'échelle de la planète)

Agir localement (à l'échelle
de notre cadre de vie quotidien)

3 Les acteurs du développement durable

Chaque acteur a une vision différente du développement durable, en fonction de ses objectifs et de ses intérêts.

Un exemple	Ses objectifs	Sa vision
Conservatoire du littoral	**1** Conduire des actions de préservation de l'environnement. **2** Créer des emplois dans le domaine de la préservation. **3** Permettre une exploitation touristique raisonnée de l'espace préservé.	Vision environnementocentrée
MAX HAVELAAR FAIRTRADE GARANTIE	**1** Aider des familles du Sud à vivre de leur travail. **2** Gagner de l'argent pour développer ses activités. **3** Permettre une mise en valeur des territoires respectueuse de l'environnement.	Vision sociocentrée
Google	**1** Faire des profits pour investir (dans la recherche, dans de nouvelles installations, etc). **2** Essayer de limiter son impact environnemental. **3** Conduire une politique sociale.	Vision économicocentrée

4 Les Objectifs du Millénaire pour le développement (OMD)

Dans une déclaration, signée en 2000, les États membres de l'ONU ont convenu d'atteindre, d'ici 2015, 8 objectifs.

1. OUI À LA LUTTE CONTRE LA PAUVRETÉ ET LA FAIM

2. OUI À L'ÉDUCATION PRIMAIRE POUR TOUS

3. OUI À L'ÉGALITÉ DES SEXES

4. OUI À LA RÉDUCTION DE LA MORTALITÉ INFANTILE

5. OUI À L'AMÉLIORATION DE LA SANTÉ DES MÈRES

6. OUI À LA LUTTE CONTRE LES MALADIES

7. OUI À UN ENVIRONNEMENT DURABLE

8. OUI À UN PARTENARIAT MONDIAL

Les enjeux du développement durable

A Le développement humain de l'humanité

● À partir du XIXᵉ siècle avec l'industrialisation [doc. 4], le modèle occidental de **développement** se répand sur l'ensemble de la planète ; il s'appuie sur **l'exploitation et la transformation des ressources naturelles**, un mode de vie toujours plus urbain, et des échanges entre les hommes devenus planétaires.

● **Ce développement conduit à un enrichissement et à une amélioration générale des conditions de vie de la plupart des sociétés** [doc. 2]. Ce phénomène est surtout caractéristique des 60 dernières années et concerne plus particulièrement les pays du Nord ; ceux du Sud avançant à un rythme moins soutenu.

● **Cette évolution est d'autant plus remarquable, que dans le même temps, la population mondiale a été multipliée par 7.**

B Les limites du développement

● Le développement actuel présente toutefois deux faiblesses majeures [doc. 1] : **il exclut une bonne partie de l'humanité** (près de trois milliards de personnes vivent avec moins de deux dollars par jour) [doc. 3] ; **il est inséparable d'une pression toujours plus forte sur l'environnement.**

● Nombreux sont les acteurs qui, du simple citoyen (pour une action le plus souvent locale) aux États (pour une action globale) se mobilisent dans le sens d'un développement durable [doc. 5 et 6]. **Il s'agit de répondre aux besoins essentiels de tous les habitants de la planète, par une exploitation raisonnée de ses ressources.**

● Si la communauté internationale peine à s'entendre sur les mesures à prendre en matière environnementale, la réduction de la **pauvreté** est un but accepté, défini avec clarté dans **les Objectifs du Millénaire pour le développement** [voir p. 181].

---

1 LES CHIFFRES DU DÉVELOPPEMENT DURABLE

20 % des hommes consomment **80 %** des ressources.

20 % de la population mondiale n'a pas accès à l'eau potable.

40 % des terres cultivables sont dégradées.

2 Évolution de la richesse mondiale

Année	PIB mondial (estimation en milliards de dollars de 1990)
J.-C.	102
1000	117
1820	694
1998	33 726
2005	60 000

Source : OCDE.

■ **À quelle période historique correspond l'augmentation brutale de la richesse ?**

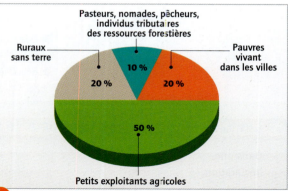

3 La répartition de la pauvreté

■ **Les pauvres sont-ils essentiellement des ruraux ou des urbains ?**

VOCABULAIRE

⚜ **Développement** : processus contribuant, grâce à un enrichissement général de l'humanité, à améliorer le bien-être des individus.

⚜ **Environnement** : milieu dans lequel vivent les sociétés humaines et avec lequel elles entretiennent des relations étroites.

⚜ **Pauvreté** : état d'une personne qui est privée des ressources nécessaires pour vivre décemment dans son environnement.

⚜ **Ressource** : richesse d'un territoire que l'Homme peut exploiter.

4 **Usine sidérurgique Krupp à Essen, dans la Ruhr (1865)**

Pour fabriquer de l'acier, il faut du charbon (combustible) et du minerai de fer (matière première).

■ **Quelle source d'énergie commence à être utilisée massivement avec le début de la Révolution industrielle ?**

P.B.
Rhénanie
du Nord-
Essen Westphalie
ALLEMAGNE
FRANCE

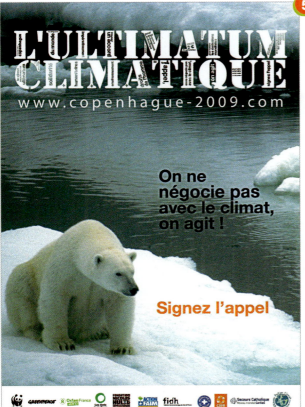

5 **Affiche publiée à l'occasion du Sommet de Copenhague**

Le sommet (fin 2009), présenté par les médias comme celui de la dernière chance pour stopper le réchauffement climatique, n'a abouti sur aucun engagement ferme des États.

■ **Pourquoi cette affiche présente-t-elle un ours sur la banquise ?**

6 **Le développement durable, un retour en arrière ?**

« Il vous faut, pour vous comporter en écocitoyen, vous chauffer au bois, vous déplacer à vélo, ne plus employer de couches et de mouchoirs jetables, mais des linges réutilisables. Le bilan environnemental de toute cette eau et cette lessive est-il favorable ? Pas sûr, surtout si l'on prend en compte votre temps de travail, gaspillé à des tâches que nos grands-mères ont jeté aux oubliettes avec soulagement. Rouler à bicyclette et sacrifier ainsi la rapidité et la sécurité, labourer le champ et ramasser à la main les parasites qui l'infestent plutôt que d'employer des produits chimiques, se transformer au nom du tri sélectif en pro du recyclage, constitue un retour en arrière par rapport à ce qu'était l'objectif premier du développement : libérer l'Homme des contraintes matérielles et de l'asservissement à l'énergie humaine. »

D'après S. BRUNEL, *À qui profite le développement durable ?*, coll. À dire vrai, Larousse, 2008.

■ **Quelle est l'opinion de l'auteur sur le développement durable ?**

1 Définir un terme

Qu'est-ce qu'un éco-quartier ?

Le quartier Vauban

Panneaux solaires

Façades orientées Sud

Piste cyclable

Un logement collectif du quartier Vauban.

ALLEMAGNE
Bade-Wurtemberg
FRANCE **Fribourg**
SUISSE

«En décembre 1993, le conseil municipal de Fribourg décide de profiter du site d'une ancienne caserne militaire française de près de 37 hectares pour y créer un nouveau quartier pouvant accueillir près de cinq mille habitants, planifié dans le respect de l'environnement. Le quartier Vauban sert de laboratoire du développement durable. Près de 65 % de l'énergie utilisée provient de panneaux solaires installés sur les toits et de la petite centrale de cogénération*. D'autres concepts écologiques sont mis en pratique: les toilettes de l'école fonctionnent à l'eau de pluie; les constructions consomment peu d'énergie (isolation); la place de l'automobile est réduite au profit des transports doux.»

D'après le mémoire de C. LEHR, *Le quartier de Fribourg-en-Brisgau, Allemagne: un quartier manifeste ?* École d'Architecture de Strasbourg, 2005

* utilise la chaleur issue de la production électrique comme moyen de chauffage.

1 Où se trouve ce quartier ? Depuis quand existe-t-il ?

2 Relevez dans les documents des éléments qui montrent

que le quartier cherche à préserver l'environnement.

3 À partir des éléments recoltés, efforcez-vous de définir ce qu'est un éco-quartier.

2 Comprendre un texte

Le commerce équitable

MEILLEUR QUAND LE PRODUCTEUR NE BOIT PAS LA TASSE

Max Havelaar la garantie commerce équitable

www.maxhavelaarfrance.org

Publicité de Max Havelaar, ONG qui délivre un label pour les produits fabriqués par de petits producteurs défavorisés.

Les principes du commerce équitable

«Le commerce équitable consiste à commercialiser des produits à un prix qui permet à leurs producteurs d'en vivre. Le consommateur des pays développés les paiera donc souvent un peu plus cher. Les labels, qui figurent sur l'emballage sous forme de logos, garantissent que le produit a été cultivé ou fabriqué dans le respect de l'environnement (sans avoir recours à des produits chimiques) et des Droits de l'Homme (pas de travail des enfants), et que sa vente assure un revenu minimal à son producteur lui permettant de vivre décemment.»

D'après SYLVAIN ALLEMAND, *Le développement durable*, Autrement, 2006.

1 Quel est le principal concerné par le commerce équitable ? En connaissez-vous d'autres ?

2 Quel est le principe que doit accepter l'acheteur ? Dans

quelle mesure le commerce équitable a-t-il un rapport avec le développement durable ? Relevez-en les avantages économiques, sociaux et environnementaux.

3 Analyser un schéma

La durée de vie des déchets

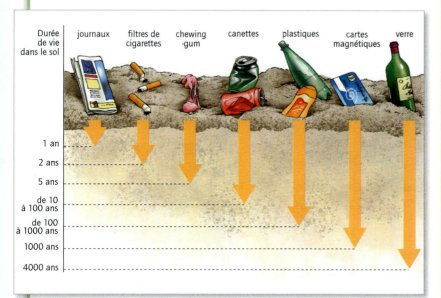

La durée de vie dans le sol de déchets quotidiens.

① Quelles sont les conséquences pour l'environnement de la présence des déchets dans le sol ?

② De tous les déchets évoqués ici, lesquels sont les plus présents dans votre vie quotidienne ? Quelles solutions proposeriez-vous pour en réduire la production ?

③ D'après vos connaissances et le texte, décrivez les solutions qui existent pour éviter de stocker les déchets.

L'Asie avide de papier

« L'Asie convoite le vieux papier des Occidentaux pour fabriquer le carton d'emballage de ses produits. La demande chinoise en papier est ainsi passée de 1,4 million de tonnes en 1990 à 30 millions en 2009. Le mouvement est d'autant plus puissant que l'industrie du recyclage demande moins d'investissements qu'une autre industrie. Ce nouveau circuit fait la fortune des compagnies maritimes. Les porte-conteneurs chargés de déchets redevenus de la matière première voyagent partout dans le monde. »

Loïc Chauveau,
« Le développement durable »,
Petite Encyclopédie Larousse, 2009.

4 B2i Jouer et apprendre à protéger son environnement

Écoville, jeu de simulation

[Compétences B2i : 3.6 Utiliser et mesurer les limites d'un outil de simulation]

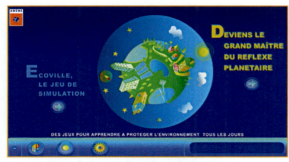

▲ www.ademe.fr/particuliers/jeu2/ADEME

① Rendez-vous sur www.ademe.fr/particuliers/jeu2/ ADEME. Qui est l'auteur de ce site et quelles sont ses missions ?

② Réalisez une partie. Faites un bilan de votre score et des remarques qui vous sont faites. Sur quels aspects du développement durable insiste ce jeu ?

③ Consultez les « fiches pédagogiques ». Pour chaque catégorie proposée (électricité, déchets…), indiquez à quelle partie des cercles du développement durable elle correspond (voir le manuel page 180).

TICE et Développement durable

De nombreuses ressources numériques sont disponibles pour étudier
le développement durable : sites Internet, jeux divers, fichiers audios ou vidéos...

▶ **Comment repérer, trier et valider les informations
disponibles sur le développement durable ?**

1 Construire un petit annuaire de sites Internet

Quels sites pour comprendre le développement durable ?

[Compétence B2i : 4.4 Relever des élements me permettant
de connaître l'origine de l'information]

Il existe des sites
de différentes natures :
les sites d'entreprises,
les sites de médias,
ceux de vulgarisation
scientifique, le travail
des associations mis
en ligne, les sites
institutionnels...

▲ Site de l'ONU consacré aux Objectifs
du Millénaire pour le Développement.

▲ Site de Terra Eco.

1 À l'aide d'un moteur de recherche, retrouvez ces différents
sites. Déterminez la nature de chacun d'entre eux :
s'agit-il de sites d'entreprises, institutionnels, associatifs, de
médias ? Quelle sont les objectifs visés par chacun
d'entre eux ? Quel niveau de confiance peut-on leur accorder ?

2 Établissez, en les classant comme ci-dessous,
une liste plus ou moins fournie de sites sur le développement
durable. Chaque fois, il vous faudra relever l'adresse
et la nature de ces sites (vous pouvez distinguer les différentes
catégories de sites par des couleurs) et présenter leur intérêt
en quelques lignes.

▲ Site de Greenpeace.

Nom du site	Nature	Adresse du site	Présentation
Objectifs du Millénaire			
Terra Eco			
Greenpeace			
Veolia Environnement			

3 Gardez cette liste précieusement. Elle pourra vous être utile
tout au long de l'année scolaire, et même après.

▲ Site de Veolia Environnement.

Jouer pour comprendre le développement durable

Le site du jeu sérieux Climcity

[Compétence B2i : **3.6 Utiliser un outil de simulation**]

Les «jeux sérieux» («*serious games*» en anglais) ont l'ambition d'associer travail pédagogique et amusement. Ils permettent de simuler des situations de la vie réelle.

1 Quelles sont les deux grandes parties du site Clim'way?

2 Quels aspects du développement durable aborde ce jeu en ligne?

3 Rendez-vous sur la partie jeu du site Clim Way. Quel est l'objectif de jeu?

4 Consultez le guide et relevez les fonctions disponibles de ce jeu. Quelles sont les principales règles du jeu?

5 Mettez en œuvre trois actions dans le jeu et expliquez les premiers changements observés sur l'environnement.

▲ **http://climcity.cap-sciences.net**

 Comment utiliser la baladodiffusion (*podcasting*)?

L'émission Thalassa

[Compétence B2i : **4.4 Sélectionner des résultats et justifier son choix**]

Les émissions comme les actualités télévisées permettent de compléter la documentation sur le développement durable. Elles mettent à disposition des fichiers audios ou vidéos que l'on peut regarder ou écouter en restant connecté, et que l'on peut télécharger et consulter quand bon nous semble.

1 Qui sont les producteurs des vidéos proposées sur ce site? Quels sont les sujets abordés par ces vidéos?

2 Depuis la page d'accueil, rendez-vous sur la page qui propose l'ensemble des vidéos disponibles. Les mises à jour sont-elles régulières?

3 Recherchez les vidéos qui traitent du développement durable. Justifiez vos choix en expliquant la technique utilisée pour les sélectionner.

4 Construisez un tableau et indiquez l'auteur ou la source, la date, le sujet pour chaque vidéo sélectionnée. Indiquez pour chacune sur une échelle de 1 à 5 le niveau d'intérêt pour le thème du développement durable.

▲ **http://expedition-thalassa.cndp.fr/toutes-les-escales.html**

Dynamiques de la population et développement durable
Quels défis la croissance démographique pose-t-elle ?

OCÉAN
PACIFIQUE

AMÉRIQUE
DU SUD

Île de Pâques

CHILI

L'île de Pâques. Entre 900 et 1700, les Pascuans, de plus en plus nombreux, ont abattu toutes les forêts pour cuisiner, construire maisons et bateaux, mais surtout déplacer et ériger les statues qui honoraient les chefs de clans. Puis, en quelques décennies, l'île a perdu 70 % de sa population.

■ Sachant que les Pascuans étaient pêcheurs, comment expliquer cet effondrement démographique ?

Développement durable : mode de développement qui vise à produire des richesses en veillant à réduire les inégalités, sans pour autant dégrader l'environnement. »

Le Caire
ÉGYPTE

Mer Méditerranée
Nil

OCÉAN ATLANTIQUE
OCÉAN INDIEN

La circulation au Caire. La capitale de l'Égypte, peuplée de 6 millions d'habitants en 1975, en compte aujourd'hui plus de 17 millions. Cela en fait la plus grande ville d'Afrique et du Moyen-Orient.

■ Qu'est-ce qui montre l'activité économique et le poids démographique de la ville ?

Population chinoise et développement

RUSSIE
JAPON
Beijing
CHINE
INDE
Océan Pacifique
Océan Indien

▶ **Pourquoi l'accroissement démographique est-il un enjeu de développement durable ?**

① Périphérie de la ville de Ningbo, Sud de Shanghaï

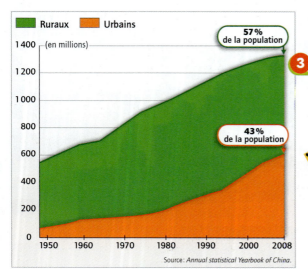

Ruraux   Urbains

1 400 (en millions)

57 %
de la population

1 200

1 000

800

600

43 %
de la population

400

200

0

1950 1960 1970 1980 1990 2000 2008

Source : *Annual statistical Yearbook of China.*

Population urbaine et population rurale en Chine de 1949 à 2008

③

② Le recul des terres agricoles

«Chaque année, le développement urbain consomme 500 000 hectares de bonnes terres agricoles transformées en zones d'habitat, zones industrielles et infrastructures routières. Cela inquiète de nombreux observateurs qui en débattent abondamment dans les journaux sans que des freins efficaces soient mis, pour le moment, à cette urbanisation galopante. Celle-ci s'accompagne d'une croissance très importante du nombre de voitures*.
Parallèlement, avec l'amélioration du niveau de vie de sa population, le pays voit croître et se diversifier la consommation alimentaire des ménages, surtout en zones urbaines. Deux solutions s'offrent au pays : soit améliorer les rendements agricoles (donc utiliser de manière encore plus massive des engrais et des pesticides), soit louer ou acheter des terres à l'étranger. Pour le moment, la Chine est autosuffisante, mais pour combien de temps ? »

D'après GÉRARD LE PUILL,
« Chine, défi alimentaire permanent »,
L'Humanité, 26 juin 2006.

* On est passé de 18 voitures pour 100 habitants en 1998 à plus de 40 aujourd'hui.

VOCABULAIRE

🔹 **Centrale éolienne** : centrale qui produit de l'électricité avec la force du vent.

🔹 **Mortalité maternelle** : nombre de femmes décédant lors de la naissance de leur enfant.

🔹 **Rendement agricole** : quantité d'un produit agricole fournie par un hectare de terre.

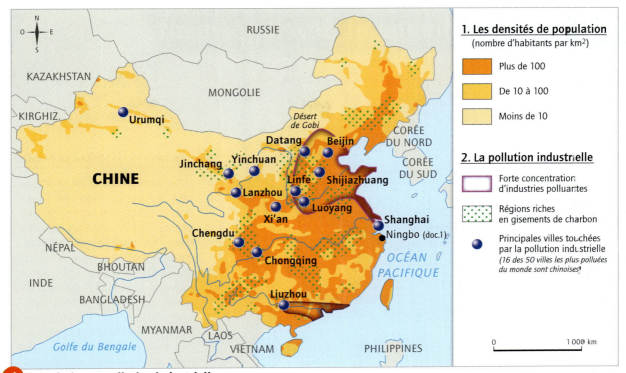

1. Les densités de population
(nombre d'habitants par km²)

- ▮ Plus de 100
- ▮ De 10 à 100
- ▮ Moins de 10

2. La pollution industrielle

- ▭ Forte concentration d'industries polluantes
- ▦ Régions riches en gisements de charbon
- ● Principales villes touchées par la pollution industrielle *(16 des 50 villes les plus polluées du monde sont chinoises)*

0 — 1 000 km

4 **Population et pollution industrielle**

5 **Villes et campagnes chinoises**

	Villes	Campagnes
Population (entre 15 et 64 ans) sans éducation (en %)	2,5	8,7
Espérance de vie (en années)	75	69
Salaire annuel moyen (en dollars)	1 000	300
Mortalité maternelle (pour 100 000 naissances)	62	33

Source : PNUD, 2009.

6 **Une préoccupation environnementale**

« Le gouvernement a lancé une première "journée verte" pour une sensibilisation à la protection de l'environnement le 3 avril 2007 : plus de 10 000 personnes ont planté 5 000 arbres dans 8 villes chinoises. L'Agence nationale pour la protection de l'environnement, créée en 1998 a été élevée au rang de ministère de l'Environnement en 2008. Si un projet phare de ville 100 % écologique a été gelé au Nord de Shanghai, des centrales éoliennes ont été mises en service dans le désert de Gobi. Enfin, la recherche chinoise est très en pointe dans le développement de la voiture électrique de demain. Certaines municipalités organisent même des journées sans voiture, inspirées de la France. »

D'après Y. Veyret, P. Arnould, *Atlas des développements durables*, Autrement, 2008.

Activités

1) **Doc. 4** Situez les fortes densités de population en Chine.

2) **Doc. 1, 2, 4 et 6** Montrez que la ville est le lieu de la réussite économique et sociale pour les Chinois.

3) **Doc. 1, 2 et 3** Pourquoi la Chine risque-t-elle de rencontrer des problèmes alimentaires. Quelles sont les deux solutions envisagées ?

4) **Doc. 2, 4 et 6** Expliquez l'origine de la pollution dans les villes chinoises.

5) **Montrez que l'augmentation de la population constitue un enjeu de développement durable pour la Chine.**

Changeons d'échelle

6) Quels sont les deux pays les plus concernés par la réduction des gaz à effet de serre ?

Émissions de gaz à effet de serre en équivalents de CO₂ (2007). La Chine est le premier consommateur mondial d'énergie.

7

Part mondiale	
Chine	21 %
États-Unis	20 %
Russie	5,5 %
Inde	4,5 %
Japon	4 %
Allemagne	2,7 %

Source : *International Energy Agency*, 2009.

Population indienne et développement

▶ **Pourquoi l'accroissement démographique est-il un enjeu de développement durable ?**

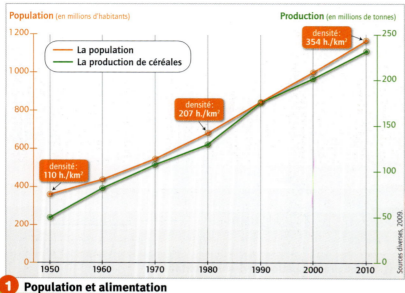

Population (en millions d'habitants)

Production (en millions de tonnes)

- La population
- La production de céréales

densité : 110 h./km²

densité : 207 h./km²

densité : 354 h./km²

Sources diverses, 2009.

1 **Population et alimentation**

La croissance de la population est de 1,6 % par an.

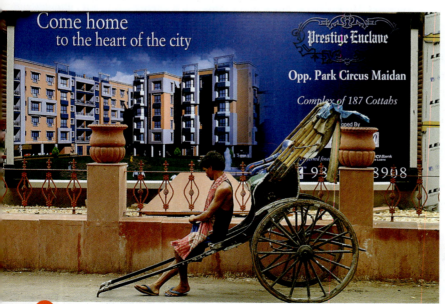

Come home to the heart of the city

Prestige Enclave

Opp. Park Circus Maidan

Complex of 187 Cottahs

2 **Publicité pour des appartements de luxe à Kolkata**

Si 500 millions d'Indiens vivent avec moins de deux dollars par jour (pauvreté), 90 millions d'Indiens ont un niveau de vie comparable à celui des Occidentaux.

3 **La terre surexploitée au Pendjab**

« Toujours soucieux de produire plus, les agriculteurs ont abusé des engrais chimiques et des pesticides et puisé sans réserve dans les nappes phréatiques. Aujourd'hui, les sols sont en piteux état ; le niveau des nappes phréatiques a baissé d'un à trois mètres sur plus de 75 % du territoire du Pendjab. Selon un rapport officiel, l'usage croissant des engrais chimiques a provoqué dans les sols de graves déficiences en oligo-éléments. Les espèces vivantes comme les bactéries, les champignons ou les vers de terre, se sont faites beaucoup moins nombreuses. *"Puisque le sol a perdu son aptitude naturelle à nourrir les cultures, il faut bien continuer à ajouter des engrais !"* s'exclame Jitender Pal Singh, agriculteur. Et bien sûr, le coût de production augmente. Plusieurs enquêtes ont montré que pour continuer à produire, la majorité des agriculteurs du Pendjab s'endettent à court terme à des taux d'intérêt très élevés. »

D'après Kumkum Dasgupta, « Pas si rose la révolution verte ! », *Courrier de l'Unesco*, janvier 2001.

VOCABULAIRE

- **Gaz à effet de serre (GES)** : gaz qui, lorsqu'ils sont en trop grande quantité, contribuent au réchauffement climatique.
- **Nappe phréatique** : nappe d'eau souterraine.

4 **Le Gange, fleuve sacré, à Varanasi**

Plus de 500 millions d'habitants, soit l'équivalent de la population européenne, habitent le long du Gange, le fleuve le plus pollué du monde.

5 **Le troisième pollueur du Monde**

« C'est la rançon d'un développement industriel accéléré, et les perspectives de croissance pour les deux décennies à venir ne peuvent que renforcer ce phénomène : dans 20 ans le charbon demeurera la principale source d'électricité ; quant à l'énergie utilisée par les foyers ruraux (bois et bouse séchée), elle est aussi une source importante d'émission de CO2. Pourtant, le gouvernement continue de refuser tout engagement de réduction des émissions de gaz à effet de serre, soulignant que chaque Indien, individuellement, produit 13 fois moins de gaz carbonique qu'un Américain. Un cadre contraignant risquerait de freiner sa croissance, indispensable pour faire reculer la pauvreté, qui frappe près de 40 % de la population. Pourtant les Indiens commencent à ressentir les effets du réchauffement climatique : fonte des glaciers de l'Himalaya, inondations et sécheresses plus fréquentes. »

NINA ET OLIVIER DA LAGE, *L'Inde de A à Z*,
André Versaille Éditeur, 2010.

ZOOM
socle commun

Pour analyser un texte

- ▶ Je relève son origine (auteur et source).
- ▶ Je repère son organisation.
- ▶ Je résume les quelques idées qu'il contient.

Activités

1) **Doc. 1 et 3** Décrivez et expliquez le graphique. Comment la croissance de la production agricole a-t-elle été possible ? Relevez les conséquences sociales de la surexploitation des terres.

2) **Doc. 3, 4, 5** Établissez une liste des différentes pollutions auxquelles l'Inde est aujourd'hui confrontée.

3) **Doc. 2, 4, 5** Le processus de développement concerne-t-il tous les Indiens ? Pourquoi peut-on dire que deux mondes cohabitent ? Justifiez votre réponse.

4) **Doc. 5** En vous aidant de la fiche Zoom, indiquez devant quel choix se trouve le gouvernement indien par rapport à ses émissions de gaz à effet de serre.

5) **En quelques lignes, montrez que l'augmentation de la population indienne constitue un enjeu de développement durable.**

Changeons d'échelle

6) Quels sont les groupes de pays qui ont la plus forte augmentation de CO2 ? Pourquoi ?

Évolution des émissions de CO2 par habitant entre 1990 et 2005. **6**

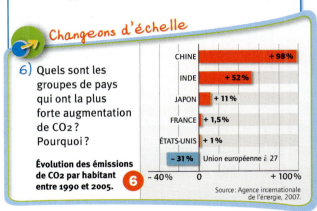

CHINE	+ 98 %
INDE	+ 52 %
JAPON	+ 11 %
FRANCE	+ 1,5 %
ÉTATS-UNIS	+ 1 %
− 31 %	Union européenne à 27

- 40 %   0   + 100 %

Source : Agence internationale de l'énergie, 2007.

Un front pionnier en Côte d'Ivoire

▶ Comment se développe un front pionnier ?

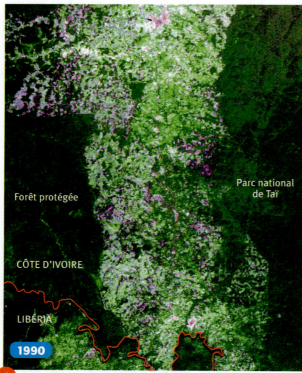

Forêt protégée

Parc national de Taï

CÔTE D'IVOIRE

LIBÉRIA

1990

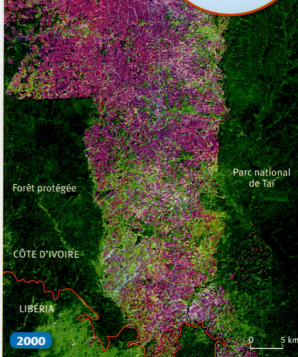

Forêt protégée

Parc national de Taï

CÔTE D'IVOIRE

LIBÉRIA

2000

0   5 km

1 Images satellites de la région de Taï Zagné

Le parc national de Taï est classé sur la liste du Patrimoine mondial de l'humanité.

Les taches mauves correspondent aux plantations de cacao et de café.

2 La déforestation dans la région

«En 1974, la plupart des surfaces étaient couvertes par la forêt (80 000 hectares). Jusqu'en 1984, le taux de déforestation était d'environ 2,5 % par année. Mais le rythme s'est accéléré entre 1984 et 1990, lorsque l'implantation massive d'une agriculture commerciale de cacao et de café a débuté ; le taux de déforestation a atteint alors 11 % par an. Depuis, d'autres abattages de forêt ont eu lieu pour convertir la surface en terre agricole (agriculture sur brûlis). Ce phénomène ne s'arrête pas seulement à proximité des vieux villages, mais aussi dans les zones éloignées, où les migrants originaires du Nord du pays se sont récemment installés (90 % des habitants viennent d'autres régions ou du Liberia voisin). La pression humaine a atteint directement le parc et les autres forêts protégées. Il est maintenant difficile d'empêcher la population d'y extraire les plantes et les animaux.»

D'après le Programme des Nations Unies pour l'Environnement, étude réalisée par le Conservatoire et Jardin botanique de Genève, www.grid.unep.ch.

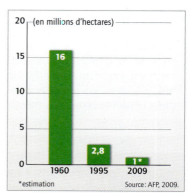

3 La superficie forestière en Côte d'Ivoire

Avant les plantations, la forêt était exploitée par une agriculture itinérante sur brûlis qui lui laissait le temps de se régénérer.

4 Paysans pratiquant l'agriculture vivrière sur brûlis aux abords du parc de Taï Zagné

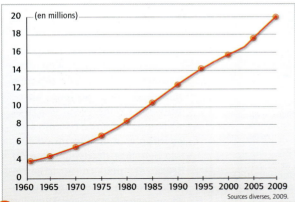

5 La population ivoirienne

Sources diverses, 2009.

VOCABULAIRE

- **Agriculture commerciale** : forme d'agriculture destinée à la vente.
- **Agriculture vivrière** : forme d'agriculture destinée à la consommation locale.
- **Déforestation** : action de détruire une forêt.
- **Forêts** : surface de plus de 0,5 hectare composée d'arbres âgés d'au moins 5 ans.
- **Front pionnier** : mise en valeur et peuplement de nouveaux espaces, souvent boisés.

Activités

1) **Doc. 2 et 5** Décrivez l'évolution de la superficie forestière. Comment expliquer cette évolution ?

2) **Doc. 1 et 3** À l'aide de la fiche Zoom p. 202, dites ce qui limite la déforestation et quelle est l'activité qui remplace les forêts.

3) **Doc. 4** Décrivez la photo. Quels sont les principes de l'agriculture sur brûlis ? Permet-elle de nourrir une importante population ?

4) Expliquez en quelques lignes ce qu'est un **front pionnier** et les raisons de sa mise en place.

Changeons d'échelle

5) Identifiez d'un côté les facteurs économiques et sociaux de la déforestation et d'un autre côté, les conséquences environnementales.

Atouts et inconvénients de la déforestation. **6**

Un front pionnier en Amazonie

Rondônia
BRÉSIL
OCÉAN PACIFIQUE
Brasilia
OCÉAN ATLANTIQUE

▶ **Comment caractériser le front pionnier du Rondônia ?**

① Un défrichement avant l'exploitation minière

L'Amazonie est très riche en minerais de toutes natures.

② Les raisons de la déforestation amazonienne

«La déforestation de l'Amazonie brésilienne a changé de nature au cours de la décennie 1990, se répartissant aujourd'hui entre deux causes principales. La première est l'installation de minuscules exploitations agricoles peu productives et inadaptées à l'environnement amazonien. Il s'agit là de petits lots distribués par l'État dans son projet de colonisation à des migrants venus en masse du Sud du pays. La seconde est l'implantation, favorisée par l'État, de grandes entreprises du secteur agro-industriel focalisées sur le soja et la viande bovine, en relation avec les grands marchés mondiaux. Elle bénéficie du dynamisme du Brésil en matière agricole et constitue une source importante de devises pour le pays. Dans les deux cas, ces exploitations contribuent directement ou indirectement à l'émission de gaz à effet de serre.»

D'après FRANÇOIS MICHEL LE TOURNEAU, «Mécanismes de la déforestation en Amazonie brésilienne», revue *Mappemonde* n°75, 2004.

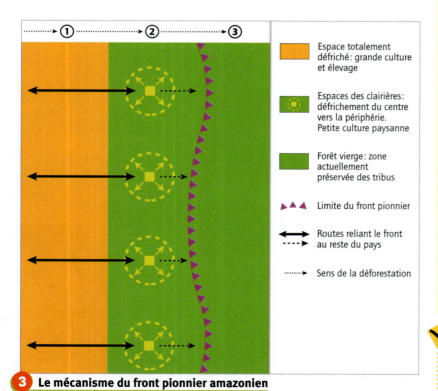

🟧	Espace totalement défriché: grande culture et élevage
🟩	Espaces des clairières: défrichement du centre vers la périphérie. Petite culture paysanne
🟩	Forêt vierge: zone actuellement préservée des tribus
▲▲▲	Limite du front pionnier
⬅➡	Routes reliant le front au reste du pays
⋯▶	Sens de la déforestation

③ **Le mécanisme du front pionnier amazonien**

VOCABULAIRE

▲ **Front pionnier** : mise en valeur et peuplement de nouveaux espaces, souvent boisés.

Lambeaux de forêt

Route transamazonienne

Terres cultivées

Exploitations agricoles

Réserves d'eau

4 **Un front pionnier dans l'État du Rondônia**

5 **Démographie et espace forestier brésilien**

	2000	2005	2008
Population (en millions d'habitants)	174	186	192
Accroissement naturel (en %)	1,4	1,2	1,0
Nombre d'enfants par femme	2,3	2,0	1,9
Superficie de forêts (en millions de km²)	4,9	4,7	4,5

Source : Banque mondiale, avril 2009.

ZOOM
socle commun

Pour lire une photo aérienne oblique

▶ J'identifie les grands ensembles de l'image.

▶ Je montre les liens qu'il peut y avoir entre ces ensembles.

▶ Je réalise éventuellement un croquis de paysage.

Activités

1) **Doc. 4** À l'aide de la fiche Zoom, décrivez le front pionnier au Rondônia. Réalisez un croquis de paysage.

2) **Doc. 2, 3 et 4** Indiquez sur le schéma et sur la photographie où s'implantent les deux populations décrites dans le doc. 2.

3) **Doc. 1 et 3** De quels « pionniers » s'agit-il ici ? Situez cette image sur le schéma.

4) **Doc. 2 et 5** Montrez que la déforestation est en partie liée à l'accroissement de la population, mais que ce n'est pas le seul facteur.

5) **Expliquez en quelques lignes les répercussions économiques, sociales et environnementales de la mise en place du front pionnier amazonien.**

Changeons d'échelle

6) La déforestation affecte-t-elle tous les continents ? Quel est le bilan global ?

En perte		En gain	
Amérique du Nord	– 101	**Caraïbes**	+ 54
Amérique latine	– 4 536	**Europe**	+ 733
Moyen-Orient et Asie centrale	– 60	**Asie de l'Est**	+ 3 840
Océanie et Asie du Sud-Est Afrique	– 3 119		
Afrique	– 4 000		

Source : FAO.

 Variation annuelle de la surface forestière mondiale entre 2000 et 2005 (en milliers d'hectares).

Les dynamiques démographiques dans le monde

▶ **Quelles sont les grandes évolutions actuelles ?**

1. Un accroissement démographique inégal

Taux de croisssance moyen annuel depuis 2000

- Plus de 3 %
- De 2 à 2,9 %
- De 1 à 1,9 %
- De 0 à 0,9 %
- Recul démographique

2. Une urbanisation qui marque surtout le Sud

- ◯ Agglomérations de 10 à 20 millions d'habitants
- ◯ Agglomérations de plus de 20 millions d'habitants

Taux de croissance annuel des villes (depuis 2000)

- ● Croissance très forte : de 3 % à 5 %
- ● Croissance soutenue : de 1 % à 3 %
- ● Croissance modeste voire stagnation : moins de 1 %

3. Des répercussions sociales et environnementales

- ➡ Principaux flux migratoires internationaux
- ▲▲ Principaux fronts pionniers

■ Montrez que les plus grandes difficultés se concentrent dans les pays du Sud.

Carte : Cercle polaire arctique — Los Angeles — New York — Tropique du Cancer — Mexico — OCÉAN ATLANTIQUE — Équateur — OCÉAN PACIFIQUE — Tropique du Capricorne — Rio de Janeiro — São Paulo — Buenos Aires — 0 — 2 000 km — Échelle à l'équateur

---

▶ **Des études de cas au cours**

1 La Chine

1/ Comment se situe la Chine dans l'évolution démographique mondiale ?

2/ Que font les Chinois en surnombre ?

➔ Voir cours p. 200

[▶ voir p. 190-191]

2 L'Inde

1/ Quels sont les trois caractères de l'évolution démographique de l'Inde ?

2/ Quels sont les autres pays qui ont une évolution proche ?

➔ Voir cours p. 200

[▶ voir p. 192-193]

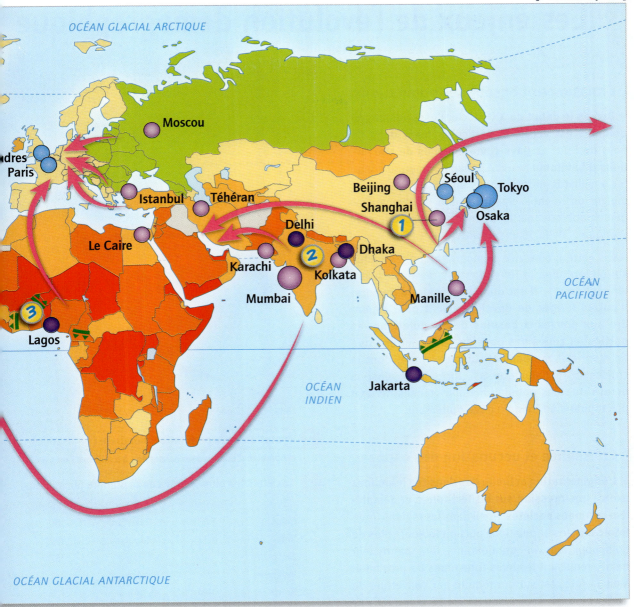

OCÉAN GLACIAL ARCTIQUE

Moscou

dres
Paris

Istanbul

Téhéran

Beijing

Séoul

Tokyo

Shanghai

Osaka

Le Caire

Delhi

①

OCÉAN
PACIFIQUE

Karachi

②

Dhaka

Kolkata

Mumbai

Manille

③

Lagos

OCÉAN
INDIEN

Jakarta

OCÉAN GLACIAL ANTARCTIQUE

---

③ La Côte d'Ivoire

1/ Quelle est l'évolution démographique des pays ayant des fronts pionniers ?

2/ Quelle est l'originalité des fronts pionniers africains ?

➲ Voir cours p. 200

[▶ voir p. 194-195]

④ L'Amazonie

1/ Citez les différents États concernés par des fronts pionniers.

2/ Quelle est l'originalité des fronts pionniers amazoniens ?

➲ Voir cours p. 200

[▶ voir p. 196-197]

Les enjeux de l'évolution démographique

A Croissance et besoin des populations

● **Depuis le début du XXᵉ siècle, l'essor démographique s'est accéléré**, particulièrement dans les pays du Sud : **11 pays comptent plus de 100 millions d'habitants** [doc. 3]. La planète pourrait compter 9 milliards de personnes en 2050 [doc. 2], et ce malgré un ralentissement général du dynamisme démographique de la planète, à l'exception de l'Afrique et de la péninsule arabique.

● Or, cette croissance démographique s'effectue sur un territoire, la Terre, dont les ressources sont limitées [doc. 1] ; **il est donc nécessaire d'inventer d'autres formes de développement pour répondre aux nouveaux besoins des populations, en particulier celles des pays du Sud**, dont une partie s'enrichit rapidement. Chine et Inde, dont la croissance économique est forte, font ainsi la preuve que des populations nombreuses ne sont pas toujours un frein au développement.

B Croissance et occupation des espaces

● **L'augmentation actuelle des densités humaines exerce une pression sur les territoires et déstabilise certaines sociétés**. Ainsi dans les régions intertropicales, les populations puisent toujours plus de bois pour leur vie quotidienne, font paître leur bétail, réduisant les aires forestières de proximité. Mais la forêt est surtout réduite par l'ouverture de fronts pionniers sur lesquels ils développent des activités commerciales (élevage, plantations) à destination des pays du Nord.

● **L'exode rural est achevé au Nord** ; les villes ont atteint probablement leur extension maximale [doc. 4]. En revanche, **les habitants des campagnes densément peuplées du Sud migrent encore vers les villes**, où elles se concentrent dans des bidonvilles aux conditions de vie difficiles [doc. 5]. Certaines populations pauvres vont plus loin, vers les pays du Nord, à la recherche d'une vie meilleure [doc. 6].

---

① LES CHIFFRES DU DÉVELOPPEMENT DURABLE

1,4 % : taux de croissance annuel de la population mondiale.

30 % des superficies émergées sont des forêts, mais elles régressent de **3 %** chaque année.

Il faudra augmenter de **70 %** la production agricole pour nourrir la population en 2050.

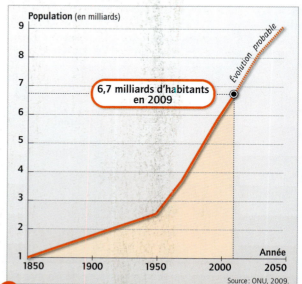

6,7 milliards d'habitants en 2009

Source : ONU, 2009.

② Évolution de la population mondiale (1950-2050)

■ **Combien d'années pour passer de 1 à 2 millions ? de 3 à 6 ?**

③ Les États les plus peuplés de la planète (en millions)

Pays	Population	Pays	Population
1. Chine	1 331	6. Pakistan	180
2. Inde	1 171	7. Bangladesh	162
3. États-Unis	307	8. Nigeria	152
4. Indonésie	213	9. Russie	141
5. Brésil	191	10. Japon	128

Source : INED, 2009.

■ **Quel continent est le plus représenté dans cette liste ?**

VOCABULAIRE

⚓ **Bidonville** : quartier dont les maisons ont été construites sans autorisation, avec des matériaux de récupération.

⚓ **Développement** : processus contribuant à améliorer le bien-être des individus.

⚓ **Exode rural** : déplacement des populations des zones rurales vers les zones urbaines.

⚓ **Front pionnier** : mise en valeur et peuplement de nouveaux espaces, souvent boisés.

4 **Orange, une urbanisation à l'horizontale (Connecticut, États-Unis)**

■ Pourquoi cette urbanisation pourrait-elle être remise en cause par les défenseurs du développement durable ?

5 **Bidonvilles, un cauchemar mondial**

«Un milliard d'habitants s'entassent dans des bidonvilles : insalubres, sans équipement ni assainissement, sans eau courante ni électricité. Dans la plupart des pays en développement, les bidonvilles croissent plus vite que les villes. Ils s'implantent sur les terrains les plus soumis aux risques naturels, inondations ou glissements de terrain. Et en fuyant les campagnes, les millions de migrants déplacent dans les bidonvilles les problèmes de sécurité alimentaire. Les émeutes de la faim ont attiré l'attention sur l'importance de la pauvreté urbaine dans la crise alimentaire mondiale. Pour y répondre, l'agriculture se développe à l'intérieur même des bidonvilles, parfois avec des solutions ingénieuses. À Nairobi (Kenya), c'est dans des sacs désormais que l'on cultive les légumes.»

D'après GRÉGOIRE ALLIX, *Bilan de la planète 2009*, Le Monde.

■ À quel problème principal sont confrontées les populations des bidonvilles ?

6 **Tenerife (Canaries)**

Des touristes recueillent des naufragés à bout de force après une traversée d'une semaine depuis les côtes africaines.

■ Pourquoi ces hommes ont-ils quitté l'Afrique ?

1 Construire un croquis à partir d'une image satellite

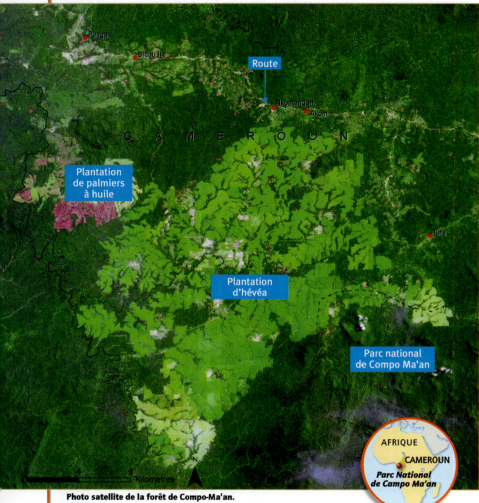

Photo satellite de la forêt de Compo-Ma'an.

AFRIQUE
CAMEROUN
Parc National de Campo Ma'an

La déforestation au Cameroun

Hévéa et palmier à huile

■ **L'hévéa** est un arbre dont la sève blanche, le latex, devient du caoutchouc au contact de l'air. Le latex est essentiellement utilisé par l'industrie des pneumatiques.

■ **Le palmier à huile** est un arbre qui fournit un fruit dont on extrait l'huile de palme de la pulpe et de l'huile palmiste du noyau. La première est utilisée dans l'industrie alimentaire, pour la production de savons, ou la fabrication de biocarburants, la seconde également dans l'alimentation mais aussi dans l'industrie.

1 Recopiez la légende suivante sur votre cahier :

1. Les éléments initiaux
Fleuve
Ville
Forêt

2. Défrichements pour une agriculture commerciale
Plantation d'hévéa
Plantation de palmiers à huile

3. Défrichements pour une agriculture vivrière et l'exploitation du bois
Défrichements périurbains

2 Choisissez un figuré pour chaque élément.

3 Sur votre cahier, dessinez un croquis simple de l'évolution du paysage dans cette région du Cameroun en utilisant les figurés que vous avez choisis.

4 Donnez un titre au croquis.

ZOOM socle commun
Pour lire une image satellitale

▶ Je localise précisément l'image (ville, pays, continent).

▶ J'identifie les principaux éléments de l'image : forêts, fleuves, villes, routes, surfaces cultivées…

▶ Je les nomme et les reproduis sur un croquis en comparant l'image avec une carte.

Au quotidien

2 **Distinguer la réalité de la fiction**

La représentation des bidonvilles au cinéma

Un géographe parle du film *Slumdog millionnaire*

«Dans le film apparaissent des activités économiques à l'arrière-plan – des artisans, des menuisiers, des blanchisseurs, des commerces. Mais tout cela disparaît ensuite, noyé dans la violence, l'illégalité, le meurtre et la prostitution. Or, sait-on que Dharavi, ville-bidonville de plus de 500 000 habitants en plein cœur de l'agglomération, exporte ses articles de cuir, son électronique et sa menuiserie dans le monde entier ? Sait-on que lorsqu'on se promène à l'aventure dans un bidonville indien, en général aussi librement que dans un village, on rencontre des petits fonctionnaires, des techniciens du cinéma, des bijoutiers, presque aussi souvent que des porte-faix, des marchands de quatre saisons ou des balayeurs ? Une infime minorité travaille sur les décharges si présentes dans le film. Une enquête effectuée chez les habitants des trottoirs de Delhi a révélé que seul 1 % d'entre eux était mendiant.
Ce qui manque au film, c'est tout simplement la *banalité*. Banalité d'une vie quotidienne propre à tout travailleur de la planète – bien des parents partent le matin après avoir conduit leur enfant à l'école du bidonville, prennent le train de banlieue pour accomplir leur journée de travail, à l'atelier, au bureau ou devant leur échoppe.»

FRÉDÉRIC LANDY,
«Mon petit bidonville à Bombay», *EchoGéo*, Sur le vif, 2009.

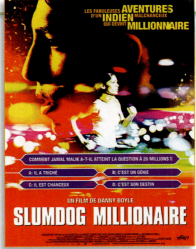
L'affiche du film.

1 Sans lire le texte, rédigez quelques lignes sur l'image que vous vous faites de la vie dans un bidonville indien.

2 Lisez le document. Relevez dans le texte les éléments qui montrent que le bidonville est un lieu de production économique et un lieu de vie sociale.

3 **B2i** **Construire et interpréter un graphique d'évolution d'une population**

[Compétences B2i : 3.5 Réaliser un graphique de type conné]

Quatre pays du Sud

▲ http://datafinder.banquemondiale.org/

1 Rendez-vous sur le site de la Banque mondiale :
http://datafinder.banquemondiale.org/

2 Cliquez sur l'onglet graphique, puis sélectionnez « la croissance démographique (variation en %) » et faites réaliser par le logiciel un graphique de la population sur la période 1960/2010 pour la Chine, l'Inde, le Brésil et la République centrafricaine.

3 Décrivez l'évolution de la population de ces pays en les comparant entre eux. Proposez des hypothèses qui peuvent expliquer ces évolutions. Sur un planisphère, placez chacun de ces pays en choisissant un code de couleur correspondant à l'importance de son évolution.

Les inégalités de santé

Qui a accès aux soins ?

Une pharmacie à Brest (Finistère). Les pharmacies sont des lieux d'entreposage et de distribution de médicaments prescrits par les médecins. En 2008, la France comptait 23 000 pharmacies et 55 000 pharmaciens.

■ **Pourquoi peut-on dire que la France est un pays développé ?**

Évolution de l'espérance de vie mondiale (en nombre d'années)

31 — 1900
46 — 1950
66 — 2000
75 — 2050 (projection)

« **Santé** : état de bien-être physique, mental et social, et non pas seulement absence de maladie ou d'infirmité (Organisation Mondiale de la Santé). »

CÔTE D'IVOIRE
🔴 **Abidjan**

OCÉAN ATLANTIQUE

Vendeuse de médicaments à Abidjan (Côte d'Ivoire). Appelées « pharmacies par terre » ou « pharmacies trottoirs », ces ventes illégales représentent près de 30 % des ventes de médicaments en Afrique. Les médicaments vendus sont d'origine douteuse, contrefaits ou périmés.

■ Pourquoi peut-on dire que la Côte d'Ivoire est un pays en développement ?

Le Japon et la Sierra Leone

▶ **Quelles inégalités face à la santé ?**

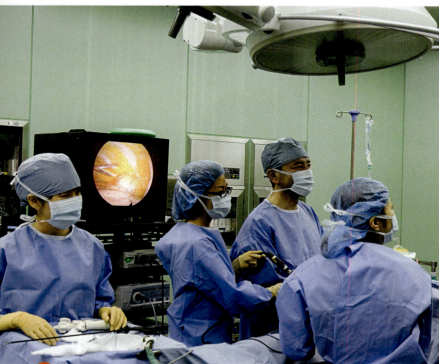

1 **Un bloc opératoire au Japon**

De grands hôpitaux et de nombreuses petites cliniques dans tout le Japon disposent d'équipements modernes à la pointe de la technologie.

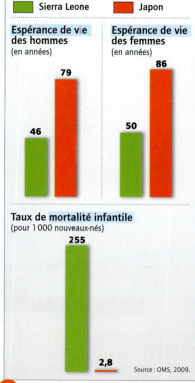

Sierra Leone	Japon

Espérance de vie des hommes (en années)

Espérance de vie des femmes (en années)

79

86

46

50

Taux de mortalité infantile (pour 1 000 nouveaux-nés)

255

2,8

Source : OMS, 2009.

2 **Espérances de vie comparées**

Durant les périodes de guerre, l'espérance de vie en Sierra Leone est tombée à 40 ans.

3 **Le Japon, pays des centenaires**

« Le nombre de centenaires a dépassé la barre des 40 000 pour la première fois au Japon, selon une étude officielle. Quelque 40 399 personnes ont plus de cent ans dans le pays, soit 4 000 de plus que l'an passé. Près de 35 000 (87 %) sont des femmes. La plus vieille femme du Japon (114 ans) vit dans l'île d'Okinawa, tandis qu'un ancien de 112 ans vivant à Kyoto (centre-ouest) est l'homme le plus âgé du pays. Au-delà de la profusion de ses centenaires, le Japon est confronté à une crise démographique, avec un taux de fécondité de 1,37 enfant par femme en 2008, ce qui ne permet pas d'assurer le renouvellement naturel des générations. »

D'après Dépêche AFP, 11 septembre 2009.

VOCABULAIRE

▸ **Dispensaire** : établissement médical où l'on dispense des soins médicaux peu chers ou gratuits.

▸ **Espérance de vie** : durée moyenne de vie d'une personne qui vient de naître.

▸ **PIB/habitant** : richesse produite par un pays, divisée par le nombre d'habitants.

▸ **Taux de mortalité** : nombre moyen de décès pour 1 000 habitants.

▸ **Taux de mortalité infantile** : nombre d'enfants décédés avant l'âge de 1 an pour 1 000 enfants.

4 Un dispensaire en Sierra Leone

Dans le pays, plus de 60 % de la population n'a pas accès à des structures médicales.

5 Les infrastructures sanitaires en Sierra Leone et au Japon

	SIERRA LEONE	JAPON
Population	6 millions	128 millions
PIB/habitant (en dollars)	700	34 000
Dépenses de santé (en % de la richesse nationale)	4 %	8,1 %
Taux de mortalité des femmes lors de l'accouchement (pour 100 000 accouchements)	2 100	6
Accouchement assisté par un personnel de santé qualifié (pour 100 accouchements)	42 %	100 %
Nombre de médecins (pour 100 000 habitants)	Moins de 1	210
Lits d'hôpitaux (pour 100 000 habitants)	4	140

Source : OMS, 2009.

6 L'avenir de deux fillettes

« Une fillette née au Japon peut vivre jusqu'à 83 ans, une autre née en Sierra Leone a une espérance de vie qui ne dépasse pas 50 ans. La Japonaise va être vaccinée, nourrie et scolarisée. Enceinte, elle bénéficiera d'excellents soins maternels. Elle pourra être atteinte de maladies chroniques, mais d'excellents services de traitement seront à sa disposition et elle recevra des médicaments représentant plus de 3 500 dollars par an. En revanche, la fillette de Sierra Leone a peu de chances d'être vaccinée et risque fort de souffrir de maigreur pendant toute son enfance. Elle va probablement se marier à l'adolescence et donner naissance à six enfants ou plus sans l'aide d'une accoucheuse qualifiée. Un ou plusieurs de ses enfants mourront à leur naissance et elle-même risquera fort de mourir en couches. Si elle est malade dans l'année, elle ne disposera que d'un budget de 9 dollars pour ses médicaments (près de la moitié de la population vit avec moins de 1 dollar par jour). Frappée par des maladies chroniques, sans traitement convenable, elle mourra plus tôt. »

Rapports mondiaux sur la santé,
2003-2008.

Activités

1) **Doc. 1 et 4** Décrivez ces deux photographies à partir des thèmes suivants : bâtiments ; matériel médical ; équipement des soignants. Qu'en concluez-vous ?

2) **Doc. 6** Retracez le parcours médical de ces deux fillettes en relevant les éléments suivants : espérance de vie ; vaccins ; soins pendant la grossesse ; médicaments reçus.

3) **Doc. 2, 5 et 6** Les femmes sont-elles égales pendant la grossesse dans ces deux pays ? Y trouve-t-on les mêmes possibilités de se soigner ? Justifiez votre réponse.

4) **Doc. 2 et 3** Comment évolue la population japonaise ? Comment l'expliquer ? Quel problème cela pose-t-il ?

5) **A-t-on un accès identique aux soins selon que l'on est né au Japon ou en Sierra Leone ? Justifiez votre réponse par des exemples choisis dans les documents.**

Changeons d'échelle

Les dépenses de santé dans quelques pays du monde (2008).

7

6) Sur quel continent trouve-t-on les plus faibles dépenses de santé ? les plus fortes ? À quel continent appartient la Sierra Leone ?

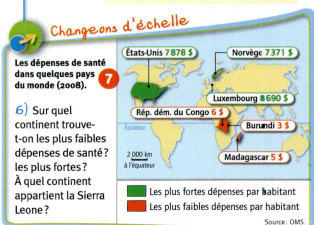

États-Unis 7878 $
Norvège 7371 $
Luxembourg 8 690 $
Rép. dém. du Congo 6 $
Burundi 3 $
Madagascar 5 $
Équateur
2 000 km
à l'équateur

■ Les plus fortes dépenses par habitant
■ Les plus faibles dépenses par habitant

Source : OMS.

Une pandémie : le Sida

▶ **Un virus qui reflète les inégalités Nord-Sud ?**

1 France et Mozambique face au Sida

	MOZAMBIQUE	FRANCE
Population totale (en millions)	22	65
Nombre de personnes infectées par le virus (adultes et enfants)	1 500 000 (dont 810 000 femmes)	140 000 (dont 38 000 femmes)
Enfants séropositifs (– de 15 ans)	150 000	10 000
Pourcentage de personnes traitées contre le virus	12 %	100 %
Nombre de décès dus au Sida en 2007	81 000	1 600
Espérance de vie	41 ans (réduite de 10 ans par le virus)	81 ans
Salaire mensuel moyen	68 euros	1 700 euros

Source : ONUSIDA 2008 et sources diverses.

2 Un exemple de transmission du virus en Chine

Officiellement, la Chine déclare 700 000 porteurs du virus. Nombreux sont les observateurs qui pensent qu'il faut multiplier par 10 au moins ce chiffre.

«Nous sommes dans un village du district de Ying-zhou, en Chine, à 700 km à l'Ouest de Shanghaï. Dans une grange délabrée, on distingue la frêle silhouette de Gao-Jun, 5 ans à peine, peut-être porteur du virus. Hormis un voisin, personne ne s'occupe de lui. *"Il y a beaucoup de méfiance et de rejet"*, dit l'homme. Même ses enfants ne peuvent l'approcher, sinon plus personne ne voudra jouer avec eux. Le père de Gao-Jun est mort du Sida. Son grand-père, seul, l'a porté sur ses épaules pour aller l'incinérer. *"Tout ça, c'est à cause des prises de sang*, se désespère une paysanne. Depuis onze ans, nous donnons notre sang. Ils** nous donnent 53 yuans (6 euros) et un gâteau de riz pour deux poches de sang. On était si pauvres."* »

D'après JEAN-JACQUES LARROCHELLE,
« Les enfants de Yingzhou » *Le Monde,* 30 novembre 2008.

* Réalisées avec des seringues usagées non stériles.
** Des sociétés privées qui viennent acheter du sang.

VOCABULAIRE

🔹 **Pandémie** : maladie qui se diffuse à l'échelle mondiale.

🔹 **Sida** : maladie transmissible par les rapports sexuels, le sang ou le lait maternel. Elle se caractérise par la diminution des moyens de défense de l'organisme, ce qui rend vulnérable à de nombreuses maladies.

🔹 **Séropositif** : se dit d'une personne contaminée, porteur du virus, mais qui n'a pas encore développé les symptômes du Sida.

🔹 **Trithérapie** : traitement médical qui ralentit la progression du virus dans l'organisme.

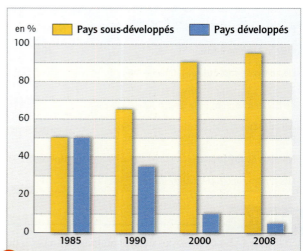

3 Évolution de la répartition des porteurs du virus

En Afrique, les femmes représentent plus de 60 % des personnes infectées.

ZOOM socle commun

Pour lire un histogramme (graphique en barres)

▶ Je repère le titre du graphique qui indique le thème abordé.

▶ Je prends connaissance des valeurs et des dates.

▶ Je décris et j'explique les différences constatées.

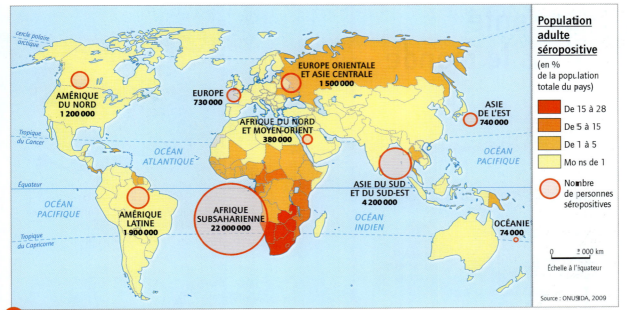

4 **La diffusion du Sida dans le monde**

Plus de 25 millions de personnes sont mortes du Sida dans le monde depuis 1981. 33 millions de personnes vivent aujourd'hui avec le VIH.

5 **Se soigner en France**

«Depuis le début de l'épidémie, plus de 34 000 décès dus au Sida ont été enregistrés en France. M… est un homme de 46 ans qui vit seul avec des angoisses concernant l'avenir, bloqué par le virus : *"Quand j'ai été contaminé en 1988, j'ai pensé que j'allais mourir comme nombre de personnes. C'est très dur de me projeter vers l'avenir même avec la trithérapie, qui pour le moment bloque la maladie. Je dois avaler mes médicaments tous les jours. Je vais à l'hôpital tous les 3 mois, avant c'était tous les mois. J'ai aussi des petites complications diverses et variées. J'ai le statut de travailleur adulte handicapé."* »

D'après A. C. Lomo Myazhiom, *VIH-Sida, La vie en danger*, Syros, 2007.

6 **Campagne de prévention contre le Sida au Gabon**

Le Sida y est souvent considéré comme résultant d'un «envoûtement».

Activités

1) **Doc. 4** Classez les grandes régions du monde en fonction du nombre de personnes séropositives. Comparez vos résultats avec la carte du PIB par habitant (Atlas, p. 316). Que constatez-vous ?

2) **Doc. 1** Calculez le pourcentage de personnes infectées en France et au Mozambique. Comment pouvez-vous expliquer ces différences ?

3) **Doc. 2 et 6** Quelles sont les croyances et quelle est la réalité sur la transmission du virus, d'après l'affiche et le texte ? Montrez à partir du texte que les populations pauvres sont les plus vulnérables. Comment le Sida est-il perçu en Chine ?

4) **Doc. 2, 3 et 6** Quels sont les moyens utilisés dans le traitement et la prévention de la maladie dans les différents pays évoqués ?

5) **Doc. 1 et 3** Quelle est la part des femmes dans la population séropositive ?

6) **La diffusion, le traitement et la prévention du virus sont-elles égales dans les pays pauvres et les pays riches ? Justifiez votre réponse.**

La santé dans le monde

▶ **La santé est-elle un signe de développement ?**

▶ Synthèse des études de cas

	1a LA SANTÉ AU JAPON	**1b** LA SANTÉ AU SIERRA LEONE
Niveau de vie	Élevé	Très faible
Espérance de vie	Élevée	Faible
Taux de séropositivité	Faible	Fort
Infrastructures sanitaires (lits, nombre de médecins)	De qualité	Déficientes
Dépenses de santé	22e rang mondial	150e rang mondial

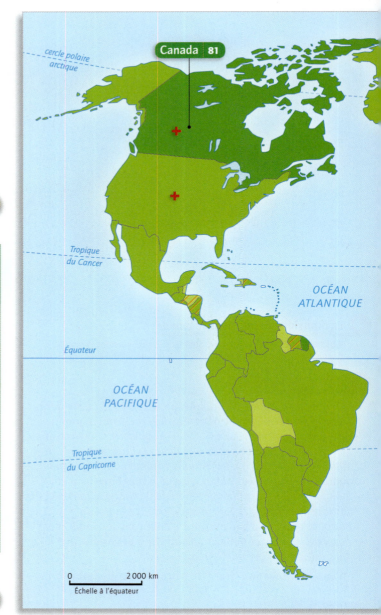

Canada **81**

cercle polaire arctique

Tropique du Cancer

Équateur

OCÉAN ATLANTIQUE

OCÉAN PACIFIQUE

Tropique du Capricorne

0   2 000 km
Échelle à l'équateur

▶ Des études de cas au cours

1 **Le Japon et la Sierra Leone**

1/ Quel est le pays développé et celui qui ne l'est pas ?

2/ Relevez trois exemples de profils similaires

➡ Voir cours p. 212

[▶ voir p. 206-207]

2 **Le Sida : une pandémie**

1/ Quelle est la région la plus touchée par le virus ?

2/ Quelle est l'espérance de vie moyenne de cette région ?

➡ Voir cours p. 212

C'EST LE SIDA PAS LA SORCELLERIE ...

[▶ voir p. 208-209]

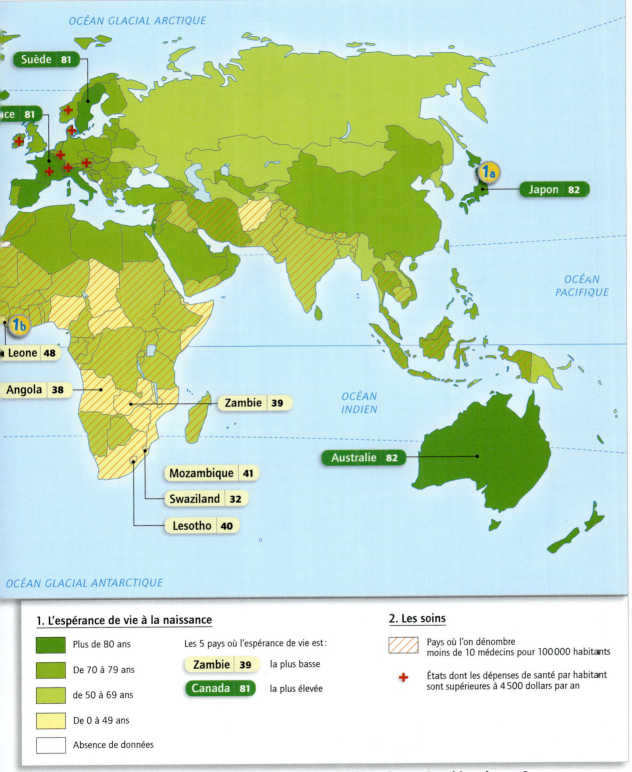

OCÉAN GLACIAL ARCTIQUE

Suède **81**

ce **81**

1a

Japon **82**

OCÉAN
PACIFIQUE

1b

Leone **48**

Angola **38**

Zambie **39**

OCÉAN
INDIEN

Mozambique **41**

Swaziland **32**

Lesotho **40**

Australie **82**

OCÉAN GLACIAL ANTARCTIQUE

1. L'espérance de vie à la naissance

Plus de 80 ans

De 70 à 79 ans

de 50 à 69 ans

De 0 à 49 ans

Absence de données

Les 5 pays où l'espérance de vie est :

Zambie 39 la plus basse

Canada 81 la plus élevée

2. Les soins

Pays où l'on dénombre
moins de 10 médecins pour 100 000 habitants

✚ États dont les dépenses de santé par habitant
sont supérieures à 4 500 dollars par an

■ **Quelles sont les grandes régions du monde où l'espérance de vie est inférieure à 50 ans ? supérieure à 70 ans ?**

Des inégalités devant la santé

A Des inégalités Nord-Sud

● **Les infrastructures de santé des pays pauvres sont très insuffisantes** [doc. 1]. Le manque de personnel, d'hôpitaux et de médicaments ne permet pas à leurs habitants d'y être correctement soignés : ainsi, la mortalité infantile y est-elle très élevée [doc. 6] et l'espérance de vie faible.

● De plus, **en l'absence d'une politique de prévention, des pandémies comme le sida ou le paludisme** [doc. 5] **se diffusent rapidement** dans ces régions du monde, dont les habitants, trop pauvres, n'ont pas accès à des traitements efficaces [doc. 2].

● **Les pays riches disposent d'infrastructures de santé efficaces, d'un personnel abondant et d'un matériel médical moderne.** L'espérance de vie est élevée et le taux de mortalité infantile très faible. Dans leur grande majorité, les populations de ces États ont accès aux soins.

B Des inégalités au cœur des États

● Ces inégalités sont d'abord sociales : **dans les pays riches, les plus démunis n'accèdent pas, faute de moyens, à un système de santé pourtant efficace** [doc. 4], tandis que les plus aisés des pays pauvres n'hésitent pas à se faire soigner au Nord.

● Les inégalités sont aussi géographiques : **si les centres villes sont souvent bien équipés, les campagnes ou certaines banlieues sont moins bien loties en services médicaux** [doc. 3].

● Enfin, **certaines populations, les femmes et les enfants en particulier, sont plus vulnérables** ; elles sont les premières victimes de conditions de vie difficiles (accès incertain à l'eau et à la nourriture).

● Or, **l'égalité devant la santé est un des éléments essentiels de la réduction de la pauvreté humaine, un des piliers du développement durable.** Au-delà de la simple question des soins, la santé est à penser comme un état de bien-être social, mental et physique.

---

1 LES CHIFFRES DU DÉVELOPPEMENT DURABLE

Un Malgache dépense **5 $** par an pour se soigner, un Américain **8 000 $**.

1 médecin pour **33 000 hab.** en Éthiopie, 1 pour **220 hab.** en France.

42 des 50 pays où l'espérance de vie est la plus faible sont en Afrique.

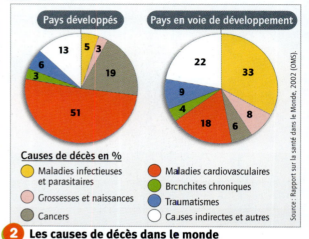

Causes de décès en %
- 🟡 Maladies infectieuses et parasitaires
- 🌸 Grossesses et naissances
- ⬤ Cancers
- 🔴 Maladies cardiovasculaires
- 🟢 Bronchites chroniques
- 🔵 Traumatismes
- ⚪ Causes indirectes et autres

Source : Rapport sur la santé dans le Monde, 2002 (OMS).

2 Les causes de décès dans le monde

■ Meurt-on pour les mêmes raisons au « Nord » et au « Sud » ?

3 Une pénurie de médecins en France

« Les campagnes ont été les premières à tirer le signal d'alarme. Mais la pénurie de médecins commence à menacer les banlieues, où les départs anticipés de praticiens âgés peinent à être remplacés. Selon une enquête de l'Union régionale d'assurance-maladie, certaines villes de Seine-Saint-Denis sont dépourvues de pédiatres libéraux ou de gynécologues, spécialités dites "de premier recours". »

MICHEL DELBERGHE, *Le Monde*, 13 juillet 2007.

■ Quels territoires sont menacés par la pénurie de médecins ?

VOCABULAIRE

🔺 **Espérance de vie** : voir p. 206.

🔺 **Infrastructures de santé** : ensemble de l'organisation permettant de dispenser des soins.

🔺 **Mortalité infantile** : voir p. 206.

🔺 **Pandémie** : voir p. 208.

🔺 **Politique de prévention** : politique visant à prévenir à l'avance d'un danger les populations.

🔺 **Santé** : voir p. 205.

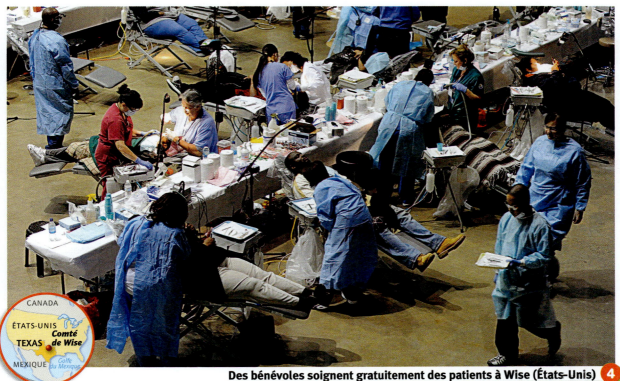

Des bénévoles soignent gratuitement des patients à Wise (États-Unis) **4**

47 millions d'Américains n'ont pas d'assurance-maladie et 25 millions sont sous-assurés. Ils ne se soignent quasiment jamais.

■ **Tous les habitants des États-Unis sont-ils égaux face aux soins ? Justifiez votre réponse.**

5 **Le paludisme : 3 millions de décès par an**

Le paludisme, appelé aussi malaria, se transmet par un moustique et se caractérise par de violents accès de fièvre. Cette maladie infectieuse, qui a totalement disparu des pays développés, touche surtout l'Afrique (90 % des cas recensés).

■ **Quelle solution cette affiche propose-t-elle ?**

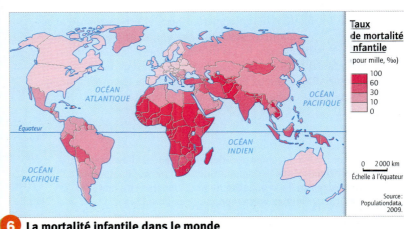

6 **La mortalité infantile dans le monde**

■ **Quelles sont les régions du monde où la mortalité infantile est la plus élevée ? la plus basse ?**

1 Analyser une carte

La présence médicale dans le monde

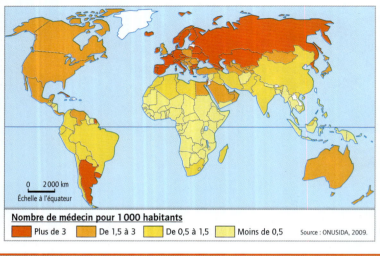

Nombre de médecin pour 1 000 habitants

| | Plus de 3 | De 1,5 à 3 | De 0,5 à 1,5 | Moins de 0,5 |

Source : ONUSIDA, 2009.

◀ **La répartition des médecins dans le monde.**

1 Relevez dans un tableau les régions du monde où le nombre de médecins est élevé (> 1,5) et où le nombre de médecins est faible.

2 Comparez les réponses obtenues avec la carte de la diffusion du Sida (p. 209). Rajoutez une ligne à votre tableau et complétez-la avec les termes : *forte diffusion du virus / faible diffusion du virus*.

3 À partir de vos réponses, rédigez un court texte pour expliquer les grandes inégalités liées à la santé dans le monde.

2 Comparer deux textes

L'équipement médical dans un pays développé et dans un pays en développement

1 L'hôpital européen Georges Pompidou à Paris

«Inauguré en 2000, il a été conçu pour répondre aux besoins de santé des 570 000 habitants du Sud-Ouest parisien. Cet hôpital, où travaillent 3 600 personnes, dont 110 médecins, possède au total 827 lits, pour un investissement total de 280 millions d'euros. En matière d'équipement, l'hôpital est en pointe avec 24 salles d'opération, 12 salles de radiologie et d'échographie, un centre d'endoscopie, 81 lits de réanimation. Du côté de l'équipement lourd, l'hôpital dispose de 3 gamma caméras, de 2 scanners, d'un IRM… Mieux encore, avec 90 % de chambres individuelles, équipées de salles de bain, l'établissement fait figure d'hôpital 4 étoiles.»

MICHEL CLERGET, *L'Humanité,* 21 décembre 2000.

1 Comparez les documents ci-dessus. Quelles différences relevez-vous dans le domaine : des bâtiments ; du nombre de médecins ; de la quantité de médicaments ; du matériel médical. Ordonnez votre réponse dans un tableau.

2 Qu'est-ce que ces documents indiquent sur la santé dans les pays développés et dans les pays en développement ?

2 Un dispensaire au Mali

«Une visite au dispensaire très récemment construit. Des murs neufs, qui abritent des salles vides. Vides de matériel médical. À peine une chaise, un bureau, une table de soin, quelques armoires… pratiquement vides. Stupéfaction. Nos 6 pharmacies de randonneurs sont mieux garnies que le dispensaire de ce pays. Le médecin nous explique qu'ils manquent de tout. Là où le paludisme sévit, ils n'ont pratiquement pas de quinine ni d'antalgiques ; rien pour soigner les infections intestinales si courantes, notamment chez les enfants ; à peine de quoi soigner les plaies et infections oculaires, elles aussi si courantes. Le dénuement quasi total.»

Carnet de voyage malien, mai 2007, http://voyageforum.com

3 **Au quotidien**

Confronter deux documents

La consommation de médicaments en France

Les médicaments s'entassent dans la pharmacie des familles et les flacons non terminés ou périmés finissent souvent dans la poubelle ou les toilettes.

1 Inciter au recyclage : campagne de l'association Ekologeek.

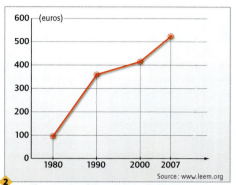

2 **Les dépenses de médicaments par habitant en France (en euros).** Les Français sont parmi les premiers consommateurs de médicaments.

Part mondiale	
Amérique latine	8 %
Amérique du Nord	36 %
Europe	29 %
Japon	19 %
Reste du monde	8 %

Source : www.leem.org

3 Répartition des dépenses de médicaments dans le monde.

1 D'après l'affiche, pourquoi ne faut-il pas jeter les médicaments inutilisés à la poubelle ? Quelle autre solution est ici proposée ?

2 Analysez l'évolution des dépenses de médicaments depuis 1980 en France. Pourquoi les conseils de l'affiche en sont d'autant plus importants ?

3 Quels sont les deux continents qui consomment le plus de médicaments ? Pourquoi n'est ce pas surprenant ?

---

4 **B2i** ## Rechercher et sélectionner des statistiques

L'organisation mondiale de la santé

[Compétences B2i : 4.5 Sélectionner des résultats lors d'une recherche]

▲ www.who.int/fr

1 Rendez-vous sur le site de l'OMS. Quel est le rôle de cette organisation ?

2 Depuis la rubrique « Pays », construisez un tableau dans lequel vous comparerez trois pays développés (France, États-Unis et Japon) et trois pays en voie de développement (Mali, Cambodge et Haïti) à partir des critères suivants : revenus, espérance de vie à la naissance, dépenses consacrées à la santé.

3 À partir de vos résultats, que pouvez-vous dire sur les inégalités sanitaires dans le monde ?

Chapitre 14

Les inégalités d'éducation

Quels sont les liens entre développement et alphabétisation ?

CHINE

NÉPAL BHOUTAN

BANGLADESH

INDE MYANMAR (BIRMANIE)

Golfe du Bengale

Un maître d'école et ses élèves au Bangladesh.

■ Décrivez les conditions dans lesquelles ces enfants étudient.

Les habitants de la planète de plus de 15 ans sachant lire et écrire (en pourcentage)	56%	63%	75%	84%	87% *(projection)*
	1950	1970	1990	2009	2015

≪ **Alphabétisation** : apprendre à lire et à écrire à une personne ou à une population. ≫

Une classe d'école à Vermenton (Bourgogne).

■ Décrivez les conditions dans lesquelles ces enfants étudient.

L'éducation en Afghanistan

► **Quelles sont les difficultés causées par l'analphabétisme ?**

1 Une classe rurale dans un trou d'obus

La moitié des écoles d'Afghanistan n'a pas de locaux : les élèves se réunissent sous des tentes ou en plein air. 700 écoles auraient été fermées en 2008 pour cause d'attentats, d'assassinat des enseignants et plus d'une centaine d'autres incendiées. Le pays a du mal à retrouver la paix après 30 ans de guerre.

2 Un des pays les plus pauvres de la planète

POPULATION	ÉDUCATION
32 millions d'habitants vivent en Afghanistan	L'école est obligatoire de **7 à 15 ans**
Un Afghan gagne en moyenne **1 100 dollars par an**	**4,3 %** du budget de l'État est consacré à l'éducation
L'espérance de vie est de **44 ans**	Les effectifs des classes sont de **43 élèves** en moyenne
Le taux d'accroissement naturel est de **2,7 %**	**28 %** des enseignants sont des femmes
Le taux d'emploi de la contraception est de **11 %**	**50 %** de la population a moins de 15 ans
Le taux moyen de fécondité est de **6,8** (43 % des femmes sont mariées avant 15 ans)	**18 %** des jeunes femmes savent lire et écrire, contre **49 %** pour les garçons

Sources : UNESCO et PNUD, 2009.

3 Éducation et démocratie

« *"Je ne sais rien, je vote comme le chef de tribu me dit de faire."* Khak Mohammad, un berger illettré de 70 ans, incarne le défi posé aux autorités afghanes et à leurs "formateurs électoraux" chargés d'apprendre aux gens comment voter aux élections de 2009. *"Au village, les anciens de la tribu nous disent comment voter. Tout ce que les anciens diront, nous le ferons"*, raconte-t-il. L'analphabétisme complique encore la donne. Près des trois quarts des Afghans sont incapables de lire les noms des candidats sur les bulletins de vote. À l'hôpital de la ville, les formateurs aident les populations à mémoriser la photo, le symbole (des avions, un réveil, un stéthoscope…) et le numéro du candidat qu'ils ont choisi, informations qui sont sur le bulletin de vote. »

CHARLOTTE MCDONALD-GIBSON, *Le Point,* 16 août 2008.

4 Razia et la scolarisation des filles

«Razia, 10 ans, ne va pas à l'école car scolariser les filles dans la province de Kandahar est trop risqué, et car son père croit que seuls les garçons doivent aller à l'école. *"Mon père dit que l'école, ce n'est pas pour les filles, qu'elles devraient travailler à la maison."* *"Je ne suis pas le seul qui interdise à sa fille d'aller à l'école, a dit son père, Abdul Rahim. Personne ne veut que sa fille soit agressée par les Talibans parce qu'elle est scolarisée."* Avec eux, seuls les garçons méritent d'être scolarisés. Encore l'enseignement qu'ils reçoivent est-il orienté presque exclusivement vers la religion musulmane.

En novembre 2008, des assaillants ont aspergé d'acide une dizaine d'écolières et leurs enseignantes, pour décourager la scolarisation des filles.

Les coutumes conservatrices, la pauvreté, le manque de structures éducatives et la discrimination sexuelle privent d'éducation plus de cinq millions d'enfants en âge d'être scolarisés, dont plus de trois millions de filles. La plupart des enfants illettrés sont des filles. »

D'après l'ONU, Bureau pour la coordination des affaires humanitaires, 8 juin 2009.

5 Ghlan-Mafus, jeune forgeron de Kaboul

Il a 14 ans et travaille depuis l'âge de 8 ans.

VOCABULAIRE

- **Analphabétisme** : être dans l'incapacité complète de lire et d'écrire, souvent par manque d'apprentissage.
- **Contraception** : ensemble de méthodes employées pour empêcher de façon temporaire toute grossesse.
- **Discrimination sexuelle** : inégalités entre les filles et les garçons.
- **Scolarisation** : fait d'aller à l'école.
- **Talibans** : Afghans défendant un Islam radical. Au pouvoir de 1996 à 2001, ils sont encore très actifs dans certaines régions.
- **Taux de fécondité** : nombre d'enfants par femme en âge d'avoir des enfants.

Activités

1) **Doc. 1** Décrivez cette photographie. Quelles sont les conditions d'étude des enfants ?

2) **Doc. 2, 4 et 5** Tous les enfants vont-ils à l'école ? Expliquez-en les raisons.

3) **Doc. 3** Quelles sont les difficultés qui se posent aux électeurs analphabètes pour voter ?

4) **Doc. 2** Quel est le taux de contraception en Afghanistan ? Et le taux de fécondité ? Comparez vos résultats avec ceux de la Finlande (p. 220). Comment expliquer de telles différences ?

5) **À l'aide des réponses et de vos réflexions, rédigez un court texte pour énumérer les difficultés d'un pays par manque d'éducation.**

Changeons d'échelle

L'école dans le monde.

6) Comparez la situation de l'Afghanistan avec le reste du monde. Que constatez-vous ?

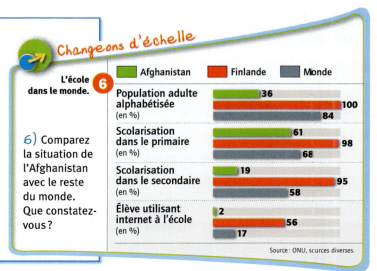

	Afghanistan	Finlande	Monde
Population adulte alphabétisée (en %)	36	100	84
Scolarisation dans le primaire (en %)	61	98	68
Scolarisation dans le secondaire (en %)	19	95	58
Élève utilisant internet à l'école (en %)	2	56	17

Source : ONU, sources diverses.

L'éducation en Finlande

NORVÈGE
OCÉAN
ATLANTIQUE
FINLANDE
SUÈDE
Helsinki
RUSSIE
ESTO.

▶ **Pourquoi la Finlande est-elle un modèle ?**

① Une salle de classe en Finlande

Tant en primaire que dans le secondaire, l'équipement de base des salles de classe comprend rétroprojecteur, téléviseur, lecteur de DVD, lecteur audio et plusieurs ordinateurs. Le faible nombre d'élèves favorise aussi le travail des enseignants.

② Un des pays les plus riches de la planète

POPULATION	ÉDUCATION
5 millions d'habitants vivent en Finlande	L'école est obligatoire de **7 à 16 ans**
Un Finlandais gagne en moyenne **35 000 dollars par an**	**12,8 %** du budget de l'État est consacré à l'éducation
L'espérance de vie est de **79 ans**	Les effectifs des classes sont de **15 élèves** en moyenne
Le taux d'accroissement naturel est de **0,2 %**	**77 %** des enseignants sont des femmes
Le taux d'emploi de la contraception est de **82 %**	**18 %** de la population a moins de 15 ans
Le taux moyen de fécondité est de **1,3**	**100 %** des Finlandais savent lire et écrire

Sources : UNESCO et PNUD, 2009.

③ Éducation et citoyenneté

« La loi finlandaise sur l'enseignement obligatoire* – primaire et collège – est claire : la base de l'éducation doit être *"le respect de la vie, de la nature et des droits humains"*, afin de former des citoyens disposant d'une *"bonne estime de soi"*, d'*"un regard critique sur la société"*, capables de *"participer à une société démocratique et égalitaire"* et de *"promouvoir le développement durable"*. Cette énumération témoigne des mutations d'un pays qui, il y a trois générations à peine, avait pour devise "famille, religion, patrie". »

D'après TAINA TERVONEN,
« Finlande : l'estime de soi au cœur de l'enseignement »
Alternatives Internationales, n° 37, décembre 2007.

* Obligation scolaire de 7 à 16 ans.

4 La scolarité d'une Finlandaise

« À sept ans, Veera commence sa scolarité obligatoire gratuite jusqu'à l'âge de seize ans. Même ses dents seront soignées gratuitement par le dentiste de l'école. Elle mangera tous les jours à la cantine gratuitement. Douée comme elle est, Veera entre au conservatoire pour jouer du piano et cela ne coûte presque rien. Veera continue au lycée comme la plupart des filles, c'est toujours gratuit et même le déjeuner ne lui coûte toujours rien. Elle passe son baccalauréat à 18 ans et réussit à avoir une place à l'université ou une grande école où c'est toujours gratuit. Sa chambre d'étudiante est louée à un prix qui n'est que la moitié du loyer habituel, grâce à l'aide de l'État. Les Finlandaises sont les plus éduquées en Europe : 36 % ont une formation de troisième degré (université). Elles ont plusieurs diplômes et entrent sur le marché de travail avec de grandes espérances. »

MARJAANA MÄKELÄ, « L'État-providence et ses pièges. Le cas des Finlandaises », *Innovations,* De Boeck Université, n° 20, 2004.

5 Les composantes du modèle finlandais

ZOOM
socle commun

Pour construire un tableau

▶ Je relève les thèmes essentiels et le type d'informations à apporter pour chaque thème.

▶ Je consacre une ligne par thème et une colonne par type d'informations.

▶ Je reporte dans le tableau l'ensemble des données.

Activités

1) **Doc. 1** Ces élèves étudient-ils dans de bonnes conditions ? Justifiez votre réponse.

2) **Doc. 3** Quel est l'objectif principal de l'éducation ?

3) **Doc. 4 et 5** Quels sont les principes de l'éducation ? Est-ce efficace ? Comparez la scolarité de Veera avec celle de Razia (doc. 4, p. 219). Qu'en concluez-vous ?

4) **Doc. 2** Quels sont les taux de contraception et de fécondité en Finlande ? Comparez avec les résultats pour l'Afghanistan (p. 218). Comment expliquez ces différences ?

5) Comparez l'éducation en Finlande et en Afghanistan. À l'aide de la fiche Zoom, construisez un tableau où figureront : situation des filles ; conditions d'étude, résultats et conséquences (politiques, démographiques). Pourquoi peut-on dire que la Finlande est un modèle ?

6) Pourquoi peut-on dire qu'il y a une inégalité d'accès à l'éducation dans le monde ?

Changeons d'échelle

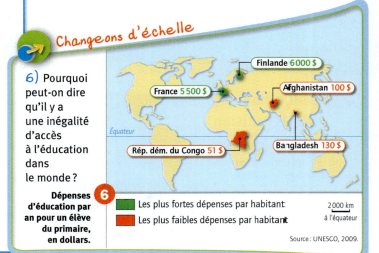

Dépenses d'éducation par an pour un élève du primaire, en dollars.

Finlande 6 000 $
France 5 500 $
Afghanistan 100 $
Rép. dém. du Congo 51 $
Bangladesh 130 $

Équateur

■ Les plus fortes dépenses par habitant
■ Les plus faibles dépenses par habitant

2 000 km à l'équateur

Source : UNESCO, 2009.

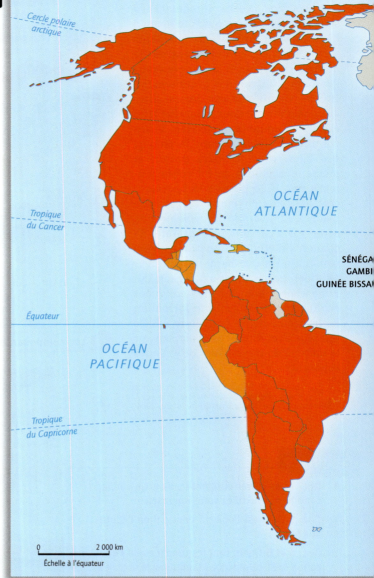

L'alphabétisation dans le monde

Du local au mondial

▶ **Toute la planète a-t-elle accès à l'éducation ?**

▶ Synthèse des études de cas

	① AFGHANISTAN	② FINLANDE
Alphabétisation de la population	Moyenne	Totale
Situation des filles	Faible scolarisation	Scolarisation totale
Développement économique	Faible	Élevé
État des infrastructures scolaires	▪ Mauvaise ▪ Dépenses faibles de l'État	▪ Excellente ▪ Dépenses importantes de l'État
Situation politique	Démocratie naissante	Démocratie ancienne

Cercle polaire arctique

Tropique du Cancer

Équateur

Tropique du Capricorne

OCÉAN ATLANTIQUE

OCÉAN PACIFIQUE

SÉNÉGA
GAMBI
GUINÉE BISSA

0   2 000 km
Échelle à l'équateur

▶ Des études de cas au cours

① L'éducation en Afghanistan

1/ Relevez d'autres États où le taux d'alphabétisation est faible.

2/ Quelle est la situation des filles en Afghanistan ?

➔ Voir cours p. 224

[▶ voir p. 218-219]

② L'éducation en Finlande

1/ Relevez d'autres États où le taux d'alphabétisation est élevé.

2/ Quelle est la situation des filles en Finlande ?

➔ Voir cours p. 224

[▶ voir p. 220-221]

[▶ voir Atlas p. 314]

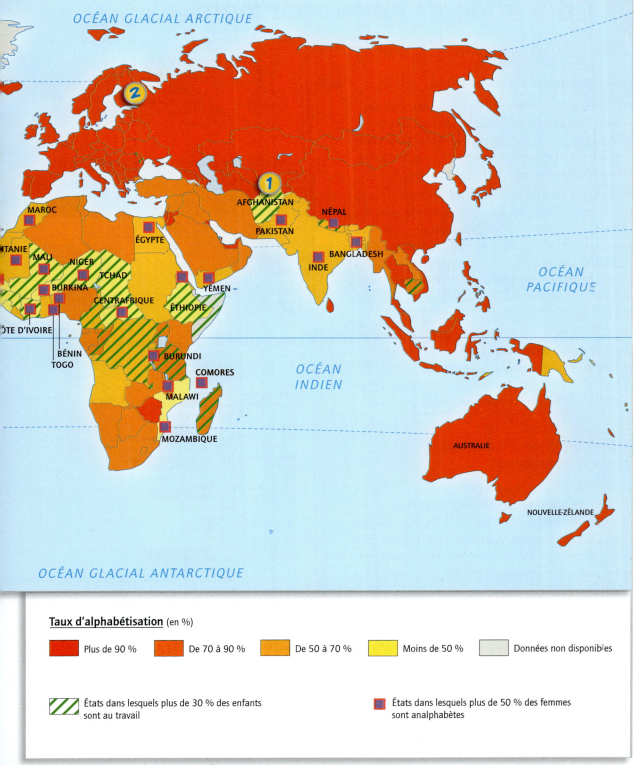

OCÉAN GLACIAL ARCTIQUE

②

①

MAROC

ÉGYPTE

AFGHANISTAN

PAKISTAN

NÉPAL

BANGLADESH

INDE

...TANIE

MALI

NIGER

TCHAD

BURKINA

CENTRAFRIQUE

YÉMEN

ÉTHIOPIE

...ÔTE D'IVOIRE

BÉNIN
TOGO

BURUNDI

COMORES

MALAWI

MOZAMBIQUE

OCÉAN
PACIFIQUE

OCÉAN
INDIEN

AUSTRALIE

NOUVELLE-ZÉLANDE

OCÉAN GLACIAL ANTARCTIQUE

Taux d'alphabétisation (en %)

■ Plus de 90 %   ■ De 70 à 90 %   ■ De 50 à 70 %   ■ Moins de 50 %   ☐ Données non disponibles

▨ États dans lesquels plus de 30 % des enfants sont au travail

▦ États dans lesquels plus de 50 % des femmes sont analphabètes

■ **À quel type de pays appartiennent les États dont le taux d'alphabétisation est bas ?**

Éducation et développement

A Des inégalités persistantes

● **L'accès à l'éducation pour les enfants est un droit reconnu** par la Convention internationale des Droits de l'enfant, signée par 192 pays en 1989. **La scolarisation est loin d'être universelle** [doc. 1] **et les inégalités sont grandes entre riches et pauvres.**

● Les États du Sud manquent en effet de moyens [doc. 4] pour proposer une éducation de qualité : absence de locaux, de matériel, enseignants souvent mal formés ; de plus les enfants sont souvent contraints de travailler pour aider leurs familles [doc. 3]. **Actuellement plus de 100 millions d'entre eux ne vont jamais à l'école.** Rares sont ceux qui ont la chance d'être parrainés [doc. 6].

● **Les États du Nord consacrent traditionnellement une part importante de leur richesse à l'éducation,** obtenant dans l'ensemble des résultats très satisfaisants, mais sans parvenir à faire disparaître l'illettrisme d'une minorité de la population [doc. 5].

B Une condition essentielle au développement

● **Éducation et santé sont liées :** un taux élevé de scolarisation a pour conséquence un recul de la fécondité et de la mortalité infantile [doc. 2]. Mais **trop souvent encore, les filles sont tenues loin des écoles** pour des raisons religieuses ou culturelles : 64 % des analphabètes dans le monde sont des femmes.

● **Les élèves apprennent à l'école à développer leur esprit critique et leur sens des responsabilités.** Ainsi, les populations ont plus de chances de prendre une part active à la vie du pays et aux élections, ce qui favorise la démocratie.

● **L'éducation joue un rôle capital dans le développement économique :** elle apporte les connaissances et les savoirs nécessaires à l'amélioration des revenus, ce qui contribue à la croissance économique et à la réduction des inégalités.

1 LES CHIFFRES DU DÉVELOPPEMENT DURABLE

100 millions d'enfants ne vont pas à l'école. | **16 adultes sur 100** sont analphabètes dans le monde. | **2 enfants sur 3** non scolarisés sont des filles.

2 Mortalité infantile et éducation aux Philippines

	Taux de mortalité des enfants de moins d'une semaine (pour 1 000 naissances vivantes)
Pour les mères n'ayant reçu aucune éducation	39 ‰
Pour les mères ayant reçu une éducation primaire	21 ‰
Pour les mères ayant reçu une éducation secondaire ou plus	15 ‰

Source : Macro international, 2008.

■ **Quelle relation faites-vous entre éducation et santé ?**

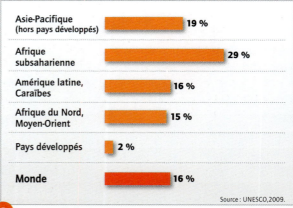

Asie-Pacifique (hors pays développés) **19 %**
Afrique subsaharienne **29 %**
Amérique latine, Caraïbes **16 %**
Afrique du Nord, Moyen-Orient **15 %**
Pays développés **2 %**
Monde **16 %**

Source : UNESCO, 2009.

3 Le travail des enfants

■ **Classez les régions du monde selon le pourcentage de travail des enfants. Comparez vos résultats avec l'analphabétisme dans ces régions (pp. 222-223). Que constatez-vous ?**

Vocabulaire

🔸 **Analphabète :** dans l'incapacité totale de lire ou d'écrire.

🔸 **Illettrisme :** personne ne sachant ni lire ni écrire, bien que l'ayant appris.

🔸 **Scolarisation :** c'est le fait de se rendre à l'école.

4 Enfants tanzaniens de 6 ans se rendant à l'école, éloignée de plusieurs kilomètres de leur foyer

AFRIQUE
TANZANIE

La Tanzanie a décidé de faire de l'éducation une de ses priorités (plus de 10 % de son budget).

■ Les conditions de ces enfants pour se rendre à l'école sont-elles faciles ?

5 L'illettrisme en France

« Dans de nombreux pays riches, on considère que l'analphabétisme a disparu grâce à l'enseignement gratuit. En revanche, 9 % des personnes de 18 à 65 ans ayant été scolarisées en France sont aujourd'hui en situation d'illettrisme : ne pas pouvoir faire tout seul des démarches administratives, lire le bulletin d'école de son enfant scolarisé, retirer de l'argent dans un distributeur… L'illettrisme peut être un facteur d'exclusion économique, sociale et affective et c'est aussi un problème majeur qui touche plus de 3 millions de personnes qui ont pourtant été scolarisées dans notre pays. »

D'après J. Lepeytre et E. Parra-Ponce, *Lutter ensemble contre l'illettrisme*, Autrement, 2008.

■ Quelles sont les difficultés d'une personne ne sachant ni lire ni écrire ?

Vous parrainez.
Elle apprend.
Le monde change.

Fondation
Pour Gérin-Lajoie

Parrainage d'écoliers

1 800 ENFANTS   www.fondationpgl.ca

6 Parrainer un enfant

De nombreuses ONG offrent la possibilité de parrainer un enfant des pays pauvres : une participation financière permet d'offrir à l'enfant parrainé une éducation complète, de la nourriture, ou même des médicaments et des vêtements.

■ Quel moyen illustré par cette affiche permet de lutter contre les inégalités d'éducation dans le monde ?

1 Confronter deux cartes

Développement et éducation en Afrique

① Quels sont les thèmes de ces deux cartes ?

② Relevez les grandes régions de l'Afrique où l'IDH est le plus faible.

③ Quelles sont les grandes régions de l'Afrique où le taux d'analphabétisme est le plus faible ?

④ Comparez vos résultats. Que constatez-vous ? Quels liens pouvez-vous établir entre développement et éducation ? Comment pouvez-vous l'expliquer ?

IDH en 2007

0,336 0,470 0,640 0,843   Absence de données

0   1 000 km

Source : PNUD et UNESCO, 2008.

① **L'IDH des États** (voir définition, p. 249).

Taux d'analphabétisme en 2007 (en %)

7   24   42   80   Absence de données

0   1 000 km

Source : PNUD et UNESCO, 2008.

② **Le taux d'analphabétisme** (en % de la population totale)

---

2 Lire un témoignage

Les difficultés de l'éducation en Chine

Le journal de Ma Yan

« Maman me prend à part : *"Mon enfant, j'ai une chose à te dire. Je crains que ce ne soit la dernière fois que tu ailles à l'école."* J'ouvre de grands yeux : *"Comment peux-tu dire une chose pareille ? De nos jours, on ne peut pas vivre sans étudier. Même un paysan a besoin de connaissances pour cultiver sa terre."* Maman insiste : *"Tes frères et toi vous êtes trois à aller à l'école. Seul votre père travaille, au loin. Ça ne suffit pas."* Je lui demande avec l'angoisse au cœur : *"Est-ce que cela signifie que je dois rentrer à la maison ?" "Oui"*, me répond-elle. *"Et mes deux frères ?" "Tes deux frères peuvent continuer leurs études."* Je m'insurge : *"Pourquoi les garçons peuvent-ils étudier et pas les filles ?"* Cette année, plus d'argent pour l'école. Je suis de retour à la maison et je cultive la terre, pour subvenir aux études de mes deux jeunes frères. »

MA YAN et PIERRE HASKI, *Le journal de Ma Yan*, Livre de poche jeunesse, 2007.

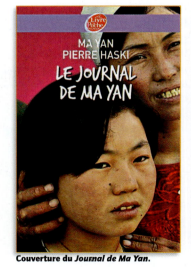

Couverture du *Journal de Ma Yan*.

① Quelle décision prend la mère de Ma Yan ? Celle-ci est-elle d'accord ?

② Pourquoi prend-elle cette décision ?

③ Rédigez un petit texte pour expliquer, à partir de cet exemple, les difficultés de scolarisation que peuvent rencontrer les populations les plus pauvres. Justifiez votre réponse.

Au quotidien

③ Lire un organigramme circulaire

Sur le chemin de l'école

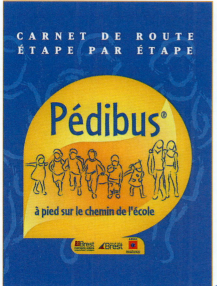

◄ Le pédibus de la mairie de Brest.

Un pédibus est un groupe d'écoliers conduits à pied par des adultes bénévoles (souvent des parents), qui suit un itinéraire précis pour accompagner les enfants en toute sécurité et à l'heure à l'école. Comme le bus, les enfants rejoignent des points d'arrêts déterminés au plus près de leur domicile. À pied, la ligne ne doit pas dépasser un temps de parcours de 15 à 20 minutes (y compris les temps d'arrêt).

Le cercle vicieux de la voiture.

Le cercle vertueux de Pédibus.

① Décrivez en quelques mots le fonctionnement du Pédibus.

② Relevez les avantages de ce système pour les familles.

③ Pourquoi peut-on dire que le Pédibus est en accord avec le développement durable ?

---

④ **B2i** Réaliser un petit graphique

Comprendre les liens entre éducation et développement

[Compétences B2i : 2.4 S'interroger sur les résultats d'une représentation graphique]

▲ www.education-developpement-durable.fr

① Rendez vous sur le site. Quels types d'informations ce site regroupe-t-il ? (pour vous aider, cliquez sur « Qui sommes-nous ? » en bas de la page d'accueil.)

② Cliquez sur « Appréhendez le développement durable », puis « L'accès à l'éducation ». Lisez l'article. Combien d'enfants ne sont pas scolarisés dans le monde ? Combien y en a-t-il dans les pays industrialisés ? Par déduction, combien sont-ils dans les pays en voie de développement ? À l'aide de ces données construisez un graphique adéquat (circulaire, bâton).

③ Votre graphique est-il plus parlant que les chiffres bruts ? Existe-t-il un lien entre la richesse à l'échelle mondiale et l'accès à l'éducation ?

Les inégalités devant les risques

Les Hommes sont-ils tous égaux devant les risques ?

Une inondation à Dhaka (10 millions d'habitants), capitale du Bangladesh. Ce pays, l'un des États les plus pauvres et les plus densément peuplés du monde, est régulièrement victime des pluies torrentielles de la mousson ou d'un cyclone. La moitié du territoire est située en dessous de 5 m d'altitude.

■ **Relevez les éléments qui montrent que le Bangladesh est un pays très pauvre.**

vers −1650   79   526   1556   1755   1815

« Risque naturel : danger plus ou moins prévisible qu'un phénomène naturel fait courir à une population. **»**

Kobé (Japon), quelques heures après le tremblement de terre de 1995. Celui-ci a fait plus de 5 500 victimes, 300 000 sans logis et a détruit une partie du port de cette ville de 3 millions d'habitants.

■ **Qu'est-ce qui laisse supposer que le Japon est un pays très riche ?**

Le cyclone Nargis au Myanmar

▶ **Pourquoi ce cyclone a-t-il été si dévastateur ?**

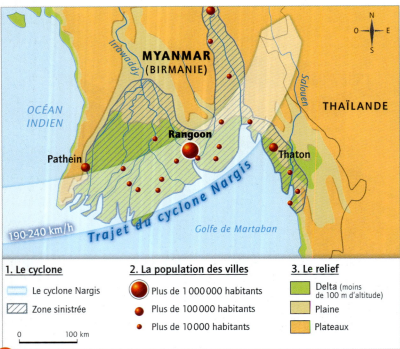

1. Le cyclone

░ Le cyclone Nargis

▨ Zone sinistrée

0   100 km

2. La population des villes

⬤ Plus de 1 000 000 habitants

● Plus de 100 000 habitants

• Plus de 10 000 habitants

3. Le relief

🟩 Delta (moins de 100 m d'altitude)

🟨 Plaine

🟧 Plateaux

1 La trajectoire du cyclone (2-4 mai 2008)

2 Les conséquences du cyclone Nargis

« Le 2 mai 2008, le cyclone Nargis ravage le delta de l'Irrawaddy, qui avec 24 millions d'habitants, est la région la plus peuplée et la plus fertile de la Birmanie. Nargis frappe la côte à marée haute, amplifiant ainsi le raz de marée de 4 mètres de haut qui pénètre profondément à l'intérieur des terres, car il ne rencontre pas d'obstacle naturel. Le rempart le plus efficace, celui qui aurait pu sauver des milliers de vies, la forêt de mangrove, a quasiment disparu du paysage. Pour subvenir à leurs besoins, les Birmans ont fait reculer la mangrove : aménagement de rizières, développement des élevages de poissons et de crustacés, production de charbon de bois.

Ainsi la catastrophe fait plus de 140 000 morts, beaucoup n'ayant pas eu le temps de se mettre à l'abri. De plus il y a plus de 2 millions de sans-abris (selon les endroits, de 50 à 95 % des habitations sont détruites). La vie économique est paralysée (l'aéroport de Rangoon est fermé, les rizières sont inondées). »

D'après THIERRY FALISE, *Le châtiment des rois, Birmanie, la chronique d'un cyclone oublié*, Éditions Florent Massot, 2008.

3 La responsabilité du gouvernement birman

« Aucune instruction du gouvernement n'a suivi les bulletins d'alerte venus des services météorologiques indiens. Il aurait d'abord fallu des abris en béton pour protéger les populations menacées ; il aurait fallu un plan et des moyens d'évacuation massifs avec des centaines de bateaux, de pirogues, de camions et d'hélicoptères. C'est pour masquer son impuissance que la dictature militaire au pouvoir depuis près de cinquante ans a tardé à ouvrir ses portes à l'aide internationale et tente, par l'intimidation, d'enrayer l'énorme élan de solidarité qui s'improvise au sein de la société civile et religieuse birmane. Pourtant, des milliers de personnes manquaient de biens de première nécessité, dont les prix ont immédiatement flambé, d'eau potable (risquant de propager des épidémies), de nourriture. »

D'après T. FALISE,
Le châtiment des rois..., op. cit.

VOCABULAIRE

🔖 **Cyclone** : très forte dépression qui s'accompagne de vents violents et de pluies torrentielles.

🔖 **Delta** : plaine littorale construite par un cours d'eau à son embouchure, en forme de triangle.

🔖 **Mangrove** : forêt littorale située à cheval entre la terre ferme et la zone des marées.

🔖 **Raz de marée** : vague géante.

4 **La région d'Irrawaddy après le passage de Nargis**

5 **La mobilisation humanitaire**

Un an après le cyclone, la mobilisation des organisations humanitaires se poursuit. L'aide des pays du Nord reste cependant insuffisante. Selon le Programme alimentaire mondial de l'ONU, sur le million de personnes qui ont été secourues à l'époque, 250 000 dépendent toujours de distributions alimentaires fin 2009.

Activités

1) **Doc. 1 et 2** Pourquoi le delta de l'Irrawady est-il une région vulnérable ?

2) **Doc. 2, 3 et 4** Réalisez un tableau sur les conséquences humaines et économiques du cyclone.

3) **Doc. 3** Expliquez pourquoi les pertes humaines sont si importantes. Quelle est l'attitude du gouvernement birman (avant et après le séisme) ?

4) **Doc. 4 et 5** À l'aide de la fiche Zoom, décrivez cette affiche et expliquez quelle a été la réaction des pays riches. Pourquoi peut-on dire qu'elle a laissé des traces durables ?

5) **Expliquez pourquoi ce cyclone a été aussi dévastateur, en insistant sur les causes naturelles mais aussi sur les causes humaines et sur les moyens d'y faire face.**

Changeons d'échelle

7) Quelle place occupe l'Asie dans la géographie mondiale des catastrophes naturelles ?
[voir aussi p. 234-235]

Décès liés aux catastrophes naturelles dans le monde (2000-2008). **6**

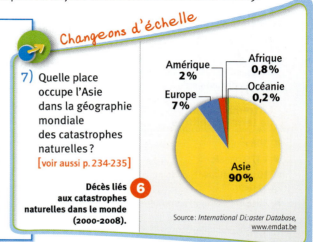

Source: *International Disaster Database*, www.emdat.be

Le séisme de L'Aquila en Italie

ITALIE
FRANCE
L'Aquila
Rome
Mer Adriatique
SLOV.
CROATIE
BOSNIE-HERZ.
Mer Méditerranée
TUNISIE

▶ **Comment gérer un grand séisme dans un pays du Nord ?**

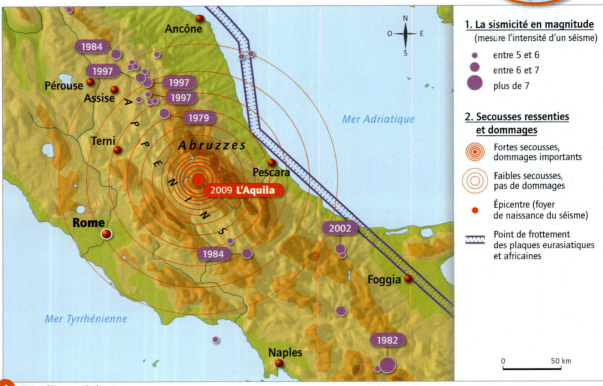

1. La sismicité en magnitude
(mesure l'intensité d'un séisme)

- entre 5 et 6
- entre 6 et 7
- plus de 7

2. Secousses ressenties et dommages

- Fortes secousses, dommages importants
- Faibles secousses, pas de dommages
- Épicentre (foyer de naissance du séisme)
- Point de frottement des plaques eurasiatiques et africaines

0   50 km

1 Un séisme violent

Le 6 avril 2009, un tremblement de terre de magnitude 6,3 s'est produit en Italie centrale, dans la région des Abruzzes, près de la ville de l'Aquila (63 000 habitants). Les heures suivantes, il a été suivi de plusieurs répliques (secousses secondaires) de moindre intensité.

2 Le tremblement de terre en chiffres

- **308** morts
- **1 179** blessés
- **10 000** bâtiments endommagés ou détruits
- **25 000** personnes sans abris
- **12 milliards** d'euros de dégâts (chiffre probable)

3 Des habitants sous le choc

«Lorsque la terre a tremblé dans la nuit de dimanche à lundi, vers 3 h 30 heures locales, les habitants se sont levés et sont partis la peur au ventre. Lorsqu'elle a senti que son lit "dansait", Auréliana a réveillé son mari et ses enfants. En pyjama, ils sont montés immédiatement en voiture pour aller se réfugier sur le parking à côté du terrain de football.
Corso Vittorio, l'avenue principale bordée d'immeubles en vieilles pierres, ressemble au plateau de tournage d'un film catastrophe. Des monceaux de gravats jonchent les trottoirs, des câbles électriques pendent le long des murs. Un peu plus loin, une équipe de secouristes s'affaire autour d'un immeuble qui s'est effondré comme un soufflet trop cuit. À l'autre bout de la ville, dans un club sportif transformé en centre d'hébergement d'urgence, des centaines de sans-abri attendent la nuit la peur au ventre. Dans les camions de ravitaillement de la protection civile garés à côté des bureaux, le personnel a fort à faire…»

D'après Ariel F. Dumont, « L'Aquila pleure ses morts », *France Soir*, lundi 6 avril 2009.

A Le lendemain du séisme.

B Dans les jours qui ont suivi.

C Six mois plus tard.

4 Des dégâts à la reconstruction

En septembre 2009, les premiers immeubles ont été livrés aux nouveaux occupants.

VOCABULAIRE

- **Intensité** : l'intensité mesure les effets et les dommages d'un séisme en un lieu donné.
- **Normes antisismiques** : règles de construction à appliquer aux bâtiments pour qu'ils résistent le mieux possible aux séismes.
- **Séisme** : tremblement de terre.

5 L'inégale prévention du risque sismique

«Les disparités sont restées importantes entre les régions, compte tenu de leur important degré d'autonomie dans le domaine de la construction. La Toscane et l'Ombrie suivent les normes antisismiques indiquées mais la région des Abruzzes ne les avait pas rendues obligatoires. Si elles avaient été appliquées, le bilan du séisme de lundi aurait sans doute été moins lourd, car elles prévoient des dispositifs sévères pour la construction d'habitations en béton armé, l'utilisation de matériaux plus flexibles comme le bois ou le caoutchouc et l'usage de fibres de carbone pour entourer les poutres afin de les rendre plus résistantes. Le cas de l'hôpital San Salvatore de L'Aquila qui, après s'être partiellement effondré, a dû être évacué, reflète la négligence des constructeurs et des organismes de contrôle. Inauguré en 1999, il a été construit sans prendre en compte tous les risques sismiques et construit avec du ciment de mauvaise qualité.»

ANNE LE NIR, *La Croix*, 4 avril 2009.

Activités

1) **Doc. 1 et 5** Pourquoi la ville de l'Aquila a-t-elle été la plus touchée par le séisme ? Un tremblement de terre est-il surprenant dans cette région ? Toutes les précautions avaient-elles été prises ?

2) **Doc. 3 et 4** Quelle a été la réaction des habitants ? Était-ce la bonne ?

3) **Doc. 2, 3 et 4** Relevez les conséquences humaines et matérielles du séisme.

4) **Doc. 3 et 4** Montrez que le pays a rapidement pris les choses en main pour apporter du secours à la population.

5) **Expliquez en quelques lignes comment un pays riche comme l'Italie gère les conséquences d'une catastrophe naturelle.**

Changeons d'échelle

6) Sur la planète, à quels dangers sont surtout liées les catastrophes naturelles ?

Types de catastrophes naturelles entre 1990 et 2009 (en % du total). **6**

Mouvements de la terre (*séismes, tsunamis, éruptions volcaniques*)	17 %
Tempêtes	32 %
Inondations	44 %
Autres événements	7 %

Risques naturels et catastrophes

▶ **Tous les pays sont-ils également touchés ?**

▶ Synthèse des études de cas

	① **CYCLONE NARGIS**	**②** **SÉISME DE L'AQUILA**
Prévention	Inexistante	Imparfaite
Secours	▪ État impuissant ▪ Secours différés	▪ Pris en charge par l'État ▪ Secours immédiats
Niveau de richesse du pays	Bas	Élevé
Nombre de décès	140 000	308
Dégâts estimés	4 milliards	12 milliards

Tornades dévastatrices (États-Unis)

Cyclones Ike et Gustav (É.-U./Caraïbes)

San Francisco
Los Angeles

Séisme (Haïti)

Mexico
Guatemala
Caracas
Bogotá

Sécheresse
Incendies de forêts dévastateurs (Californie-É.U.)

Quito

La Paz

OCÉAN PACIFIQUE

0   2 000 km
Échelle à l'équateur

▶ Des études de cas au cours

① Le cyclone Nargis

1/ S'est-il produit dans un État riche ou pauvre ?

2/ Relevez les régions qui subissent régulièrement des cyclones.

➔ Voir cours p. 236.

[▶ voir p. 230-231]

② Le séisme de L'Aquila

1/ S'est-il produit dans un État riche ou pauvre ?

2/ Localisez les grandes régions de risque sismique.

➔ Voir cours p. 236.

[▶ voir p. 232-233]

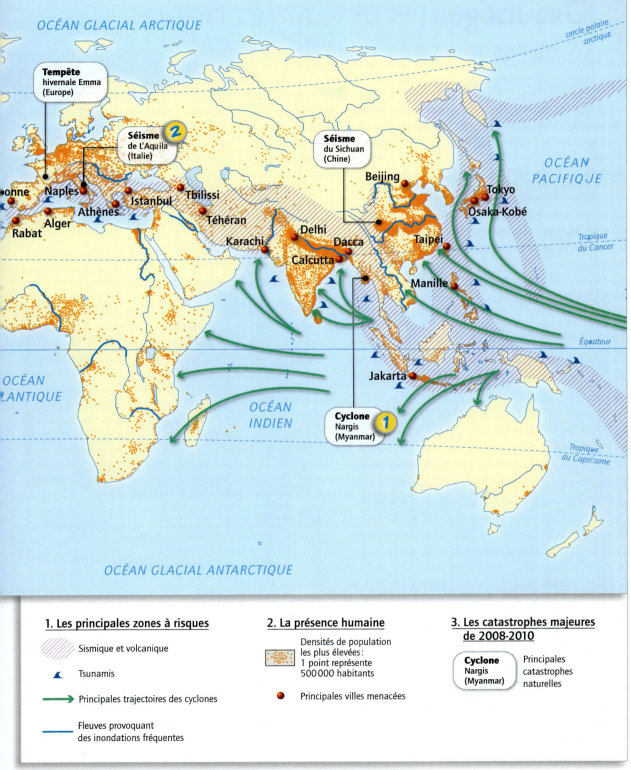

OCÉAN GLACIAL ARCTIQUE

cercle polaire arctique

Tempête
hivernale Emma
(Europe)

Séisme ②
de L'Aquila
(Italie)

Séisme
du Sichuan
(Chine)

OCÉAN
PACIFIQUE

Beijing

Tokyo

onne

Naples

Athènes

Istanbul

Tbilissi

Osaka-Kobé

Rabat

Alger

Téhéran

Karachi

Delhi

Dacca

Taipei

Tropique
du Cancer

Calcutta

Manille

OCÉAN
ATLANTIQUE

OCÉAN
INDIEN

Jakarta

Équateur

Cyclone ①
Nargis
(Myanmar)

Tropique
du Capricorne

OCÉAN GLACIAL ANTARCTIQUE

1. Les principales zones à risques

Sismique et volcanique

Tsunamis

Principales trajectoires des cyclones

Fleuves provoquant
des inondations fréquentes

2. La présence humaine

Densités de population
les plus élevées:
1 point représente
500 000 habitants

Principales villes menacées

**3. Les catastrophes majeures
de 2008-2010**

Cyclone
Nargis
(Myanmar)

Principales
catastrophes
naturelles

■ **Quelles sont les régions du monde les plus touchées par les catastrophes naturelles?**

Des inégalités devant les risques

A Des sociétés vulnérables

● **Les catastrophes naturelles** ont toujours frappé **les sociétés humaines** ; certaines sont liées aux mouvements de la Terre (séismes [Doc. 3], tsunamis, éruptions volcaniques [Doc. 4]), d'autres au climat (cyclones, inondations, sécheresses, canicules).

● Toutefois, face aux risques naturels, les populations sont aujourd'hui plus vulnérables [Doc. 2]. **C'est en effet dans les régions les plus dangereuses que la croissance démographique a été la plus forte :** littoraux frappés par les cyclones et les tsunamis, pentes fertiles des volcans, quartiers pauvres des grandes villes localisés dans des zones inondables...

B Des pays du Sud plus exposés

● **La vulnérabilité dépend surtout du niveau de développement des États** [Doc. 1]. Dans les pays pauvres, l'urbanisation sans règle, la fragilité des habitations, la médiocrité des infrastructures de transport sont des facteurs qui aggravent la portée des catastrophes [Doc. 5].

● **La lenteur des secours et l'absence d'une véritable politique de prévention des risques grossissent le rang des victimes.** Plus touchés par les aléas climatiques car situés majoritairement en zone intertropicale, les pays du Sud cumulent près de 70 % des morts liées à des catastrophes naturelles.

C Des pays du Nord plus prévoyants

● **Dans les pays du Nord, les moyens mis en œuvre pour prévenir les risques et informer les populations sont considérables** ; le Japon constitue une référence dans ce domaine [Doc. 6].

● La construction d'habitations aux normes antisismiques dans les zones affectées par les tremblements de terre, les systèmes de surveillance des cyclones et des tempêtes par satellites, les plans de prévention des risques ou d'évacuation en cas de catastrophes permettent de limiter dégâts et victimes.

---

1 LES CHIFFRES DU DÉVELOPPEMENT DURABLE

90 % des catastrophes naturelles touchent les pays du Sud.

98 % des victimes et des personnes affectées viennent du Sud.

60 % des dommages concernent les pays développés.

2 Bilan chiffré des catastrophes naturelles

	1980	1990	2008
Nombre de personnes affectées (en millions)	80	100	201
Nombre de décès ou de disparitions	20 000	50 000	220 000
Coût approximatif (en milliards de dollars)	30	40	180

Source : OFDA/CRED, université de Louvain, 2008.

■ **Quelle information essentielle ce tableau donne-t-il ?**

3 **Haïtiens cherchant à fuir la ville de Port-au-Prince**

Le tremblement de terre de janvier 2010 a fait plus de 200 000 victimes.

■ **Pourquoi ces habitants fuient-ils la ville ?**

VOCABULAIRE

🔹 **Catastrophe naturelle** : événement brutal d'origine naturelle engendrant destruction et souvent mort.

🔹 **Cyclone** : voir p. 230.

🔹 **Normes antisismiques** : voir p. 233.

🔹 **Risque naturel** : danger plus ou moins prévisible qu'un phénomène naturel (aléa) fait courir à une population.

🔹 **Séisme** : voir p. 233.

🔹 **Tsunami** : mot japonais désignant un raz de marée provoqué par un séisme ou une éruption volcanique.

🔹 **Vulnérable** : qui peut être facilement atteint.

Éruption du Piton de la Fournaise, mars 2007 **4**

■ Imaginez les conséquences des coulées de lave.

6 **Le système d'alerte japonais**

«Le Japon dispose de détecteurs de séismes et de tsunamis, qui seront plongés en mer à un ou deux kilomètres de profondeur au large de l'archipel. Ce système d'alerte anticipée japonais permet en théorie de détecter un séisme quelques secondes avant qu'il ne soit ressenti à la surface de la Terre. Cela permet, dans certains cas, de prévenir en temps réel les populations via des boîtiers d'avertissement spéciaux, ou en utilisant les médias et leurs infrastructures comme relais. Même si ce laps de temps est très limité, il pourrait permettre de réduire fortement les dommages matériels et le nombre de victimes, à condition que les personnes sachent comment bien réagir à ces alarmes (ouvrir une porte pour se ménager une sortie de secours, couper le gaz, s'abriter sous une table...). »

D'après «Le Japon renforce son système d'alerte précoce des séismes et tsunamis», www.rtlinfo.be, 3 juillet 2009.

Densité des constructions de médiocre qualité

État défaillant, voire corrompu

RÉGION VULNÉRABLE

Concentration de populations dans les zones à risque

Populations aux faibles ressources (pas de moyens de transport ou de communication)

Absence de système d'alerte

5 **Quelques facteurs de vulnérabilité**

■ À quel groupe appartiennent les pays concernés par ce graphique ?

■ Expliquez quelle est l'utilité d'un système d'alerte.

1 Croiser les informations de deux documents

La canicule en France

La canicule en France par départements durant l'été 2003.

Nombre de jours où la température de la journée a été supérieure à 35 degrés

17 · 14 · 12 · 10 · 8 · 5

0 · 200 km

Évolution comparée du nombre de décès mensuels aux seconds semestres 2002 et 2003

	Juillet	Août	Septembre	Octobre
Nombre de décès par mois en 2002	42 200	40 100	40 300	45 200
Nombre de décès par mois en 2003	43 200	56 500	41 400	44 000

Source : Parlement européen, 2008.

1 Donnez une définition du terme « canicule » (température, durée).

2 Relevez les principales régions touchées. Quel a été le sort de celle où vous vivez ?

3 Cette canicule a-t-elle fait des victimes ? Donnez un chiffre approximatif. Selon vous, quelle catégorie de la population a été la plus touchée ?

4 Quand la canicule a-t-elle cessé ?

2 Comparer deux catastrophes naturelles

La Californie et le Kenya

Incendie en Californie (2009) : on compte 2 milliards de dollars de dégâts, mais aucun décès.

1 Définissez chacune des catastrophes naturelles.

2 Quelle est celle qui a des effets immédiats ? Celle qui a des effets plus tardifs ?

3 Relevez les conséquences économiques et humaines de chacune des catastrophes.

4 Peut-on par conséquent mettre ces catastrophes sur le même plan ? Pourquoi ?

Sécheresse en Afrique de l'Est : la famine menace des millions de personnes

« Le Kenya a connu cet été sa pire sécheresse depuis une décennie, avec une absence quasi totale de précipitations au moment théorique de la saison des pluies. L'ONU prévoit de venir en aide à 3,8 millions de Kenyans affectés par la sécheresse et la hausse continue des prix alimentaires. La récolte principale de maïs est estimée inférieure de 28 % par rapport à la moyenne des cinq dernières années. Les pâturages et l'eau pour le bétail diminuent rapidement. Selon l'ONU, *"la population commence déjà à souffrir de la faim, la malnutrition fait des ravages parmi des enfants de plus en plus jeunes, le bétail meurt"*. Certains Kenyans *"adoptent des stratégies extrêmes, comme réduire le nombre de repas journaliers, manger de la nourriture moins chère et moins nutritive, migrer vers les centres urbains ou contracter des dettes massives"*. Comble de malchance, la reprise des pluies est souvent synonyme d'inondations destructrices et de maladies dues à la mauvaise qualité de l'eau… »

D'après l'AFP, 3 septembre 2009.

Au quotidien

3

Lire un document de prévention

La prévention des risques à la Martinique

La Martinique est classée en zone III, c'est-à-dire celle du risque sismique maximal au plan national. Toutes les communes de l'île sont exposées. Le dernier séisme s'est produit en 2007.

Campagne de prévention du risque sismique à la Martinique en 2008.

1 Pourquoi la prévention du risque sismique n'est-elle pas inutile à la Martinique ?

2 Relevez les différents éléments qui composent le doc. 1. Quels sont les trois moments évoqués par un plan de prévention ?

B2i

4

Créer un fichier documentaire

Connaître les risques de sa région

[Compétences B2i : 4. S'informer, se documenter & 4.4 Créer, produire, exploiter]

1 Rendez-vous sur le site « Cartorisque » après avoir cherché son adresse Internet sur un moteur de recherche.

2 Identifiez ce qu'est « Cartorisque » (objectifs poursuivis, données proposées).

3 Rendez-vous ensuite sur la carte et cliquez sur votre département. Quels sont les risques que vous pouvez relever ?

3 Exportez au format pdf une sélection de votre choix des principaux risques. Qu'en concluez-vous ?

16

La pauvreté dans le monde

Que signifie être pauvre au XXIe siècle ?

AFRIQUE

OCÉAN ATLANTIQUE

Freetown

SIERRA LEONE

Golfe de Guinée

Le bidonville de Kroo Bay (Free Town, Sierra Leone). Il ne dispose d'aucun tout-à-l'égout, les eaux sales étant directement rejetées dans le caniveau qui sert aussi d'espace de jeu.

■ Relevez les éléments de pauvreté, à la fois pour les bâtiments, les rues et les populations.

Personnes pauvres (moins de 2 dollars par jour) dans le monde (en % de la population mondiale)	69%	63%	57%	53%	47%
	1981	1990	1999	2002	2005

« **Pauvreté** : état d'une personne qui est privée des ressources nécessaires pour vivre décemment dans son environnement. **»**

Tentes de SDF sur les bords du canal Saint-Martin (Paris).

■ Pourquoi ces personnes dorment-elles sous une tente ? Quelles indications cela nous donne-t-il sur les inégalités de richesse en France ?

La pauvreté au Bangladesh

BHOUTAN
BANGLADESH
Dhaka
INDE
MYANMAR
(BIRMANIE)
Golfe du Bengale

▶ Comment survivre ?

1 **La famille de Shahana à Dhaka**

Elle est composée de 14 personnes : 5 adultes et 9 enfants.

Lettres rédigées par un écrivain public

« *2 octobre 2005*
Nous ne sommes pas capables de maintenir nos moyens d'existence, avec des revenus très insuffisants. À cause du travail dur, notre santé s'est détériorée. Notre vie est en train de perdre son sens.

6 août 2006
Ici, Dhaka est touché par des inondations et en même temps par des pluies diluviennes. Dans cette situation, moi-même et mon mari sommes sans travail. Hier, mon ongle droit a cassé durant le concassage des briques. Nous n'avons pas d'habitation, de logement sûr, permanent. Comme vous pouvez l'imaginer, si vous ne nous aidez pas, nous allons mourir. Si nous avons du travail, nous avons de la nourriture ; sans travail, pas de nourriture.

12 novembre 2007
Quand il a du travail, le revenu du père de mes enfants, tireur de *richshaw* est de 3 000 takas (30 €) par mois. Si nous louons un logement, nous avons besoin de 3 200 takas (32 €) pour payer le loyer mensuel. Avec quoi mangerons-nous alors ?

28 mai 2008
Mes enfants vivent sans manger de repas régulier. Ils n'ont pas de vêtements pour la saison d'été. S'il vous plaît, prenez soin de nous.

Shahana à Joël Le Quément. »

D'après Joël Le Quément, *La pauvreté durable ? Au Bangladesh et en particulier à Dacca*, L'Harmattan, 2008.

VOCABULAIRE

🔹 **Écrivain public** : personne dont le métier est de lire et écrire pour les analphabètes.

🔹 **IDH** : voir p. 249.

🔹 *Rickshaw* : tricycle à propulsion humaine servant au transport de personnes ou de marchandises.

🔹 *Slum* (bidonville) : quartier dont les maisons ont été construites sans autorisation, avec des matériaux de récupération.

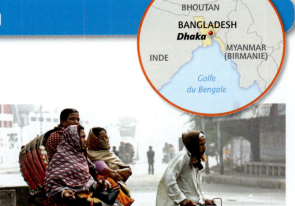

A Tireur de *rickshaw*.

B Pesée de la récolte de thé à la fin de la journée.

C Concassage de briques pour en faire du gravier.

2 **Les travailleurs pauvres**

3 Enfants des rues

«Ces enfants sont hébergés dans le centre d'accueil d'une ONG locale. Il y a 250 000 enfants dans les rues de la capitale.
– Riaz, 9 ans, n'a pas de parents. Il ne sait pas ce qu'ils sont devenus et a rejoint le centre d'accueil depuis 3 mois. Il travaille chaque jour entre 5 et 8 heures le matin puis revient au centre. Il collecte des légumes dans le bazar proche, qu'il revend. Il a gagné 5 takas (0,05 €) aujourd'hui, juste de quoi payer son repas au centre.
– Jakiya, âgée de 12 ans, est déjà une jeune fille. Ses parents qu'elle ne voit plus, habitent à environ 200 km au sud de Dhaka. Elle quitte chaque jour le centre à 8 heures du matin et revient à 16 heures pour y passer la nuit, libre et sécurisée. Le jour, elle collecte des déchets de papier dans la rue. Ce 2 avril, elle a gagné 25 takas (0,25 €). Pour son dîner, elle a versé 5 takas, et pour son accueil 5 takas : 15 takas ont été épargnés. Elle doit elle-même se vêtir et le fait avec le sourire.»

D'après JOËL LE QUÉMENT,
La pauvreté durable ? Au Bangladesh et en particulier à Dacca, L'Harmattan, 2008.

4 Un *slum* de Dhaka

30 % à 50 % de la population de Dhaka (14 millions d'habitants) vivent dans un bidonville.

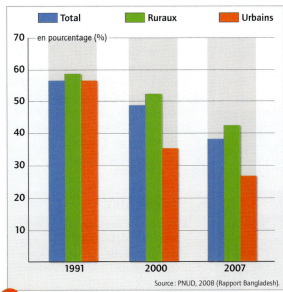

Source : PNUD, 2008 (Rapport Bangladesh).

5 Pauvreté urbaine et rurale au Bangladesh

Sont ici considérées comme pauvres les personnes qui gagnent moins de 1,25 dollar par jour. Avec 2 dollars, près de 80 % de Bangladeshis seraient concernés par la pauvreté.

Activités

1) **Doc. 1 et 4** Relevez les signes de la pauvreté.

2) **Doc. 1 et 2** Quels métiers exercent les pauvres ? Pour quelles raisons ? Avec quelles conséquences sur la santé ?

3) **Doc. 3** Pourquoi ces enfants sont-ils hébergés dans ce centre ? Dites comment ils parviennent à survivre.

4) **Doc. 5** Comment la pauvreté globale évolue-t-elle ? Où se réduit-elle le plus ?

5) Complétez le tableau ci-dessous :

Cadre de vie	Travail	Santé	Éducation

Changeons d'échelle

6) En deux ou trois phrases, présentez la situation sociale du Bangladesh par rapport au reste du monde.

Le Bangladesh et le monde.

6

	Bangladesh	Monde
IDH	0,52 (148e rang)	0,75
Revenu par habitant	431 dollars	10 000 dollars
Analphabètes	48 %	16 %
Sous-alimentés	30 %	15 %

Source : ONU, 2009.

Être pauvre à Buenos Aires

▶ **Comment vivent les pauvres à Buenos Aires ?**

OCÉAN PACIFIQUE

ARGENTINE

OCÉAN ATLANTIQUE

Buenos Aires

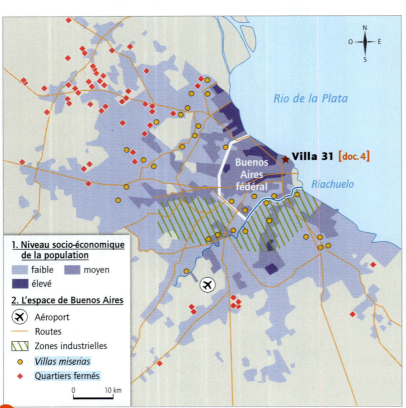

Rio de la Plata

Villa 31 [doc. 4]

Buenos Aires fédéral

Riachuelo

1. Niveau socio-économique de la population
- faible
- moyen
- élevé

2. L'espace de Buenos Aires
- ✈ Aéroport
- — Routes
- ▨ Zones industrielles
- 🟡 Villas miserias
- 🔶 Quartiers fermés

0   10 km

1 **Le grand Buenos Aires**

Le grand Buenos Aires compte près de 13 millions d'habitants.

3 **Un *cartonero* dans un quartier riche de la ville**

2 **La vie quotidienne dans une *villa miseria***

«"*Ça, c'est moi qui l'ai construit*" souligne Valeria depuis sa maison faite de tôles, de cartons et de bois qu'elle partage avec ses filles : Martina, 5 ans, et Nicole, 9 ans. Elle tente de suivre de près la procédure judiciaire engagée contre elle pour occupation illégale du terrain ; chose qui "*lui est difficile car elle n'a pas assez d'argent pour payer un bon avocat*". La jeune femme explique qu'au manque d'eau potable, d'électricité, d'égouts et autre service de base s'ajoute le fait "*qu'il n'y a même pas un arbre*" pour se protéger du soleil et que, "*quand il pleut, cela provoque des inondations, mais en fin de compte c'est mieux que rien*". Valeria vit de la collecte du carton ou du plastique effectuée dans les quartiers aisés de la capitale. Comme elle, 55 000 familles vivent des produits recyclables. Il faut pour un *cartonero* ramasser 100 kg pour gagner l'équivalent de 3 euros.»

D'après *El Mundo*, 18 décembre 2008.

VOCABULAIRE

🔹 ***Cartonero*** : personne qui collecte les cartons dans les rues.

🔹 **Quartier fermé** : espace sécurisé (grillages, gardiens...) où résident des populations aisées.

🔹 ***Villa miseria*** : nom donné aux bidonvilles à Buenos Aires. Il en existe 45 en 2009 dans lesquelles vivent près de 250 000 personnes.

4 Les villas 31 et 31 bis

Créées au début des années 1940 pour accueillir les immigrés italiens, les villas 31 et 31 bis concentrent environ 70 000 personnes.

5 La pauvreté dans le Grand Buenos Aires

En % des foyers, 2008	Grand Buenos Aires	Villas miserias
Revenus insuffisants	40 %	68 %
Chômage	24 %	40 %
Risques psychologiques (dépressions et anxiété)	18 %	35 %
Pas de projets d'avenir	28 %	63 %
2 ou 3 personnes par chambre	8 %	43 %

Source : Ville de Buenos Aires, 2009.

En 2009, le seuil de pauvreté est fixé à 98 euros par mois : plus de 20 % des habitants de Buenos Aires seraient concernés (30 % des Argentins). Le revenu moyen par habitant est de 307 euros.

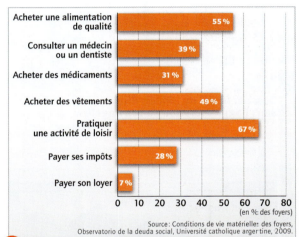

Source : Conditions de vie matérielle des foyers, Observatorio de la deuda social, Université catholique argentine, 2009.

6 Dépenses annulées ou retardées en 2009

Activités

1) **Doc. 1** Comment les plus aisés se protègent-ils ?

2) **Doc. 2 et 4** Quelles sont les conditions de logement de Valeria et de sa famille ? En quoi consiste son travail ?

3) **Doc. 4** Décrivez les différents plans de la photographie. Y a-t-il une frontière entre les deux mondes ?

4) **Doc. 5 et 6** Pourquoi peut-on dire que les *villas miserias* abritent des populations pauvres ? Montrez que la pauvreté a des conséquences à court et à long terme. Quelles sont les dépenses annulées prioritairement par la pauvreté ?

5) **En quelques lignes, dites comment vivent les pauvres à Buenos Aires.**

Changeons d'échelle

6) Dans quelles parties du monde sont essentiellement concentrées les personnes pauvres ?

Pourcentage de personnes vivant avec moins de deux dollars par jour dans les pays du Sud.

Amérique latine et Caraïbes	18 %
Europe de l'Est et Asie centrale	10 %
Moyen-Orient et Afrique du Nord	12 %
Asie du Sud	74 %
Afrique subsaharienne	72 %
7 Monde	47 %

Source : Banque mondiale, 2008.

Les inégalités aux États-Unis

▶ **Tous les Américains vivent-ils à leur aise ?**

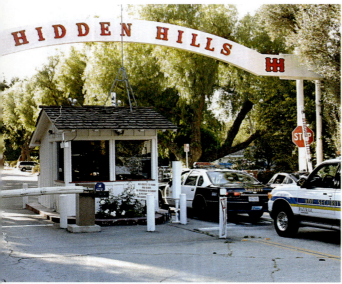

1 Quartier fermé de Hidden Hills dans l'agglomération de Los Angeles

2 Les classes moyennes en difficulté

«Ces dernières années, l'accroissement de la richesse s'est accompagné de celui des inégalités : 20 % des ménages ne disposent que de 3,4 % de l'ensemble des revenus, tandis que les 5 % plus aisés en perçoivent 21,2 % (il y a plus de 400 milliardaires aux États-Unis). Cibles privilégiées et premières victimes, les classes moyennes ont usé et abusé des facilités de crédit et se sont lourdement endettées, pour se loger bien sûr, mais aussi pour payer leurs études et se soigner. Résultat : en 2008, plus d'1 million d'individus étaient dans l'incapacité de rembourser leurs crédits (automobile, mobilier, santé…). Un ménage sur quatre était sous le coup d'une procédure de saisie en 2008. Le pauvre est souvent issu de la classe moyenne.»

D'après *Le Monde* du 20 janvier 2009.

3 La pauvreté depuis 50 ans

Le seuil de pauvreté est fixé à 10 400 dollars par an pour une personne seule (le revenu moyen est de 47 000 dollars).

Source : US Census Bureau, 2009.

40 millions — 39,8 millions
22,5 % — 13,2 %
1959 — 1970 — 1980 — 1990 — 2000 — 2008

Nombre de pauvres — Taux de pauvres/population — Période de crise économique

Un SDF dans le centre-ville de San Francisco **4**

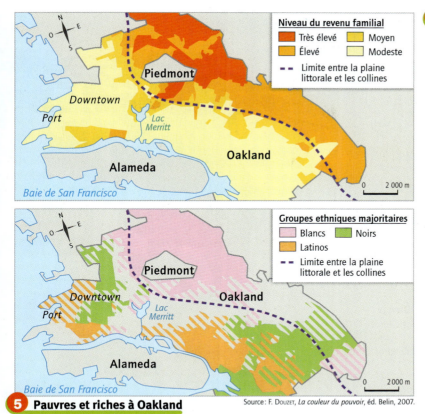

Niveau du revenu familial
- ■ Très élevé ■ Moyen
- ■ Élevé □ Modeste
- – – – Limite entre la plaine littorale et les collines

Piedmont

Downtown

Port

Lac Merritt

Oakland

Alameda

Baie de San Francisco

0 | 2 000 m

Groupes ethniques majoritaires
- □ Blancs ■ Noirs
- ■ Latinos
- – – – Limite entre la plaine littorale et les collines

Piedmont

Downtown

Port

Lac Merritt

Oakland

Alameda

Baie de San Francisco

0 | 2 000 m

Source : F. DOUZET, *La couleur du pouvoir*, éd. Belin, 2007.

5 Pauvres et riches à Oakland

Oakland, dans la baie de San Francisco, est peuplée de 400 000 habitants.

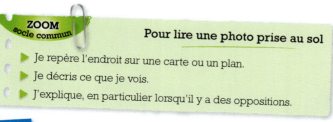

ZOOM
socle commun

Pour lire une photo prise au sol

➤ Je repère l'endroit sur une carte ou un plan.

➤ Je décris ce que je vois.

➤ J'explique, en particulier lorsqu'il y a des oppositions.

6 Les bons alimentaires

« Lisa Zilligen, 28 ans, mère de trois petits enfants, reçoit des bons alimentaires* depuis plusieurs années. Quand elle était enfant, sa famille recevait aussi des bons alimentaires lorsque son père était au chômage et luttait pour élever seul ses quatre enfants. Lisa habite un appartement dans un quartier difficile, suit des cours à l'Université Loyola à plein temps et gagne environ 400 $ par mois d'un travail sur le campus. Elle a obtenu environ 600 $ en bons alimentaires ces derniers mois ; parfois les ressources viennent à manquer avant la fin du mois et la famille doit se rendre dans des banques alimentaires. Elle fait ses courses dans un magasin discount, ses enfants portent des vêtements usés et elle n'a aucun argent pour des dépenses supplémentaires. »

D'après *The Seattle Times*, 27 nov. 2009.

_____

* Bons du gouvernement : 1 adulte sur 8 et 1 enfant sur 4 sont concernés.

VOCABULAIRE

⬥ **Indice de GINI** : mesure l'inégalité des revenus au sein d'une société. Plus le chiffre est proche de 100, plus les inégalités sont grandes. 0 = égalité complète ; 100 = inégalité extrême.

Activités

1) **Doc. 1** À quoi voit-on que l'on se trouve devant un quartier aisé ?

2) **Doc. 2** Quelle est la catégorie sociale touchée par la pauvreté ? Comment l'expliquez-vous ?

3) **Doc. 2 et 4** Quelles peuvent être les conséquences lorsque les ménages ne remboursent plus leurs dettes ? À l'aide de la fiche Zoom, décrivez la photographie. Quel contraste remarquez-vous ?

4) **Doc. 3** Quelle a été l'évolution de la pauvreté depuis 1959 ?

5) **Doc. 5** Existe-t-il une relation entre pauvreté et origine ethnique ? Qui habite sur les collines ?

6) **Doc. 6** Comment Lisa Zilligen fait-elle face à ses obligations ?

7) Dans un paragraphe construit, vous montrerez que, si la pauvreté a reculé aux États-Unis, les inégalités sociales se maintiennent.

Changeons d'échelle

8) Où les inégalités sociales sont-elles les plus importantes ? Comment se positionnent les États-Unis ?

Les inégalités sociales selon l'indice de GINI. La moyenne mondiale est de 40,5.

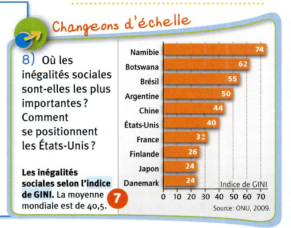

	Indice de GINI
Namibie	74
Botswana	62
Brésil	55
Argentine	50
Chine	44
États-Unis	40
France	32
Finlande	26
Japon	24
Danemark	24

Source : ONU, 2009.

Pauvreté et développement

▶ Où vivent les pauvres ?

▶ Synthèse des études de cas

	① BANGLADESH	**②** BUENOS AIRES	**③** ÉTATS-UNIS
Échelle	nationale	locale	nationale
Part des pauvres	80 % *(si 2 euros/jour)*	20 à 30 %	14 %
Seuil de pauvreté	60 euros *(si 2 euros/jour)*	98 euros	580 euros
Revenu moyen mensuel	24 euros	307 euros	2 600 euros
Situation matérielle	■ Vie dans un bidonville ■ Aucun bien matériel	■ Vie dans un bidonville ■ Peu de biens de consommation	■ Souvent propriétaires ■ Nombreux biens de consommation

▶ Des études de cas au cours

① Le Bangladesh

1/ Comment vit-on dans un pays très pauvre ?

2/ Quelles régions du monde présentent le même profil ?

➔ Voir cours p. 250

[▶ voir p. 242-243]

② Buenos Aires

1/ Comment vit-on dans les *villas miserias* ?

2/ Quelles régions du monde présentent le même profil ?

➔ Voir cours p. 250

[▶ voir p. 244-245]

③ Les États-Unis

1/ Quelles sont les inégalités sociales ?

2/ Quelles régions du monde présentent le même profil ?

➔ Voir cours p. 250

[▶ voir p. 246-247]

Canada 0,97

AMÉRIQUE DU NORD 0,95

AMÉRIQUE LATINE CARAÏBES 0,82

Cercle polaire arctique

Tropique du Cancer

Équateur

Tropique du Capricorne

OCÉAN ATLANTIQUE

OCÉAN PACIFIQUE

0   2 000 km
Échelle à l'équateur

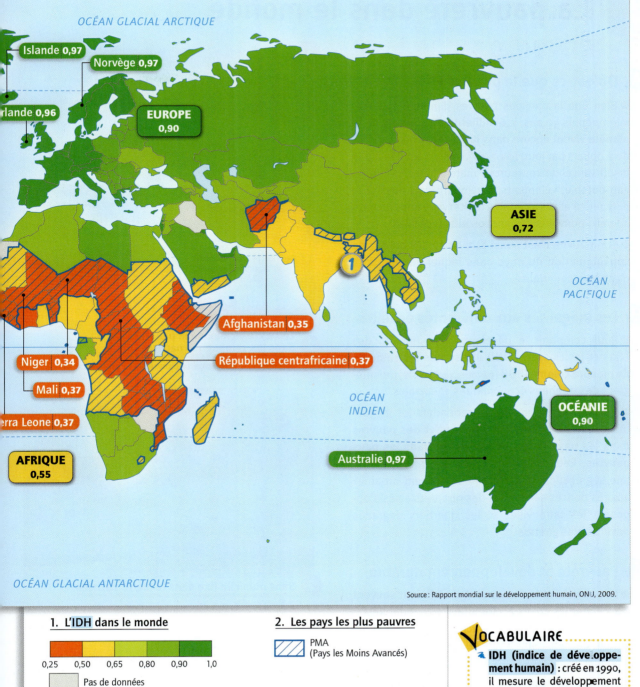

OCÉAN GLACIAL ARCTIQUE

Islande **0,97**

Norvège **0,97**

rlande **0,96**

EUROPE 0,90

ASIE 0,72

OCÉAN PACIFIQUE

Afghanistan **0,35**

République centrafricaine **0,37**

Niger **0,34**

Mali **0,37**

erra Leone **0,37**

OCÉAN INDIEN

OCÉANIE 0,90

Australie **0,97**

AFRIQUE 0,55

OCÉAN GLACIAL ANTARCTIQUE

Source : Rapport mondial sur le développement humain, ONU, 2009.

1. L'IDH dans le monde

0,25 0,50 0,65 0,80 0,90 1,0

Pas de données

2. Les pays les plus pauvres

PMA (Pays les Moins Avancés)

Canada **0,97** Les 5 États à l'IDH le plus élevé en 2009

Niger **0,34** Les 5 États à l'IDH le plus faible en 2009

■ Quel est le continent le plus touché par la pauvreté ?

VOCABULAIRE

➤ **IDH (indice de déve-loppe-ment humain)** : créé en 1990, il mesure le développement d'un pays en établissant une moyenne entre 4 indicateurs (espérance de vie, taux d'al-phabétisme, taux de scolari-sation, revenu par habitant).

La pauvreté dans le monde

A Qu'est-ce que la pauvreté ?

 Bien que la part des pauvres diminue régulièrement depuis 50 ans, **2,6 milliards d'habitants de la planète vivent encore dans la pauvreté** (avec moins de 2 dollars par jour) [doc. 1 et 4]. Celle-ci est liée à une insuffisance de ressources matérielles (nourriture, eau potable, vêtements, logement) mais aussi à la difficulté d'accès à certains droits (vivre dans un pays en paix, pouvoir se soigner ou aller à l'école).

Être pauvre, **c'est aussi être exclu des modes de consommation du pays dans lequel on vit** [doc. 3], c'est être marginalisé.

B Les inégalités aux différentes échelles

Pour comparer le développement humain des États et les classer, **l'ONU utilise des instruments de mesure comme l'IDH** [voir carte, pp. 248-249] qui intègrent des données économiques et sociales.

Ces indicateurs masquent cependant les inégalités internes aux États : **il y a en effet des pauvres dans les pays riches et des riches dans les pays pauvres.** Cette situation a notamment pour effet une ségrégation spatiale, principalement urbaine : aux résidences sécurisées des quartiers aisés s'opposent les bidonvilles et les quartiers dégradés devenus des ghettos.

C Pauvreté et développement durable

 La pauvreté et le dénuement contribuent souvent à accélérer les crises écologiques [doc. 2] : déforestation provoquée par la recherche d'un combustible gratuit, déchets rejetés hors du foyer qui contribuent à polluer les rivières et les nappes souterraines...

Surtout, **les personnes pauvres sont les plus touchés par les nuisances environnementales** [doc. 5]. Vivant dans les endroits les plus insalubres, leur santé en souffre. De même, **ils constituent les premières victimes des crises économiques, des guerres** [doc. 6] **et des catastrophes naturelles.**

1 LES CHIFFRES DU DÉVELOPPEMENT DURABLE

3/4 des pauvres sont des ruraux. **1 milliard** d'habitants vivent dans des bidonvilles. **1,4 milliard** de personnes vivent avec moins de **1,25 dollar** par jour (pauvreté absolue).

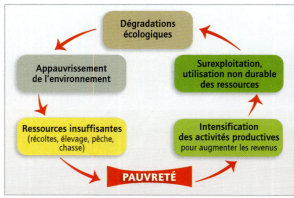

2 Le cercle vicieux de la pauvreté dans les campagnes pauvres

■ Quel est le lien entre la pauvreté et l'environnement ?

3 Sans domicile fixe dans le métro parisien

■ À l'aide de la fiche Zoom p. 247, décrivez cette photographie.

VOCABULAIRE

- **Développement** : processus contribuant, grâce à un enrichissement général de l'humanité, à améliorer le bien-être des individus.
- **IDH** : voir p. 249.
- **Pauvreté** : voir p. 241.
- **Ségrégation spatiale** : processus de regroupement de personnes de même richesse ou origine dans le même espace.

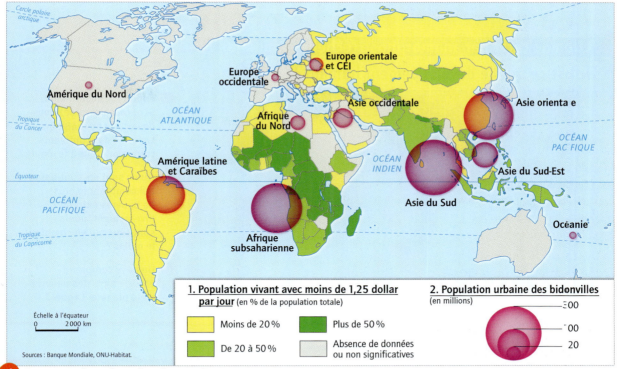

1. **Population vivant avec moins de 1,25 dollar par jour** (en % de la population totale)

- Moins de 20 %
- De 20 à 50 %
- Plus de 50 %
- Absence de données ou non significatives

2. **Population urbaine des bidonvilles** (en millions)

- 300
- 100
- 20

Échelle à l'équateur
0   2 000 km

Sources : Banque Mondiale, ONU-Habitat.

4 **La pauvreté extrême dans le monde**

■ Dans quelles régions se concentrent les bidonvilles ?

5 **La misère écologique**

« La pauvreté est liée à la dégradation écologique. Les pauvres vivent dans les endroits les plus pollués, à proximité des zones industrielles, près des voies de communication, dans les quartiers mal desservis en eau ou en ramassage d'ordures. De plus, ce sont ces derniers qui subissent prioritairement les effets de la crise écologique. On compte par exemple en Chine des dizaines de "villages du cancer" bordés d'usines chimiques qui rejettent les polluants dans l'air et dans l'eau, ce qui provoque de graves maladies chez leurs voisins impuissants. Ainsi les conflits liés aux vols des terres des paysans se multiplient-ils pour nourrir une spéculation foncière effrénée. Ils sont souvent sanglants, en Chine comme au Brésil. Enfin, les catastrophes d'origine naturelle frappent d'autant plus violemment les pauvres qu'ils ont d'autant moins les moyens de s'en protéger et pas d'assurance réparatrice. »

D'après HERVÉ KEMPF, *Comment les riches détruisent la planète*, coll. Point Essais, Seuil, 2009.

■ En quoi pauvreté et développement durable sont-ils liés ?

6 **Un camp de réfugiés en Somalie**

■ Pour quelle raison ces personnes vivent-elles dans ces conditions ?

1 Lire une carte par anamorphose (échelle mondiale)

Qu'est-ce que le développement humain ?

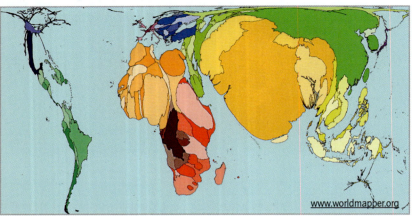

www.worldmapper.org

Carte en anamorphose de l'extrême pauvreté dans le monde (moins de 1,25 dollar par jour).

1 Repérez les continents. Si nécessaire, aidez-vous de la carte pp. 248-249. La forme des continents correspond-elle à la réalité ?

2 Quels sont les continents qui comptent le plus de pauvres extrêmes ? Inversement, quels sont ceux qui en comptent le moins ?

3 Un pays comprend plus de 25 % des pauvres de la planète. Lequel ?

2 Confronter les documents (échelle continentale)

Les inégalités en Europe

Pays	%
Rép. Tchèque	9 %
Islande	10 %
Pays-Bas	11 %
Slovaquie	11 %
Norvège	11 %
Danemark	12 %
Hongrie	12 %
Autriche	12 %
Slovénie	12 %
Suède	12 %
France	13 %
Luxembourg	13 %
Finlande	14 %
Belgique	15 %
Allemagne	15 %
Malte	15 %
Irlande	16 %
Chypre	16 %
U. E.	17 %
Pologne	17 %
Portugal	18 %
Estonie	19 %
Italie	19 %
Royaume-Uni	19 %
Grèce	20 %
Espagne	20 %
Lituanie	20 %
Bulgarie	21 %
Roumanie	23 %
Lettonie	26 %

Source : Union européenne, 2009.

Part des ménages dans l'impossibilité de se chauffer durablement.

Présentation de l'année européenne contre la pauvreté 2010

« Nos systèmes de protection sociale comptent parmi les plus développés au monde et pourtant, trop d'Européens vivent encore aujourd'hui dans la pauvreté. Le phénomène revêt des formes complexes mais certains chiffres parlent d'eux-mêmes :

– 79 millions de personnes vivent en deçà du seuil de pauvreté. Cela représente 16 % de la population européenne.

– Un Européen sur dix vit au sein d'un ménage où personne ne travaille. Pour autant, le travail ne prémunit pas toujours contre le risque de pauvreté.

– Pour 8 % des Européens, l'emploi ne suffit pas à sortir de la pauvreté.

– Dans la plupart des États, les enfants sont davantage exposés : 19 % d'entre eux sont menacés de pauvreté, soit 19 millions d'enfants. »

Source : www.2010againstpoverty.eu

2010
Année européenne de lutte contre la pauvreté et l'exclusion sociale

Logo de la campagne contre la pauvreté dans l'Union européenne

1 Relevez quelques données chiffrées sur la pauvreté en Europe. Le travail constitue-t-il une garantie contre la précarité ?

2 Quelles en sont les conséquences concrètes pour les Européens ? En d'autres termes, quels sont les signes de la pauvreté ?

3 Comment l'Union européenne sensibilise-t-elle les Européens ?

3 · Au quotidien

Mettre en relation plusieurs documents (échelle nationale)

Étudier l'action d'une association

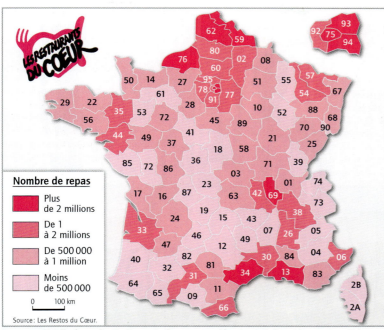

Nombre de repas

- Plus de 2 millions
- De 1 à 2 millions
- De 500 000 à 1 million
- Moins de 500 000

0   100 km

Source : Les Restos du Cœur.

Les repas distribués par les Restaurants du cœur, par département. Durant la campagne d'hiver 2008-2009, les Restos ont distribué 100 millions de repas, offert 62 000 nuitées, 81 300 places de cinéma, permis 2 500 départs en vacances.

8 millions de personnes en dessous du seuil de pauvreté dont :

- ▶ **2,4 millions** d'enfants
- ▶ **1 million** de jeunes de 18 à 24 ans
- ▶ **550 000 personnes** de plus de 75 ans
- ▶ **1,7 million de personnes** de personnes qui travaillent

Source : INSEE, 2009.

La pauvreté en France.

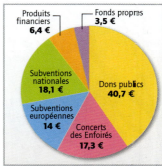

Produits financiers **6,4 €**
Fonds propres **3,5 €**
Subventions nationales **18,1 €**
Dons publics **40,7 €**
Subventions européennes **14 €**
Concerts des Enfoirés **17,3 €**

Le financement des Restaurants du cœur pour 100 euros.

1 Quelles catégories de la population sont touchées par la pauvreté ?

2 Quelle est la mission principale des Restaurants du Cœur ?

3 Dans quelles parties de la France l'action des Restaurants du Cœur est-elle particulièrement forte ?

4 Quelles actions des Restaurants du Cœur s'adressent aux plus jeunes ?

5 Comment l'association finance-t-elle ses activités ?

4 · B2i · Analyser un film

La pauvreté dans le monde

[Compétences B2i : 4.4 Connaître l'origine d'une information]

1 Rendez-vous sur www.letempspresse.org Relevez et identifiez les organismes qui ont participé à la réalisation de ces films.

2 Pour le court-métrage sélectionné : indiquez le titre et le réalisateur ; faites un résumé de la vidéo ; expliquez le message que ce film souhaite transmettre.

◄ www.letempspresse.org

17

L'alimentation dans le monde

Comment nourrir 7 milliards d'Hommes ?

AFRIQUE

OCÉAN ATLANTIQUE

MALAWI

Lilongwe

OCÉAN INDIEN

Champ de tomate touché par la sécheresse au Malawi (2009).

■ **Quel fruit est cultivé ici ?**
Relevez les informations qui montrent que la production sera faible.

FRANCE

Pyrénées
orientales

**LANGUEDOC-
ROUSSILLON**

Perpignan

**Des producteurs de fruits déversent leur production pour bloquer l'accès
à un hypermarché à Perpignan (2009).** Ils protestent ainsi contre la baisse des prix.

■ Que font les agriculteurs ? Dans quel lieu manifestent-ils précisément ? Qu'est-ce qui oppose
cette situation à celle de la page de gauche ?

Se nourrir en France et au Mali

▶ **La situation alimentaire de ces deux pays est-elle la même ?**

1 **Situation alimentaire comparée**

	FRANCE 65 millions d'hab.	MALI 13 millions d'hab.	MONDE 6,8 milliards d'hab.
Calories/personne/jour	3 585	2 566	2 778
Part de la population sous-alimentée	2,5 %	11 %	13 %

Source : FAO et UNESCO.

Lorsque la ration alimentaire devient inférieure à 2 700 calories par jour, il y a sous-alimentation, selon les organismes internationaux.

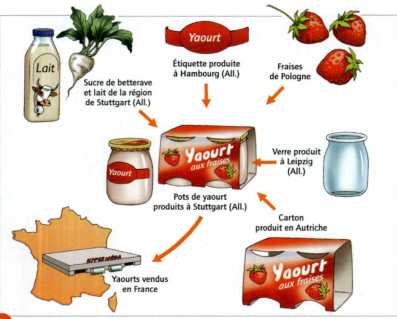

2 **Le chemin d'un yaourt acheté en France**

Le total du trajet cumulé des produits servant à fabriquer le yaourt est de 9 115 km.

✔OCABULAIRE

- ◄ **Famine** : absence de nourriture pouvant provoquer une mortalité massive.
- ◄ **Insécurité alimentaire** : situation d'une population qui ne dispose pas d'une alimentation en quantité suffisante.
- ◄ **Pénurie** : manque de nourriture plus ou moins long.
- ◄ **Sous-alimentation** : nourriture insuffisante en quantité, ce qui rend l'organisme fragile face aux maladies.

3 **Les déterminants de la faim**

« Au Mali, la persistance de la pauvreté constitue la raison première de l'insécurité alimentaire. Faute de pouvoir d'achat, les populations ne peuvent avoir accès à la nourriture qui peut par ailleurs être abondante. Paradoxe cruel, 75 % des sous-alimentés sont des agriculteurs. Car l'agriculture de l'Afrique subsaharienne est restée pluviale, donc très sensible aux aléas naturels. Ainsi, les pays du Sahel, qui sont entrés dans un cycle de basses pluviosités, connaissent de fréquentes pénuries localisées de nourriture. L'insuffisance des réseaux de communication et des moyens de transport gêne les échanges entre zones excédentaires et zones déficitaires. Dès lors, la famine n'est jamais très loin. »

D'après GÉRARD BACCONNIER,
La mondialisation en fiches : Genèse, acteurs et enjeux, Bréal, 2008.

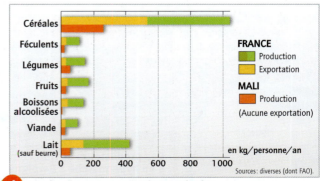

4 **Production et exportation agricoles**

La famille Matomos dépense 18 euros par semaine pour son alimentation.

(Revenu moyen annuel au Mali : 600 euros par hab.)

La famille Le Moines dépense 315 euros par semaine pour son alimentation.

(Revenu moyen annuel en France : 19 000 euros par hab.)

5 **Les repas hebdomadaires de familles malienne et française, deux régimes alimentaires différents**

Activités

1) **Doc. 1 et 5** Montrez que la situation alimentaire est meilleure en France qu'au Mali.

2) **Doc. 5** Combien de personnes compte chacune de ces familles ? Laquelle dispose de l'alimentation la plus diversifiée ? Choisissez deux adjectifs pour qualifier leurs régimes alimentaires.

3) **Doc. 4** Quel pays exporte la plus grande partie de sa production alimentaire ? Expliquez pourquoi.

4) **Doc. 2** Relevez la provenance des différents éléments qui composent un yaourt.

5) **Doc. 3** Qui sont les victimes de la sous-alimentation au Mali ? Citez deux raisons pour l'expliquer.

6) **Présentez les différences entre les deux régimes alimentaires.**

Changeons d'échelle

7) Nommez les deux continents les plus touchés par la sous-alimentation.

Plus d'un milliard de personnes sous-alimentées dans le monde.

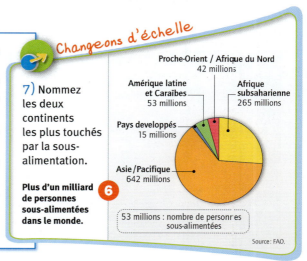

Proche-Orient / Afrique du Nord
42 millions

Amérique latine et Caraïbes
53 millions

Afrique subsaharienne
265 millions

Pays developpés
15 millions

Asie / Pacifique
642 millions

6

53 millions : nombre de personnes sous-alimentées

Source : FAO.

Le Brésil, nouvelle ferme du monde

▶ **Comment l'agriculture brésilienne s'impose-t-elle sur le marché mondial ?**

1. L'occupation agricole de l'espace

- ▇ Forêt équatoriale
- ▇ Élevage extensif
- ▇ Culture vivrière dominante
- ▇ Agricultures commerciales

2. Les évolutions actuelles

- ▲▲▲ Fronts pionniers (déforestation)
- ➡ Progression de la culture du soja
- ➡ Principales voies d'exportation

Pour comparer : la France à la même échelle.

FRANCE

0   500 km

1 L'agriculture brésilienne

2 La faim au Brésil

10 % des Brésiliens ont faim

«Dans les États pauvres du Nord-Est du Brésil (où la moitié de la population vit en situation d'insécurité alimentaire), les mères ont une coutume. Le soir lorsque les enfants des bidonvilles pleurent parce qu'ils ont faim, les mères mettent une casserole d'eau sur le feu, elles ajoutent des pierres, elles les font cuire et elles disent aux enfants: *"C'est bientôt prêt"*, en espérant qu'ils vont s'endormir.»

ERWIN WAGENHOFER, MAX ANNAS,
Le marché de la faim,
coll. Babel, Actes Sud, 2008.

Le programme Faim Zéro

«En 2002, le président Lula décide de lancer son programme de lutte contre la pauvreté et la faim, le programme Faim Zéro: il s'agit d'accorder aux familles pauvres des ressources financières garanties conditionnées à la scolarisation des enfants et attribuées aux femmes pour qu'elles puissent acheter à manger. Parallèlement, l'État soutient le revenu paysan en achetant les récoltes des agriculteurs pauvres à un tarif convenable.»

D'après SYLVIE BRUNEL,
Nourrir le monde: vaincre la faim,
Larousse, 2009.

3 Un troupeau en Amazonie

Avec le deuxième troupeau de bovins au monde, le Brésil est un acteur important du marché mondial de la viande dont la consommation progresse. Le nombre de bovins est passé de 78 millions en 1970 à 183 millions en 2007.

4 **Des champs à perte de vue (soja dans le Mato Grosso)**

L'extension de l'agriculture commerciale au Brésil est la principale cause de la déforestation [voir pp. 196-197].

Plante de soja (essentiellement destinée à l'alimentation du bétail)

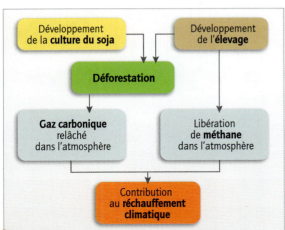

5 **Agriculture et environnement au Brésil**

Le Brésil est le 4ᵉ émetteur de gaz à effet de serre du monde.

VOCABULAIRE

🔹 **Agriculture vivrière** : agriculture destinée à la consommation locale.

🔹 **Élevage extensif** : élevage sur de vastes superficies (rendements faibles).

🔹 **Front pionnier** : mise en valeur et peuplement de nouveaux espaces, le plus souvent boisés.

🔹 **Gaz à effet de serre (GES)** : gaz qui, lorsqu'ils sont en trop grande quantité, contribuent au réchauffement climatique.

Activités

1) **Doc. 4** Montrez que la culture du soja est une agriculture moderne et mécanisée.

2) **Doc. 3 et 4** Comment le Brésil cherche-t-il à s'imposer sur le marché alimentaire mondial ?

3) **Doc. 1 et 5** Quelles sont les conséquences de ce développement agricole sur l'environnement ?

4) **Doc. 1 et 2** Quelle agriculture pratiquent les populations brésiliennes qui souffrent le plus d'insécurité alimentaire ? Pourquoi le gouvernement a-t-il décidé de mettre en place le programme « Faim Zéro » ? En quoi consiste-t-il ?

5) **Doc. 2 et 4** Montrez ce qui oppose ces deux documents.

6) **En quelques lignes, expliquez pourquoi on appelle le Brésil « ferme du monde ». Vous en montrerez aussi les limites sociales et environnementales.**

Changeons d'échelle

7) Pourquoi peut-on dire que le Brésil est une grande puissance agricole ?

L'agriculture brésilienne dans le monde. L'agriculture représente 36 % des exportations brésiliennes. Le pays réalise aujourd'hui 6 % des exportations mondiales de produits agricoles et agro-alimentaires.

Produits	Rang mondial	Part du commerce mondial
Café	1ᵉʳ	29 %
Jus d'orange	1ᵉʳ	82 %
Canne à sucre	1ᵉʳ	29 %
Soja	2ᵉ	38 %
Viande bovine	2ᵉ	20 %
Volaille	2ᵉ	29 %

Source : P. Mendez del Villar, *Le Brésil : atouts et faiblesses d'un géant agricole*, Cirad, 2007.

L'alimentation de la planète

▶ **Quelle est la situation alimentaire dans le monde aujourd'hui ?**

▶ Synthèse des études de cas

	❶ FRANCE	❶ MALI	❷ BRÉSIL
Population	65 millions d'habitants	13 millions d'habitants	190 millions d'habitants
Niveau de vie	Élevé	Faible	Moyen
Objectifs de l'agriculture	Produire pour nourrir la population et exporter	Produire pour nourrir la population	▪ Produire pour exporter ▪ Faible soutien à l'agriculture vivrière
Alimentation	Sécurité alimentaire de l'ensemble de la population	Insécurité alimentaire de l'ensemble de la population	Insécurité alimentaire de 20 % de la population

▶ Des études de cas au cours

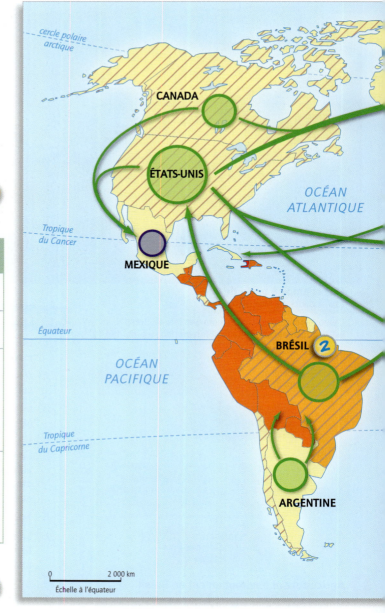

cercle polaire arctique

CANADA

ÉTATS-UNIS

OCÉAN ATLANTIQUE

Tropique du Cancer

MEXIQUE

Équateur

OCÉAN PACIFIQUE

BRÉSIL ❷

Tropique du Capricorne

ARGENTINE

0   2 000 km
Échelle à l'équateur

❶ France et Mali

1/ Quelle est la situation alimentaire en France et au Mali ?

2/ Citez d'autres exemples comparables.

➡ Voir cours p. 262

▶ voir p. 256-257]

❷ Le Brésil

1/ Que dit la carte sur l'agriculture brésilienne ?

2/ Citez d'autres grandes régions exportatrices.

➡ Voir cours p. 262

▶ voir p. 258-259]

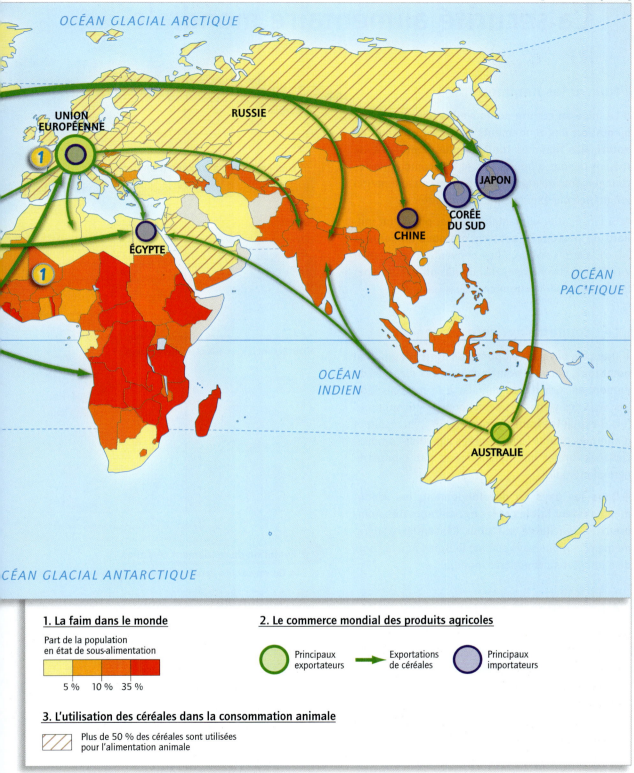

[▶ **voir Atlas** p. 314]

OCÉAN GLACIAL ARCTIQUE

UNION
EUROPÉENNE

RUSSIE

JAPON

CORÉE
DU SUD

CHINE

ÉGYPTE

OCÉAN
PACIFIQUE

OCÉAN
INDIEN

AUSTRALIE

CÉAN GLACIAL ANTARCTIQUE

1. La faim dans le monde

Part de la population
en état de sous-alimentation

5 %   10 %   35 %

2. Le commerce mondial des produits agricoles

Principaux
exportateurs

Exportations
de céréales

Principaux
importateurs

3. L'utilisation des céréales dans la consommation animale

Plus de 50 % des céréales sont utilisées
pour l'alimentation animale

■ **Quel est le continent en état d'insécurité alimentaire ?**

La sécurité alimentaire mondiale

A Nourrir les Hommes

La mise en culture de nouvelles terres et l'augmentation des rendements [doc. 3] ont permis de nourrir des Hommes toujours plus nombreux, de réduire la sous-alimentation et d'accompagner les changements de modes de vie et de consommation (on mange par exemple plus de viande).

Si l'insécurité alimentaire recule, plus d'un milliard de personnes sont encore sous-alimentées [doc. 1]; parfois même, elles peuvent, en particulier en Afrique, être victimes de famines provoquées par la nature ou par les hommes [doc. 5 et 6].

B Le commerce agricole

Dans les pays développés, les agriculteurs, peu nombreux, peuvent nourrir chacun des dizaines de personnes. Grâce aux engrais, à la mécanisation [doc. 4], à des semences sélectionnées qui sont parfois des plantes transgéniques (OGM), ils récoltent d'énormes quantités de denrées agricoles commercialisées brutes ou transformées par l'industrie agro-alimentaire [doc. 2].

Dans les pays en développement, les rendements restent faibles et les agriculteurs très nombreux. L'agriculture est pour l'essentiel vivrière, même si certains pays comme le Brésil font le choix de s'intégrer au commerce mondial.

C Alimentation et environnement

Mises à contribution par la demande alimentaire mondiale, la qualité des terres agricoles se dégrade par endroits : érosion des sols, salinisation, conduisent parfois à une stagnation des rendements.

Indirectement, l'agriculture exerce aussi une forte pression sur l'eau (grande consommatrice avec l'irrigation) et l'atmosphère, puisqu'elle contribue au renforcement des gaz à effet de serre.

1 LES CHIFFRES DU DÉVELOPPEMENT DURABLE

La faim tue **1 personne** toutes les **4 secondes** dans le monde.

15 millions de personnes ne mangent pas à leur faim dans les pays développés.

25 % des gaz à effet de serre de la planète proviennent de l'agriculture et de l'élevage.

2 Des échanges agricoles mondialisés

Produits agricoles	Part* par rapport à la production mondiale
Café	85 %
Cacao	82 %
Oranges	35 %
Huile de soja	33 %
Blé	19 %
Maïs	11 %
Viandes	9 %
Riz	4 %

Source: OCDE, 2005.

* Part de la production agricole transitant par le marché mondial.

■ Quels sont les produits les plus échangés ?

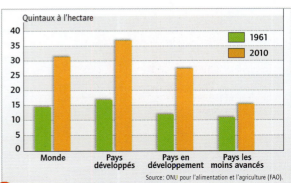

Quintaux à l'hectare

1961
2010

Monde — Pays développés — Pays en développement — Pays les moins avancés

Source: ONU pour l'alimentation et l'agriculture (FAO).

3 Évolution du rendement céréalier

■ Qu'est-ce qui a permis l'augmentation des rendements ?

VOCABULAIRE

Agriculture vivrière : voir p. 259.

Érosion des sols : dégradation des sols sous l'impact de l'utilisation agricole des terres.

Gaz à effet de serre : voir p. 259.

Organisme génétiquement modifié (OGM) : plante ou animal modifié par l'introduction de gènes issus d'autres organismes et résistant au gel, aux parasites...

Rendement : production par hectare (10 000 m²) de terre agricole.

Salinisation : accumulation de sel dans la terre suite à l'irrigation excessive des cultures.

4 **Riziculture mécanisée à Fuji City (Japon)**

■ Quelle est l'opération représentée ici ? Quels sont les éléments qui montrent qu'il s'agit d'une agriculture moderne ?

UN MILLIARD D'AFFAMÉS. NE LAISSONS PAS L'INDIFFÉRENCE LES EFFACER.

NE JAMAIS OUBLIER. NE JAMAIS RENONCER.

5 **Campagne de communication d'Action Contre la Faim**

■ Quelle peut être la cause des famines ? À qui s'adresse cette campagne de communication ?

6 **La famine en Somalie**

Au Nord-Est de l'Afrique, la Somalie est un pays déchiré par la guerre civile depuis 1991. 3,5 millions de Somaliens dépendent de l'aide alimentaire internationale.

« La nourriture est synonyme de pouvoir en Somalie. Lors des moissons, les milices font souvent des descentes sur les terres arables du centre du pays pour voler les récoltes. Dans l'océan Indien, des pirates ont attaqué des dizaines de navires étrangers chargés d'aide alimentaire. À cause de la sécheresse, des barrages routiers de la milice et d'une monnaie dévaluée, les denrées alimentaires étaient déjà chères avant la flambée mondiale de l'an dernier. Des millions d'habitants dépendent donc désormais de l'aide alimentaire. Les récents combats entraînent le pays vers une crise humanitaire sans précédent.

Les habitants fuient la violence, quittant leurs foyers, affluant dans les centres de nutrition de Mogadiscio, la capitale. »

ROBERT DRAPER, « Somalie, la paix en ruine », *National Geographic France*, septembre 2009.

■ Quelle est la raison du déclenchement de la famine ? Comparez avec le document 4.

1 Croiser les informations de plusieurs documents

L'impact de la consommation de viande

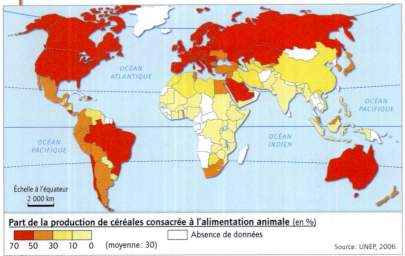

OCÉAN
ATLANTIQUE

OCÉAN
PACIFIQUE

OCÉAN
PACIFIQUE

OCÉAN
INDIEN

Échelle à l'équateur
2 000 km

Part de la production de céréales consacrée à l'alimentation animale (en %)

70 50 30 10 0 (moyenne: 30)   Absence de données

Source: UNEP, 2006.

L'utilisation des céréales pour la consommation animale dans le monde.

Le coût de la production de viande

1 Quantité d'eau nécessaire pour produire 1 kilo...
- de blé: 1 300 litres
- de viande de bœuf: 15 000 litres

2 Calories de combustible (pétrole, gaz) nécessaires pour produire 1 calorie d'énergie...
- sous forme de pomme de terre: 0,5
- sous forme de bœuf: 33

3 Quantité de céréales nécessaires pour nourrir 1 personne...
- dans un régime à base de viande: 930 kg
- dans un régime à base de céréales: 180 kg.

Erik Millstone, Tim Lang, *Atlas de l'alimentation dans le monde*, Autrement, 2003.

1 Citez deux continents ou grandes régions sur lesquels la production de céréales sert surtout à l'alimentation des hommes. Citez deux continents où la production de céréales sert surtout à l'élevage.

2 Montrez que l'élevage nécessite la consommation d'une grande quantité de céréales.

3 Relevez deux informations qui montrent que l'élevage nuit plus gravement à l'environnement que la culture de céréales.

4 D'après vos connaissances, comment pouvez-vous expliquer la très forte consommation de céréales par le bétail au Brésil?

2 Comprendre un dessin de presse

Nord et Sud

Dessin de Plantu paru dans *Le Monde,* janvier 1996.

ZOOM socle commun

Pour lire un dessin de presse

▶ Je présente le dessin (auteur, date).

▶ J'analyse le dessin (personnages, attitudes, éléments présents, symboles).

▶ J'interprète le dessin (j'explique le message que l'auteur souhaite faire passer).

1 Décrivez chacun des deux personnages et leur environnement.

2 Quel message veut faire passer l'auteur du dessin? Sur quoi insiste-t-il pour nous faire comprendre cette idée?

3 ○ Au quotidien

Relever et classer des informations

Les OGM en débat

Les OGM, qu'est-ce que c'est ?

■ La plante génétiquement modifiée est un organisme dont on a modifié le patrimoine génétique pour le rendre plus résistant aux insectes, aux herbicides, au froid ou à la sécheresse. Cela permet d'augmenter les rendements agricoles.

■ Les opposants aux OGM mettent en avant les risques que pourraient constituer ces derniers pour l'environnement (contamination menaçant la biodiversité) et la santé publique (quels sont les effets à long terme sur nos organismes ?).

■ En France, la culture est uniquement expérimentale, mais on peut trouver dans les commerces alimentaires des produits qui contiennent des OGM ; la législation européenne impose l'étiquetage des produits qui comprennent plus de 1 % de leur poids en OGM.
Sur l'étiquette, on peut lire pour le soja par exemple : «huile de soja issue de soja génétiquement modifié».

À quoi servent les OGM ?

Les principaux producteurs d'OGM dans le monde

Pays	Millions d'hectares cultivés en OGM
États-Unis	54,6
Argentine	18
Brésil	11,5
Canada	6,1
Inde	3,8

Source : *International Service for the Acquisition of Agri-biotech Applications*, 2008.

Le premier produit OGM, une tomate, a été commercialisé aux États-Unis en 1994.

1 À l'aide du texte, relevez les arguments en faveur des OGM et ceux qui y sont hostiles.

2 Comment les plantes OGM peuvent-elles se retrouver dans la viande que nous consommons ?

---

4 B2i Utiliser un «jeu sérieux»

La question de la faim dans le monde

[Compétences B2i : 3.6 Utiliser et mesurer les limites d'un outil de simulation]

1 Rendez-vous sur www.food-force.com/fr
Identifiez les concepteurs de ce site. Quels sont les objectifs et les différentes étapes proposées ?

2 Quel est le bilan établi concernant la faim dans le monde ? Quelles sont les solutions proposées pour faire face à ce problème ?

3 Une fois le jeu installé, réalisez la mission 5. Listez les difficultés rencontrées par l'aide humanitaire. Comparez avec la réalité.

◄ www.food-force.com/fr

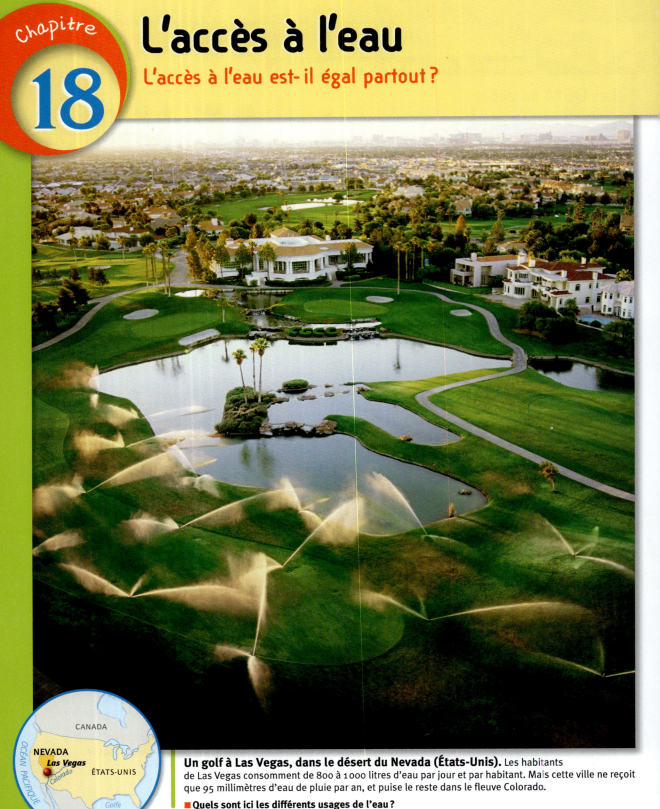

L'accès à l'eau

L'accès à l'eau est-il égal partout ?

Un golf à Las Vegas, dans le désert du Nevada (États-Unis). Les habitants de Las Vegas consomment de 800 à 1 000 litres d'eau par jour et par habitant. Mais cette ville ne reçoit que 95 millimètres d'eau de pluie par an, et puise le reste dans le fleuve Colorado.

■ **Quels sont ici les différents usages de l'eau ?**

Évolution de la disponibilité en eau par habitant (en m³/habitant/an)

16 800 — 1950

12 900 — 1970

6 800 — 2009

4 800 (projection) — 2025

« **Accès à l'eau** : pour une personne, c'est disposer de 25 litres d'eau potable par jour à moins de 200 m de son habitation. »

SOUDAN
Monts Nuba
OCÉAN ATLANTIQUE
OCÉAN INDIEN

Dans le pays Nuba (Soudan), les femmes effectuent quotidiennement plusieurs heures de déplacement pour aller chercher de l'eau.

■ Ces femmes ont-elles accès à l'eau ? Justifiez votre réponse en vous aidant de la définition. Qu'est-ce qui oppose ces deux paysages dans l'accès à l'eau et les usages ?

L'eau en Tunisie

▶ **Comment la Tunisie gère-t-elle cette ressource ?**

FRANCE
ITALIE
Mer Méditerranée
Tunis
TUNISIE
ALGÉRIE
LIBYE

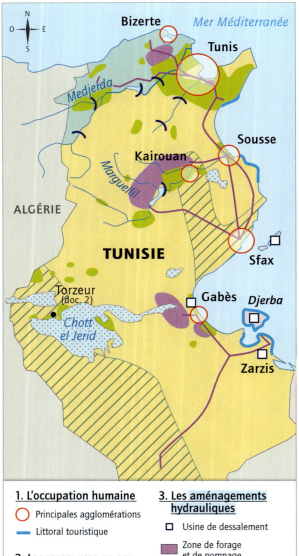

N
O · E
S

Bizerte
Mer Méditerranée

Tunis

Medjerda

Marguellil

Kairouan

Sousse

ALGÉRIE

TUNISIE

Sfax

Torzeur
(doc. 2)

Chott
el Jerid

Gabès
Djerba

Zarzis

1. L'occupation humaine

◯ Principales agglomérations

▬ Littoral touristique

2. Les ressources en eau

☐ Climat humide

☐ Climat aride ou semi-aride

▬ Réseau hydrographique

▨ Nappes d'eau fossiles

3. Les aménagements hydrauliques

☐ Usine de dessalement

☐ Zone de forage et de pompage

— Conduite d'eau

❱ Principaux barrages

☐ Périmètres agricoles irrigués

0   500 km

1 Les hommes et l'eau

2 Un complexe hôtelier à Tozeur

Un touriste consomme en moyenne 560 litres d'eau par jour, contre 100 litres pour un habitant disposant de l'eau potable.

3 Répartition de la consommation d'eau en Tunisie

en pourcentage	1996	2010	2030 (prévision)
Agriculture	83,6 %	79,9 %	73,5 %
Usage domestique	11,5 %	13,8 %	17,7 %
Industrie	4,2 %	5,1 %	7,3 %
Tourisme	0,7 %	1,2 %	1,5 %

Source : Rapport de la République tunisienne, 2009.

VOCABULAIRE

🔹 **Aménagement hydraulique** : aménagement pour capter, stocker et transporter l'eau.

🔹 **Irrigation** : action d'apporter de l'eau en plus de la pluie aux cultures.

🔹 **Nappe d'eau fossile** : nappe d'eau souterraine qui ne se reconstitue pas.

🔹 **Ressource** : richesse naturelle d'un territoire que l'Homme peut exploiter.

4 La consommation d'eau demain

«En 2025, la Tunisie consommera probablement annuellement 44 % d'eau en plus. À partir des années 1960, les besoins en eau potable se sont nettement accrus. Cet essor provient d'abord de la croissance démographique d'une population qu'il faut nourrir (agriculture): la population est passée de 4 millions d'habitants en 1960 à plus de 10 millions aujourd'hui; ensuite des progrès réalisés au niveau de la desserte en eau courante et de l'amélioration des conditions de vie. La demande se concentre surtout dans les villes où le branchement au réseau d'eau potable est quasiment généralisé et où le niveau de vie ainsi que l'équipement des ménages sont plus élevés qu'en milieu rural*.

Par ailleurs, il est probable que les changements climatiques vont réduire de 10 à 20 % la ressource en eau disponible dans le pays. La Tunisie risque d'importer près de la moitié de son alimentation pour ne pas utiliser trop d'eau dans l'agriculture. En effet, si un Tunisien disposait de 1 105 mètres cubes par an en 1951, il devrait se contenter de seulement 290 en 2025.»

Sources diverses dont: GHISLAIN DE MARSILY, *L'eau, un trésor en partage*, Dunod, 2009, et BRUNO ROMAGNY et CHRISTOPHE CUDENNEC, «Gestion de l'eau en milieu aride», *Développement durable et territoires*, 10 février 2006.

* Pour se procurer de l'eau, un Tunisien peut: se raccorder au réseau national d'eau potable, donc disposer d'eau courante; s'approvisionner auprès de points d'eau collectifs; avoir recours à des camions citernes privés; collecter l'eau de pluie dans des citernes enterrées.

A Le système traditionnel: l'eau s'écoule dans les rigoles.

B L'irrigation par aspersion.

C Le système du goute-à-goutte.

5 L'évolution de l'agriculture irriguée

Les surfaces irriguées sont en progression constante.

Activités

1) **Doc. 1** Relevez les trois sources d'approvisionnement en eau de la Tunisie. Quelle partie du pays est la plus peuplée? À quoi servent les conduites d'eau?

2) **Doc. 2 et 3** Pourquoi cherche-t-on à limiter la consommation en eau des touristes? Sont-ils les principaux responsables de l'accroissement de la demande?

3) **Doc. 2, 3 et 4** Comment peut-on expliquer l'augmentation des besoins en eau de la Tunisie?

4) **Doc. 4** Quelles sont les conséquences possibles du changement climatique? Comment la Tunisie peut-elle faire face à la baisse de ses ressources en eau?

5) **Doc. 5** Quel système est le plus économe en eau?

6) **Expliquez pourquoi les besoins en eau de la Tunisie augmentent et comment ce pays gère ses ressources.**

Changeons d'échelle

7) Que pouvez-vous dire de la situation de la Tunisie par rapport à la moyenne mondiale? Aux pays riches? Aux pays les moins développés?

L'accès à l'eau potable. **6**

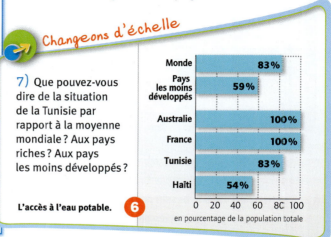

Monde	83%
Pays les moins développés	59%
Australie	100%
France	100%
Tunisie	83%
Haïti	54%

0 20 40 60 80 100
en pourcentage de la population totale

L'eau dans le Sud-Est australien

▶ **Quels conflits d'usage la sécheresse entraîne-t-elle ?**

AUSTRALIE
Bassin de la Murray-Darling
Canberra
OCÉAN PACIFIQUE
OCÉAN INDIEN

A **Champ irrigué de coton.** L'irrigation contribue à la salinisation des terres.

B **Lac de retenue (Lac Hume).** Les arbres que l'on voit au loin étaient autrefois submergés.

C **Des agriculteurs manifestent à Melbourne le 3 juin 2008** contre la construction d'une conduite destinée à prélever l'eau de la rivière Murray pour alimenter la population de la ville de Melbourne. Sur les panneaux, on peut lire : « L'irrigation alimente notre nation » et « Pas de canal pour Melbourne ».

1 **L'agriculture dans le bassin de la Murray-Darling**

Les fermes qui s'y trouvent représentent la moitié de la production agricole du pays. On y trouve les trois quarts des terres irriguées du pays.

2 **La sécheresse menace l'agriculture australienne**

« Nous sommes au cœur du bassin de la Murray-Darling, la principale région agricole d'Australie. Les deux plus grands fleuves du pays ont longtemps offert des conditions idéales aux agriculteurs qui y faisaient pousser coton, fruits ou blé. Mais le temps des récoltes fertiles semble loin. Car depuis une décennie, une sécheresse persistante, la plus grave jamais enregistrée, a asséché les réservoirs. *"On dit qu'il y a eu trop d'irrigation. Mais on ne pouvait pas deviner qu'il y aurait une telle sécheresse"*, commente Lawrence. Mais depuis, des éleveurs poussés à vendre leurs troupeaux jusqu'aux horticulteurs arrachant leurs arbres, les agriculteurs se trouvent dans une situation extrêment difficile. Nombreux sont ceux qui n'ont d'autre choix que de vendre leur ferme pour partir travailler à la ville. *"Qui va nourrir le pays si le bassin de la Murray-Darling ne produit plus rien ?"* se demande une fermière. »

D'après MARIE-MORGANE LE MOËL, « La sécheresse vide le grenier agricole de l'Australie », *Le Monde*, 29 septembre 2009.

VOCABULAIRE

▸ **Conflit d'usage** : conflit qui oppose les différents usagers d'une même ressource naturelle.

▸ **Irrigation** : voir p. 268.

▸ **Prélèvement** : eau captée artificiellement dans les cours d'eaux et des nappes phréatiques (eau de pluie non comptabilisée).

▸ **Salinisation** : accumulation de sel dans la terre suite à l'irrigation excessive des cultures.

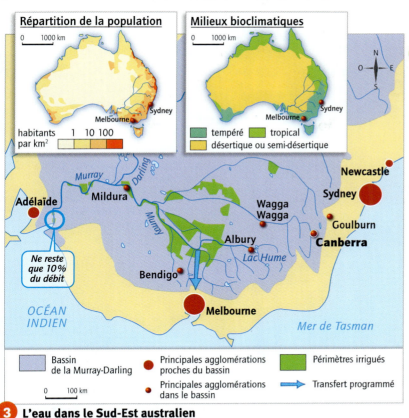

Répartition de la population

0   1000 km

Melbourne
Sydney

habitants par km² : 1 10 100

Milieux bioclimatiques

0   1000 km

Melbourne
Sydney

tempéré   tropical
désertique ou semi-désertique

N
O   E
S

Murray
Darling

Newcastle

Adélaïde   Mildura   Wagga Wagga   Sydney

Murray   Albury   Goulburn   Canberra

Ne reste que 10% du débit

Lac Hume

Bendigo

OCÉAN INDIEN

Melbourne

Mer de Tasman

▨ Bassin de la Murray-Darling	● Principales agglomérations proches du bassin	▨ Périmètres irrigués
0 100 km	● Principales agglomérations dans le bassin	→ Transfert programmé

5 La consommation d'eau en Australie

«Avec une consommation d'eau 30 % supérieure à la moyenne des pays riches, les ménages australiens ne font pas figure d'exemple. Ce qui s'explique en partie par le fait que la majorité des Australiens (21 millions d'habitants) vivent dans des maisons et que beaucoup d'entre elles sont équipées d'une piscine. Mais ce ne sont ni les Hommes ni l'industrie qui utilisent le plus d'eau. L'agriculture en absorbe plus des deux tiers chaque année, alors qu'elle ne représente que 3 % du PIB australien. La plupart des cultures, comme celle du riz et du coton, trop dépendantes de l'irrigation, ne sont pas adaptées à leur environnement. »

D'après MARC LAIMÉ,
http://blog.mondediplo.net,
janvier 2010.

4 Les solutions envisagées

- Récupérer les eaux de pluie dans des citernes.
- Recycler les eaux usées.
- Développer le goutte-à-goutte dans l'irrigation.

- Dessaler de l'eau de mer (deux usines déjà en service).
- Développer l'agriculture au Nord du pays.
- Imposer des restrictions d'eau aux agriculteurs qui en ont besoin.

- Détourner certaines rivières vers les villes.
- Importer de l'eau par bateaux.
- Déplacer des icebergs de l'océan Antarctique vers les côtes australiennes.

Activités

1) **Doc. 3** Quelles sont les régions australiennes qui disposent d'eau en quantité ? Où sont localisés les Hommes ?

2) **Doc. 1** Relevez les signes de la sécheresse dans le Sud-Est. Pourquoi les agriculteurs manifestent-ils à Melbourne ?

3) **Doc. 1, 2 et 3** Citez ce que produisent les agriculteurs du bassin de la Murray-Darling. Quels problèmes pose la sécheresse ?

4) **Doc. 1, 2, 3 et 5** Quels usagers sont en conflit pour l'eau ?

5) **Doc. 4** Complétez à l'aide du document le tableau suivant :

Mesures d'économie d'eau	Recherches de nouvelles sources d'approvisionnement

6) **Rédigez quelques lignes montrant que ruraux et urbains sont en concurrence pour se partager l'eau.**

Changeons d'échelle

7) En comparant avec le doc. 5, dites pourquoi la consommation d'eau en Australie ne correspond pas à un cas isolé.

6

L'évolution de la consommation et des usages de l'eau dans le monde.

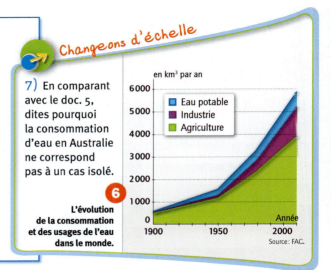

en km³ par an

Eau potable
Industrie
Agriculture

6000
5000
4000
3000
2000
1000
0

Année
1900   1950   2000

Source : FAC.

L'eau dans le monde

▶ **Qui manque d'eau sur Terre ?**

▶ **Synthèse des études de cas**

	① TUNISIE	② AUSTRALIE
Niveau de vie	Faible	Élevé
Situation hydrique	Pénurie	■ Abondance pour le pays ■ Pénurie dans le Sud-Est où se concentrent villes et agriculteurs
Problèmes liés à l'eau	■ Aridité des terres ■ Concurrence d'usage	■ Sécheresse ces dernières années ■ Concurrence d'usage
Solutions adoptées	■ Aménagement de barrages ■ Dessalement d'eau de mer ■ Importations de nourriture	■ Restrictions d'eau imposées aux agriculteurs ■ Transferts vers les villes ■ Incitation aux économies d'eau des particuliers

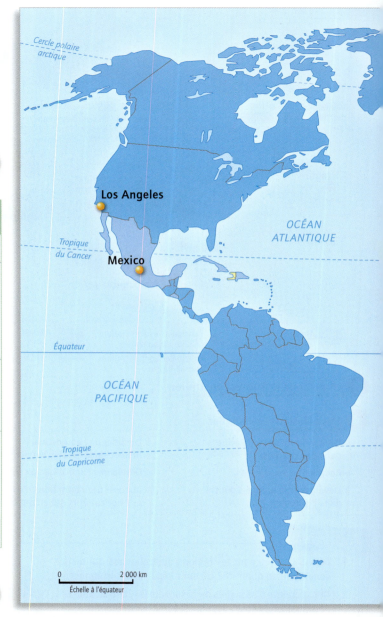

Cercle polaire arctique

Los Angeles

OCÉAN ATLANTIQUE

Tropique du Cancer

Mexico

Équateur

OCÉAN PACIFIQUE

Tropique du Capricorne

0   2 000 km
Échelle à l'équateur

▶ **Des études de cas au cours**

① La Tunisie

1/ Dans quel groupe de pays la Tunisie se situe-t-elle ?

2/ Relevez d'autres pays qui connaissent la même situation. Dans quelle région du monde se trouvent-ils localisés ?

➲ Voir cours p. 273

[▶ voir p. 268-269]

② L'Australie

1/ Pourquoi l'eau est-elle devenue un enjeu entre les habitants des villes et les agriculteurs du Sud-Est ?

2/ Pourtant, peut-on dire qu'à l'échelle nationale l'Australie manque d'eau ?

➲ Voir cours p. 273

[▶ voir p. 270-271]

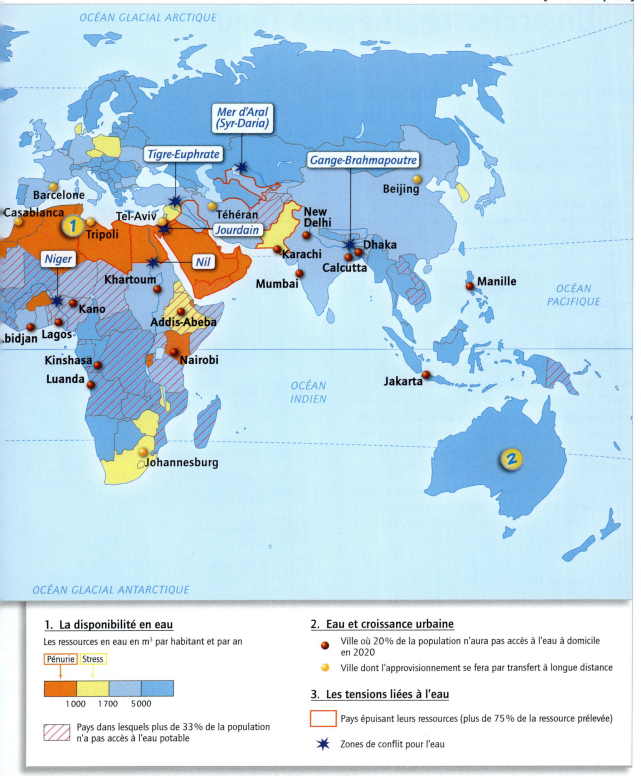

OCÉAN GLACIAL ARCTIQUE

Mer d'Aral
(Syr-Daria)

Tigre-Euphrate

Gange-Brahmapoutre

Beijing

Barcelone
Casablanca
Tripoli
Tel-Aviv
Téhéran
Jourdain
New Delhi
Karachi
Dhaka
Calcutta

Niger
Nil
Khartoum
Kano
Lagos
.bidjan
Kinshasa
Luanda
Addis-Abeba
Nairobi
Mumbai
Manille

OCÉAN PACIFIQUE

OCÉAN INDIEN

Jakarta

OCÉAN ANTARCTIQUE

Johannesburg

OCÉAN GLACIAL ANTARCTIQUE

1. La disponibilité en eau

Les ressources en eau en m³ par habitant et par an

| Pénurie | Stress |

1000 1700 5000

Pays dans lesquels plus de 33% de la population n'a pas accès à l'eau potable

2. Eau et croissance urbaine

● Ville où 20% de la population n'aura pas accès à l'eau à domicile en 2020

● Ville dont l'approvisionnement se fera par transfert à longue distance

3. Les tensions liées à l'eau

Pays épuisant leurs ressources (plus de 75% de la ressource prélevée)

✸ Zones de conflit pour l'eau

■ **Sur quel continent la population a-t-elle le moins accès à l'eau potable ?**

Un accès très inégal à l'eau

A Une ressource inégalement répartie

L'eau douce liquide (3 % de l'eau disponible [doc. 2]) est une **ressource renouvelable** disponible en quantité constante à l'échelle du globe. **Les précipitations alimentent nappes souterraines, lacs et rivières.**

L'eau est inégalement répartie dans le temps et dans l'espace : une même région peut connaître des périodes de précipitations abondantes (inondations) ou insuffisantes (sécheresse). Certaines régions de faibles densités sont bien dotées (Sibérie, Amazonie), alors que certains foyers de peuplement manquent d'eau (Afrique du Nord, Inde) [doc. 1].

B Un inégal accès à l'eau

Il faut capter (forages, barrages), traiter et distribuer l'eau avant de la consommer. Tout cela nécessite des moyens financiers ; aussi **les deux tiers les plus pauvres de l'humanité ne disposent pas d'eau courante** [doc. 4], et un tiers ne dispose pas d'eau potable (problème d'assainissement). Or une eau de mauvaise qualité transmet des maladies.

Dans ces pays en développement, **l'accès à l'eau est également très inégal entre ruraux et urbains**, et dans les villes, les quartiers riches sont bien équipés, alors que les bidonvilles ne le sont pas.

C Les enjeux de demain

Les besoins sans cesse croissants (augmentation de la population, amélioration du niveau de vie) provoquent **de fréquents conflits d'usage qui opposent différents utilisateurs** (besoins domestiques, industriels, touristiques ou irrigation [doc. 3]), différentes régions d'un pays, voire des États [doc. 5].

L'humanité doit donc chercher de nouvelles sources d'approvisionnement (dessalement d'eau de mer), et tenter de freiner la consommation (éviter le gaspillage [doc. 6]), mais aussi préserver la qualité de l'eau (lutte contre les pollutions).

1 LES CHIFFRES DU DÉVELOPPEMENT DURABLE

700 millions de personnes vivent en état de stress hydrique.

1,1 milliard de personnes n'ont pas accès à l'eau potable.

2,4 milliards de personnes n'ont pas accès à l'assainissement.

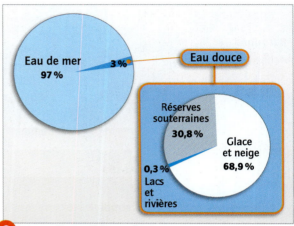

Eau de mer 97 %

3 %

Eau douce

Réserves souterraines **30,8 %**

Glace et neige **68,9 %**

0,3 % Lacs et rivières

2 L'eau disponible sur Terre

■ D'où provient l'eau douce ? Est-elle présente en abondance ?

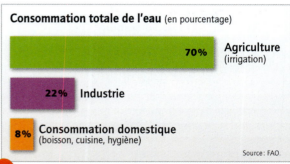

Consommation totale de l'eau (en pourcentage)

70 % Agriculture (irrigation)

22 % Industrie

8 % Consommation domestique (boisson, cuisine, hygiène)

Source : FAO.

3 Les usages de l'eau dans les pays développés

■ Quel est le principal usage de l'eau douce dans les pays développés ?

VOCABULAIRE

🔹 **Assainissement** : ensemble des moyens de collecte, de transport et d'épuration des eaux usées.

🔹 **Conflit d'usage** : voir p. 270.

🔹 **Irrigation** : voir p. 268.

🔹 **Sécheresse** : période de quelques mois ou années au cours de laquelle les précipitations sont très faibles.

4 Distribution d'eau à Delhi en Inde

Dans les villes des pays en voie de développement, ceux qui ne sont pas connectés à l'eau potable à domicile ou à des bornes-fontaines doivent faire appel à des camions-citernes qui appartiennent à de petits entrepreneurs privés.

■ **Décrivez l'atmosphère de cette scène. Pourquoi les habitants de Delhi se comportent-ils ainsi ?**

Delhi
INDE
Golfe du Bengale

5 L'eau de l'Himalaya, un enjeu en Asie

«La Chine et l'Inde font face à des besoins croissants en eau. L'Himalaya avec ses glaciers est au centre du dispositif d'approvisionnement en eau des deux pays et pourrait nourrir à terme un conflit entre ces deux puissances. Le contrôle par la Chine de la partie amont des principaux fleuves de la région fait office d'arme diplomatique. Tant la Chine que l'Inde ont des ressources hydriques limitées. Or, l'utilisation croissante de l'eau dans l'agriculture et l'industrie, à quoi s'ajoute la demande d'une classe moyenne montante génère une véritable empoignade pour l'eau. L'idée la plus dangereuse de la Chine est de détourner le cours du Brahmapoutre. La Chine ne discute pas ouvertement son projet de diversion du Brahmapoutre vers le Fleuve Jaune qui manque d'eau, car cela reviendrait à déclencher une guerre de l'eau avec l'Inde et le Bangladesh.»

B. CHELLANEY, *Les eaux de la discorde entre la Chine et l'Inde*, Goodplanet.info, janv. 2010.

■ **Comment la Chine pourrait-elle provoquer une guerre de l'eau avec l'Inde et le Bangladesh ? Pour quelles raisons ?**

6 L'eau que nous mangeons

Produit	Nombre de litres d'eau nécessaire
Une tomate	13
Une pomme	70
Un œuf sur le plat	135
Un café	140
Un verre de lait	200
1 kg de blé	1 300
Un blanc de poulet (300 g)	1 170
Un hamburger	2 400
Une côte de bœuf (500 g)	4 500

■ **Pourquoi faut-il une telle quantité d'eau pour produire un œuf, un blanc de poulet ou une côte de bœuf ?**

1 Comprendre une situation géopolitique

Les tensions pour l'eau au Moyen-Orient

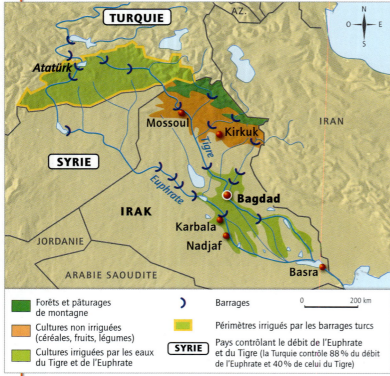

Le Moyen-Orient : un monde aride où l'eau est rare.

Légende de la carte :

- Forêts et pâturages de montagne
- Cultures non irriguées (céréales, fruits, légumes)
- Cultures irriguées par les eaux du Tigre et de l'Euphrate
-) Barrages
- Périmètres irrigués par les barrages turcs
- SYRIE Pays contrôlant le débit de l'Euphrate et du Tigre (la Turquie contrôle 88 % du débit de l'Euphrate et 40 % de celui du Tigre)

0   200 km

Trois États en concurrence

« La Turquie tient la clef de l'approvisionnement en eau des pays traversés par le Tigre et l'Euphrate. Ces deux fleuves prennent en effet leur source en Turquie. La Syrie, l'Irak et la Turquie se déchirent depuis que cette dernière a entrepris la construction de 22 barrages capables de stocker 110 milliards de m³ d'eau destinés à irriguer une région de 3 millions d'hectares et à produire de l'hydroélectricité. La Turquie devrait ainsi retenir 17 à 34 % du débit de l'Euphrate qui ne s'écouleraient plus vers la Syrie et l'Irak. »

D'après M. Daoudy,
Le partage des eaux entre la Syrie, l'Irak et la Turquie, CNRS, 2005.

1 Pourquoi les fleuves sont-ils si importants dans cette région ?

2 À quoi doivent servir les barrages construits par la Turquie ?

3 Pourquoi les pays voisins craignent-ils la construction de ces barrages ?

2 Mettre en relation deux documents

Pollution et algues vertes en Bretagne

La pollution des eaux en Bretagne

« Sur 7 % de la surface agricole de la France, la Bretagne produit la moitié des porcs, poulets de chair et dindes du pays. Cela amène les éleveurs à gérer des quantités importantes de déjections animales (7 litres d'urine et d'excréments par jour pour un porc). Ces déjections, chargées d'azote et de nitrates et utilisées comme engrais dans les champs, polluent les rivières et s'infiltrent dans les nappes souterraines. Ce taux élevé de nitrates et d'azote dans les rivières est responsable de la prolifération des algues en Bretagne. »

D'après Catherine Gouëset, L'Express.fr, 3 février 2010.

Ramassage des algues vertes qui prolifèrent en raison de l'excès d'azote.

1 Montrez que la Bretagne est une grande région d'élevage.

2 D'où provient l'azote qui pollue les nappes phréatiques et les rivières ? Quelles sont les conséquences sur les côtes bretonnes ?

Lire un graphique

Cette eau que nous consommons chaque jour

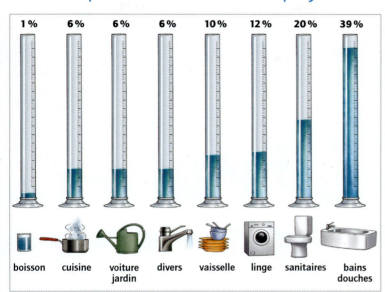

1 %	6 %	6 %	6 %	10 %	12 %	20 %	39 %
boisson	cuisine	voiture jardin	divers	vaisselle	linge	sanitaires	bains douches

Répartition de la consommation d'eau au foyer par usage. Chaque Français consomme chaque jour 137 litres d'eau en moyenne, ce qui représente une dépense d'environ 0,40 euro.

L'accès à l'eau au Mali

« Au Mali, 70 % de la population utilise l'eau des puits et 4 % les eaux de surface comme source d'approvisionnement en eau. Enfin, 66 % de la population n'utilise aucun moyen de traitement de l'eau à domicile (javellisation, ébullition, filtration à travers un filtre…).
Ces différents facteurs couplés au déficit d'hygiène individuelle font que les maladies diarrhéiques restent une préoccupation majeure au Mali. Elles touchent particulièrement les enfants de zéro à cinq ans. »

http://infos-eau.blogspot.com/2009/08/leau-au-mali.html

1 Quels sont les gestes quotidiens qui vous permettraient de consommer moins d'eau ?

2 Quelles seraient les conséquences économiques d'une consommation moins élevée ?

3 Expliquez pourquoi ces gestes individuels d'économie d'eau sont également bénéfiques à l'ensemble de la société.

4 Quels sont les dangers d'une eau non potable ?

4 B2i Localiser et repérer avec Google Maps

L'eau à Tozeur en Tunisie

[Compétences B2i : 3.6 Utiliser un outil de simulation pour interpréter (SIG)]

▲ http://maps.google.fr

1 Recherchez Tozeur en Tunisie. Décrivez l'environnement de la ville (végétation, relief, densités humaines…).

2 Lorsque vous passez de l'onglet « plan » à l'onglet « satellite », comment apparaît le lac au Sud-Est de la ville ?

3 À l'aide du zoom et d'un logiciel de capture d'images, copiez deux ou trois images qui illustrent les différents usages de l'eau à Tozeur ; collez-les dans un logiciel de traitement de texte et rédigez une légende pour chacune. Sauvegardez votre travail.

Chapitre 19

Gérer les océans et leurs ressources

L'exploitation des ressources océaniques est-elle durable ?

Pêcheurs dans la province de Quang Nam (Vietnam). Dans de nombreux pays en développement, l'activité de la pêche assure une grande part de l'alimentation protéinique des populations.

■ **Quelle méthode de pêche utilise ce pêcheur ? À qui est essentiellement destinée sa pêche ?**

« **Ressources océaniques** : richesses tirées de ou liées à l'océan (pêche, énergie, loisirs, transports...). »

Un chalutier dans le golfe d'Alaska (États-Unis) : des filets mesurant parfois plusieurs kilomètres permettent de très nombreuses prises mais raclent les fonds marins en détruisant les espèces marines [voir doc. 2, p. 286].

■ Cette forme de pêche est-elle efficace ? Pourquoi ? A-t-elle des inconvénients ?

Pêcher au large de Terre-Neuve

Groenland

CANADA   FRANCE

Terre-Neuve

St-Pierre-
et-Miquelon
(France)

*OCÉAN
ATLANTIQUE*

▶ **Pourquoi la pêche y est-elle devenue
une source de tensions ?**

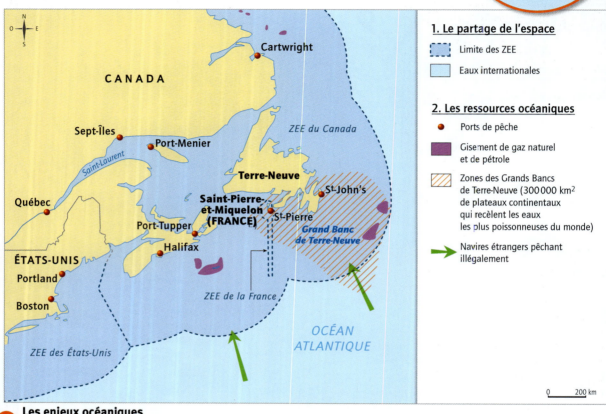

1. Le partage de l'espace

- - - - Limite des ZEE

Eaux internationales

2. Les ressources océaniques

● Ports de pêche

Gisement de gaz naturel
et de pétrole

Zones des Grands Bancs
de Terre-Neuve (300 000 km²
de plateaux continentaux
qui recèlent les eaux
les plus poissonneuses du monde)

→ Navires étrangers pêchant
illégalement

Map labels: CANADA, Cartwright, Sept-Îles, Port-Menier, Saint-Laurent, Québec, Terre-Neuve, Saint-Pierre-et-Miquelon (FRANCE), St-Pierre, St-John's, Grand Banc de Terre-Neuve, ZEE du Canada, Port-Tupper, Halifax, ÉTATS-UNIS, Portland, Boston, ZEE de la France, ZEE des États-Unis, OCÉAN ATLANTIQUE, 0 — 200 km

1 **Les enjeux océaniques
au large de Terre-Neuve**

VOCABULAIRE

- **Arraisonnement** : arrêter un navire
pour contrôler sa cargaison.
- **Bateau-usine** : navire en mer plusieurs mois qui conditionne en mer
les produits de sa pêche.
- **Moratoire** : suspension volontaire
d'une action, ici la pêche.
- **Pêche** : activité visant à attraper
du poisson, de manière artisanale
ou industrielle.
- **ZEE (Zone économique exclusive)** :
secteur maritime sur lequel un État
côtier exerce sa souveraineté.

2 **Les tensions liées à la pêche**

1945-1977	L'Atlantique Nord est une zone de pêche internationale. Les bateaux-usines des grandes nations y puisent abondamment.
1977	Le Canada, constitue sa ZEE, qui intègre les Grands Bancs.
1972-1994	France et Canada s'opposent sur la taille de la ZEE de Saint-Pierre-et-Miquelon et sur les droits de pêche. L'accord final instaure un système de quotas.
1992	Moratoire canadien sur la pêche de la morue (baisse des stocks).
1995	Arraisonnement du navire espagnol Estai, qui pêche illégalement.
1998	Levée du moratoire sur la pêche à la morue dont les effectifs ne se sont pas reconstitués.
2009	La France demande l'extension des zones de pêche de Saint-Pierre-et-Miquelon aux Nations Unies. Elle n'a pour le moment qu'un quart de la superficie qu'elle revendique.

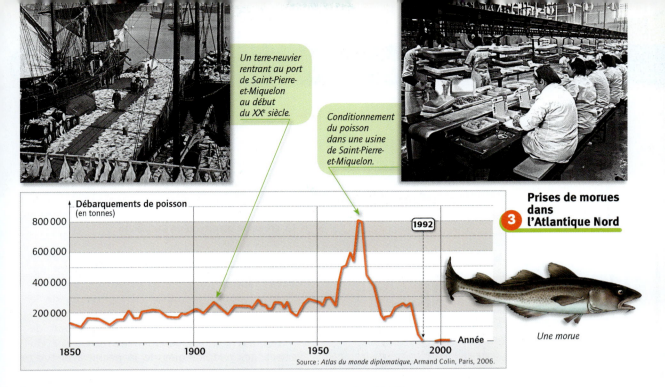

Un terre-neuvier rentrant au port de Saint-Pierre-et-Miquelon au début du XXᵉ siècle.

Conditionnement du poisson dans une usine de Saint-Pierre-et-Miquelon.

Débarquements de poisson (en tonnes)

3 Prises de morues dans l'Atlantique Nord

Une morue

Source : *Atlas du monde diplomatique*, Armand Colin, Paris, 2006.

4 **Quel avenir économique pour la région ?**

« La quasi-disparition de la morue a porté un rude coup à la région, même si la pêche se poursuit avec les espèces encore existantes, comme le flétan. En revanche, les solutions de reconversion sont minces. Terre-Neuve peut profiter du développement de projets pétroliers (forages) et du tourisme. Mais ces activités ne sont que saisonnières, obligeant pas mal de Terre-Neuvains au départ vers le continent. Saint-Pierre-et-Miquelon ne peut que poursuivre une activité de pêche devenue pour l'essentiel artisanale (pétoncle, saumon, encornet, moule, crabe des neiges, raie et homard) ; elle n'emploie qu'une soixantaine de marins et n'alimente que modestement les quelques unités industrielles de traitement du poisson, qui pour continuer à fonctionner, importent un poisson étranger. L'archipel de 6 000 habitants est donc en crise. »

Sources diverses.

ZOOM
socle commun **Pour comprendre un graphique**

▶ Je détermine son thème.

▶ Je repère les dates et les unités de mesure.

▶ Je décris et j'explique l'évolution de la courbe.

Activités

1) **Doc. 1** Quels États ont des droits maritimes dans la région de Terre-Neuve ?

2) **Doc. 1 et 3** Quelles ressources maritimes sont convoitées dans les eaux de Terre-Neuve ? À l'aide de la fiche Zoom, décrivez l'évolution de la pêche à la morue.

3) **Doc. 2** Quels conflits cette ressource génère-t-elle ? Quelle mesure a été prise pour la protéger ?

4) **Doc. 4** Quel est l'avenir économique de Saint-Pierre-et-Miquelon ?

5) **Décrivez en quelques phrases l'évolution de la pêche au large de Terre-Neuve.**

Changeons d'échelle

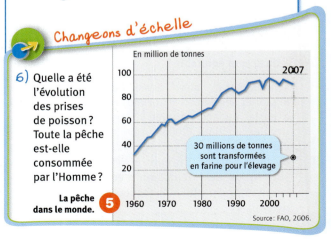

6) Quelle a été l'évolution des prises de poisson ? Toute la pêche est-elle consommée par l'Homme ?

En million de tonnes

30 millions de tonnes sont transformées en farine pour l'élevage

La pêche dans le monde. **5**

Source : FAO, 2006.

La crevette à Madagascar

AFRIQUE

OCÉAN ATLANTIQUE

OCÉAN INDIEN

MADAGASCAR

▶ **L'élevage peut-il être une réponse à la surpêche ?**

1. Crevette : pêche et aquaculture

0   100 km

▲ Centres de pêche

Zone de pêche intensive de la crevette

● Principales zones d'élevage de la crevette bio

2. La consommation de la crevette

● Foyers de consommation locaux importants

Densité de population supérieure à 10 habitants par km^2

➡ Exportations vers les pays développés

1 Pêche et commerce de la crevette à Madagascar

2 La crevette menacée de surpêche

« Les crevettes figurent parmi les produits de la pêche les plus commercialisés et représentent une valeur totale de 10 milliards de dollars, soit 16 % des exportations mondiales des produits de la pêche. *"Pour des millions de ménages pauvres, la pêche aux crevettes est une source importante de revenus et d'emplois"*, souligne M. Turner, chef du Service des technologies de la pêche à la FAO (l'agence des Nations unies pour l'Agriculture et l'Alimentation). Mais l'importance économique de ce produit doit être conciliée *"avec les préoccupations environnementales. La FAO s'alarme en particulier des problèmes de surpêche, de dégradation des habitats côtiers, de pêche au chalut illégale."* La pêche crevettière entraîne en effet la prise d'espèces de poissons ou de tortues de mer, rares et menacées d'extinction, inutilisées et rejetées mortes à la mer. Pour 1 kg de crevettes capturées, on rejette entre 8 et 10 kg de poisson. »

D'après une dépêche AFP, 17 février 2009.

3 Un accord équitable ?

« Madagascar laisse aussi des pays étrangers exploiter ses eaux territoriales et sa ZEE. Ainsi, elle a passé un accord avec l'Union européenne. Le dernier en date (2006) prévoit que les pêcheurs européens peuvent prélever jusqu'à 11 000 tonnes de thon par an. En contrepartie, l'UE verse une subvention de 1,37 million d'euros par an afin de soutenir une pêche plus respectueuse de l'environnement. »

D'après J. CHAUSSADE et J.-P. CORLAY, *Atlas des Pêches et des cultures marines*, éd. Ouest-France : Le Marin, Rennes, 1998.

Mangrove

Bâtiments
principaux

Nurserie

Bassin
en attente

Étang de
grossissement

Sur un marché parisien.

4 **Une ferme pratiquant l'aquaculture à côté de Mahajamba**

Les élevages sont nourris de farine de poissons pêchés en milieu naturel.

VOCABULAIRE

🐟 **Aquaculture** : élevage ou culture de poissons ou de crustacés dans des bassins.

🐟 **Chalut** : filet que l'on traîne sur le fond de la mer (voir p. 286).

🐟 **FAO** : organisation de l'ONU chargée des questions agricoles et alimentaires.

🐟 **Label Rouge** : logo garantissant la qualité supérieure d'un produit.

🐟 **Mangrove** : formation végétale littorale en région tropicale.

🐟 **Surpêche** : pêche excessive conduisant à un épuisement rapide des stocks de poisson.

🐟 **ZEE** : voir p. 280.

5 **Un élevage de crevettes Label Rouge**

«La société Aqualma est, avec près de 10 000 tonnes de crevettes vendues, le premier exportateur de l'île. Sa production est certifiée "Label Rouge" par le ministère de l'Agriculture français. Cela récompense une gestion durable de la ressource qui passe par le respect de certaines conditions d'élevage : éloignement des fermes entre elles pour éviter toute contamination en cas de maladies, faibles densités de crevettes dans les bassins, suivis d'impact sur l'environnement.

Enfin, Aqualma développe des programmes sociaux. Dans un village à proximité de l'une des fermes aquacoles, elle a financé des infrastructures sociales : école, dispensaire, accès à l'eau potable et à l'électricité…»

Site internet www.proparco.fr (institution de développement détenue par l'Agence française de Développement et des actionnaires privés).

Activités

1) **Doc. 1 et 2** Dites pourquoi la crevette est une ressource importante pour les populations des pays en développement. En est-il de même pour Madagascar ?

2) **Doc. 2 et 3** Relevez les problèmes posés par l'exploitation de cette ressource.

3) **Doc. 3** Quel est le contenu de l'accord liant Madagascar et l'Union européenne ?

4) **Doc. 4 et 5** Une réponse a-t-elle été apportée à la surexploitation de la crevette ? Avec quels bénéfices et quelles limites ?

5) **À partir de vos réponses, peut-on dire que la crevette a été surexploitée ? Quelles solutions ont été apportées ? Quels en ont été les avantages et les limites ?**

Changeons d'échelle

6) Quelle est la part occupée par l'aquaculture dans la pêche mondiale ? Expliquez pourquoi.

Développement de l'aquaculture dans le monde

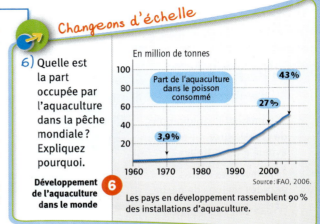

En million de tonnes

Part de l'aquaculture dans le poisson consommé

43%

27%

3,9%

1960 1970 1980 1990 2000

Source : FAO, 2006.

Les pays en développement rassemblent 90 % des installations d'aquaculture.

Les ressources océaniques

▶ **Comment sont-elles exploitées ?**

▶ Synthèse des études de cas

	① **TERRE-NEUVE**	② **MADAGASCAR**
Principale ressource de pêche	Morues	Crevettes
Acteurs	■ Pêcheurs ■ États	■ Pêcheurs ■ États ■ Union européenne
Problème	■ Surpêche ■ Conflits entre nations	■ Surpêche
Enjeux	Règlement du conflit pour les droits de pêche	Développement des populations
Solution	Régulation internationale de la pêche	Aquaculture durable

Échelle à l'équateur — 0 — 2 000 km

▶ Des études de cas au cours

① Pêcher au large de Terre-Neuve

1/ Comment l'exploitation de la ressource a-t-elle évolué à Terre-Neuve ?

2/ Relevez les autres grandes régions de pêche.

➔ Voir cours p.292.

[▶ **voir p. 286-287**]

② La crevette à Madagascar

1/ Quelle est la solution à la surpêche de la crevette ?

2/ Quelles sont les grandes régions d'aquaculture ?

➔ Voir cours p.292.

[▶ **voir p. 288-289**]

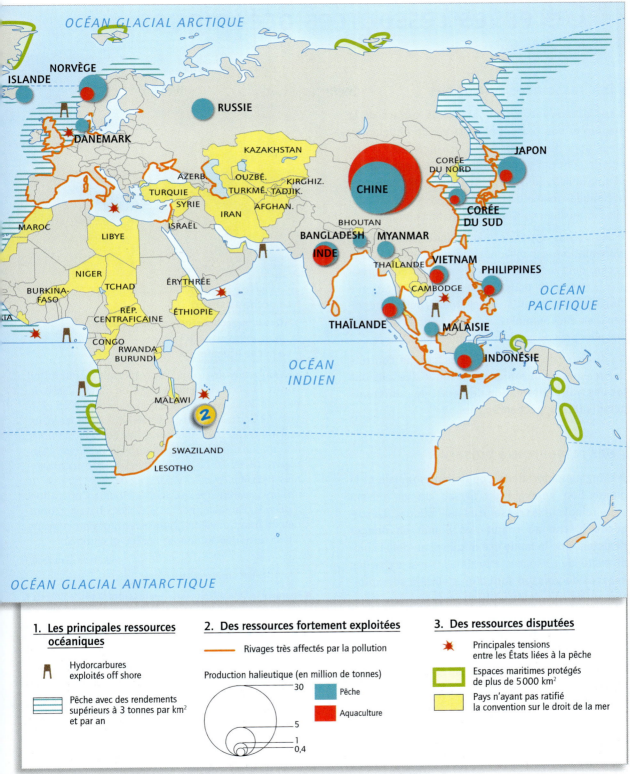

OCÉAN GLACIAL ARCTIQUE

ISLANDE

NORVÈGE

DANEMARK

RUSSIE

KAZAKHSTAN

AZERB.
TURQUIE
SYRIE
IRAN
ISRAËL

OUZBÉ.
TURKMÉ. TADJIK.
KIRGHIZ.
AFGHAN.

CHINE

CORÉE
DU NORD

JAPON

CORÉE
DU SUD

MAROC

LIBYE

NIGER
BURKINA-
FASO
TCHAD
RÉP.
CENTRAFICAINE
ÉRYTHRÉE
ÉTHIOPIE

BHOUTAN

BANGLADESH
INDE

MYANMAR

THAÏLANDE

VIETNAM

PHILIPPINES

OCÉAN
PACIFIQUE

CAMBODGE

THAÏLANDE

MALAISIE

CONGO
RWANDA
BURUNDI

OCÉAN
INDIEN

INDONÉSIE

MALAWI

2

SWAZILAND
LESOTHO

OCÉAN GLACIAL ANTARCTIQUE

1. Les principales ressources océaniques

Hydorcarbures
exploités off shore

Pêche avec des rendements
supérieurs à 3 tonnes par km²
et par an

2. Des ressources fortement exploitées

Rivages très affectés par la pollution

Production halieutique (en million de tonnes)

30
5
1
0,4

Pêche

Aquaculture

3. Des ressources disputées

Principales tensions
entre les États liées à la pêche

Espaces maritimes protégés
de plus de 5 000 km²

Pays n'ayant pas ratifié
la convention sur le droit de la mer

■ Quelles menaces pèsent sur les ressources océaniques et comment sont-elles gérées ?

Gérer les ressources océaniques

A Des ressources convoitées

🟢 **Les océans recouvrent 71% de la surface de la planète et sont essentiels à la vie de l'humanité.** Ainsi, 90% des marchandises échangées sur la planète le sont par voie maritime ; 30% du gaz et du pétrole utilisés dans le monde sont extraits des fonds océaniques (plate-forme off shore) ; les régions littorales accueillent 50% de la population mondiale.

🟢 **Les océans apportent une grande part de notre alimentation** ; 450 millions de personnes vivent de la pêche, dont la moitié dans les pays en développement ; c'est aussi pour l'essentiel dans ces États que l'aquaculture littorale se développe. Le poisson représente en effet au moins 20% des apports de protéines pour près de 3 milliards de personnes [doc. 1].

🟤 En raison de ces différents usages, **le contrôle des ressources océaniques provoque des tensions locales voire internationales entre les différents acteurs (États, pêcheurs...)** [doc. 3].

B Des ressources à préserver

🟢 L'augmentation de la population mondiale et la progression générale du niveau de vie pèsent aujourd'hui sur les ressources halieutiques. **La surpêche (pêche au chalut** [doc. 2]**) met en danger l'existence de la faune océanique** et au-delà la biodiversité des espaces maritimes. Ainsi **25% des espèces de poisson sont d'ores et déjà surexploitées ou en voie de disparition**.

🟢 **Les États ont aujourd'hui conscience de la nécessité de protéger les océans** [doc. 3], patrimoine commun de l'humanité (1982), frappés non seulement de surexploitation, mais aussi victimes d'une pollution spectaculaire (marées noires) ou plus insidieuse (rejets des activités humaines) [doc. 4]. C'est pourquoi ils réglementent l'accès aux ressources (zones de pêche, quotas de pêche...), ils créent des espaces maritimes protégés, enfin ils favorisent le développement d'une exploitation durable des ressources.

---

1 LES CHIFFRES DU DÉVELOPPEMENT DURABLE

30% des prises sont rejetées dans les océans.

Les océans fournissent à l'Homme **15%** des protéines animales.

50% des variétés de poisson sont surexploitées.

0   25 m

2 La pêche au chalut

■ **Quelle menace engendre ce type de pêche ?**

3 La pêche illégale

«La Côte d'Ivoire a lancé une opération pour lutter contre la pêche illégale, à l'origine d'une baisse de plus de 30% de sa production halieutique en cinq ans : 52% des bateaux qui pêchent dans les eaux maritimes ne détiennent aucune licence. *"Si nous n'y prenons garde, nous courons le risque de l'appauvrissement total des ressources des eaux maritimes ivoiriennes pillées par ces bateaux pirates"* a annoncé le ministre ivoirien, A. Douati. L'opération a permis d'arraisonner* le 9 avril six bateaux, dont deux battant pavillon ghanéen et nigérian et ayant à leur bord des équipages coréen et chinois.»

AFP, 15 avril 2009.

* Arraisonner : inspecter un navire.

■ **Pourquoi la Côte d'Ivoire lutte-t-elle contre la pêche illégale ?**

ᐯOCABULAIRE

🔹 **Aquaculture** : voir p. 283.

🔹 **Chalutier** : navire de pêche qui utilise le chalut (cf. doc. 2).

🔹 **Exploitation durable des ressources** : exploitation qui ne mette pas en péril l'existence des ressources.

🔹 **Halieutique** : qui concerne la pêche.

🔹 **Off shore** : activité se déroulant en mer mais ne relevant pas de la pêche et du transport maritime.

🔹 **Quotas de pêche** : limitation du nombre de capture de poissons à une quantité fixée chaque année par État.

Des riverains nettoyant une plage près d'Algesiras

Le cargo Sierra Nava s'est échoué près des côtes espagnoles, provoquant une mini-marée noire. Certains navires polluent aussi en dégazant, c'est-à-dire en nettoyant leur cuve avec de l'eau de mer, rejetée ensuite.

■ **Quelles menaces le transport maritime fait-il peser sur l'environnement ?**

ESPAGNE
Algesisras · Mer Méditer.
Détroit · de Gibraltar
MAROC

1 Refuge
pour les poissons
(ils s'y reproduisent
et s'y alimentent)

2 Protection des côtes
(absorbent la force
des vagues, limitent l'impact
des raz de marée)

3 Revenus
(pêche, tourisme, récupération
des organismes dans l'industrie
alimentaire, pharmaceutique,
cosmétologique)

**RÉCIFS CORALLIENS
MANGROVE**

En bonne santé,
la valeur de ces écosystèmes
est estimée à plusieurs
centaines de milliers
de dollars par an et par km².
Protéger la même superficie
ne coûte que 1000 dollars
par an.

Mangrove

Récifs coralliens

Source : *Atlas de l'océan mondial*, Jean-Michel Cousteau, Ph.Vallette, Atlas Autrement, 200²·

5 **La valeur économique et environnementale des écosystèmes marins**

■ **Pourquoi protéger ces espaces littoraux ?**

1 Mettre en relation plusieurs documents

Thon rouge sur le marché de Tsukiji (Japon).
Les thons rouges sont exposés pour une vente
aux enchères à venir. Tsukiji est l'un des plus gros marchés de poisson
de la planète (2000 tonnes par jour). 80 % du tonnage mondial de thon
rouge est consommé au Japon. En mars 2010, la communauté internationale
a accepté la poursuite de la pêche.

Le thon rouge, une espèce menacée

Bientôt l'interdiction de la pêche du thon rouge ?

«La France s'est prononcée, le 3 février
2010, pour l'interdiction du commerce international du thon rouge, au grand mécon-
tentement des pêcheurs. Menacé par la surpêche, le thon rouge pourrait être inscrit à
l'annexe I de la Convention de l'ONU sur le
trafic des espèces menacées, synonyme
d'interdiction du commerce international
pour tous. Le ralliement de Paris au projet
d'interdiction du commerce international
du thon rouge est d'autant plus mal vécu
par les pêcheurs français que leur secteur,
en butte à des problèmes de quotas, de
mévente et de hausse des charges, est en
crise depuis plusieurs années. La France
réalise 20 % des prises, principalement en
Méditerranée. »

D'après www.lemonde.fr, 3 février 2010.

1. Quelle est l'évolution des prises de thon rouge ?
Pourquoi la communauté internationale veut-elle
en interdire le commerce ?

2. Quels sont les principaux consommateurs ? Comment
expliquer qu'il y ait des ventes aux enchères ?

3. Quelle est la position de la France ? Et selon vous
quelle pourrait être celle du Japon ?

4. Expliquez la réaction des pêcheurs.
Le cas du thon rouge est-il exceptionnel ?

2 Comprendre un texte

Le saumon d'élevage

1. En utilisant vos connaissances
sur les ressources océaniques,
dites pourquoi on développe
aujourd'hui l'élevage
du saumon.

2. L'aquaculture peut-elle être
réellement une solution
pour limiter la surpêche ?
Justifiez votre réponse en
relevant tous les inconvénients
de ce type de pratique.

Le saumon d'élevage

«La croissance de l'élevage du saumon résulte de l'apport d'aliments
industriels à base de farine (il faut, pour 1 kg de saumon, 3 kg de
poisson). L'aquaculture est agressive pour le milieu. Des poissons
d'élevage transgénique s'échappent parfois des enclos et se reproduisent en mer. De plus, les animaux qui vivent dans des bassins où
ils sont nombreux, nécessitent des soins préventifs ou curatifs importants et l'emploi de médicaments, vaccins, antibiotiques, dont une
partie se disperse dans le milieu. L'aquaculture de transformation
produit enfin de nombreux déchets responsables de pollution. »

D'après Y. VEYRET, *Dictionnaire de l'environnement*, Armand Colin, 2007.

3 · Au quotidien · Lire une photographie

Et dans mon supermarché ?

Êtes-vous un consommateur éco-responsable (c'est-à-dire achetant des produits plus respectueux de l'environnement) ? Accompagnez vos parents au supermarché et observez l'étal du poissonnier pour le savoir...

SAUMON SAUVAGE
MER BALTIQUE
le kg **18,00** €

DAURADE ROYALE
ELEVEE EN GRECE
le kg **5,95** €

Liste des poissons et crustacés menacés ou surexploités :

églefins, requins, thon rouge, langoustines, lotte (baudroie), cabillaud (morue), saumon atlantique, thon albacore, grenadiers, sabres, hoquis (espèces de grand fond).

Un étal de poissonnier.

1 Quelle est la différence essentielle entre le saumon et la daurade ? Quelle en est la conséquence sur le prix ?

2 Relevez le nom des poissons en vente. Font-ils partie de la liste des espèces menacées ?

3 Dressez une liste des poissons d'eau douce et d'eau de mer.

4 Rendez-vous dans votre magasin habituel : dispose-t-il d'un rayon poissonnier ? Faites un relevé précis des poissons, coquillages et crustacés et de leur prix.

---

4 · B2i · Analyser le statut d'un site et analyser des données

La pêche à la baleine

[Compétences B2i : 43. Utiliser les principales fonctions d'un outil de recherche]

▲ **www.ifremer.fr**

1 Rendez-vous sur le site de l'Ifremer. Identifiez ce qu'est l'Ifremer (son origine, son statut dans la société, ses actions).

2 Cherchez sur le site un article concernant la pêche à la baleine et aux autres cétacés.

3 Comment expliquez-vous l'expression « gestion durable de la pêche à la baleine » ? Pourquoi celle-ci est-elle urgente ?

Ménager l'atmosphère

Quels sont les effets des activités humaines sur la qualité de l'air ?

1950

2004

Alaska
Glacier
Muir
CANADA
ÉTATS-UNIS
Océan Pacifique
Océan Atlantique

Le glacier Muir (Alaska) en 1950 et en 2004. En Alaska, 99 % des glaciers situés à moins de 1 500 m sont en train de fondre.

■ **Comment pouvez-vous expliquer une telle évolution ?**

Gaz carbonique
présent
dans l'atmosphère
(en parties par million)

275   290   385

1600   1700   1800 1850 1900   2000

« **Atmosphère** : couche de gaz qui entoure la Terre, mais aussi air que l'on respire. »

FRANCE

Savoie   *Aiton*
RHÔNE-
ALPES

Plateforme d'Aiton (Savoie). Des camions sont placés sur un convoi de chemin de fer qui traverse les Alpes jusqu'en Italie.

■ Pourquoi certains États cherchent-ils à développer le ferroutage (combinaison chemin de fer/route) ?

L'air de Los Angeles

CANADA
CALIFORNIE
ÉTATS-UNIS
Los Angeles
MEXIQUE

▶ **Pourquoi est-elle la ville la plus polluée des États-Unis ?**

1 **Los Angeles, une aire urbaine de 18 millions d'habitants**

La part visible de la pollution atmosphérique (smog) séjourne peu dans l'air ; elle sera lessivée à la première pluie. En revanche, certaines particules, invisibles, persistent pendant des décennies, contribuant à augmenter la part des gaz à effet de serre.

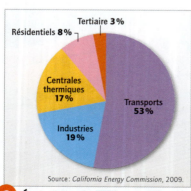

Tertiaire **3 %**
Résidentiels **8 %**
Centrales thermiques **17 %**
Transports **53 %**
Industries **19 %**

Source : *California Energy Commission*, 2009.

2 **Émissions de CO₂ en Californie**

Elles se sont amplifiées ces 70 dernières années.

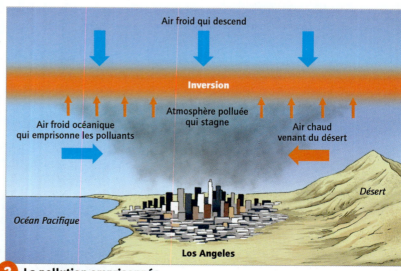

Air froid qui descend

Inversion

Atmosphère polluée qui stagne

Air froid océanique qui emprisonne les polluants

Air chaud venant du désert

Océan Pacifique

Désert

Los Angeles

3 **La pollution emprisonnée**

L'air chaud se comporte comme un véritable « couvercle » : les gaz issus des cheminées et pots d'échappement montent jusqu'à la couche d'air chaud, mais ne peuvent la franchir.

4 Le poids de l'activité humaine

«La popularité croissante de l'automobile a façonné Los Angeles, qui a pu utiliser un pétrole bon marché (il est présent dans le sous-sol californien). Ainsi, dans les années 1940, le réseau de trains publics a été démantelé afin de faire place aux autoroutes (le parc automobile a quadruplé entre 1950 et 1990*). Le logement concentré dans des banlieues, souvent loin des zones d'emplois, rend les trajets quotidiens impossibles sans automobile. De plus, les industries aggravent la situation. Des constructeurs automobiles, des usines sidérurgiques, l'industrie du cinéma même (Hollywood est le deuxième pollueur de la région) et l'incinération des déchets rejettent de nombreux polluants tels que des hydrocarbures, de la vapeur d'eau, du monoxyde de carbone et des métaux lourds.»

D'après Elissa Cohen, «La jungle urbaine de Los Angeles : problèmes environnementaux et la ville», *VertigO – la revue électronique en sciences de l'environnement*, octobre 2002.

* Il y a près de 900 voitures pour 1000 habitants à Los Angeles.

5 Quelles pistes d'amélioration ?

- Amélioration des transports collectifs (bus, trains).
- Allongement des pistes cyclables.
- Encouragement au covoiturage (voies spécialement réservées sur les autoroutes).
- Production de voitures à essence à émissions réduites ou hybrides.
- Voitures électriques ou à hydrogène.
- Interdiction de l'incinération de déchets à ciel ouvert.
- Développement des maisons à énergie passive (qui ne consomment pas d'énergie).
- Essor de l'énergie éolienne (vent) et solaire.
- Développement des biocarburants.

6 Les effets de la pollution

VOCABULAIRE

- **CO_2 (dioxyde de carbone ou gaz carbonique)** : il représente 75 % des gaz à effet de serre émis par les activités humaines.

- **GES (gaz à effet de serre)** : ils empêchent les rayons solaires réfléchis sur la surface de la terre d'être renvoyés dans l'atmosphère, contribuant ainsi au réchauffement climatique. [voir doc. 5 p. 299].

- **Smog** : nuage de pollution provoqué par des gaz d'échappement et des rejets industriels.

Activités

1) **Doc. 1 et 3** Décrivez la photographie. Comment expliquez-vous, à l'aide du schéma, une telle pollution ?

2) **Doc. 2 et 4** Quelles sont les activités responsables de la pollution de l'air à Los Angeles ? Quel est le secteur qui l'emporte ?

3) **Doc. 4** Pourquoi l'automobile a-t-elle été favorisée ?

4) **Doc. 5** Classez les solutions mises en œuvre pour réduire la pollution de l'air. Indiquez celles qui impliquent un changement de mode de vie et celles qui sont une simple réponse technologique à la circulation automobile.

5) **Doc. 6** Repérez les conséquences climatique, humaine, matérielle de la pollution, et ses effets sur la nature.

6) **Résumez en trois points les informations collectées : les raisons de la pollution ; les conséquences ; les solutions apportées.**

Changeons d'échelle

7) Quelle a été la progression du parc automobile mondial ? Peut-on envisager un développement du parc automobile chinois et indien sur le principe du moteur à explosion ?

Le parc automobile mondial. Il y a 800 voitures pour 1000 hab. aux États-Unis, 40 en Chine et 12 en Inde.

en millions

2 000

Entre 1,5 et 2 milliards

1 500

1 milliard

1 000

200 millions

200

1967   2008   2020

Source : OCDE.

L'air à Londres

▶ **Comment améliorer la qualité de l'air de la capitale anglaise ?**

ROYAUME-UNI
Mer du Nord
IRLANDE
ANGLETERRE
Londres
Manche
FRANCE

1 **Le smog à Londres en 1962**

La photo a été prise en plein jour.

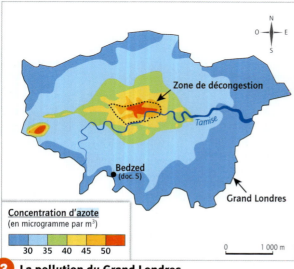

Concentration d'azote
(en microgramme par m³)

30 35 40 45 50

0   1 000 m

3 **La pollution du Grand Londres**

2 **Lutter contre la pollution**

1952	Grand smog qui tue 4 000 personnes en 4 jours. 8 000 personnes meurent de ses effets dans les mois suivants, essentiellement des enfants et des personnes âgées.
1956	À nouveau 1 000 morts. Une loi interdit la combustion du charbon pour le chauffage domestique. Cela permet de réduire de manière significative la pollution au dioxyde de soufre. On commence à rénover certaines façades des bâtiments, noircies.
2003	Instauration d'un paiement pour circuler dans le centre de Londres du lundi au vendredi. Le paiement s'effectue par téléphone, texto, internet ou dans une boutique (9 euros la journée).
2008	Taxation progressive pour les camions, bus et car qui entrent dans le grand Londres. Cette zone à faibles émissions polluantes ne concerne pas les voitures ou les motos.

Sources diverses.

4 **Le péage**

« À l'ère du marketing urbain, le péage de Londres est autant un coup de communication politique qu'un remède à la congestion et à la pollution. Sa portée reste finalement quantitativement limitée, puisque, si le nombre de véhicules entrant quotidiennement dans le centre de Londres est passé de 250 000 à moins de 180 000, dans le même temps, le nombre de véhicules franchissant les limites administratives de *Greater London* a très rapidement progressé. Comme si le trafic du centre s'était reporté sur la périphérie. »

D'après www.géoconfluences.ens-lsh.fr

Transport for London
Congestion charging
C
Central ZONE
Mon - Fri
7 am - 6 pm

VOCABULAIRE

- **Écoquartier** : quartier d'une ville construit pour respecter l'environnement.
- **GES (gaz à effet de serre)** : voir p. 293 et doc. 5 p. 299.
- **Oxyde d'azote** : gaz émis par les moteurs ou toute autre source de combustion.
- **Smog** : voir p. 293.

5 L'écoquartier de Bedzed

Beddington Zero Energy Developement est un quartier qui comprend une centaine de logements, des bureaux et des commerces, ainsi que des espaces de loisirs. Le rejet de CO_2 est très réduit, les maisons sont presque autosuffisants en énergie. (**A**) Toit végétalisé, (**B**) panneaux solaires, (**C**) ventilation par éolienne avec récupérateur de chaleur, (**D**) collecteur de pluie, (**E**) orientation au Sud.

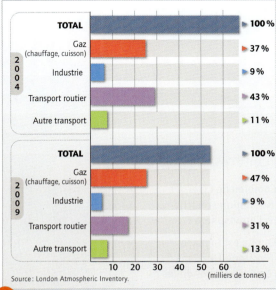

Source : London Atmospheric Inventory.

6 Les émissions d'oxydes d'azote

Activités

1) **Doc. 1 et 2** Décrivez la photo. Quel était l'état de l'air à Londres ? En quoi était-ce un problème de santé publique ?

2) **Doc. 3** Où la pollution est-elle la plus importante ? Comment l'expliquez-vous ?

3) **Doc. 2, 4 et 5** Relevez les mesures prises pour réduire la pollution. Dites pourquoi la généralisation des écoquartiers pourrait améliorer la qualité de l'air à Londres.

4) **Doc. 3 et 6** Les mesures prises ces dernières années ont-elles été efficaces ? Pourquoi faut-il relativiser ?

5) **Résumez en trois points les informations collectées : les raisons de la pollution ; les solutions apportées ; les résultats.**

Changeons d'échelle

6) La ville de Londres est-elle un exemple unique en Europe ?

Les péages urbains en Europe. **7**

● Péages urbains

0   500 km

Les émissions de CO$_2$ dans le monde

▶ **Quels sont les pays qui émettent le plus ?**

▶ **Synthèse des études de cas**

	① LOS ANGELES	② LONDRES
Population	17 millions	7,5 millions
Facteurs de pollution	▪ Circulation automobile ▪ Activité industrielle	▪ Combustion du charbon ▪ Circulation automobile ▪ Activité industrielle
Solutions	▪ Développement d'énergies moins polluantes ▪ Développement d'un parc automobile à faible émission de CO$_2$	▪ Péage urbain ▪ Écoquartiers

Cercle polaire arctique

Canada **1,9 %**

① États-Unis **19,9 %**

Tropique du Cancer

OCÉAN ATLANTIQUE

Équateur

OCÉAN PACIFIQUE

Tropique du Capricorne

0   2 000 km
Échelle à l'équateur

▶ **Des études de cas au cours**

① Los Angeles

1/ Combien de CO$_2$ un Américain relâche-t-il dans l'atmosphère ?

2/ Quelle est la place des États-Unis dans les émissions mondiales ?

➔ Voir cours p. 298

[▶ **voir p. 292-293**]

② Londres

1/ Combien de CO$_2$ un Britannique relâche-t-il dans l'atmosphère ?

2/ Quelle est la place du Royaume-Uni dans les émissions mondiales ?

➔ Voir cours p. 298

[▶ **voir p. 294-295**]

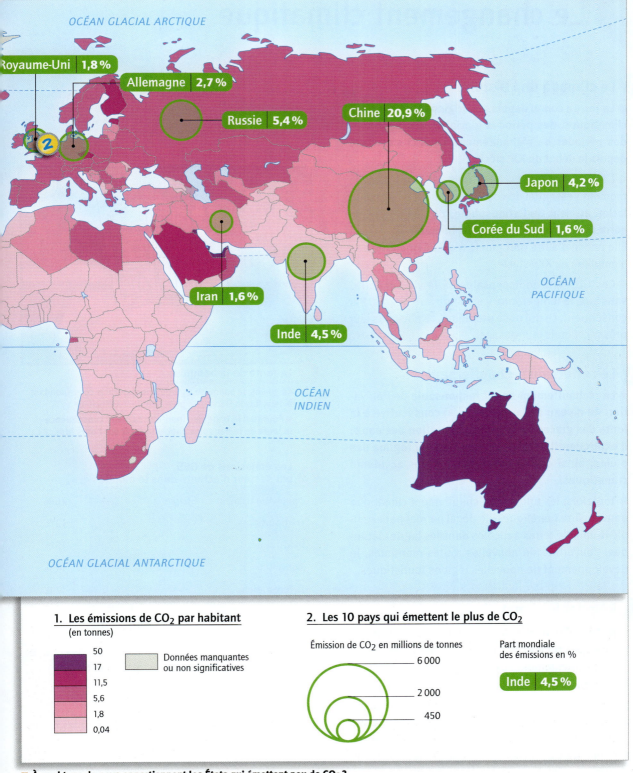

OCÉAN GLACIAL ARCTIQUE

Royaume-Uni **1,8 %**

Allemagne **2,7 %**

Russie **5,4 %**

Chine **20,9 %**

Japon **4,2 %**

Corée du Sud **1,6 %**

Iran **1,6 %**

Inde **4,5 %**

OCÉAN PACIFIQUE

OCÉAN INDIEN

OCÉAN GLACIAL ANTARCTIQUE

1. Les émissions de CO$_2$ par habitant
(en tonnes)

50
17
11,5
5,6
1,8
0,04

Données manquantes ou non significatives

2. Les 10 pays qui émettent le plus de CO$_2$

Émission de CO$_2$ en millions de tonnes

6 000

2 000

450

Part mondiale des émissions en %

Inde **4,5 %**

■ **À quel type de pays appartiennent les États qui émettent peu de CO$_2$?**

Le changement climatique

A Le climat a une histoire

● **La Terre a connu depuis ses origines des variations climatiques, des périodes glaciaires alternant avec des périodes de réchauffement. Celui-ci s'accélère depuis le début du XXᵉ siècle.**

● La communauté scientifique attribue pour le moment l'essentiel de ce réchauffement à **l'accumulation au sein de l'atmosphère, de gaz à effet de serre** [doc. 5] **issus de l'activité humaine** [doc. 1 et 3]. Elle pense d'autre part que le réchauffement devrait s'amplifier au XXIᵉ siècle.

● Ces GES sont indispensables à la vie sur Terre ; sans eux, la température y serait de −18 degrés. Par conséquent, ce qui pose problème, ce n'est pas leur présence, mais leur dosage.

B Les effets du réchauffement

● **Le réchauffement serait responsable de l'élévation du niveau des océans** [doc. 4] **consécutive à la fonte des glaces** [doc. 2] **et à la dilatation des eaux ; il expliquerait aussi le changement du régime des pluies, ainsi que la multiplication des accidents climatiques.**

● Toutefois, les effets du réchauffement climatique peuvent être bénéfiques : le dégel permet par exemple le gain de terres agricoles dans les hautes latitudes, l'ouverture de nouvelles routes maritimes, le développement de nouvelles régions touristiques.

C Réguler le climat

● **À l'échelle mondiale, les politiques mises en œuvre pour réguler le climat sont modestes**, réservées pour le moment aux pays développés.

● À l'échelle des États, plusieurs pistes sont envisageables : faire des économies d'énergie, remplacer les énergies fossiles, capturer le CO_2 dans des « puits souterrains », rendre les moteurs moins gourmands. Cela implique de revoir notre mode de vie [doc. 6] et de mettre au point de nouvelles techniques.

1

LES CHIFFRES DU DÉVELOPPEMENT DURABLE

La température moyenne de la Terre a augmenté de **0,7 °C** au XXᵉ siècle.

L'Humanité a ajouté **30 %** de CO_2 dans l'atmosphère depuis 1850.

Le coût annuel du réchauffement climatique est estimé à **5 %** de la richesse mondiale.

2 **La fonte de la banquise**

En 30 ans, la banquise a perdu une superficie correspondant à deux fois la France. De plus, elle s'est amincie de 15 %.

■ **Pourquoi la banquise fond-elle ? Quelle conséquence la fonte de la banquise peut-elle avoir sur l'ours blanc ?**

3 **Les émissions de GES par secteur d'activité dans le monde**

Approvisionnement en énergie	26 %
Transports	13 %
Industrie	19 %
Agriculture	14 %
Déforestation	17 %
Habitations et bureaux	8 %
Déchets	3 %

Source : GIEC, 2009.

■ **Quelles sont les 3 activités les plus polluantes ?**

VOCABULAIRE

◀ **GES (gaz à effet de serre) :** ils empêchent les rayons solaires réfléchis sur la surface de la terre d'être renvoyés dans l'atmosphère, contribuant ainsi au réchauffement climatique [voir doc. 5 ci-contre].

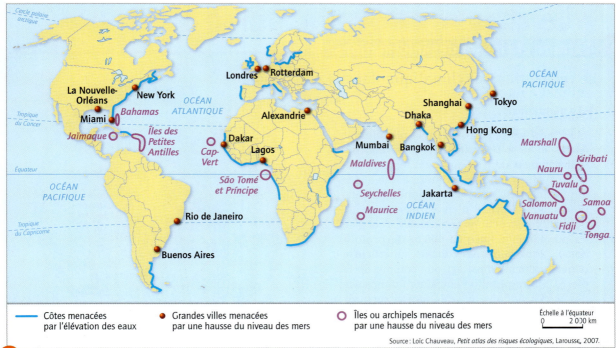

Côtes menacées par l'élévation des eaux | Grandes villes menacées par une hausse du niveau des mers | Îles ou archipels menacés par une hausse du niveau des mers

Échelle à l'équateur
0   2 030 km

Source : Loïc Chauveau, *Petit atlas des risques écologiques*, Larousse, 2007.

4 ⬤ Les conséquences de la montée des eaux

Selon l'hypothèse d'une augmentation de la température de 3,7 °C à l'horizon 2100.

■ Comment expliquer la montée des eaux ? Quelles en seront les conséquences ?

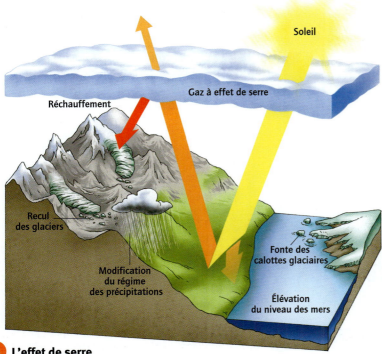

Soleil

Gaz à effet de serre

Réchauffement

Recul des glaciers

Modification du régime des précipitations

Fonte des calottes glaciaires

Élévation du niveau des mers

5 ⬤ L'effet de serre

■ Établissez une liste des conséquences du renforcement de l'effet de serre.

6 ⬤ Le cercle vicieux de la climatisation

« La climatisation représente 6 % de la dépense énergétique américaine. Elle offre un exemple parfait d'effet pervers du réchauffement climatique. Si à mesure que le climat se réchauffe, on consomme de plus en plus d'énergie pour refroidir les bâtiments, alors cette énergie générera de nouvelles émissions qui aggraveront la situation. De plus, il faut savoir qu'un climatiseur qui refroidit une pièce réchauffe d'autant la pièce voisine ou l'air extérieur. Enfin, la climatisation repose sur des liquides frigorigènes qui sont de puissants gaz à effet de serre et dont la durée de vie dans l'atmosphère est extrêmement longue. »

YVES SCIAMA,
« Le changement climatique »,
Petite encyclopédie Larousse, 2008.

■ Réalisez un petit organigramme à partir de ce texte.

1 Extraire et classer des informations

Le réchauffement climatique dans le cercle polaire

1 Le permafrost*

« Les pays les plus froids de la planète ont d'ores et déjà constaté que le permafrost (qui occupe encore un quart des terres émergées) avait commencé à fondre à une allure inquiétante. Si c'est une bonne nouvelle pour l'agriculture, il n'en est pas de même pour les constructions humaines. Ce sol gelé en permanence (jusqu'à 500 m de profondeur), dont seule la couche superficielle dégèle au printemps, est dur comme de la pierre. Sa fragilisation entraînera donc celle des constructions et des infrastructures (ponts, routes, lignes électriques, canalisations). Il va falloir dans certains États comme la Russie, le Canada, et ceux de Scandinavie, mener de très coûteux travaux de consolidation. Sans compter que la fonte du permafrost va libérer d'importantes quantités de méthane, un GES 21 fois plus puissant que le gaz carbonique. »

D'après YVES SCIAMA,
« Le changement climatique »,
Petite encyclopédie Larousse, 2008.

_____
* Permafrost : sol gelé en permanence.

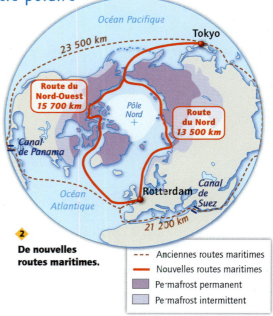

2 De nouvelles routes maritimes.

- - - Anciennes routes maritimes
— Nouvelles routes maritimes
■ Permafrost permanent
■ Permafrost intermittent

1 Pour se rendre de Rotterdam à Tokyo, quelles sont les deux routes traditionnelles ? Quelles sont les deux nouvelles routes ? Quel est leur intérêt ?

2 Répertoriez dans deux colonnes les conséquences positives et négatives du réchauffement climatique dans le cercle polaire.

2 Lire un graphique

Les vendanges à Châteauneuf-du-Pape

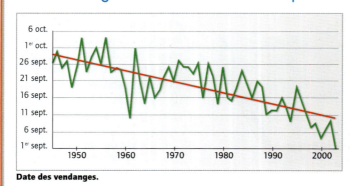

Date des vendanges.

1 Repérez sur le graphique la courbe qui évoque la tendance sur le long terme et celle qui donne la date des vendanges année par année.

2 Quelle est la date des vendanges en 1950 et en 2000 ? Comment expliquez-vous cette tendance ?

3 Par déduction, quelle pourrait être la conséquence spatiale pour la viticulture française ?

3 Au quotidien

Comprendre un graphique

La qualité de l'air dans les plus grandes villes françaises

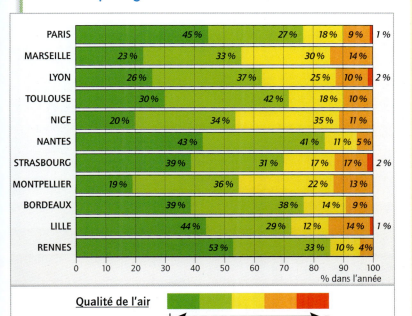

PARIS	45 %	27 %	18 %	9 % 1 %
MARSEILLE	23 %	33 %	30 %	14 %
LYON	26 %	37 %	25 %	10 % 2 %
TOULOUSE	30 %	42 %	18 %	10 %
NICE	20 %	34 %	35 %	11 %
NANTES	43 %	41 %	11 % 5 %
STRASBOURG	39 %	31 %	17 %	17 % 2 %
MONTPELLIER	19 %	36 %	22 %	13 %
BORDEAUX	39 %	38 %	14 %	9 %
LILLE	44 %	29 %	12 %	14 % 1 %
RENNES	53 %	33 %	10 % 4 %

% dans l'année

Qualité de l'air

+ ← → -

Source : Ademe.

1 **L'indice ATMO.** L'indice ATMO est un indicateur de la qualité de l'air qui repose sur les concentrations de 4 polluants. Il ne prend pas en compte la pollution industrielle.

1 Quel est selon vous le principal facteur de la pollution urbaine ?

2 Quelles sont les villes les plus polluées ? Selon vous, à quel moment l'air est-il le plus pollué ?

2 **L'air que nous respirons**

« L'air que nous respirons provient des divers endroits que nous fréquentons chaque jour (air extérieur, lieux de travail, habitat, voiture et autres moyens de transport). Il faut donc préserver la qualité de l'air extérieur, mais penser aussi à celle des lieux clos. Les données scientifiques montrent que les effets sur la santé les plus importants attribuables à la pollution de l'air proviennent surtout de l'exposition à une pollution de fond (la pollution moyenne tout au long de l'année par exemple), plutôt que des pics de pollution. En moyenne en Europe, on estime que l'espérance de vie peut être diminuée de presque un an par suite de l'exposition tout au long de la vie à la pollution de l'air. »

D'après l'Agence de l'Environnement et de la Maîtrise de l'énergie, et Institut national de Veille sanitaire, www2.ademe.fr.

3 Connaissez-vous des maladies qui pourraient être aggravées par la pollution ?

4 Établissez une liste des solutions qui pourraient être adoptées pour améliorer la qualité de l'air.

---

4 **B2i** ## Se constituer une documentation sur la qualité de l'air

Les villes européennes

[Compétences B2i : **5.1 Envoyer et publier des informations**]

▲ **www.airqualitynow.eu/fr**

1 Rendez-vous sur le site. Présentez-en rapidement les auteurs et le contenu.

2 Choisissez sur la carte une ville de votre choix, en France ou en Europe (vous pouvez utiliser le zoom). Affichez « l'évolution de l'indice de la ville » : à quelles heures la pollution est la plus forte ? Pourquoi selon vous ?

2 Rendez-vous dans l'onglet « généralités » et constituez-vous une petite documentation sur les différents thèmes liés à la qualité de l'air : les principaux polluants ; les effets sur la santé et sur l'environnement ; les moyens d'y améliorer la situation. Envoyez votre travail par courriel à l'adresse que vous donnera votre professeur.

Chapitre 21

La question de l'énergie

Quelles énergies pour demain ?

Centrale thermique à charbon de Fuxin (Chine). Le pays a l'intention de construire plus de 500 centrales thermiques dans les 50 prochaines années. Il est d'ores et déjà le plus gros consommateur de charbon et le deuxième de pétrole derrière les États-Unis.

■ **D'où provient la pollution ? Quelles peuvent être les conséquences de cette pollution ?**

Consommation d'énergie par habitant (en millions de TEP*)	965	2099	8000	11294
*TEP : tonne d'équivalent pétrole.	1900	1950	2000	20C8

« **Énergie** : force utilisée par les Hommes pour se chauffer, se déplacer, communiquer ou aménager leur environnement. »

Éoliennes dominant la petite ville de Heilbad Heiligenstadt en Thuringe (Allemagne). L'Allemagne est le premier État d'Europe pour la production d'énergie renouvelable. Au premier plan, un champ de colza que l'on peut utiliser pour produire des biocarburants.

■ **Quels sont les avantages des ressources énergétiques produites à Heilbad ?**

La Russie et ses hydrocarbures

▶ **Pourquoi ses ressources en hydrocarbures sont-elles un atout ?**

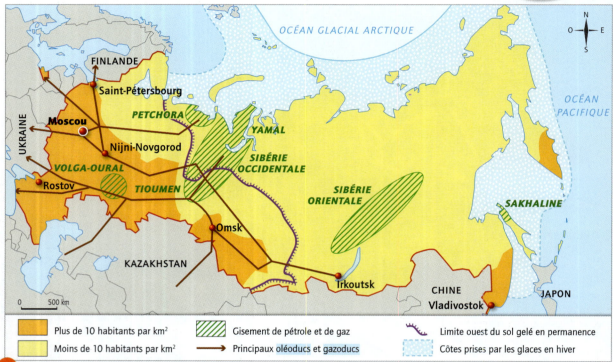

1 Les hydrocarbures dans l'espace russe

Légende :
- Plus de 10 habitants par km²
- Moins de 10 habitants par km²
- Gisement de pétrole et de gaz
- Principaux oléoducs et gazoducs
- Limite ouest du sol gelé en permanence
- Côtes prises par les glaces en hiver

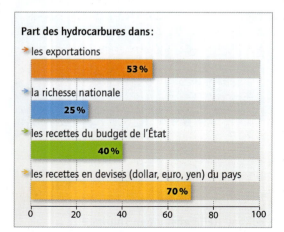

Part des hydrocarbures dans :
- les exportations : **53 %**
- la richesse nationale : **25 %**
- les recettes du budget de l'État : **40 %**
- les recettes en devises (dollar, euro, yen) du pays : **70 %**

2 La place des hydrocarbures dans l'économie russe

3 Une arme pour la Russie

« La Russie dispose d'un bon réseau de gazoducs vers l'Europe et l'Asie et d'un outil très performant de conquête des marchés avec l'entreprise étatique Gazprom qui détient le monopole d'expédition et de commercialisation du gaz russe. D'un point de vue stratégique, la Russie se sert de ses ressources énergétiques comme élément d'influence, voire de pression politique. Ainsi Moscou a-t-elle, à deux reprises en 2006 et en 2009, interrompu ses livraisons de gaz à l'Ukraine pour marquer sa domination sur ce pays voisin. Une partie de l'Europe a été en conséquence privée de gaz russe. La domination gazière russe constitue un véritable sujet de préoccupation pour l'Europe ; le Vieux Continent dépend en effet pour plus du quart de ses besoins du gaz russe… D'ici à 2020, la Russie pourrait même fournir 70 % du gaz importé par les pays européens. »

D'après *Questions internationales*, n° 24, mars-avril 2007.

4 Une installation de stockage de gaz dans la région de Tioumen

5 Un géant d'énergie renouvelable endormi

«La Russie, pays immense, dispose de toutes les énergies renouvelables possibles : la biomasse, l'énergie hydraulique, géothermique, éolienne, solaire ou encore marémotrice. Actuellement, ce potentiel n'est pas très développé, à l'exception peut-être de l'énergie hydraulique, qui représente 17 % du total de l'électricité fournie dans le pays. Cela s'explique notamment par le fait que le gaz, source prédominante d'énergie en Russie, a un prix est contrôlé par l'État, et n'est pas très élevé, ce qui fausse la concurrence.»

D'après *Regard sur l'Est*, interview d'ELENA MERLE-BÉRAL, analyste à l'Agence Internationale de l'Énergie (AIE), 1er avril 2006.

VOCABULAIRE

- **Biomasse** : ensemble des énergies provenant de la dégradation de la matière organique (le bois, le biogaz, les biocarburants).
- **Éolien** : qui se rapporte au vent.
- **Gazoduc** : tube permettant de transporter du gaz.
- **Oléoduc** : conduite de pétrole.
- **Géothermique** : énergie tirée de la chaleur de la Terre.
- **Hydraulique** : utilisant la force de l'eau.
- **Hydrocarbures** : pétrole et gaz naturel.
- **Marémotrice** : qui utilise l'énergie des marées.
- **Ressources énergétiques** : richesses d'un territoire fournies par le sous-sol ou par la nature en général, que les hommes peuvent exploiter en les transformant en énergie.

Activités

1) **Doc. 1** Dans quelle partie de la Russie les gisements d'hydrocarbures sont-ils situés ? Où se trouvent les consommateurs ? Que pouvez-vous en déduire ?

2) **Doc. 1 et 4** Montrez les difficultés pour exploiter ces ressources. Quels sont les différents modes de transport ? Qui sont les pays acheteurs ?

3) **Doc. 2 et 3** Montrez l'importance des hydrocarbures pour la Russie en complétant le tableau ci-dessous :

Intérêt économique	Intérêt politique

4) **Doc 5** De quelles énergies renouvelables dispose la Russie ? Pourquoi ne sont-elles pas développées ?

5) Rédigez un petit texte pour montrer que les ressources en hydrocarbures sont un atout pour la Russie dans de nombreux domaines.

Changeons d'échelle

7) Quelle est la place de la Russie dans le marché mondial des hydrocarbures ?

Les hydrocarbures russes dans le monde.

	Pétrole	Gaz
Part de la production mondiale	12 %	20 %
Rang mondial	3e	1er
Part des exportations mondiales	15 %	26 %
Rang mondial	2e	1er
6 Part des réserves mondiales	6 %	23 %

Source : *BP statistical Review of World Energy*, juin 2008.

Les hydrocarbures au Moyen-Orient

EUROPE

ASIE

Mer Méditerranée

MOYEN-ORIENT

AFRIQUE

▶ **Pourquoi l'économie mondiale est-elle dépendante de ses exportations ?**

TURQUIE
Dortyol
Banyas
SYRIE
LIBAN
Mer Méditerranée
ISRAËL
JORDANIE
Canal de Suez
ÉGYPTE
IRAK
KOWEIT
Al Ahmadi
Ras Tanura
Yanbu
IRAN
Fao
Kharg
Bahrein
QATAR
Fujaïrah
Umm Saïd
ÉMIRATS ARABES UNIS
Détroit d'Ormuz
Sail el Malhi
SOUDAN
Mer Rouge
ARABIE SAOUDITE
OMAN
YÉMEN
ÉRYTHRÉE
Ras Issa
Ash Shihr
Détroit de Bab el Mandeb
DJIBOUTI
ÉTHIOPIE
SOMALIE
OCÉAN INDIEN

1. Les ressources énergétiques

▨ Gisement d'hydrocarbures

Part des hydrocarbures dans le PIB national (en %)

10 33 50 66

2. Le transport des hydrocarbures

→ Principaux flux pétroliers

— Principaux oléoducs et gazoducs

● Ports d'exportation

3. Les enjeux stratégiques

⭕ Passage maritime stratégique

◎ Tensions politiques

✹ Actes de piraterie

⭐ Base navale des États-Unis

0   500 km

① Le Moyen-Orient, réservoir du Monde en hydrocarbures

---

② Le détroit d'Ormuz, un espace sous tensions

« L'Iran brandit régulièrement la menace de bloquer le détroit d'Ormuz, par lequel transite 40 % de la production mondiale de pétrole. Les Émirats arabes unis ont donc choisi de construire, à grands frais, un port industriel tout neuf, Fujaïrah, et un oléoduc de près de 400 km. Lorsque ce projet pharaonique sera achevé, la menace d'un blocage iranien ne pèsera plus sur les millions de barils émiratis qui transitent, tous les mois, par l'étroit passage qui sépare Oman de l'Iran. Il devrait voir le jour en 2010 et permettra l'exportation de 60 % à 70 % de la production pétrolière d'Abou Dhabi. »

D'après AMARA MAKHOUL, « Éviter le détroit d'Ormuz à tout prix », France 24, 13 mars 2009.

ZOOM
socle commun   **Pour lire une carte**

▶ Je détermine son thème ou ses thèmes.

▶ Je repère sur la carte les différents figurés de la légende.

▶ Je résume en deux ou trois idées essentielles son contenu.

VOCABULAIRE

🐟 **Oléoduc** : conduite de pétrole.

🐟 **Pétrodollars** : argent gagné grâce au pétrole.

3 Le *Sirius Star*, supertanker saoudien

Le *Sirius Star*, le plus gros pétrolier de la compagnie saoudienne Aramco transporte le quart de la production quotidienne de pétrole de l'Arabie Saoudite à destination de l'Europe ou de l'Extrême-Orient. Il a été détourné en 2009 par des pirates somaliens et rendu en échange d'une forte rançon.

4 Comment est utilisé l'argent du pétrole ?

Investissements internes	Investissements à l'étranger
■ Infrastructures de transport (routes, aéroports)	■ Immobilier
■ Grands projets d'urbanisme (villes durables)	■ Prises de participation dans les entreprises
■ Grands projets ludiques ou culturels (musées, parcs d'attraction)	■ Prises de participation dans des organismes financiers
■ Éducation (universités)	■ Achats ou locations de terres agricoles

Activités

1) **Doc. 1 et 3** À l'aide de la fiche Zoom, indiquez quels sont les pays du Moyen-Orient concernés par l'exploitation des hydrocarbures. Montrez pour chacun l'importance de cette ressource. Comment est exporté le pétrole ?

2) **Doc. 1, 2 et 3** Citez les trois passages obligés pour l'exportation des hydrocarbures du Moyen-Orient. Quels en sont les dangers ? Comment les États de la région essaient-ils de résoudre le problème ?

3) **Doc. 5** Quels sont les pays dépendants des hydrocarbures du Moyen-Orient ? Pourquoi ? Montrez que cette dépendance est réciproque.

4) **Doc. 4 et 5** Comment les pays producteurs du Moyen-Orient préparent-ils l'après pétrole ?

5) **Rédigez quelques lignes pour montrer que le Moyen-Orient est le principal fournisseur de pétrole au monde et que ces exportations contribuent à son développement.**

5 La dépendance des grands pays consommateurs

« 80 % de la consommation japonaise et 66 % de celle des autres pays asiatiques (hors la Chine) provient du Moyen-Orient. Même si les États-Unis et l'Europe ont réussi à limiter leur dépendance en diversifiant leurs approvisionnements, leurs importations en provenance du Moyen-Orient représentent encore respectivement 17 % et 24 % de leur consommation. Le rôle du Moyen-Orient dans les approvisionnement mondiaux devrait se renforcer à mesure de la croissance des besoins et du déclin de la production des grands pays consommateurs (baisse de 1,5 % par an aux États-Unis). Cette dépendance est cependant à double sens. Les pays producteurs du Moyen-Orient ont besoin pour se développer des revenus issus des exportations de pétrole et de gaz, revenus qu'ils ont d'ailleurs souvent réinvesti massivement dans les économies occidentales. Ainsi, les pétro-dollars sont souvent utilisés pour la constitution d'un patrimoine immobilier dans les grandes capitales européennes. »

D'après Ludovic Mons,
« Les enjeux de l'énergie »,
Petite encyclopédie Larousse, 2008.

Changeons d'échelle

6) Montrez que le Moyen-Orient est le réservoir en hydrocarbures du monde.

Le Moyen-Orient au cœur des hydrocarbures.

6

	Pétrole	Gaz
Part de la production mondiale	32 %	12 %
Part de la consommation mondiale	8 %	11 %
Part des exportations mondiales	39 %	10 %
Part des réserves mondiales	79 %	41 %

Source : BP statistical Review of World Energy, juin 2008.

Des Hommes énergivores

▶ **De quel type d'énergies sommes-nous dépendants ?**

▶ Synthèse des études de cas

	① RUSSIE	② MOYEN-ORIENT
Ressource principale	Gaz (1er rang mondial)	Pétrole (1er rang mondial)
Réserves en hydrocarbures	23 % des réserves mondiales	61 % des réserves mondiales
Transport de la production	Essentiellement par voie terrestre	Essentiellement par voie maritime
Principaux clients	▪ Union européenne ▪ Asie	▪ Union européenne ▪ Amérique du Nord ▪ Japon ▪ Pays émergents (Chine, Inde…)
Place de la ressource dans l'économie	Très importante	Très importante

▶ Des études de cas au cours

① La Russie

1/ Quelle est la part de la Russie dans l'économie mondiale des hydrocarbures ?

2/ Repérez d'autres grandes régions de production.

➡ Voir cours p. 310

[▶ **voir p. 304-305**]

② Le Moyen-Orient

1/ Quelle est la part du Moyen-Orient dans l'économie mondiale des hydrocarbures ?

2/ Repérez d'autres grandes régions de production.

➡ Voir cours p. 310

[▶ **voir p. 306-307**]

Carte :
- Cercle polaire arctique
- OCÉAN ATLANTIQUE
- Tropique du Cancer
- MEXIQUE
- Équateur
- OCÉAN PACIFIQUE
- VENEZUELA
- Tropique du Capricorne
- 0 — 2 000 km
- Échelle à l'équateur

[▶ voir Atlas p. 314]

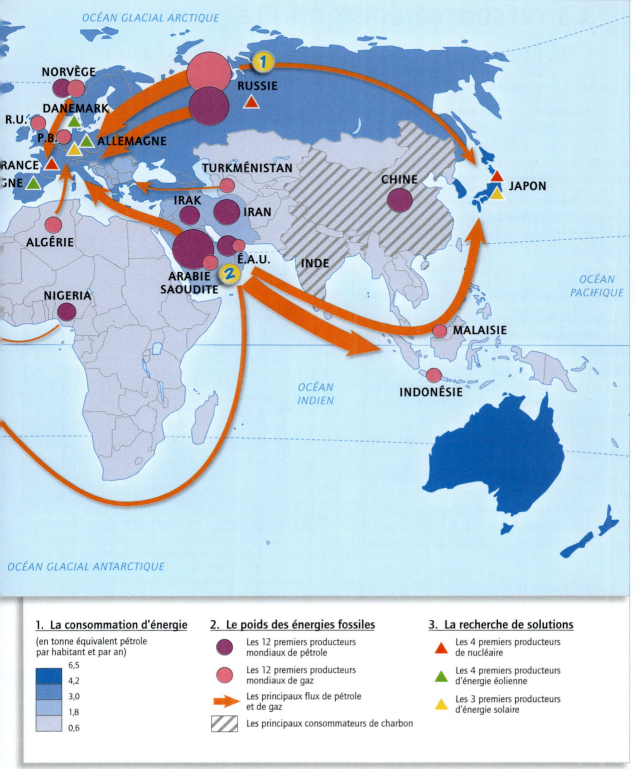

OCÉAN GLACIAL ARCTIQUE

NORVÈGE

RUSSIE

DANEMARK

R.U.

P.B.

ALLEMAGNE

FRANCE

GNE

TURKMÉNISTAN

CHINE

JAPON

IRAK

IRAN

ALGÉRIE

É.A.U.

INDE

ARABIE
SAOUDITE

NIGERIA

OCÉAN
PACIFIQUE

MALAISIE

OCÉAN
INDIEN

INDONÉSIE

OCÉAN GLACIAL ANTARCTIQUE

1. La consommation d'énergie

(en tonne équivalent pétrole
par habitant et par an)

	6,5
	4,2
	3,0
	1,8
	0,6

2. Le poids des énergies fossiles

Les 12 premiers producteurs
mondiaux de pétrole

Les 12 premiers producteurs
mondiaux de gaz

Les principaux flux de pétrole
et de gaz

Les principaux consommateurs de charbon

3. La recherche de solutions

▲ Les 4 premiers producteurs
de nucléaire

▲ Les 4 premiers producteurs
d'énergie éolienne

▲ Les 3 premiers producteurs
d'énergie solaire

■ Quelles sont les régions les plus avancées dans la recherche de solutions au problème énergétique ? Pourquoi ?

La ressource énergétique

A Une consommation toujours plus forte

● La croissance de la population mondiale [doc. 1], la poursuite du développement des pays riches, l'enrichissement progressif de la population des grands pays du Sud (Chine, Inde, Brésil) ont pour effet une **augmentation de la consommation d'énergie** [doc. 5].

● **Cette consommation repose sur l'utilisation massive des énergies fossiles,** en particulier les hydrocarbures, dont les réserves connues s'épuisent peu à peu [doc. 2].

B Les hydrocarbures, enjeu stratégique

● **Le pétrole représente encore aujourd'hui, à lui seul, près de 40 % de l'énergie consommée sur la planète.** Essentiel au bon fonctionnement de l'économie mondiale, son approvisionnement est considéré par les riches pays importateurs du Nord (États-Unis, Japon, pays de l'Union européenne) comme stratégique, d'autant que ressources et réserves restent concentrées au Moyen-Orient, région politiquement instable.

● Le gaz, mieux réparti que le pétrole à la surface de la planète, est source de moins de tensions. Cependant, **certains pays d'Europe restent sous la dépendance énergétique de la Russie,** premier fournisseur mondial, qui cherche à affirmer sa puissance.

C Après les hydrocarbures

● L'épuisement à venir des réserves d'hydrocarbures, qui en augmentent le coût, incitent les principaux pays consommateurs à économiser l'énergie ou à se tourner vers d'autres sources : relance de la production de charbon (qui émet pourtant plus de CO_2), développement des énergies renouvelables [doc. 4] et du nucléaire [doc. 6], agrocarburants [doc. 3].

● **Seuls les pays du Nord ou les pays émergents ont cependant aujourd'hui les moyens techniques et financiers de mener à bien une telle politique.**

---

1 LES CHIFFRES DU DÉVELOPPEMENT DURABLE

La consommation d'énergie augmente de **3 %** par an.

Un Américain consomme **50** fois plus d'énergie qu'un Éthiopien.

2 milliards d'habitants utilisent encore le bois comme combustible.

En milliards de barils de pétrole
Production —— effective
······ prévue
30
20
10
0
1930   1950   1970   1990   2010   2030   2050
Source : Colin Campbell, Association pour l'étude des pics de production de pétrole et de gaz naturel, 2008.

2 La production du pétrole dans le monde

■ Pourquoi le pétrole va-t-il devenir plus rare et plus cher ?

DÉSOLÉ, JE SUIS OCCUPÉ À SAUVER LA PLANÈTE

Bio Ethanol PURE CORN

GO GREEN

3 Les utilisateurs d'agrocarburants selon Chappatte

Les agrocarburants peuvent être fabriqués à partir de colza, de palme, de tournesol, de betterave, de canne à sucre ou de maïs. Ils nécessitent de vastes espaces cultivés.

■ Décrivez les personnages. Quel est le problème soulevé ici ?

VOCABULAIRE

✎ **Dépendance énergétique** : lorsqu'un pays est obligé d'importer l'essentiel de sa consommation énergétique.

✎ **Énergies fossiles** : énergies produites à partir des roches issues de la décomposition des êtres vivants : pétrole, charbon, gaz.

✎ **Énergies renouvelables** : énergies produites à partir de sources naturellement renouvelables comme le soleil, le vent, l'eau, la biomasse.

✎ **Hydrocarbure** : voir p. 305.

✎ **Stratégique** : vital pour l'économie, la défense d'un pays.

4 **Installation de panneaux solaires à Tinginapu (Inde)**

L'énergie produite par des panneaux solaires a crû de près de 40 % de 2003 à 2008 dans le monde. Son coût reste cependant encore élevé.

■ **Quels avantages représente l'énergie solaire pour les pays du Sud ?**

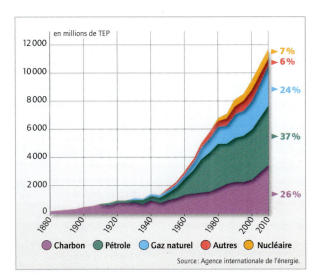

en millions de TEP

→ 7 %
→ 6 %
→ 24 %
→ 37 %
→ 26 %

Charbon ● Pétrole ● Gaz naturel ● Autres ● Nucléaire

Source : Agence internationale de l'énergie.

5 **Évolution de la consommation mondiale par type d'énergie**

■ **Quelle est la part des énergies fossiles dans la consommation mondiale ? Et celle des énergies renouvelables ?**

6 **Le nucléaire en débat**

« Si l'on veut limiter la hausse de la température moyenne à 2 degrés par rapport à la période préindustrielle, alors il faut viser une division par deux des émissions mondiales de gaz à effet de serre d'ici 2050. Pour arriver à ce résultat les solutions ne sont pas nombreuses : il y a d'abord l'efficacité énergétique*, qui jouera sans doute le premier rôle, puis les énergies renouvelables, et enfin le nucléaire. Tout porte à penser qu'un avenir énergétique durable supposera la mise en œuvre de ces options. Le nucléaire ne constitue cependant pas une solution miracle car l'uranium est une ressource non renouvelable. De plus ses dangers sont bien identifiés : irradiation des travailleurs ou des populations voisines en cas de fonctionnement anormal des installations ; accidents entraînant des fuites importantes de matières radioactives ; difficulté de la gestion des déchets à durée de vie longue. »

D'après *Atlas 2010 du monde diplomatique*, Armand Colin, 2009.

* suppose une meilleure utilisation de l'énergie afin d'en consommer moins.

■ **Peut-on considérer que l'énergie nucléaire s'inscrit dans une perspective de développement durable ?**

1 Comparer deux photos

La consommation d'énergie dans le monde

1 Quartier commerçant de Ginza (Tokyo).

2 Intérieur d'une tente de nomade (Mongolie).

① Dans quel pays se trouve Tokyo ? Quel est l'IDH de ce pays ? Quel est l'IDH de la Mongolie ? (voir p. 248)

② Relevez (doc. 1) les éléments témoignant d'une forte consommation énergétique. D'où cette énergie provient-elle ?

③ Sous la tente en revanche, quelle est l'énergie utilisée ? À quoi sert-elle ?

④ Dites dans quelle mesure ces deux photos confirment les données de la carte pp. 308-309.

2 Analyser un tableau

Avantages et inconvénients des différents types d'énergie

	Avantages	Inconvénients
Gaz naturel	Multi-usage, se stocke facilement, coût faible aujourd'hui	Infrastructures coûteuses, pic de production proche, émetteur de CO_2
Charbon	Disponible en grandes quantités	Fort émetteur de CO_2
Nucléaire	Pas d'émissions de CO_2	Faibles réserves d'uranium, dangerosité, durée de vie des déchets, gros investissements
Hydraulique	Puissance importante, faible coût	Coûts environnementaux et sociaux des grands ouvrages
Éolien	Nuisances faibles, coût modéré	Marche par intermittence
Solaire	Bon rendement, production possible au niveau domestique	Marche par intermittence, coûts élevés
Agrocarburants	Se substituent au pétrole	Conflit avec les usages alimentaires de l'agriculture
Bois et biomasse	Se stocke facilement	Risque de déforestation
Géothermie	Énergie constante et puissante	Peu de sites exploitables

① Repérez les énergies fossiles. Quels sont les avantages et les inconvénients des énergies fossiles ?

② Pourquoi les énergies renouvelables ne peuvent-elles pas remplacer les énergies fossiles à court terme ?

③ Quels sont les types d'énergie dont l'utilisation peut faire courir un risque à l'humanité et aller à l'encontre d'un développement durable ? Expliquez.

3 Exploiter des données chiffrées

Comment se répartit notre consommation d'énergie ?

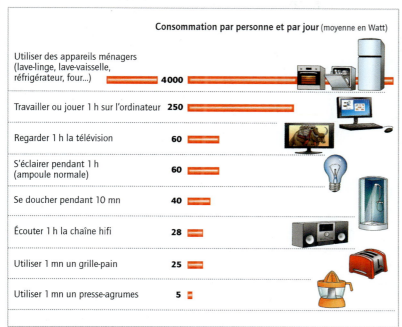

Consommation par personne et par jour (moyenne en Watt)

Utiliser des appareils ménagers (lave-linge, lave-vaisselle, réfrigérateur, four...)	**4000**
Travailler ou jouer 1 h sur l'ordinateur	**250**
Regarder 1 h la télévision	**60**
S'éclairer pendant 1 h (ampoule normale)	**60**
Se doucher pendant 10 mn	**40**
Écouter 1 h la chaîne hifi	**28**
Utiliser 1 mn un grille-pain	**25**
Utiliser 1 mn un presse-agrumes	**5**

La consommation moyenne d'énergie de quelques appareils électriques.
Le Watt est l'une des unités qui permet de mesurer l'énergie consommée ou produite.

① Calculez votre consommation journalière d'énergie électrique en kilowatt par heure (1 000 watt = un kilowatt/heure).

② Calculez ensuite votre consommation pour une année.

③ Un Français consomme chez lui en moyenne chaque année 1 200 kw/h (hors chauffage). Comparez votre consommation estimée avec ce chiffre.

④ Comment pourriez-vous consommer moins d'énergie ? Promenez-vous dans la maison et explorez le bureau, la cuisine et la salle de bain. Relevez pour chaque appareil utilisé au quotidien les gestes utiles à faire pour économiser de l'énergie.

4 B2i Localiser et repérer avec Google Maps

Le détroit d'Ormuz

[Compétences B2i : **3.6 Utiliser un outil de simulation (SIG)**]

① Localisez précisément ce détroit en indiquant les pays frontaliers (utilisez le zoom pour qu'ils apparaissent bien tous).

② En cliquant sur le lien « Wikipédia », recherchez la nature des principaux trafics. Pourquoi peut-on dire que le détroit d'Ormuz est un lieu stratégique ?

③ Recherchez maintenant « Port Zayed » dans le moteur de recherche. Capturez des images des installations qui permettent le stockage et l'exportation de marchandises. Justifiez votre choix.

▲ **http://maps.google.fr**

Atlas

La population mondiale

1 Les six pays qui totalisent plus de la moitié de l'humanité (2008)

	Population (en millions d'habitants)	Part de la population mondiale
Chine	1 336	20 %
Inde	1 186	17 %
États-Unis	309	5 %
Indonésie	234	3 %
Brésil	194	3 %
Pakistan	167	3 %
Total	**3 426**	**51 %**

Source : ONU, 2009.

2 L'évolution de la population mondiale

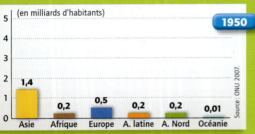

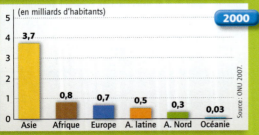

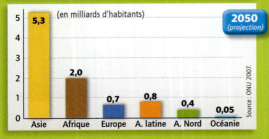

Comment représenter les densités de population ?

Pour représenter la population, le cartographe a deux possibilités :

■ **utiliser des figurés de surface,** qui correspondent à des moyennes nationales. Cela permet de connaître la densité de chaque État, mais pas de comprendre les différences de peuplement en leur sein ;

■ **utiliser des figurés par points,** comme c'est le cas ici. Cette solution présente l'avantage de faire apparaître clairement les différences de densités : on repère plus facilement les vides et les pleins.

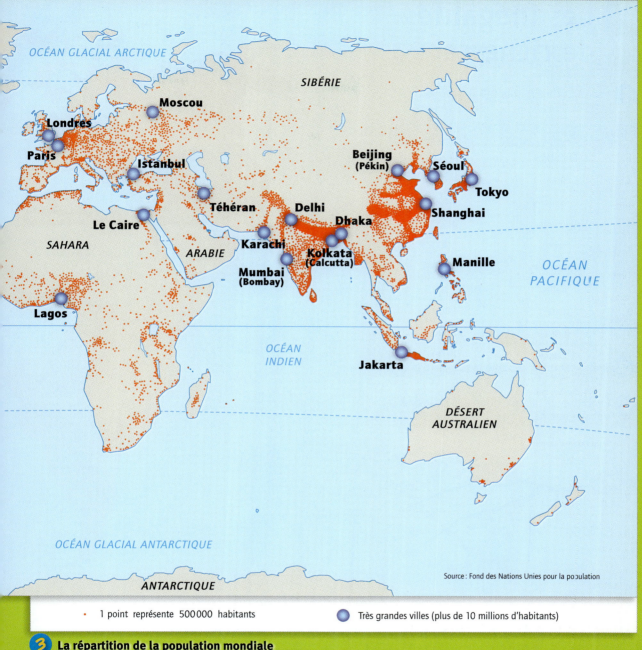

OCÉAN GLACIAL ARCTIQUE

SIBÉRIE

Moscou

Londres

Paris

Istanbul

Beijing
(Pékin)

Séoul

Tokyo

Le Caire

Téhéran

Delhi

Dhaka

Shanghai

SAHARA

ARABIE

Karachi

Kolkata
(Calcutta)

Manille

Mumbai
(Bombay)

OCÉAN
PACIFIQUE

Lagos

OCÉAN
INDIEN

Jakarta

DÉSERT
AUSTRALIEN

OCÉAN GLACIAL ANTARCTIQUE

Source : Fond des Nations Unies pour la population

ANTARCTIQUE

. 1 point représente 500 000 habitants   ● Très grandes villes (plus de 10 millions d'habitants)

3 **La répartition de la population mondiale**

ATLAS

Les inégalités de richesse

1 Les 10 États ayant le PIB le plus fort
(en ppa)

	Pays	PIB (en milliards de dollars)
1	États-Unis	14 200
2	Japon	4 900
3	Chine	4 400
4	Allemagne	3 700
5	France	2 900
6	Royaume-Uni	2 700
7	Italie	2 300
8	Inde	1 700
9	Russie	1 600
10	Espagne	1 600

Source : FMI, 2009.

2 Évolution de la répartition des richesses dans le monde

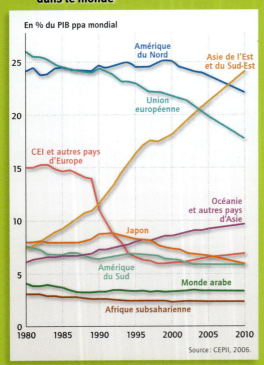

Source : CEPII, 2006.

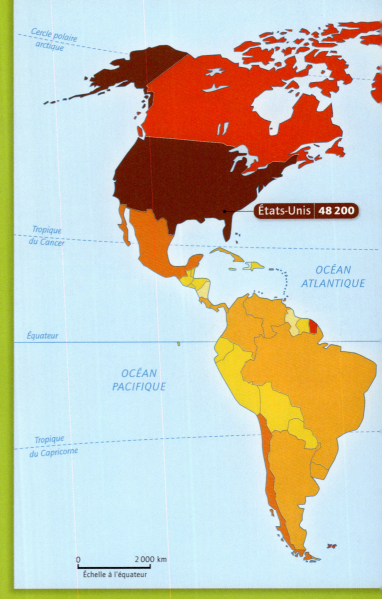

États-Unis 48 200

Comment représenter la richesse ?

■ **Le produit intérieur brut (PIB)** correspond à l'ensemble des richesses produites par un pays au cours d'une année. Son classement donne une idée du poids économique des États.

■ **Le PIB par habitant** est obtenu en divisant le PIB d'un État par le nombre de ses habitants. Il est souvent donné en **PPA (parité de pouvoir d'achat)**, c'est-à-dire en prenant en considération les différences de pouvoir d'achat de chaque monnaie, ce qui permet de tenir compte du coût de la vie.

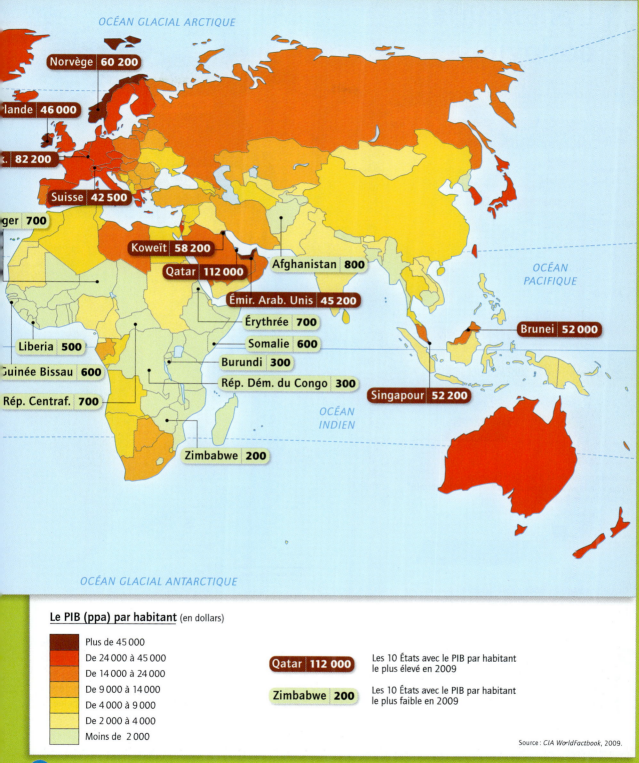

Le Produit Intérieur Brut par habitant dans le monde (en parité de pouvoir d'achat)

Le PIB (ppa) par habitant (en dollars)

- Plus de 45 000
- De 24 000 à 45 000
- De 14 000 à 24 000
- De 9 000 à 14 000
- De 4 000 à 9 000
- De 2 000 à 4 000
- Moins de 2 000

Qatar | 112 000 — Les 10 États avec le PIB par habitant le plus élevé en 2009

Zimbabwe | 200 — Les 10 États avec le PIB par habitant le plus faible en 2009

Source : *CIA WorldFactbook*, 2009.

L'empreinte écologique

1 L'empreinte écologique par continent

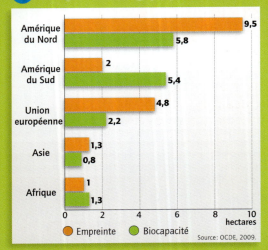

Amérique du Nord : Empreinte 9,5 — Biocapacité 5,8
Amérique du Sud : Empreinte 2 — Biocapacité 5,4
Union européenne : Empreinte 4,8 — Biocapacité 2,2
Asie : Empreinte 1,3 — Biocapacité 0,8
Afrique : Empreinte 1 — Biocapacité 1,3

● Empreinte ● Biocapacité

hectares

Source : OCDE, 2009.

2 Comprendre la biocapacité

La biocapacité de la planète représente l'équivalent en superficie de 1,5 hectare par habitant (3 terrains de football).

Un terrien avec son mode de vie actuelle a besoin en moyenne de 2,5 hectares (5 terrains de football). La consommation humaine a donc dépassé la capacité biologique de la Terre.

Si tous les habitants de la planète avaient le même mode de vie qu'un habitant de pays développé, il faudrait 7,5 hectares par habitant (15 terrains de football). Ceci équivaut à 5 planètes Terre !

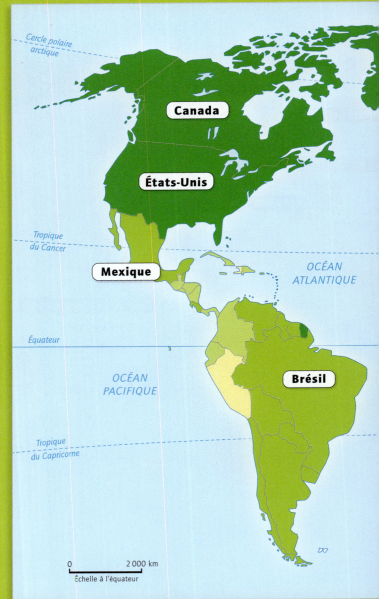

Cercle polaire arctique

Canada

États-Unis

Tropique du Cancer

Mexique

OCÉAN ATLANTIQUE

Équateur

OCÉAN PACIFIQUE

Brésil

Tropique du Capricorne

0   2 000 km

Échelle à l'équateur

Comment représenter l'impact des activités humaines ?

■ **Empreinte écologique :** en partant d'une liste de 200 produits d'usage courant, on a calculé l'espace nécessaire à leur production, leur utilisation, leur destruction et leur recyclage. L'empreinte écologique représente donc le nombre d'hectares nécessaires pour satisfaire nos besoins (de consommation, de logement, de chauffage, de transport).

■ L'empreinte est cependant un outil critiqué parce que les pays qui ont l'empreinte la plus faible sont ceux où les gens vivent le plus pauvrement, sans accès à la société de consommation.

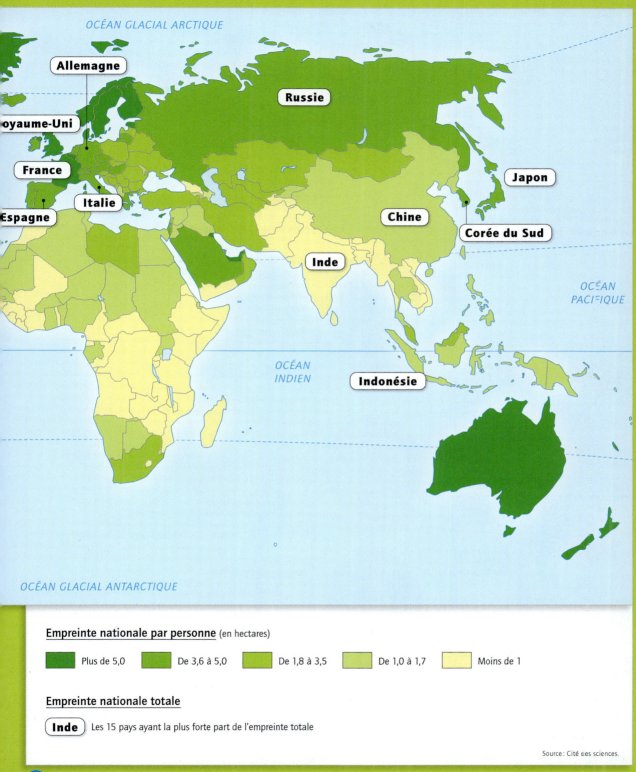

OCÉAN GLACIAL ARCTIQUE

Allemagne

Russie

Royaume-Uni

France

Japon

Italie

Chine

Espagne

Corée du Sud

Inde

OCÉAN
PACIFIQUE

OCÉAN
INDIEN

Indonésie

OCÉAN GLACIAL ANTARCTIQUE

Empreinte nationale par personne (en hectares)

Plus de 5,0   De 3,6 à 5,0   De 1,8 à 3,5   De 1,0 à 1,7   Moins de 1

Empreinte nationale totale

Inde   Les 15 pays ayant la plus forte part de l'empreinte totale

Source : Cité des sciences.

3 **La répartition de la population mondiale**

Généalogie des rois de France

987

1223

1314

1547

1715

Domaine royal

Limites du royaume de France

0   200 km

Les Capétiens

Hugues Capet
[v. 940 • 996]
👑 987-996

Robert II *le Pieux* [972 • 1031] 👑 996-1031

Henri Iᵉʳ [1008 • 1060] 👑 1031-1060

Philippe Iᵉʳ [1052 • 1108] 👑 1060-1108

Louis VI *le Gros* [1081 • 1137] 👑 1108-1137

Louis VII *le Jeune* [1120 • 1180] 👑 1137-1180

Philippe II *Auguste*
[v. 940 • 996]
👑 1180-1223

Louis VIII *le Lion* [1187 • 1226] 👑 1223-1226

Régence [1226-1235]
Blanche de Castille, *épouse de Louis VIII*

Louis IX *Saint-Louis*
[1214 • 1270]
👑 1226-1270

Philippe III *le Hardi* [1245 • 1285] 👑 1270-1285

Philippe IV *le Bel*
[1268 • 1314]
👑 1285-1314

Louis X *le Hutin* [1289 • 1316] 👑 1314-1316

Régence [1316]
Philippe de Poitiers, *frère cadet de Louis X et futur Philippe V de France*

Jean Iᵉʳ *le Posthume* [15 nov. • 19 nov. 1316] 👑 1316

Philippe V *le Long* [1293 • 1322] 👑 1316-1322

Charles IV *le Bel* [1294 • 1328] 👑 1322-1328

Les Valois

Philippe VI [1296•1350] 👑 1328-1350

Jean II *le Bon* [1319•1364] 👑 1350-1364

Charles V *le Sage* [1338•1380] 👑 1364-1380

Charles VI *le Fol* [1368•1422] 👑 1380-1422

Charles VII
le Bien Servi
[1403•1461]
👑 1422-1461

Louis XI *le Prudent* [1423•1483] 👑 1461-1483

Régence [1483-1491]
Anne de France, *fille de Louis XI*

Charles VIII *l'Affable* [1470•1498] 👑 1483-1498

Louis XII *le Père du Peuple* [1462•1515] 👑 1498-1515

Régence [2 fois, pendant les campagnes italiennes de François 1er]
Louise de Savoie, *épouse de Charles de Valois, comte d'Angoulême, et mère de François Ier*

François Ier
[1494•1547]
👑 1515-1547

Louis II [1519•1559] 👑 1547-1559

Henri II [1544•1560] 👑 1559-1560

Régence [1560-1564]
Catherine de Médicis, *épouse de Henri II*

Charles IX [1550•1574] 👑 1560-1574

Henri III [1551•1589] 👑 1574-1589

Les Bourbons

Henri IV *le Grand*
[1553•1610]
👑 1589-1610

Régence [1610-1617]
Marie de Médicis, *épouse de Henri ⁴V*

Louis XIII *le Juste* [1601•1643]
👑 1610-1643

Régence [1643-1651]
Anne d'Autriche, *épouse de Louis XIII*

Louis XIV
le Roi Soleil
[1638•1715]
👑 1643-1715

Régence [1715-1723]
Philippe d'Orléans, *neveu de Louis XIV*

Louis XV *le Bien-Aimé* [1710•1774]
👑 1715-1774

Louis XVI
[1754•1793]
👑 1774-1792

LEXIQUE

A

Abbaye : monastère important dirigé par un abbé ou une abbesse.

Académie : assemblée de savants, de gens de lettres ou d'artistes.

Accès à l'eau : pour une personne, c'est disposer de 25 litres d'eau potable par jour à moins de 200 m de son habitation.

Adoubement : cérémonie au cours de laquelle un homme devient chevalier. ▶

Afrique subsaharienne : partie de l'Afrique située au Sud du Sahara, appelée « Soudan » par les Arabes. ▶

Agriculture commerciale : forme d'agriculture destinée à la vente.

Agriculture sur brûlis : cultiver la terre après l'avoir améliorée en brûlant les herbes et les broussailles.

Agriculture vivrière : forme d'agriculture destinée à la consommation locale.

Alimentation : tout ce qui se rapporte à la nourriture, permettant à un organisme vivant de fonctionner.

Allah : mot arabe signifiant Dieu.

Alphabétisation : apprendre à lire et à écrire à une personne ou à une population.

Aménagement hydraulique : aménagement pour capter, stocker et transporter l'eau. [voir Assainissement]

Amérindiens : Indiens d'Amérique, les premiers habitants de ce continent.

Analphabétisme : être dans l'incapacité complète de lire et d'écrire, souvent par manque d'apprentissage.

Animisme : croyances qui attribuent aux animaux, aux choses et aux éléments naturels une personnalité comparable à celle des humains.

Aquaculture : élevage ou culture de poissons ou de crustacés dans des bassins.

Arabesque : ornement peint ou sculpté formé de végétaux stylisés.

Arc : construction de forme courbe dont les deux extrémités s'appuient sur des points solides.

Art baroque : art des XVIIe et XVIIIe siècles caractérisé par le mouvement, l'émotion et la théâtralisation.

Art classique : art des XVIIe et XVIIIe siècles caractérisé par l'ordre, l'équilibre et la rigueur.

Assainissement : ensemble des moyens de collecte, de transport et d'épuration des eaux usées.

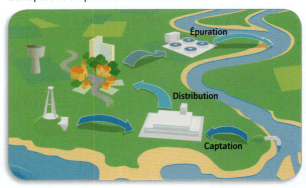

Astrolabe : instrument de navigation permettant de déterminer la latitude d'un lieu.

Atmosphère : couche de gaz qui entoure la Terre, mais aussi air que l'on respire.

Avifaune : ensemble des oiseaux.

B

Baillis et sénéchaux : représentants du roi dans les provinces appartenant au domaine royal.

Banalités : taxes payées au seigneur pour l'utilisation obligatoire de son four, de son moulin ou de son pressoir.

▶ **Bas-relief** : sculpture se détachant faiblement sur une façade, une paroi.

Berbères : peuple d'Afrique du Nord, islamisé (non arabe).

Bidonville : quartier dont les maisons ont été construites sans autorisation, avec des matériaux de récupération.

Biocapacité : espace terrestre disponible par habitant. [voir Atlas p. 318]

Biologique (bio) : label garantissant des produits alimentaires cultivés sans engrais ou pesticides chimiques.

Biomasse : ensemble des énergies provenant de la dégradation de la matière organique (le bois, le biogaz, les biocarburants).

Bourgeois : habitant d'une ville qui a obtenu des libertés urbaines de la part d'un seigneur.

Boussole : instrument indiquant le Nord.

Calife : chef politique et religieux des musulmans, successeur de Mohammed.

Calligraphie : écriture raffinée et élégante.

Caravane : groupe de marchands réunis pour traverser un désert ou une région peu sûre.

Caravelle : bateau à voile, maniable et rapide, muni de plusieurs mâts, de voiles triangulaires et carrées et d'un gouvernail à l'arrière.

Catastrophe naturelle : événement brutal d'origine naturelle engendrant destruction et souvent mort.

Cathédrale : église principale d'un diocèse où l'évêque a son siège.

Censure : contrôle des publications par une autorité politique ou religieuse.

Centrale éolienne : centrale qui produit de l'électricité avec la force du vent.

Centrale thermique : centrale qui produit de l'énergie en faisant brûler un combustible.

Centralisation : toutes les décisions sont prises en un même lieu avant d'être appliquées dans les provinces.

Céramiques : objet en terre cuite.

Chalut : filet que l'on traîne sur le fond de la mer. A donné son nom à un navire de pêche.

Chalutier : navire de pêche qui doit son nom au filet qu'il utilise, le chalut.

Clergé régulier : ensemble des clercs vivant selon une règle monastique, à l'écart des fidèles (moines, moniales)

Clergé séculier : ensemble des clercs vivant au contact des fidèles (prêtres, curés).

CO2 (dioxyde de carbone ou gaz carbonique) : il représente 75 % des gaz à effet de serre émis par les activités humaines.

Colonie : territoire conquis et exploité par une puissance étrangère.

Communauté urbaine : regroupement de plusieurs communes pour gérer certaines questions (transports, déchets...).

Comptoir : installation commerciale d'un État dans un pays étranger. Le comptoir est souvent un port.

Concile : assemblée d'évêques réunis par le pape pour discuter de questions religieuses.

Conflit d'usage : conflit qui oppose les différents usagers d'une même ressource naturelle.

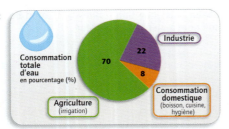

Conquistador : mot espagnol désignant un conquérant de l'Amérique centrale et du Sud.

Conservatoire du littoral : établissement public chargé de protéger les espaces naturels littoraux français.

Contraception : ensemble des méthodes employées pour empêcher de façon temporaire toute grossesse.

Coran : « récitation » en arabe, c'est le texte sacré considéré comme la parole divine transmise à Mohammed.

sens de lecture

Corporation : association de personnes d'un même métier.

Corvée : travail gratuit et obligatoire effectué par les paysans pour le seigneur.

Cour : ensemble des personnes vivant auprès du roi. On appelle ses membres des « courtisans ».

Croisade : expédition militaire en Orient entreprise par des chrétiens au nom de la religion catholique.

Croisé : personne participant à une croisade, reconnaissable grâce à une croix cousue sur ses vêtements.

Croissance démographique : évolution de la population dans le temps.

Cyclone : très forte dépression qui s'accompagne de vents violents et de pluies torrentielles.

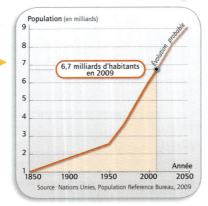

Dauphin : héritier du trône. C'est en général le fils aîné du roi.

Déforestation : action de détruire une forêt.

Delta : plaine littorale construite par un cours d'eau à son embouchure, en forme de triangle.

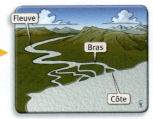

Dépendance énergétique : lorsqu'un pays est obligé d'importer l'essentiel de sa consommation énergétique.

Développement : processus contribuant, grâce à un enrichissement général de l'humanité, à améliorer le bien-être des individus.

Développement durable : mode de développement qui vise à produire des richesses, en veillant à réduire les inégalités, sans pour autant dégrader l'environnement.

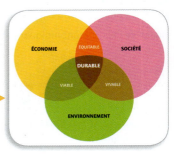

Dîme : impôt en nature prélevé par l'Église.

Diocèse : territoire soumis à l'autorité religieuse d'un évêque.

Discrimination sexuelle : inégalités de traitement entre les filles et les garçons.

Dispensaire : établissement médical où l'on dispense des soins médicaux peu chers ou gratuits.

Dogme : ensemble de croyances religieuses considérées comme des vérités incontestables par les autorités religieuses.

Domaine royal : partie du royaume qui appartient en propre au roi.

Drap : au Moyen Âge, on appelle « drap » un tissu de laine utilisé pour la fabrication des vêtements.

Écoquartier : quartier d'une ville construit pour respecter l'environnement et consommant peu d'énergie.

Écrivain public : personne dont le métier est de lire et écrire pour les analphabètes.

Édit : une décision royale sur un problème précis.

Effet de serre : couche de gaz située en altitude, qui comme la vitre d'une serre, piège les rayons du soleil et les transforme en chaleur. ▶

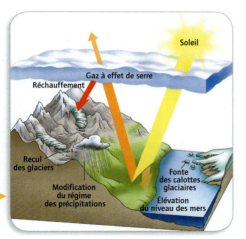

Église anglicane : Église protestante d'Angleterre.

Église réformée : nom donné à l'Église née de la Réforme de Calvin (protestantisme).

Émir : gouverneur de province dans l'empire musulman.

Empreinte écologique : indicateur conçu à la fin du XXe siècle pour estimer le coût que nos modes de vie représentent pour la planète. En partant d'une liste de 200 produits d'usage courant, on a calculé l'espace nécessaire à leur production, leur utilisation, leur destruction et leur recyclage. L'empreinte écologique représente donc le nombre d'hectares nécessaires pour satisfaire nos besoins (de consommation, de logement, de chauffage, de transport). [voir Atlas p. 318]

Énergie : force utilisée par les Hommes pour se chauffer, se déplacer, communiquer ou aménager leur environnement.

Énergies fossiles : énergies produites à partir des roches issues de la décomposition des êtres vivants (pétrole, charbon, gaz).

Énergies renouvelables : énergies produites à partir de sources naturellement renouvelables comme le Soleil, le vent, l'eau, la biomasse. ▶

Enluminure : lettre décorée ou image peinte ornant un manuscrit du Moyen Âge.

Environnement : milieu dans lequel vivent les sociétés humaines et avec lequel elles entretiennent des relations étroites.

Éolien : qui se rapporte au vent.

Érosion des sols : dégradation des sols sous l'impact en particulier de l'utilisation agricole des terres par l'Homme.

Espérance de vie : durée moyenne de vie d'une personne qui vient de naître.

Étiquette : ensemble des règles (gestes, paroles) qu'il faut respecter à la Cour.

Évangéliser : convertir à la religion chrétienne.

Excommunication : exclusion de l'Église.

Exode rural : déplacement des populations des zones rurales vers les zones urbaines.

Exploitation durable des ressources : exploitation qui ne met pas en péril l'existence des ressources.

Famine : manque total de nourriture pouvant provoquer la mort.

FAO : organisation de l'ONU chargée des questions agricoles et alimentaires.

Faubourg : quartier de la ville à l'extérieur de son enceinte.

Féodalité : au Moyen Âge, organisation de la société fondée sur les relations entre suzerains et vassaux.

Le roi

Seigneur de ...

Vassal de ...

Grands Seigneurs (ducs, comtes)

Petits Seigneurs, châtelains

Simples chevaliers, petits vassaux

Fief : terre accordée par un suzerain à un vassal.

Foire : au Moyen Âge, grand marché qui se tient sur une longue durée et attire des marchands venus de loin.

Forêts : surface de plus de 0,5 hectare composée d'arbres ayant plus de 5 ans.

Fresque : peinture à l'eau sur un enduit frais.

Front pionnier : mise en valeur et peuplement de nouveaux espaces, souvent boisés.

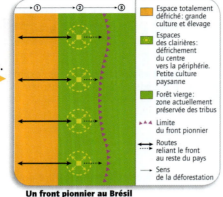

① ② ③

Espace totalement défriché : grande culture et élevage

Espaces des clairières : défrichement du centre vers la périphérie. Petite culture paysanne

Forêt vierge : zone actuellement préservée des tribus

▲▲▲ Limite du front pionnier

Routes reliant le front au reste du pays

Sens de la déforestation

Un front pionnier au Brésil

G

Gaz à effet de serre (GES) : gaz qui, lorsqu'ils sont en trop grande quantité, contribuent au réchauffement climatique [voir effet de serre].

Gazoduc : tube permettant de transporter du gaz.

Géothermie : énergie tirée de la chaleur de la Terre.

Griot : conteur, il transmet oralement et en musique l'histoire d'un peuple, ses croyances et ses légendes, de génération en génération.

Guerres de religion : guerres civiles opposant catholiques et protestants.

H

Hadiths : ensemble des paroles et des actes attribués à Mohammed.

Halieutique : qui concerne la pêche.

Héliocentrisme : description du système solaire qui fait du Soleil l'astre autour duquel tournent les planètes (contraire : géocentrisme).

Hérésies : idées religieuses jugées contraires au dogme par l'Église catholique.

Soleil

Lune

Terre

L'univers de Copernic XVIᵉ siècle

Hommage : cérémonie au cours de laquelle un vassal s'engage à servir un autre seigneur, le suzerain.

Huguenots : nom donné aux protestants en France au XVIᵉ siècle.

Humanisme : aux XVᵉ et XVIᵉ siècles, courant de pensée qui influence savants et écrivains, plaçant l'Homme au centre de leur réflexion.

Hydrocarbures : pétrole et gaz naturel.

I

IDH (indice de développement humain) : créé en 1990, il mesure le développement d'un pays en établissant une moyenne entre 4 indicateurs (espérance de vie, taux d'alphabétisme, taux de scolarisation, revenu par habitant).

Illettrisme : personne ne sachant ni lire ni écrire, bien que l'ayant appris.

Imam : « celui qui guide » en arabe ; il dirige la prière à la mosquée.

Imprimerie : ensemble des techniques permettant la reproduction d'un texte par l'impression de caractères.

Incinérable : qui peut être brûlé.

Indes : au Moyen Âge, terme utilisé pour désigner les territoires de l'Asie riverains de l'océan Indien.

Indice de GINI : mesure l'inégalité des revenus au sein d'une société. Plus le chiffre est proche de 100, plus les inégalités sont grandes. 0 = égalité complète ; 100 = inégalité extrême.

Indulgence : dans l'Église catholique, pardon des péchés accordé en échange d'une somme d'argent.

Infrastructures de santé : ensemble de l'organisation permettant de dispenser des soins.

Inquisition : tribunal spécial de l'Église qui condamne les hérétiques.

Insécurité alimentaire : ne pas avoir accès à une quantité suffisante d'aliments.

Intendant : représentant du roi dans les provinces du royaume ayant des pouvoirs de police, de justice et de finances.

Intensité : l'intensité mesure les effets et les dommages d'un séisme en un lieu donné.

Irrigation : action d'apporter de l'eau en plus de la pluie aux cultures.

Islam : avec un « I » majuscule, l'espace délimité par les conquêtes des VIIe-VIIIe siècles où se développe la civilisation musulmane.

islam : avec un « i » minuscule, ensemble des croyances et des pratiques de la religion musulmane. En arabe, le terme désigne la reconnaissance du fidèle envers Dieu.

Jésuites : membres de la Compagnie de Jésus, ordre religieux fondé en 1537 par Ignace de Loyola.

Jeûne du Ramadan : se priver volontairement de nourriture du lever au coucher du soleil pendant un mois.

Label Rouge : logo garantissant la qualité supérieure d'un produit.

L'Hégire : départ de Mohammed de La Mecque pour Yathrib (Médine) en 622. C'est le début de l'ère musulmane.

Ligue catholique : association de catholiques français violemment hostiles aux protestants. Elle est aussi appelée « Sainte-Ligue ».

Mangrove : forêt littorale située à cheval entre la terre ferme et la zone des marées se développant surtout en région tropicale.

Manuscrit : ouvrage écrit à la main.

Marémotrice : qui utilise l'énergie des marées.

Mécène : personne qui protège et soutient les artistes en leur commandant des œuvres et en les finançant.

Meneau : un montant fixe en bois, en pierre ou en fer qui divise une fenêtre en compartiment.

Minaret : tour de la mosquée du haut de laquelle le muezzin appelle à la prière. [voir Mosquée]

Monarchie absolue de droit divin : monarchie dans laquelle le roi exerce un pouvoir total et sans partage dont il croit qu'il lui a été confié par Dieu.

Moratoire : suspension volontaire d'une action.

Mortalité maternelle : nombre de femmes décédant lors de la naissance de leur enfant.

Mosaïque : assemblage décoratif de fragments multicolores (cubes de pierres précieuses, d'émail, de verre, de bois…) sur un fond solide.

Mosquée : lieu du culte musulman.

Musulman : croyant de l'islam.

Nappe d'eau fossile : nappe d'eau qui ne se reconstitue pas.

Nappe phréatique : nappe d'eau souterraine.

Négrier : personne se livrant à la traite des Noirs.

Noblesse : ensemble des seigneurs laïcs et des chevaliers qui ont le sentiment de constituer un groupe à part et dominant dans la société.

Normes antisismiques : règles de construction à appliquer aux bâtiments pour qu'ils résistent le mieux possible aux séismes.

Off shore : activité se déroulant en mer mais ne relevant pas de la pêche et du transport maritime (ex. : extraction pétrolière).

Oléoduc : conduite de pétrole.

Ordonnance : décision du roi s'appliquant à tout le royaume.

Ordre monastique : groupe de moines ou de moniales obéissant à une même règle de vie.

Orfèvrerie : travail des métaux précieux, or ou argent, pour fabriquer des objets de décoration, de culte ou de service de table.

Organisme génétiquement modifié (OGM) : plante ou animal modifié par l'introduction de gènes issus d'autres organismes et résistant au gel, aux parasites...

Pandémie : maladie qui se diffuse à l'échelle mondiale.

Parchemin : une peau fine d'animal (mouton, agneau, chèvre, veau), préparée spécialement pour pouvoir y écrire dessus.

Parlement (au Moyen Âge) : cour de justice supérieure qui juge en appel. Elle est aussi chargée d'inscrire dans un registre les décisions du roi. Elle peut refuser l'enregistrement ou demander au roi de modifier sa décision.

Paroisse : territoire soumis à l'autorité religieuse d'un prêtre, ou curé.

Parterre : partie d'un jardin aménagé de compartiments ornés de plantes, d'herbes et d'arbustes.

Pasteur : ministre du culte protestant, équivalent au prêtre catholique.

Pauvreté : état d'une personne qui est privée des ressources nécessaires pour vivre décemment dans son environnement.

Pauvreté extrême : personne n'étant pas en mesure de satisfaire ses besoins vitaux de base (manger, s'héberger, se soigner) ou vivant avec moins de 1,25 dollar par jour.

PDU (plan de déplacement urbain) : document obligatoire pour les communes de plus de 100 000 habitants. Le PDU définit les différents modes de circulation des personnes et des marchandises, ainsi que les espaces de stationnement.

Pêche : activité visant à attraper du poisson, de manière artisanale ou industrielle.

Peinture à l'huile : technique qui consiste à broyer des poudres minérales de couleur et à les mélanger avec de l'huile de lin ; elle donne plus d'éclat aux couleurs.

Peinture *a tempera* : peinture constituée d'un mélange de matière colorante (pigments en poudre), d'eau et de jaune d'œuf, qui sert de liant.

Pèlerinage : voyage effectué vers un lieu saint pour y prier.

Pénurie alimentaire : manque de nourriture plus ou moins long.

Permafrost : sol gelé en permanence.

Perspective : technique qui consiste à créer l'illusion de la profondeur sur la surface plane d'un tableau. ▶

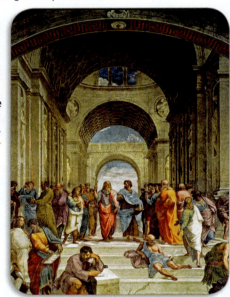

Pétrodollars : argent gagné grâce au pétrole.

Photovoltaïque : qui produit de l'électricité à partir de la lumière.

PIB/habitant : richesse produite par un pays divisée par le nombre d'habitants.

Point de fuite : un point imaginaire vers lequel convergent des droites parallèles sur un dessin en perspective.

Politique de prévention : politique visant à prévenir à l'avance d'un danger les populations.

Polychrome : de plusieurs couleurs.

Précolombien : qui a précédé l'arrivée de Christophe Colomb en Amérique.

Prédication : action de prêcher, d'enseigner une religion.

Prélèvement : eau captée artificiellement dans les cours d'eaux et des nappes phréatiques.

Production durable : produit qui peut être maintenu indéfiniment sans perturber l'écosystème.

Protocole de Kyoto : accord sur le climat signé en 1997, qui prévoit la réduction de 5,2 % de gaz à effet de serre, sur la période 2008-2012, par rapport à 1990.

Quartier fermé : espace sécurisé (grillages, gardiens...) où résident des populations aisées.

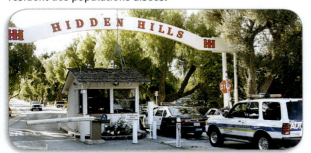

Quotas de pêche : limitation du nombre de capture de poissons à une quantité fixée chaque année pour chaque État.

Raz de marée : vague géante [voir Tsunami].

Razzia : attaque rapide contre un territoire pour le piller ou capturer ses habitants.

Reconquista : mot espagnol signifiant la reconquête de l'Espagne musulmane par les chrétiens.

Recyclable : produit dont certains composants peuvent être réutilisés.

Redevances : ensemble des taxes et des impôts payés par les paysans au seigneur.

Réforme protestante : mouvement de critique de l'Église qui débouche sur la création de nouvelles Églises chrétiennes au XVIe siècle.

Régence : période au cours de laquelle une personne gouverne le royaume en attendant que le roi devienne majeur.

Règle monastique : texte fixant la manière de vivre des moines ou des moniales.

Relique : morceau du corps d'un saint (ou d'une sainte) ou un objet lui ayant appartenu.

Reliquaire : récipient contenant des reliques, de formes variées.

Rendement : production par hectare (10 000 m²) de terre agricole.

Renaissance : mouvement artistique né à la fin du Moyen Âge et actif jusqu'à la fin du XVIe siècle, utilisant des idées et des formes inspirées de l'Antiquité pour créer un art nouveau en rupture avec celui du Moyen Âge.

Réserve : terres que le seigneur garde pour lui-même, qu'il fait cultiver par des paysans salariés et d'autres soumis à la corvée.

Ressource : richesse naturelle d'un territoire que l'Homme peut exploiter.

Ressources énergétiques : richesses d'un territoire fournies par le sous-sol ou par la nature en général que les Hommes peuvent exploiter en les transformant en énergie.

Ressources océaniques : richesses tirées de ou liées à l'océan (pêche, énergie, loisirs, transports...).

Retable : tableau peint et décoré que l'on place verticalement derrière un autel dans une église.

Révocation : annulation d'une décision.

Rickshaw : tricycle à propulsion humaine servant au transport de personnes ou de marchandises.

Risque naturel : danger plus ou moins prévisible qu'un phénomène naturel (aléa) fait courir à une population.

Rosace : grande ouverture de forme circulaire ornée de vitraux.

Roselière : espace végétal constitué essentiellement de roseaux.

Sacre : cérémonie religieuse qui donne à un souverain un caractère divin.

Saint : personne qui a reçu ce titre par décision du pape (canonisation) parce qu'elle a mené une vie exemplaire ou est morte pour sa foi.

Salinisation : concentration excessive de sels minéraux contribuant à rendre la terre stérile.

Salut : vie éternelle au paradis.

Sansouïre : terrain recouvert d'une végétation clairsemée supportant une forte teneur en sel.

Santé : état de bien-être physique, mental et social, et non pas seulement absence de maladie ou d'infirmité.

Scolarisation : fait d'aller à l'école.

Sécheresse : période de quelques mois ou années au cours de laquelle les précipitations sont très inférieures à la moyenne.

Ségrégation spatiale : processus de regroupement de personnes de même richesse ou origine dans le même espace.

Seigneurie : territoire sur lequel le seigneur exerce son pouvoir.

Séisme : tremblement de terre.

Serf : paysan non libre, qui appartient à un seigneur.

Séropositif : se dit d'une personne contaminée par le virus du Sida, porteur du virus, mais qui n'a pas encore développé les symptômes.

Sida : maladie transmissible par les rapports sexuels, le sang ou le lait maternel. Elle se caractérise par la diminution des moyens de défense de l'organisme, ce qui rend vulnérable à de nombreuses maladies.

Sirâ : ensemble des récits sur la vie du prophète.

***Slum* (bidonville)** : quartier dont les maisons ont été construites sans autorisation, avec des matériaux de récupération.

Smog : nuage de pollution provoqué par des gaz d'échappement et des rejets industriels.

Souk : marché couvert regroupant artisans et commerçants dans une ville musulmane.

Sous-alimentation : nourriture insuffisante en quantité, ce qui rend l'organisme fragile face aux maladies.

Stratégique : vital pour l'économie, la défense d'un pays.

Stress hydrique : manque d'eau (à l'échelle du pays, moins de 1 700 m³ par habitant).

Stuc : enduit fait d'un mélange de chaux, de plâtre et de poudre de marbre.

Surpêche : pêche excessive conduisant à un épuisement rapide des stocks de poisson.

Suzerain : seigneur ayant des vassaux.

Taille royale : impôt sur la richesse payé au roi chaque année par ceux qui ne sont ni clercs ni nobles.

Talibans : Afghans défendant un islam radical. Au pouvoir de 1996 à 2001, ils sont encore très actifs dans certaines régions.

Taux de fécondité : nombre d'enfants par femme en âge d'avoir des enfants.

Taux de mortalité : nombre moyen de décès pour 1 000 habitants.

Taux de mortalité infantile : nombre d'enfants décédés avant l'âge de 1 an, pour 1 000 enfants.

Temple : lieu de culte des protestants.

Tenures : terres que le seigneur loue aux paysans en échanges de redevances et de corvées.

Terre sainte : nom donné par les chrétiens à la Palestine où vécut Jésus.

Tournoi : jeu guerrier dans lequel s'affrontent des chevaliers.

Traite : commerce et transport des esclaves noirs africains.

Trithérapie : traitement médical qui ralentit la progression du virus du Sida dans l'organisme.

Tsunami : mot japonais désignant un raz de marée provoqué par un séisme ou une éruption volcanique.

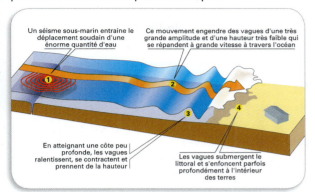

Un séisme sous-marin entraine le déplacement soudain d'une énorme quantité d'eau

Ce mouvement engendre des vagues d'une très grande amplitude et d'une hauteur très faible qui se répandent à grande vitesse à travers l'océan

En atteignant une côte peu profonde, les vagues ralentissent, se contractent et prennent de la hauteur

Les vagues submergent le littoral et s'enfoncent parfois profondément à l'intérieur des terres

Tympan : espace décoré de sculptures remplissant une voûte (en plein cintre ou en arc brisé) d'un portail d'église.

Universités : assemblée des maîtres et des étudiants.

Valorisation : fait de redonner de la valeur, ou de réutiliser un produit.

Vassal : seigneur qui a prêté hommage à un suzerain [voir Féodalité].

Verrière : grande ouverture ornée de vitraux.

Vilain : paysan libre.

Villa miseria : nom donné aux bidonvilles à Buenos Aires. Il en existe 45 en 2009 dans lesquelles vivent près de 250 000 personnes.

Vitrail : panneau de morceaux de verre colorés et assemblés pour former une décoration.

Vizir : ministre d'un calife.

Vulnérable : qui peut être facilement atteint.

Densité des constructions de médiocre qualité

État défaillant, voire corrompu

RÉGION VULNÉRABLE

Concentration de populations dans les zones à risque

Populations aux faibles ressources (pas de moyens de transport ou de communication)

Absence de système d'alerte

ZEE (Zone économique exclusive) : secteur maritime pouvant s'étendre jusqu'à 200 miles (environ 370 km), sur lequel un État côtier exerce sa souveraineté (pêche exclusive notamment).

Références complètes de certains extraits de textes cités dans le manuel.

Doc. 1 et 4 p. 30 et doc. 1 p. 32 : ces extraits sont tirés de la collection Points Histoire des éditions du Seuil.

Doc. 1 p. 44 : *Recueil des actes de Philippe Auguste, roi de France, Tome 2 Années du règne XVI à XXVII (1er nov. 1194 – 31 oct. 1206)*, publié sous la dir. de Clovis Brunel par Henri-François Delaborde, Charles Petit-Dutaillis et Jacques Monicat, Imprimerie nationale, 1943.

Doc. 3 p. 212 : d'après Michel Delberghe, « Les dépenses de santé pèsent sur les ménages les plus pauvres », *Le Monde*, 13 juillet 2007.

Doc. 2 p. 214 : d'après Michel Clerget, « Accouchement dans la douleur pour l'hôpital du XXIe siècle », *L'Humanité*, 21 décembre 2000.

Doc. 3 p. 218 : d'après Charlotte Mcdonald-Gibson, « Afghanistan : école électorale pour illettrés avant les élections du 20 août », *Le Point*, 16 août 2008.

Doc. 5 p. 233 : Anne le Nir, « Leurs rêves d'Europe. "Oui à la Turquie" », *La Croix*, 4 avril 2009.

Doc. 2 p. 246 : d'après Anne Rodier, « Des mesures d'urgence pour une Amérique en état de choc. Aider les classes moyennes en difficulté », *Le Monde*, 10 janvier 2009.

Doc. 4 p. 293 : d'après Elissa Cohen, « La jungle urbaine de Los Angeles : problèmes environnementaux et la ville », VertigO – la revue électronique en sciences de l'environnement, Volume 3 Numéro 2, octobre 2002, http://vertigo.revues.org/index3817.html.

Doc. 3 p. 304 : d'après « La bataille de l'énergie », *Questions internationales*, n° 24, mars-avril 2007.

PROGRAMME HISTOIRE

I. Les débuts de l'islam
(environ 10 % du temps consacré à l'histoire)

Connaissances

L'étude commence par la **contextualisation des débuts de l'islam**. Elle est fondée sur des sources historiques, le récit d'un événement (la conquête de la Syrie-Palestine, de l'Égypte…) ou d'un personnage.
Les textes (Coran, Hadiths et Sunna, Sîra) sont datés en relation avec ce contexte. Ils permettent d'aborder le personnage de Mahomet.
L'étude est conduite à partir de **la vie urbaine** (à Damas, Cordoue, Bagdad…) **et/ou de personnages** (Moawwiya et Ali, Haroun el Rachid…). Elle comprend la présentation **d'une mosquée**. Elle débouche sur **une carte** qui situe le monde musulman médiéval par rapport à ses voisins.

Démarches

Les musulmans sont abordés **dans le contexte de la conquête et des premiers empires** arabes, dans lequel la tradition islamique est écrite (VIIe-IXe siècle).
Quelques-uns **des récits de la tradition (Coran…)** sont étudiés comme fondements de l'islam.
L'extension et la diversité religieuse et culturelle de l'Islam médiéval sont présentées au temps de l'empire omeyyade ou de l'empire abbasside.

Capacités

Connaître et utiliser les repères suivants
– L'Hégire : 622
– L'extension de l'islam à l'époque de l'empire omeyyade ou abbasside sur une carte du bassin méditerranéen
Raconter et expliquer
– Un épisode de l'expansion musulmane
– Quelques épisodes de la tradition musulmane significatifs des croyances
Décrire
– Une mosquée (Médine, Damas, Cordoue…)
– Une ville (Bagad, Damas, Cordoue…)

II - L'Occident Féodal, XIe - XVe siècle
(environ 10 % du temps consacré à l'histoire)

Thème 1. PAYSANS ET SEIGNEURS

Connaissances

La seigneurie est le cadre de l'étude des conditions de vie et de travail des communautés paysannes et de l'aristocratie foncière ainsi que de leurs relations.

Démarches

La France est le cadre privilégié de l'étude, située au moment où le village médiéval se met en place.
L'étude est conduite à partir :
– **d'images** tirées d'œuvres d'art, d'hommes et de femmes dans les travaux paysans ;
– **de l'exemple d'une seigneurie réelle** (et non de son schéma virtuel) avec le château fort, un village et son organisation ;
– **d'images ou des récits médiévaux au choix** témoignant du mode de vie des hommes et des femmes de l'aristocratie.

Capacités

Connaître et utiliser les repères suivants
– La naissance du village médiéval : Xe-XIe siècle
– d'une seigneurie
Décrire quelques aspects
– d'un village médiéval,
– du travail paysan au Moyen Âge,
– du mode de vie noble.

Thème 2. FÉODAUX, SOUVERAINS, PREMIERS ÉTATS

Connaissances

L'organisation féodale (liens « d'homme à homme », fief, vassal et suzerain) et **l'émergence de l'État en France** qui s'impose progressivement comme une autorité souveraine et sacrée.

Démarches

La France est le cadre privilégié de l'étude. Celle-ci est conduite **à partir d'exemples au choix** :
– **de personnages significatifs** de la construction de l'État en France : Philippe Auguste, Blanche de Castille, Philippe IV le Bel et Guillaume de Nogaret, Charles VII et Jeanne d'Arc, Louis XI…
– **d'événements significatifs de l'affirmation de l'État** (la bataille de Bouvines, le procès des Templiers, le sacre de Charles VII…).
À la fin de l'étude, les élèves découvrent une carte des principales monarchies de l'Europe à la fin du XVe siècle.

Capacités

Connaître et utiliser les repères suivants :
– Un événement significatif de l'affirmation de l'État en France
– Une carte de l'évolution du domaine royal et des pouvoirs du roi en France, Xe-XVe siècles
Décrire et expliquer le système féodal comme organisation de l'aristocratie, puis comme instrument du pouvoir royal

Thème 3. LA PLACE DE L'ÉGLISE

Connaissances

On fait découvrir quelques aspects du **sentiment religieux**. La volonté de l'Église de guider **les consciences** (dogmes et pratiques, lutte contre l'hérésie, inquisition…) et **sa puissance économique et son rôle social et intellectuel** (insertion dans le système seigneurial, assistance aux pauvres et aux malades, universités…) sont mises en évidence.

Démarches

L'étude est conduite à partir :
– de **l'exemple au choix** d'une abbaye et de son ordre religieux masculin ou féminin ;
– de **l'exemple au choix** d'une église romane et une cathédrale gothique, dans leurs dimensions religieuse, artistique, sociale et politique ;
– de **l'exemple au choix** d'une œuvre d'art : statuaire, reliquaire, fresque, chant… ;
– de **l'exemple au choix** d'un grand personnage religieux, homme ou femme.

Capacités

Connaître et utiliser les repères suivants
– L'âge des églises romanes : Xe-XIIe siècle
– L'âge des églises gothiques : XIIe – XVe siècle
Raconter quelques épisodes de la vie d'un grand personnage religieux, homme ou femme
Décrire une abbaye **et expliquer** son organisation
Décrire une église

Thème 4. L'EXPANSION DE L'OCCIDENT

Connaissances	Démarches
L'expansion de l'Occident, d'abord économique (développement du commerce, affirmation des marchands et des banquiers) est aussi religieuse et militaire (*Reconquista,* croisades). Elle se concrétise dans le **développement de villes**.	L'étude est conduite à partir : – d'un **exemple au choix** d'un circuit commercial et de ses pôles ou d'une famille de banquiers ou de marchands ; – d'un **exemple au choix** d'une grande ville et de son architecture ; – d'un **exemple au choix** de l'expansion de la chrétienté occidentale.

Capacités
Connaître et utiliser les repères suivants
– Première croisade : 1096-1099
– Les espaces de l'expansion de la chrétienté sur une carte de l'Europe et de la Méditerranée, XIe-XIVe siècle
Raconter et expliquer un épisode des croisades ou de la *Reconquista*.
Décrire quelques aspects de l'activité d'un marchand et d'un banquier d'une ville commerçante

III – Regards sur l'Afrique
(environ 10 % du temps consacré à l'Histoire)

Connaissances	Démarches
Une civilisation de l'Afrique subsaharienne (au choix), ainsi que **les grands courants d'échanges des marchandises,** saisis dans leurs permanences (le sel et l'or du Soudan, les esclaves...) entre le VIIIe et le XVIe siècle. **Les traites** orientale, transsaharienne et interne à l'Afrique noire : les routes commerciales, les acteurs et les victimes du trafic.	L'étude articule le temps long de l'histoire africaine entre le VIIIe et le XVIe siècle et **l'exemple, au choix, d'une civilisation de l'Afrique subsaharienne parmi les suivantes :** – l'empire du Ghana (VIIIe-XIIe siècle) ; – l'empire du Mali (XIIIe-XIVe siècle) ; – l'empire Songhaï (XIIe-XVIe siècle) ; – le Monomotapa (XVe-XVIe siècle). L'étude de la naissance et du développement des traites négrières est conduite à partir de **l'exemple au choix d'une route ou d'un trafic des esclaves** vers l'Afrique du Nord ou l'Orient et débouche sur une carte des courants de la traite des noirs **avant le XVIe siècle.**

Capacités
Connaître et utiliser les repères suivants
– La période et la situation de la civilisation de l'Afrique subsaharienne choisie par le professeur
– La conquête et l'expansion arabo-musulmane en Afrique du Nord et en Afrique orientale
– Carte de l'Afrique et de ses échanges entre le VIIIe et le XVIe siècle
Décrire quelques aspects
– d'une civilisation de l'Afrique subsaharienne et de sa production artistique
– de la traite orientale ou de la traite transsaharienne

IV. Vers la modernité, fin XVe-XVIIe siècle
(environ 40 % du temps consacré à l'histoire)

Thème 1. LES BOULEVERSEMENTS CULTURELS ET INTELLECTUELS (XVe-XVIIe SIÈCLE)

Connaissances	Démarches
Entre le XVe et le XVIIe siècle, l'Europe connaît des bouleversements culturels, religieux et scientifiques qui donnent une nouvelle vision du monde et de l'homme. **– Les découvertes européennes et la conquête et des empires** ouvrent le monde aux Européens. **– La Renaissance** renouvelle les formes de l'expression artistique ; **– La crise religieuse** remet en cause l'unité du christianisme occidental (Réformes) au sein duquel les confessions s'affirment et s'affrontent (catholiques, protestants) ; **– La révolution de la pensée scientifique** aux XVIe et XVIIe siècles introduit une nouvelle conception du monde.	L'étude est conduite à partir d'**exemples au choix** qui sont replacés dans le contexte général de l'histoire de l'Europe et du monde. **Ouverture au monde :** – un voyage de découverte et un épisode de la conquête ; – une carte des découvertes européennes et des premiers empires. **Bouleversements culturels :** – la vie et l'œuvre, d'un artiste ou d'un mécène de la Renaissance ou un lieu et ses œuvres d'art ; – une carte des foyers et de la diffusion de la Renaissance. **La crise religieuse de la chrétienté :** – un personnage lié aux Réformes ou un événement ; – une carte de l'Europe en 1648. L'évolution de la pensée scientifique : – aspects de la vie et de l'œuvre d'un savant du XVIe siècle ou du XVIIe siècle.

Capacités
Connaître et utiliser les repères suivants :
– Le premier voyage de Christophe Colomb (1492) ou le voyage de Magellan (1519-1521) sur une carte du monde
– La Renaissance (XVe-XVIe siècle) et ses foyers en Europe
– Le siècle des Réformes et des guerres de religion : XVIe siècle
Raconter et expliquer un épisode des découvertes ou de la conquête de l'empire espagnol d'Amérique
Raconter un épisode de la vie d'un artiste ou d'un mécène **ou décrire** un monument ou une œuvre d'art comme témoignages de la Renaissance.
Raconter un épisode significatif des Réformes (dans les vies de Luther, de Calvin ou d'un réformateur catholique...) **et expliquer** ses conséquences
Raconter un épisode significatif des progrès ou débats scientifiques des XVIe et XVIIe siècles (Copernic ou Galilée...) **et expliquer** sa nouveauté

Thème 2. L'ÉMERGENCE DU « ROI ABSOLU »

Connaissances	Démarches
La monarchie française subit une éclipse dans le contexte des conflits religieux du XVIe siècle, à l'issue desquels l'État royal finit par s'affirmer comme seul capable d'imposer la paix civile (1598). Les rois revendiquent alors **un « pouvoir absolu » qui atteint son apogée avec Louis XIV** et se met en scène à Versailles.	L'étude qui est conduite à partir d'**exemples au choix :** – de la vie et l'action d'un souverain – d'un événement significatif **Le château de Versailles et la cour sous Louis XIV, et une œuvre littéraire ou artistique de son règne au choix** sont étudiés pour donner quelques images du « roi absolu » et de son rôle dans l'État.

Capacités
Connaître et utiliser les repères suivants
– L'Édit de Nantes, 1598
– L'évolution des limites du royaume, du début du XVIe siècle à 1715
– 1661-1715 : le règne personnel de Louis XIV
Raconter une journée de Louis XIV à Versailles révélatrice du pouvoir du roi

PROGRAMME GÉOGRAPHIE

I – La question du développement durable
(environ 25 % du temps consacré à la géographie)

Thème 1. LES ENJEUX DU DÉVELOPPEMENT DURABLE

Connaissances	Démarches
Les enjeux économiques, sociaux et environnementaux du développement durable dans un territoire sont précisés, définis et mis en relation.	Ces enjeux sont abordés à partir d'une **étude de cas au choix** : – un enjeu d'aménagement dans un territoire (déchets, transports et déplacements, équipement touristique et de loisirs…) L'étude de cas débouche sur une approche de la notion de développement durable.

Capacités
Identifier les principaux enjeux du développement durable dans le territoire étudié

Thème 2. LES DYNAMIQUES DE LA POPULATION ET LE DÉVELOPPEMENT DURABLE

Connaissances	Démarches
Croissance démographique et développement La population mondiale continue d'augmenter même si le rythme de cette croissance se ralentit. La croissance démographique est mise en relation avec les enjeux du développement durable, aux différentes échelles. Des fronts pionniers étendent le peuplement sur les marges de certains foyers de population.	**Une étude de cas au choix** : – l'Inde ; – la Chine. **Une étude d'un front pionnier au choix** : – en Amérique latine, – en Afrique. Ces études de cas sont mises en contexte sur les planisphères de la croissance de la population et sur celui du développement humain.

Capacités
Localiser et situer les États les plus peuplés du monde
Décrire l'évolution démographique de l'Inde ou de la Chine
Décrire et expliquer :
– la relation entre croissance démographique et besoins des populations
– un paysage d'un front pionnier
Localiser et situer le front pionnier sur le planisphère des grands foyers de peuplement
Identifier trois grands types d'évolution démographique à partir du planisphère de la croissance démographique

II – Des sociétés inégalement développées
(environ 35 % du temps consacré à la géographie)
On traitera seulement deux des trois premiers thèmes. Le thème 4 est obligatoire.

Thème 1. DES INÉGALITÉS DEVANT LA SANTÉ

Connaissances	Démarches
Santé et développement L'amélioration de la santé au niveau mondial cœxiste avec des inégalités sanitaires à toutes les échelles qui sont mises en relation avec les inégalités de développement.	**Une étude de cas au choix** : – une pandémie et sa diffusion dans le monde ; – les infrastructures sanitaires dans un pays développé et dans un pays pauvre. Cette étude débouche sur le constat des inégalités sanitaires dans le monde.

Capacités
Localiser et situer les deux pays dont les infrastructures sanitaires ont été étudiées. **Décrire** :
– la pandémie étudiée,
– les principales inégalités dans l'accès aux soins à partir de planisphères thématiques (vaccination, nombre de médecins…)
Lire et décrire des planisphères de l'espérance de vie, de la mortalité infantile, de la pandémie

Thème 2. DES INÉGALITÉS DEVANT L'ALPHABÉTISATION

Connaissances	Démarches
Éducation et développement L'inégal accès à l'éducation et au savoir représente un frein majeur au développement, en particulier lorsqu'il touche les femmes. Les inégalités en ce domaine sont mises en relation avec les inégalités de développement.	On confronte des cartes de l'accès à l'éducation et de la richesse à l'échelle mondiale. Elles sont expliquées à partir des exemples comparés de l'alphabétisation et de l'accès à l'éducation dans un pays pauvre et dans un pays développé.

Capacités
Localiser et situer les deux pays étudiés
Décrire la situation de l'alphabétisation et de l'accès à l'éducation dans un pays pauvre et dans un pays développé
Lire et décrire les principales inégalités sur un planisphère de l'alphabétisation ou de l'accès à l'éducation

Thème 3. DES INÉGALITÉS DEVANT LES RISQUES

Connaissances	Démarches
Risques et développement L'inégale vulnérabilité des sociétés face aux risques est le résultat de différents facteurs parmi lesquels le niveau de développement occupe une place majeure. L'action de l'homme dans l'aménagement des territoires et sa perception des risques aggravent ou réduisent l'exposition aux risques.	**Deux études de cas** : Une catastrophe naturelle – dans un pays développé, – dans un pays pauvre. La comparaison démontre que deux aléas d'intensité voisine frappant deux sociétés différentes peuvent provoquer des dommages de nature et d'ampleur inégales. Ces études de cas sont mises en contexte au niveau mondial en s'appuyant sur des planisphères que l'on confronte (répartition de la population, risques naturels, Indice de Développement Humain…).

Capacités
Localiser et situer les deux pays étudiés
Décrire une catastrophe naturelle et ses conséquences
Expliquer :
– la différence entre les conséquences d'une catastrophe dans un pays du Nord et dans un pays du Sud.
– la relation entre vulnérabilité et développement

Thème 4. LA PAUVRETÉ DANS LE MONDE (OBLIGATOIRE)

Connaissances	Démarches
Pauvreté et développement Une part importante de l'humanité vit dans la pauvreté. La pauvreté constitue un frein au développement et un accélérateur des crises environnementales.	**Des exemples appuyés sur des paysages** permettent de décrire les conditions de vie de populations pauvres. Les inégalités socio – spatiales sont prises en compte aux différentes échelles. À l'échelle mondiale des cartes et des indicateurs statistiques (indicateurs de pauvreté humaine, de richesse et de développement humain) sont confrontés pour mettre en évidence les inégalités de développement.

Capacités
Localiser et situer :
– les régions où l'eau douce est abondante et les régions où elle est plus rare.
– les régions où une partie importante de la population n'a pas accès à une eau saine.
Décrire un conflit pour l'eau en mobilisant plusieurs niveaux d'échelles

III – Des hommes et des ressources

On traitera seulement trois thèmes parmi les cinq suivants

(environ 35 % du temps consacré à la géographie)

Thème 1. LA QUESTION DES RESSOURCES ALIMENTAIRE

Connaissances	**Démarches**
La sécurité alimentaire mondiale Elle dépend de plusieurs paramètres : l'augmentation des productions et leur qualité pour répondre à une demande croissante, les échanges des ressources agricoles à travers le monde et la préservation de l'environnement.	**Une étude de cas au choix** : – Étude comparée de la situation alimentaire dans deux sociétés différentes. – Le Brésil. L'étude de cas est replacée dans le contexte mondial à partir de cartes et de données statistiques concernant la production agricole et l'alimentation dans le monde.

Capacités
Localiser et situer les pays étudiés
Décrire et expliquer une situation alimentaire (sous alimentation, famine….)
Localiser et situer, pour quelques produits agricoles majeurs, les grandes régions de production et de consommation dans le monde.

Thème 4. LA PAUVRETÉ DANS LE MONDE (OBLIGATOIRE)

Connaissances	**Démarches**
Pauvreté et développement Une part importante de l'humanité vit dans la pauvreté. La pauvreté constitue un frein au développement et un accélérateur des crises environnementales.	Des exemples appuyés sur des paysages permettent de décrire les conditions de vie de populations pauvres. Les inégalités socio – spatiales sont prises en compte aux différentes échelles. À l'échelle mondiale des cartes et des indicateurs statistiques (indicateurs de pauvreté humaine, de richesse et de développement humain) sont confrontés pour mettre en évidence les inégalités de développement.

Capacités
Décrire :
– les conditions de vie d'une population pauvre
– les inégalités à différentes échelles.
Lire et décrire une carte significative de la richesse et de la pauvreté dans l'espace mondial
Localiser et situer les pays les plus pauvres du monde

Thème 3. GÉRER LES OCÉANS ET LEURS RESSOURCES

Connaissances	**Démarches**
Les ressources océaniques La gestion et le partage des ressources océaniques constituent un enjeu et une source de rivalités entre les États, en partie régulées par le droit international.	**Une étude de cas au choix** : Une zone de pêche – dans l'Atlantique nord ; – en zone tropicale. Cette étude débouche sur la question de la gestion durable de la ressource océanique et des rivalités que suscite son exploitation.

Capacités
Localiser et situer la zone de pêche choisie.
Décrire les enjeux et les acteurs d'un conflit lié à la pêche

Thème 4. MÉNAGER L'ATMOSPHÈRE

Connaissances	**Démarches**
La qualité de l'air À toutes les échelles, du global (réchauffement climatique) au local (pollution de l'air urbain) les activités humaines et économiques ont un impact sur l'atmosphère. Des politiques sont mises en œuvre à tous les niveaux d'échelle pour réguler cet impact.	**Une étude de cas au choix** : La qualité de l'air – dans une grande ville d'Amérique du Nord ; – dans une grande ville d'Europe. L'étude est mise en perspective à l'échelle mondiale à l'aide de la carte des pays émetteurs de gaz à effet de serre. La question de l'évolution du climat mondial est replacée dans une perspective historique.

Capacités
Expliquer les évolutions de la qualité de l'air à l'échelle d'une agglomération
Localiser et situer les principaux pays émetteurs de gaz à effet de serre et établir une relation avec le niveau de développement et les choix énergétiques.

Thème 5. LA QUESTION DE L'ÉNERGIE

Connaissances	**Démarches**
La ressource énergétique La consommation mondiale d'énergie connaît une hausse accélérée et pour l'essentiel repose sur des énergies fossiles. L'éloignement entre les foyers de production d'énergie fossile et les principales zones de consommation suscite un trafic planétaire. Le contexte d'épuisement progressif nourrit des tensions géopolitiques et accélère la recherche de solutions (énergies de substitution, économies d'énergie…).	**Une étude de cas au choix** : Les enjeux des hydrocarbures – de la Russie ; – du Moyen – Orient. L'étude de cas est mise en perspective en abordant la question des réserves, de la production et des exportations mondiales d'hydrocarbures ainsi que leur poids dans les économies.

Capacités
Décrire les enjeux énergétiques des hydrocarbures de la Russie ou du Moyen – Orient
Localiser et situer :
– les principaux pays consommateurs d'énergie
– les principaux pays producteurs d'énergie fossile
Expliquer le lien entre croissance des besoins en énergie et croissance économique

IV – Une question au choix

(environ 5 % du temps consacré à la géographie)

Le choix est laissé au professeur de développer un des thèmes du programme ou de répondre aux questions que l'actualité peut susciter de la part des élèves.

Imprimé en Italie – N° d'édition : 005597-01

Dépôt légal : avril 2010

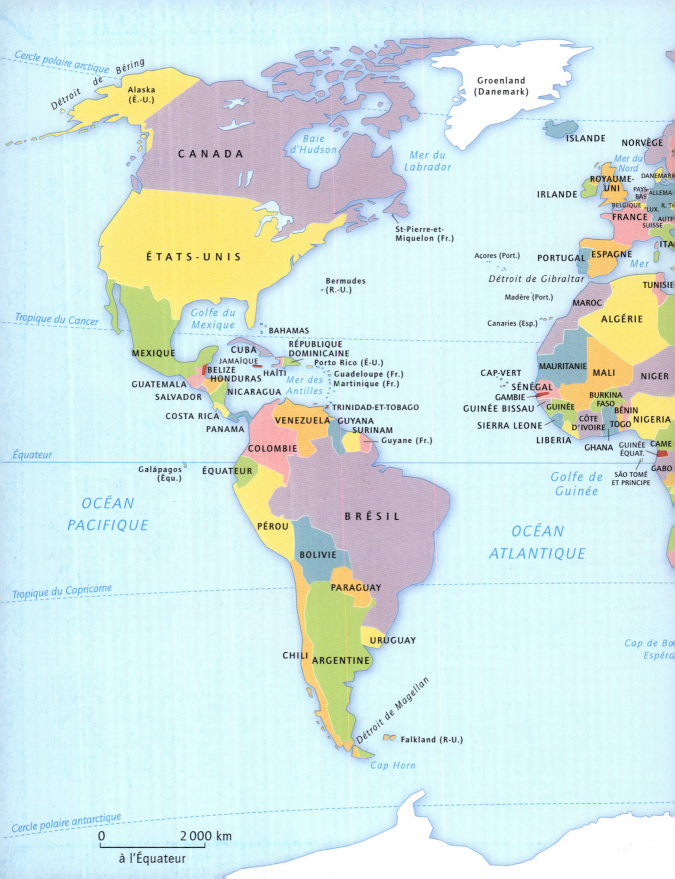